공공 소통의 이해

김정렴 · 박세진 · 박한나 · 윤영삼 · 이민지
이형민 · 전종우 · 조준혁 · 최호진 공저

디지털과 미래 공공 소통의
새로운 패러다임

서울경제경영

머리말

마케팅 커뮤니케이션과 설득 커뮤니케이션은 크게 공공과 기업 분야로 구분할 수 있습니다. 기업 커뮤니케이션은 시장 규모도 크고 많은 연구가 이루어졌지만 상대적으로 공공 분야에 대한 학문적인 관심은 적었던 것이 사실입니다. 최근 공공 부문도 공중에 대한 커뮤니케이션의 중요성을 인식하여 각 정부 부처는 물론 지방자치단체들이 활발하게 진행하고 있습니다. 특히, 미디어가 디지털화되고 새로운 미디어가 등장하면서 기존과는 다른 커뮤니케이션 접근이 필요한 시기가 도래하였습니다. 하지만 아직까지 국민들 사이에 공공에서 발신하는 메시지는 경직된 메시지라는 인식이 있는 것 같습니다. 수많은 공공기관이 적극적인 커뮤니케이션을 하지만 효과 차원에서의 평가는 박한 것이 사실입니다. 메시지 자체가 재미없다는 반응도 주로 관찰됩니다. 정부의 정책이나 도시의 브랜드, 공공기관의 활동은 공중을 위한 활동입니다. 이러한 활동이 제대로 알려지는 것은 해당 조직에서 커뮤니케이션의 성공 여부를 떠나 공익에 도움이 되는 일입니다.

이제는 단순한 디지털화를 넘어 인공지능이 보편화되면서 공공 커뮤니케이션에도 변화가 불가피합니다. 미디어와 콘텐츠가 급변하는 환경에서 공공 커뮤니케이션의 메시지와 방법에도 변화가 필요합니다. 몇몇 지방자치단체에서 B급 키치 감성으로 성공한 사례들이 회자되고 있지만 모든 지자체와 공공기관이 따라할 수 있는 것은 아닙니다. 단순한 따라하기 전략은 몇 가지 콘텐츠의 인기는 얻을 수 있지만 정책 커뮤니케이션의 효과나 장기적인 조직의 브랜드 관리에 도움이 되지 않습니다. 전략적인 시각에서 미디어와 수용자에 대한 심층적인 이해가 선행되어야 하고 그에 따른 전략이 수반되어야 합니다.

이러한 학문적인 관심과 실무적인 필요에 의해 다시 한 번 한국엔터테인먼트학회 회원들이 모여 도서를 출판합니다. 광고와 홍보, 엔터테인먼트 전문가들이 새로운 시각에서 공공 커뮤니케이션에 대한 논의를 펼쳤습니다. 공공 커뮤니케이션의 기획은 물론 제작에 이르기까지 다양한 주제를 다루고 있고 공공 캠페인의 실질적인 문제에 집중하였습니다. 본 도서가 공공커뮤니케이션을 처음 접하는 학생들은 물론 현장의 공공커뮤니케이션 실무자들에게도 도움이 되기를 바랍니다.

저자들을 대표하여

한국엔터테인먼트학회 회장 전종우

2024. 11. 16.

목차

제 1 장

공공 소통의 개념

김정렴_대한법률구조공단 홍보실장

1. 공공소통의 정의
2. 공공소통의 주체
3. 주체별 공공소통 목표
4. 주체별 소통방식의 특징과 차이

1. 공공소통의 정의

공공영역의 홍보 활동을 설명하는 개념적 용어로 오랫동안 공공홍보(Public Relations)가 사용되었다. 흔히 줄여 표현되는 PR 용어의 역사는 사회적, 정치적, 경제적 변화와 밀접하게 연관되어 있는데, PR의 기원은 고대 문명에서부터 찾을 수 있다. 버네이스(Bernays, 1923)는 PR의 개념이 고대 로마와 그리스에서도 존재했다고 언급하며, 이는 대중에 대한 여론 형성을 중요시하는 활동이 이미 오래 전부터 있었다는 것을 보여준다. 중세와 르네상스 시대에도 교회와 국가 기관 등은 다양한 형태의 PR 활동을 통해 권위를 유지하고 대중에게 전파하려는 노력을 기울였다(Cutlip, 2013). 현대적인 의미에서 PR의 탄생은 20세기 초반 미국에서 시작되었다. 아이비 리(Ivy Lee)와 에드워드 버네이스(Edward Bernays)는 PR의 창시자로 불리기도 하는데, 이들은 기업과 공공기관이 대중과의 관계를 관리하고 여론을 형성하는 데 있어 체계적인 접근 방식을 도입하였다(Cutlip, 1962). 특히, 아이비 리는 투명성과 정보 공개의 중요성을 강조하며 PR의 윤리적 기반을 다졌고, 버네이스는 PR을 과학적 원리에 기반한 전략적 커뮤니케이션으로 정의하며, 대중 설득 기술을 체계화하였다. 한국에서 PR의 개념이 본격적으로 도입된 것은 1960년대 이후로 알려져 있다. 산업화를 통해 경제 발전이 가속화되면서 기업과 정부는 대중에 대한 홍보의 필요성을 중요하게 인식하였다. 박정희 정부 시절 경제 개발 5개년 계획을 홍보하기 위한 활동들이 정부 PR의 초기 형태로 볼 수 있다(윤상길, 2017). 1980년대 이후 민주화 과정에서 PR의 역할은 더욱 확대되었으며, 기업과 정부 모두 PR을 중요한 전략적 도구로 활용하게 되었다. 한국 PR의 발전은 서구의 이론과 실무를 도입하면서 이루어졌다. 초기에는 미국식 PR 모델이 주로 적용되었으나, 점차 한국의 사회적, 문화적 특성을 반영한 PR 모델이 발전하였다. 이는 한국 사회의 독특한 커뮤니케이션 스타일과 집단주의적 문화, 높은 디지털 기술 보급률 등이 반영된 결과로 해석하는 경우가 많다.

새롭게 등장한 공공소통(Public Communication)의 용어는 공공홍보(Public

Relations)의 개념에 더해 공공적 역할을 수행하는 기관과 시민 간의 상호작용을 촉진하는 복합적인 과정을 설명하는 대표적 개념이다. 과거 언론관계 중심의 공공홍보가 시대 변화에 따라 공중관계의 중요성이 부각되면서 '소통'의 개념으로 진화하였기에 두 개념이 혼재되어 사용되고 있는 측면도 있다. 이를테면, 과거부터 지속적으로 사용되어 온 PR 역시 공중과의 양방향적 요소가 포함되었어 있다는 주장도 어느 정도 설득력 있는 것이 사실이다. 어쨌든 공공소통 용어의 등장은 보다 분명하게 양방향성의 철학과 가치가 제시된 만큼, 과거의 공공홍보와 공공소통의 용어는 차이가 있다고 보는 것이 타당하다.

공공소통은 과거 공공홍보 개념의 진화 과정의 결과물로 볼 수 있어, 공공소통의 정의를 이해하기 위해서는 과거 정부 홍보를 중심으로 공공홍보에 대해 우선 살펴볼 필요가 있다. 정부 홍보는 정부와 공공기관이 국민에게 정책을 전달하고, 국민의 참여와 지지를 얻기 위해 수행하는 모든 커뮤니케이션 활동을 포함한다. 이는 정책의 효과를 높이고, 정부와 국민 간의 신뢰를 구축하며, 민주적 참여를 촉진하는 데 중요한 역할을 한다. 여러 학자와 연구자들은 다양한 관점에서 정부 홍보의 정의와 중요성을 설명하고 있다. 김영희(2019)는 정부 홍보를 "정부가 국민에게 정책을 전달하고, 국민의 참여를 유도하며, 신뢰를 구축하기 위한 모든 커뮤니케이션 활동"으로 정의하고 정부 홍보가 정책의 효과적인 실행과 국민의 신뢰를 구축하는 데 필수적이라고 주장한다. 이를 최근의 사례로 살펴 보면, 정부가 COVID-19 팬데믹 동안 실시간으로 방역 지침과 백신 접종 정보를 국민에게 제공하여 신뢰를 얻고, 이를 바탕으로 하는 방역 활동의 안정에 기여한 것으로 이해할 수 있다. 오경수 외(2013)는 정부 홍보의 핵심 요소로 정보 전달, 대중 교육, 정책 설득, 사회적 참여 유도 등을 제시하며, 이러한 활동이 민주주의의 발전과 국민의 삶의 질 향상에 기여한다고 설명한다. 그는 특히 정보 전달의 중요성을 강조하며, 투명하고 신뢰성 있는 정보를 제공하는 것이 국민의 신뢰를 얻는 데 중요하다고 주장한다. 또한, 정부 홍보가 국민의 의견을 수렴하고 이를 정책에 반영하는 과정을 통해 정책의 정당성을 확보할 수 있다고 설명한다(오경수 외, 2013). 국외 연구를 살펴보면, 스미스(Smith, 2012)는 “정부가 국민에게 정책과 정보를 전달하고, 국민의 의견을 수렴하며, 정책에 대한 지지를 얻기 위해 수행하는 모든 커뮤니케이션 활동”으로 정의한다. 그는 정부 홍보가 국민의 신뢰를 구축하고, 정책의 정당성을 확보하며, 사회적 통합을 촉진하는 데 중요한 역할을 한다고 강조한다. 브릭스와 버크(Briggs & Burke, 2009)는 정부 홍보의 역사적 발전을 분석하며, 정부와 국민 간의 관계가 공공정책 성공에 필수적이라고 주장한다. 그들은 정부가 국민에게 효과적 홍보를 통해 정책의 효과성을 높이고, 사회적 갈등을 최소화할 수 있다고 설명한다. 또한, 정부 홍보는 국민의 의견을 반영하여 정책을 개선하는 데 중요한 역할을 한다고 강조한다. 커틀립(Cutlip, 1962)는 정부 홍보를 “정부가 국민과의 신뢰를 구축하고, 정책의 정당성을 확보하며, 국민의 참여를 유도하기 위해 수행하는 전략적 커뮤니케이션 활동”으로 정의한다. 그는 정부 홍보가 국민의 신뢰를 얻기 위해 투명하고 신뢰성 있는 정보를 제공하는 것이 중요하다고 강조하며, 이를 통해 정부와 국민 간의 신뢰 관계를 구축할 수 있다고 설명한다. 그루닉(Grunig, 1984) 역시 정부 홍보가 국민의 신뢰를 구축하고, 정책의 정당성을 확보하며, 사회적 통합을 촉진하는 데 중요한 역할을 한다고 강조한다. 벤텔레와 노스하트(Bentele & Nothhaft, 2010) 정부 홍보는 궁극적으로 국민의 신뢰를 얻기 위해 투명하게 정보를 제공하는 것이 중요하다고 강조한다.

공공소통(public communication)은 정부 기관, 공공 단체, 또는 기타 공공기관이 대중과 정보를 전달하고, 의견을 수렴하며, 정책을 설명하고 정당성을 확보하는 일련의 과정을 의미한다. 즉, 가장 일반적으로 알려진 목적은 정책 홍보, 정보 제공의 차원인데, 공공홍보와 차이는 단순한 정보 전달을 넘어, 시민 참여를 촉진하고, 정부의 투명성을 높이며, 정책의 효과성을 증대시키는 역할을 강조하는 것으로 이해할 수 있다. 공공정책, 서비스, 계획, 규제 등에 관한 정보를 대중에게 전달하고, 대중의 의견, 피드백, 참여를 수집하는 쌍방향의 커뮤니케이션을 포함한다. 공공소통은 민주주의의 필수 요소로 간주되며, 투명성과 신뢰성을 강화하고, 정책 결정의 정당성을 확보하는 데 중요한 역할을 한다. 공공소통의 정의와 그 중요성은 국내외 다양한 연구를 통해 명확히 드러난다. 맥퀘일(McQuail,2010)은 공공소통을 "공공 영역에서 이루어지는 모든 형태의 정보 교환과 상호작용"으로 정의하며, 이는 정부와 시민, 미디어와 시민, 정부와 미디어 간의 모든 소통을 포함한다고 설명한다. 이러한 정의는 공공소통이 단순한 정보 전달을 넘어, 양방향적 상호작용을 포함한다는 점을 강조한다. 또한, OECD(2001)는 공공소통을 "정부가 시민에게 정책 정보를 제공하고, 시민의 의견을 수렴하며, 이를 바탕으로 정책을 조정하는 과정"으로 정의한다. 이는 정부의 투명성과 책임성을 높이기 위한 중요한 수단으로서 공공소통의 역할을 강조하는 것이며, "효과적인 공공소통은 민주주의의 핵심 요소로서, 시민의 신뢰를 구축하고, 정책의 수용성을 높이는 데 기여한다"고 언급하고 있다. 국내 공공소통에 대한 연구를 일부 살펴보면, 공공소통을 "정부와 공공기관이 정책 결정 과정에서 시민과 정보를 교환하고, 의견을 수렴하며, 정책을 설명하는 과정"으로 정의한다(한국행정연구원, 2015). 이 정의는 앞서 제시한 다른 정의와 크게 다르지 않는데, 정부의 정책 결정 과정에서 시민 참여를 촉진하고, 정책의 정당성을 확보하는 데 중요한 역할에 대해 설명하고 있다. 또한, 김정숙과 최선미(2019)는 "공공소통은 정부와 시민 간의 상호작용을 통해 정책의 효과성을 높이고, 시민의 신뢰를 증진시키는 과정"으로 정의하며, 이를 통해 정부의 투명성과 책임성을 강화할 수 있다고 언급한다. 관련 연구는 특히 디지털 기술의 발전에 따라 공공소통의 방법과 범위가 확대되고 있으며, 이를 통해 시민의 참여가 더욱 활발해지고 있다는 점을 강조한다. 공공소통의 정의에 대한 연구에서 공통적으로 발견되는 요소는 첫째, 정보 제공이며, 둘째, 의견 수렴, 셋째, 피드백으로 요약할 수 있다. 이 세 요소를 통해 목표 청중이 정책 결정 과정에 참여할 수 있도록 의견을 수렴하고, 정책 결정에 반영하며 시민의 의견의 수용 결과 등을 통해 투명성을 높임으로서 신뢰를 획득하는 과정과 결과를 포함하고 있다. 요약하자면 공공홍보가 주로 기관의 이미지를 관리하고, 긍정적인 인식을 형성하는 과정의 정보 전달에 중점을 두는 반면, 공공소통은 시민과의 상호작용을 통해 정책 결정 과정에 시민의 의견을 반영하고, 참여를 유도하는 데 초점을 맞춘다는 데서 그 차이를 볼 수 있다.

지금까지는 공공홍보의 연장 선상에서 발전한 개념인 공공소통이 정책 홍보, 정보 제공 차원 등의 관점에서 정의를 살폈다면 이 외의 다른 차원에서 활용되는 정의를 살펴볼 수 있다. 대표적으로 관광의 관점이 있다. 관광 산업은 세계화 추세에서 국가 경제의 중요한 축을 담당하고 있으며, 지역 사회의 발전과 국제적인 교류를 촉진하는 핵심 요소로 자리매김하고 있다. 이러한 맥락에서, 관광 산업의 육성을 위해 공공소통의 역할이 강조되고 있다. 관광 분야에서의 공공소통은 정부와 공공기관이 시민을 포함한 여러 이해관계자에게 정보를 전달하고 상호작용하는 과정을 포함하며, 이는 관광 정책의 성공적인 구현과 관광지의 이미지 형성에 중요한 영향을 미친다. 공공소통에 관한 정의 즉, "공공정책에 대한 시민의 이해와 지지를 얻기 위해 소통의 양방향성을 강조하는 과정"은 관광 산업에서도 유사하게 적용될 수 있으며, 특히 관광지의 이미지 형성과 관광객의 경험에 중요한 역할을 한다. 또한, 공공소통은 "관광 산업의 지속 가능한 발전을 위해 이해관계자 간의 신뢰 구축과 협력 강화를 목표로 하는 전략적 커뮤니케이션"으로 설명된다(Grunig, 2008). 이는 관광 정책이 단순히 정부 주도의 일방적인 정보 제공을 넘어, 관광객, 지역 주민, 관광업 종사자 등 다양한 이해관계자들이 참여하는 공론의 장을 형성하는 것을 목표로 한다는 점을 시사한다.

구체적으로, 관광 산업의 육성을 위한 공공소통은 세 가지 주요 기능을 가진다. 첫째, 정보 전달 기능이다. 관광지와 관련된 중요한 정보를 정확하고 신속하게 전달함으로써 관광객의 편의성을 증대시키고, 안전한 관광 환경을 조성하는 것을 목표로 한다(류재숙 & 임재필, 2012). 둘째, 참여 유도 기능이다. 관광 정책의 성공적인 시행을 위해서는 지역 주민과 이해관계자의 참여가 필수적이다. 공공소통은 다양한 플랫폼과 채널을 통해 의견을 수렴하고 반영하는 과정을 거친다(Heath & Palenchar, 2008). 셋째, 이미지 관리 기능이다. 관광지의 긍정적인 이미지를 구축하고 유지하는 것은 관광객 유치에 중요한 요소이며, 이를 위해 공공소통은 지속적으로 관광지의 강점을 강조하고 부정적인 요소를 최소화하는 전략을 사용한다(Buhalis & Law, 2008). 결론적으로, 관광 산업의 육성을 위한 공공소통은 정보 전달, 참여 유도, 이미지 관리라는 세 가지 기능을 통해 관광 정책의 효과적인 실행을 지원하고, 다양한 이해관계자 간의 협력과 신뢰를 구축하는 데 중요한 역할을 한다. 이러한 공공소통의 정의와 기능은 지속 가능한 관광 발전을 위해 필수적인 요소로, 국내외 연구들을 통해 그 중요성이 더욱 부각되고 있다.

공공소통의 영역에서 또 주목하는 분야는 관광과 더불어 국가브랜드 개념을 들 수 있다. 국가브랜드(Nation Brand)는 한 국가의 이미지, 명성, 그리고 국제 사회에서의 전반적인 인식을 포괄하는 개념이다. 이는 글로벌 무대에서 해당 국가가 어떻게 인식되고 평가되는지를 결정하며, 국가의 경제적, 정치적, 문화적 영향력에 직접적인 영향을 미친다. 국가브랜드를 강화하고 유지하기 위해서 수행하는 공공소통은 정부와 공공기관이 국가의 긍정적인 이미지를 형성하고, 내외부 이해관계자와의 신뢰 관계를 구축하는 데 중요한 역할을 한다. 국가브랜드를 위한 공공소통은 "정부와 공공기관이 국민, 외국인, 글로벌 커뮤니티와 소통하며, 국가의 이미지와 가치를 전달하고 상호 이해를 증진시키기 위해 수행하는 모든 활동"으로 정의할 수 있다(Anholt, 2007). 이러한 공공소통은 국가브랜드가 단순한 마케팅 전략을 넘어, 국가의 정체성과 정책을 반영하는 중요한 요소임을 강조한다. 그리고 공공소통은 "국가의 정책, 문화, 경제적 성과 등을 국내외에 홍보하고, 이를 통해 국가의 이미지를 구축하고 강화하는 과정"으로 정의되기도 한다(최용석 & 김효미, 2016). 이 과정에서 공공소통은 국가브랜드의 목표와 전략을 일관성 있게 전달하며, 다양한 이해관계자와의 지속적인 상호작용을 통해 국가의 긍정적인 이미지를 구축하는 역할을 한다.

국가브랜드를 위한 공공소통은 몇 가지 중요한 구성 요소를 포함한다. 첫째, 정보 전달 기능으로, 공공소통은 국가의 정책, 문화적 가치, 경제적 성과 등 국가브랜드와 관련된 정보를 국내외에 명확하고 일관되게 전달하는 역할을 한다(Dinnie, 2015). 이를 통해 국가 이미지를 강화하고, 외국인들이 그 나라에 대해 긍정적인 인식을 가지도록 돕는다. 둘째, 이미지 관리 기능으로, 국가의 이미지를 관리하는 측면을 의미한다. 이는 긍정적인 이미지를 홍보하는 것뿐만 아니라, 부정적인 인식을 최소화하고 위기 상황에서의 대응을 포함하는데, 예를 들어, 특정 사건이나 이슈로 인해 국가의 이미지가 손상될 위험이 있을 때, 공공소통은 이를 효과적으로 관리하여 부정적인 영향을 최소화해야 하는 것을 포함한다(Olins, 2002). 셋째, 문화 외교의 기능으로 국가의 문화적 특성을 강조하고, 홍보 활동을 통해 국가의 매력을 증대시키는 중요한 역할을 한다. 예를 들어, 한류(K-culture)의 확산은 공공소통이 한국의 국가브랜드를 전 세계에 강화하는 대표적인 사례로 설명할 수 있다(이제홍, 2022). 마지막으로 외교적 소통의 기능이다. 국가 간의 관계를 강화하고 외교적 목표를 달성하기 위해 공공소통에서 간과할 수 없는 필수적 기능이다. 국가의 외교 정책과 입장을 명확하게 전달하고, 국제적인 지지를 확보하는 것이 가능하며, 외교의 연장선에서 국가의 이미지를 강화하는 도구로 작용한다(Nye, 2004). 공공소통은 국가브랜드를 효과적으로 구축하고 유지하기 위해 전략적으로 접근해야 한다. 안홀트(Anholt, 2007)는 국가브랜드의 성공은 전략적이고 지속적인 공공소통에 달려 있다고 설명하며, 공공소통의 전략적 중요성을 강조한다. 국가브랜드의 강화를 위해서는 국내외 이해관계자의 다양한 의견을 수렴하고, 이를 정책과 소통 전략에 반영하는 과정이 필요하고, 이는 단순히 외교적 측면에 국한되지 않고, 경제, 문화, 사회적 측면에서의 종합적인 접근을 요구한다(Fan, 2006). 결론적으로, 국가브랜드를 위한 정보 전달, 이미지 관리, 문화 외교, 외교적 소통 등의 다양한 요소를 포함한 전략적인 접근이 필요하며, 이러한 과정에서 공공소통은 국가의 지속 가능한 발전과 글로벌 경쟁력 강화에 핵심적인 역할로서 기능한다.

지금까지 공공소통의 개념적 정의를 정책홍보의 관점, 산업 등 관광분야, 국가브랜드 등의 관점에서 살펴보았다. 공공소통의 기능과 역할은 상기 영역 외 더 많은 분야에서도 살펴볼 수 있다. 다양한 정의에 대해서 더욱 진화하는 개념으로 확장될 것이다.

2. 공공소통의 주체

공공소통은 공공적 목적을 위해 국민과 상호작용하며 정보를 제공하고 의견을 수렴하는 과정으로, 다양한 주체들이 존재할 수 있다. 정보를 청중에게 배포하여 촉진되는 사회적 참여의 필수적 요소인 소통은 대중의 지식, 의견 및 행동을 형성할 수 있다. 국내외 연구들을 종합하여 공공소통의 주체를 구분해보면 다음과 같다.

2-1 기관 유형

a. 중앙행정기관

중앙행정기관은 공공소통의 여러 주체 중 대표적 기관으로 인식되는데, 국민에게 중요한 정보를 전달하고, 공공정책을 효과적으로 실행하며, 사회적 신뢰를 구축하는 결정적 기여를 한다. 중앙행정기관은 국가의 행정기능을 수행하기 위해 설립된 주요 기관으로, 국가 정책의 수립, 집행, 조정 등을 담당한다(이명진, 문명재, 2010). 이 기관은 행정부의 중요한 구성 요소로서, 대통령과 국무총리를 중심으로 다양한 부처와 청으로 구성된다. 일반적으로 특정 분야의 정책을 다루며, 그 범위는 국방, 외교, 경제, 교육, 환경 등 매우 광범위하다. 한국의 중앙행정기관으로는 국무총리실, 기획재정부, 외교부, 국방부, 교육부, 환경부 등이 있다. 각 부처는 특정 분야의 정책을 담당하며, 장관이 이를 총괄한다. 중앙행정기관은 정책의 기획과 집행을 통해 국가의 발전과 국민의 복지를 증진시키는 역할을 한다. 이들은 예산의 편성 및 집행, 법률의 제정 및 집행, 국제 협력 및 외교 활동, 사회 안전망 구축 등 다양한 업무를 수행한다. 또한, 중앙행정기관은 지방자치단체와 협력하여 지역 발전과 균형 있는 국가 발전을 도모한다(안혁근 & 서재호, 2022).

　중앙행정기관의 공공소통은 상당히 다양한 역할과 양상을 보여주는데, 가장 우선적으로 정보 제공과 투명성 확보를 들 수 있다. 시민과의 상호작용을 통해 정책 결정의 투명성을 높이고, 사회적 문제를 해결하며, 공동체의 공익을 증진하는 데 필수적인 요소로 고려된다. 첸 외(Chen. et al., 2021)는 정부의 투명한 정보 제공이 공공의 신뢰를 구축하는 데 필수적이라고 강조하며, 시민이 정부 정책에 대해 더 잘 이해하고, 그에 대한 책임을 물을 수 있다고 설명한다. 그리고 중앙행정기관은 재난, 전염병, 경제 위기 등 여러 위기 상황에서 신속하고 효과적인 소통을 통해 국민의 불안을 해소하고, 협조를 이끌어내어 사회적 혼란을 최소화하여 상황을 안정시키는 역할을 한다. 그리고 중앙행정기관은 공공정책을 수립하고 이를 실행하는 과정에서 정책의 목적과 내용을 국민에게 전달하여 참여와 지지를 이끌어내기 위해 공공소통을 적극 수행한다(Peters, 2022). 국민의 목소리를 듣고, 이를 정책 결정 과정에 반영하는 역할도 병행한다. 공공소통의 쌍방향성을 강조하는 중요한 측면으로, 국민의 참여를 통해 정책의 정당성과 효율성을 높인다(Fung and Wright, 2001). 이 외에도 중앙행정기관의 공공소통이 국가 간 협력과 글로벌 소통을 촉진하는 역할도 중요하다. 국제 문제, 기후 변화, 경제 협력 등 글로벌 이슈에 대해 각국 정부가 공동의 입장을 표명하고, 협력 방안을 모색하는 데 필수적이며, 국제 기구와의 소통, 외교적 협상, 그리고 글로벌 미디어를 통한 메시지 전달 등을 통해 국제 사회에서의 역할을 전개한다(Castells, 2008).

b.지방자치단체

지방자치단체는 중앙정부의 권한을 지역 단위로 분산시켜 지역 주민의 자율적 행정을 실현하는 기관이다. 지방자치단체는 주로 지방의 발전과 주민의 복지를 증진시키는 역할을 하며, 이를 위해 다양한 행정적, 재정적 권한을 부여 받는다. 지방자치단체는 지역 주민의 투표로 선출된 지방의회와 지방자치단체장이 주도하는 구조를 가진다(김병준, 2009). 한국의 지방자치단체는 크게 광역자치단체와 기초자치단체로 나뉜다. 광역자치단체에는 특별시, 광역시, 도, 특별자치도가 포함되며, 기초자치단체에는 시, 군, 구가 포함된다. 각 자치단체는 해당 지역의 특성에 맞는 행정을 수행하며, 지역 주민의 생활 편의를 도모한다. 지방자치단체의 주요 기능은 지역 경제의 활성화, 사회복지 서비스의 제공, 환경 보호 및 관리 등을 포함한다.

예를 들어, 지방자치단체는 지역 경제 활성화를 위해 소상공인 지원 정책을 시행하고, 복지 서비스를 통해 취약계층을 보호하며, 환경 보호 정책을 통해 지속 가능한 발전을 추구한다(오완석, 2013). 또한, 지방자치단체는 지방세를 부과하고, 예산을 편성 및 집행하는 재정적 권한을 가진다. 이를 통해 자치단체는 지역 주민에게 필요한 다양한 공공 서비스를 제공하며, 지방의 발전을 도모한다.

지방자치단체 역시 중앙행정기관과 마찬가지로 공공소통에서 중요한 역할을 수행하며, 지역 주민과의 밀접한 관계를 바탕으로 지역사회의 발전과 복지를 증진시키기 위한 다양한 소통 활동을 전개한다. 중앙행정기관과 가장 큰 차이점은 지역 주민의 요구와 특성에 맞춘 맞춤형 소통 전략을 수립하고 실행하는 것이다. 지역 주민과의 직접적인 소통을 통해 지역사회의 문제를 해결하고, 주민의 의견을 수렴하며, 주민의 요구를 반영한 정책을 수립하는 역할을 한다. 중앙행정기관의 위기 관리 공공소통과 마찬가지로 지방자치단체 역시 지역사회에서 발생하는 자연재해, 전염병, 사회적 갈등 등 여러 위기 상황에 신속하고 효과적으로 대응하는 공공소통 활동을 수행한다. 대표적으로 2020년 코로나19 상황에서 중앙행정기관의 전반적 위기 관리 체계 속에서도 지방자치단체만의 감염자 발생 현황, 백신 접종 일정의 지역 정보, 의료 시설 및 기관의 정보 제공 등 지역 사회에 특화된 공공소통이 중요한 역할을 수행했다(Govindan et al., 2021). 이 외에도 주민 참여를 유도해 민주적 거버넌스를 강화하거나, 지역 사회의 정보 접근성을 높이며 지역 고유의 정체성을 강화하고, 지역 문화, 축제, 등 유무형의 자산을 알리는 목적의 공공소통을 적극적으로 추진한다.

C. 공공기관

공공기관은 국가 및 지방자치단체가 설립하여 공공의 이익을 위해 운영되는 기관으로, 국민 생활의 편익을 증진하고 사회적, 경제적 발전을 도모하는 역할을 한다. 공공기관은 크게 공기업과 준 정부기관으로 나뉜다. 공기업은 주로 경제적 수익을 창출하기 위해 운영되며, 준 정부기관은 정부의 정책을 지원하거나 사회적 서비스를 제공하는 데 중점을 둔다. 공기업의 대표적인 예로는 한국전력공사, 한국가스공사, 한국토지주택공사 등이 있다. 이러한 공기업들은 전기, 가스, 주택 등의 필수적인 공공 서비스를 제공하며, 그 운영은 수익 창출뿐만 아니라 국민의 삶의 질 향상을 목표로 한다. 준 정부기관은 공공서비스 제공과 정책 지원을 목적으로 하며, 국민연금공단, 한국관광공사, 한국무역보험공사 등이 있다. 공공기관은 공공성과 효율성을 동시에 추구해야 하므로, 그 운영에 있어 투명성과 책임성이 중요한데, 공공기관의 운영은 국민의 참여와 감시가 필수적이며, 이를 위해 다양한 소통 창구와 정보 공개 시스템이 운영되고 있다(박나라, 2017). 각 기관이 가진 고유한 업무에 대한 정보 제공과 국민 참여를 위한 공공소통 역시 체계적으로 운영하려는 노력이 진행 중에 있다. 공공 캠페인, 교육 프로그램, 행사 등 소통의 수단을 통해 관계자의 의식 수준, 참여를 높여 공동체 발전에 기여한다. 공적 마케팅이 공공기관의 중요한 소통 도구로 이용되는 것은 사회적 문제 해결과 공익 증진에 관한 목표 달성의 전략의 일환이기 때문이다.

d. 비정부기구

비정부기구(NGO) 및 시민단체는 정부와 독립적으로 운영되며, 사회적 변화와 정책 개선을 목표로 다양한 주제에 대해 대중과 공적 소통을 전개하는 비영리 조직이다. NGO는 인권, 환경, 사회복지, 교육, 빈곤 퇴치, 공공보건 등 다양한 분야에서 활동하며, 정부나 기업과는 다른 방식으로 공공의 목소리를 대변하고, 이를 통해 사회적 변화를 촉진한다. NGO는 공공소통을 통해 사회적 이슈에 대한 대중의 인식을 높이고 교육하는 중요한 역할을 하는데, 인권 침해, 환경 파괴, 빈곤 문제 등 중요한 이슈에 대한 정보를 제공하고, 대중이 이러한 문제에 대해 깊이 이해할 수 있도록 돕는다(Eden, 2004). 몇몇 기관을 예시화하면, '민주사회를 위한 변호사 모임'(민변)과 '환경운동연합'과 '녹색연합' 등을 들 수 있고, '참여연대'는 정치•경제•사회 전반에 걸쳐 투명성과 공정성을 촉구하며, 이를 위해 다양한 캠페인과 교육 프로그램을 운영한다. 또 다른 예로, '아름다운재단'은 기부 문화를 확산시키고, 사회적 약자를 돕기 위한 다양한 지원 프로그램을 운영하며, 이를 통해 사회적 연대를 강화하고 있다. NGO는 공공정책에 영향을 미치기 위해 대중과의 소통을 통해 지지 기반을 형성하고, 이를 바탕으로 정책 영향력을 강화한다. 그리고 대중을 대상으로 한 캠페인을 통해 사회적 여론을 형성하고, 정책 변화를 유도하기도 한다(Willetts, 1996). 대중의 행동을 촉진하고 사회 참여를 유도하는 데에도 중요한 역할을 한다. 서명 운동, 캠페인, 집회 등을 통해 사람들이 특정 사안에 대해 행동을 취하도록 독려하는 소통 활동은 대중이 사회 문제에 대해 보다 적극적으로 참여하도록 하며, 사회적 변화를 실현하는 데 기여한다(Tufte, 2017).

e. 교육 기관

유치원부터 고등 교육에 이르는 모든 형태의 교육 기관 역시 공공소통의 중요한 주체에 포함할 수 있다. 지역에 위치한 공⊠사립학교는 학생, 학부모 및 지역 사회와 정기적으로 교류하여 교육 정책, 안전 프로토콜 등을 망라한 다양한 교육 현안에 대한 정보 제공과 여론 수렴을 통해 여러 주체가 참여할 수 있는 커뮤니티를 육성한다(Levin & Arafeh, 2002). 특히 대학을 중심으로 이루어지는 공공소통은 여러 차원에서 공공적 기능을 활발하게 수행한다. 대학에서 이루어지는 연구는 과학적 발견과 사회적 혁신을 이끌어내며, 이러한 지식은 학술 출판물, 강연, 세미나 등을 통해 대중에게 전달된다. 이 과정에서 대학은 공공 문제에 대한 이해를 높이고, 정책 결정에 영향을 미칠 수 있는 근거를 제공한다(Severin & Tankard, 2001). 대학은 또한, 공적 논의와 담론의 장을 제공하는 중요한 역할을 한다. 대학 캠퍼스는 다양한 의견이 교류되는 공간으로, 학술 포럼, 공청회, 공개 강연 등을 통해 사회적 이슈에 대한 논의가 활발히 이루어진다. 이러한 행사는 대중이 참여할 수 있는 열린 공간으로 제공되며, 대학은 이를 통해 사회적 통합과 공론화 과정에 기여한다(Hong, 2022).

f. 의료기관

의료기관은 건강 정보 제공, 질병 예방, 질병 위기 상황에서의 대응 등에 있어 공공소통의 핵심적인 기능을 수행하는 중요한 주체이다. 의료기관은 공공에게 정확하고 신뢰할 수 있는 건강 정보를 제공하는 역할을 한다. 이러한 정보 제공은 질병 예방, 건강 관리, 의료 서비스 이용 방법 등에 대한 지침을 포함한다. 예를 들어, 병원과 보건소는 대중에게 계절성 질병 예방 방법이나 건강 검진의 중요성 등을 알리는 캠페인을 주도함으로써 공공의 건강 인식을 높인다(Neuhauser & Kreps, 2003). 의료기관은 질병 예방과 건강 증진을 위한 프로그램을 개발하고 이를 소통하는 역할도 수행 한다. 예방 접종, 건강 검진, 생활 습관 개선 등 예방적 조치를 강조하며, 대중이 건강한 생활 방식을 유지할 수 있도록 지원한다(Ratzan et al., 2020). 또한, 의료기관은 건강한 식습관, 운동, 금연 등의 주제를 다루는 교육 프로그램을 운영하여 질병 발생을 줄이고, 전체적인 공공 건강 수준을 높이는 데 기여한다. 의료기관은 국가나 지방 정부의 공공 건강 정책을 현장에 적용하고, 정책의 목적과 내용을 대중에게 설명하며, 정책의 효과적인 이행을 도모하는 등의 내용을 대중에게 소통하는 중요한 주체로서 명확히 인식된다(Peters, 2022). 특히 최근에는 취약 계층의 적절한 의료 서비스 지원에 대한 적극적 소통도 이루어지고 있다. 다문화 가정, 언어적 장벽을 가진 사람들을 위한 번역 서비스나 문화적 배려가 포함된 의료 소통 프로그램을 제공하여, 보다 포용적인 의료 환경을 조성하는 등 공공소통의 외연도 확대되고 있다.

g. 종교단체

종교단체도 신앙과 도덕적 가치를 기반으로 사회적, 문화적, 정치적 이슈에 대해 대중과의 공공적 소통을 하는 주체 중 하나로 볼 수 있다. 종교단체는 신앙과 교리를 바탕으로 도덕적 가치와 윤리적 지침을 제공하며, 이를 통해 대중에게 도덕적 행동과 사회적 책임을 강조한다. 이러한 활동은 개인의 삶과 사회 전체에 큰 영향을 미치며, 설교, 교육 프로그램, 출판물 등을 통해 신도는 물론 여러 형태의 대중에게 이러한 가치를 전달한다(Hughes, 2000). 많은 종교단체는 기부, 봉사, 용서와 같은 가치들을 강조하며 공공의 선을 추구하도록 독려한다. 그리고 종교단체의 공공소통은 공동체의 유대감을 강화하고, 공동체 의식을 고취하기 위한 중요한 역할을 한다(Putnam, 2000). 이런 소통 활동을 통해 사회적 결속을 강화하고, 특히 어려운 시기에 공동체가 상호 지원할 수 있는 기반을 제공한다. 이 외에도 인권, 평화, 환경 보호 등 사회적 이슈에 대해 공공의 이익을 위한 목소리를 내고, 행동을 촉구하기 위한 공공소통도 전개한다(Tufte, 2017). 빈곤 퇴치, 인종차별 반대, 전쟁 반대 등의 활동 역시 공공 의식을 높이고 사회 전반에 걸쳐 종교단체가 지향하는 긍정적 영향과 사회적 변화를 이끌기 위한 소통의 일환으로 볼 수 있다.

h. 지역사회

지역사회 조직은 지역 주민들이 특정한 관심사나 필요에 따라 자발적으로 구성한 단체로, 이들 역시 공공소통에서 중요한 역할을 수행한다. 일반적으로 지역사회의 문제를 해결하고, 공동체의 복지를 증진시키며, 주민 간의 소통을 강화하는 데 목적을 두는 경우가 많다. 대체로 비영리 단체이며, 교육, 환경 보호, 사회적 지원, 문화 활동 등을 포함한 다양한 분야에서 활동한다. 다양한 공공소통 활동 중 무엇보다 지역 주민들의 목소리를 모아 공공 문제를 해결하는 데 중요한 역할을 한다. 이들의 공공소통은 주민과 지역사회의 필요와 문제를 파악하고, 이를 해결하기 위한 방안을 모색한다(Gabriel, 2000). 지역 내 주거 환경 개선, 공원 조성, 범죄 예방 등과 같은 활동을 주도하며, 주민들의 삶의 질을 향상시키고 공공의 참여를 촉진한다. 지역사회 조직은 주민들에게 중요한 정보를 제공하고, 교육 프로그램을 통해 지역사회의 역량을 강화한다. 이들은 지역사회의 이슈나 기회를 알리는 역할을 하며, 주민들이 필요한 정보를 얻고 이를 기반으로 행동할 수 있도록 지원한다(Putnam, 2000). 지역 사회 조직은 주민들이 서로 연결되고, 협력할 수 있는 플랫폼을 제공하며, 지역 내 사회적 자본을 증진하는데 공공소통을 적극 활용한다(Woolcock & Narayan, 2000). 주민들이 지역의 의사결정 과정에 참여할 수 있도록 돕고, 민주적 거버넌스를 강화하는 역할을 한다. 공청회나 워크숍 등으로 대표되는 소통 방식을 통해 주민들이 지역사회의 문제와 정책에 대해 의견을 나눌 수 있는 기회를 제공하며, 주민들이 자신들의 목소리를 지역 정책에 반영할 수 있도록 한다(Fung & Wright, 2001).

i. 기업

일반 기업 역시 공공소통에서 점점 더 중요한 역할을 맡고 있다. 단순히 제품과 서비스를 홍보하는 것에 그치지 않고, 사회적 책임을 수행하고, 공동체와의 관계를 구축하며, 투명성을 유지하는 데 중점을 둔다. 공공소통을 통해 기업은 사회적 문제 해결에 기여하고, 궁극적으로 지속 가능한 경영을 실현할 수 있다. 대표적으로 기업의 사회적 책임(CSR)과 ESG 경영을 들 수 있다. 기업의 공공소통은 기업 자체의 사회적 책임을 수행하고 윤리적 경영을 홍보하는 역할을 한다. 법적 의무에서 머무르지 않고, 환경 보호, 사회적 평등, 지역사회 지원의 다양한 사회적 가치에 기여하는 활동을 포함한다. 기업의 경제적, 법적, 윤리적, 자선적 책임을 다하는 것이 기업의 공공소통에 필수적이라고 강조되고 있다(Carroll, 1991). 동시에 기업은 공공소통을 통해 경영 활동에 대한 투명한 정보를 제공하여 소비자의 신뢰를 구축한다. 재무 정보, 기업의 환경적, 사회적 영향 등의 분야에서 투명성을 포함한다. 폼브룬과 반 리엘(Fombrun & Van Riel, 2004)은 기업의 명성과 신뢰는 투명하고 일관된 정보 제공을 통해 구축된다고 설명하고, 기업의 투명성 유지는 장기적인 신뢰와 평판 강화에 기여한다고 강조한다. 기업이 관여된 위기 상황에서 책임 있는 대응을 포함한 공공소통 역시 중요한 기업의 역할 중 하나이다. 위기 상황에서의 공공소통이 기업의 신뢰 회복과 조직의 장기적 성공에 중요한 영향을 미치기 때문에(Coombs, 2007), 기업의 위기 관리 전략은 신속하게 정확한 정보를 전달하고 상황에 대한 책임을 분명히 하며 대책을 제시하는 모든 과정을 망라하여 매우 중요한 소통의 전략으로 인식하고 있다. 이 외에도 기업은 기업과 연관된 지역 사회와의 연대 협력, 사회적 영향에 대한 여러 문제에 공공소통의 역량을 이용한다.

공공소통의 주체는 공공적 기능을 수행하는 기관 어떤 곳도 해당할 수 있으며 본 장에서는 9개 유형의 기관에 대해 개괄적으로 소개하였다. 본 장에서 다루는 기관 유형별 공공소통의 자세한 내용은 정책홍보의 연장선상에서 진화한 공공소통을 핵심으로 한다. 따라서 그 주체를 크게 중앙행정기관, 지방자치단체, 공공기관, 그리고 비영리 단체로 한정하여 설명한다. 각 주체는 고유한 목적과 역할을 가지고 있으며, 소통의 목표, 방식 등에서 차이를 확인할 수 있다.

3. 주체별 공공소통 목표

중앙행정기관은 국가의 정책을 수립하고 집행하는 주체로서, 기관의 주요 목표는 정책의 정당성을 확보하고, 국민의 신뢰를 증진시키는 것이다. 김수정(2018)은 중앙행정기관의 정보 공개와 투명성이 국민 신뢰도에 직접적인 영향을 미친다고 분석하였다. 정보의 투명성과 신속한 제공이 정책에 대한 국민의 이해도를 높이고, 정부에 대한 신뢰를 강화하는 데 중요한 역할을 한다고 강조했다. 이러한 접근은 국민이 정부 정책을 이해하고, 이에 따라 행동할 수 있도록 하는 기본적인 토대가 된다. 이를 위한 중앙행정기관의 공공소통 목표는 국민과의 신뢰 구축, 정책의 투명성 확보, 그리고 참여형 행정 구현, 피드백 수집과 정책 개선, 정책 이해도 증진, 그리고 위기 관리 등으로 요약될 수 있다. 정책의 정당성 확보와 대국민 신뢰를 증진하기 위해 정책의 목표, 필요성, 효과 등을 국민에게 알리고 이해를 돕는 정책 정보 제공을 들 수 있다(Bennett & Manheim, 2006). 그리고 국민의 의견을 수렴하고, 정책 결정 과정에 국민의 참여를 유도하기 위한 노력도 중요한 목표가 되기도 한다. 또한, 공공소통은 단순히 정보 제공에 그치지 않고, 피드백 수집과 정책 개선의 순환 과정을 포함한다. 최희주(2007)은 공공소통의 궁극적인 목표가 국민의 목소리를 정책에 반영하는 것임을 강조했다. 이어 중앙행정기관이 국민의 의견을 수렴하고 이를 정책에 반영하는 과정을 통해 더욱 효과적이고 효율적인 행정을 구현할 수 있다고 주장했다. 또한, 중앙행정기관은 자연재해, 전염병 등 국가적 위기 상황에서 신속하고 정확한 정보 제공으로 국민의 안전을 보장하고 혼란을 최소화하는 목표를 가지고 있다. 황성수와 윤광재(2018)는 중앙행정기관의 홍보 활동이 정책의 이해도를 높이는 중요한 수단이라고 언급하면서, 이를 통해 정책의 효과를 극대화할 수 있다고 주장했다. 해외에서도 중앙행정기관의 공공소통 목표는 유사한 것으로 나타나는데, 특히 참여형 행정을 위한 소통 목표의 중요성이 강조된다. 참여 행정은 시민이 정책 결정 과정에 직접 참여할 수 있는 기회를 제공함으로써 정책의 효과성과 수용성을 높일 수 있다고 한다. 이는 정책 결정에 대한 시민의 신뢰를 높이고, 더 나아가 민주적 절차를 강화하는 데 기여한다(OECD, 2017). 예를 들어, 대한민국의 행정안전부는 국민과의 소통을 강화하기 위해 다양한 온라인 플랫폼과 오프라인 채널을 운영하고 있다. 행정안전부는 국민신문고와 같은 온라인 민원처리 시스템을 통해 국민의 의견을 직접 수렴하고, 신속히 대응하고 있다. 미국의 경우, 연방정부의 여러 부처가 공공소통을 담당하는 역할을 하고 있다. 백악관의 커뮤니케이션실은 대통령의 메시지를 국민에게 전달하는 역할을 하며, 각 부처의 홍보팀은 부처별 정책과 관련된 정보를 제공하고 있다(Bennett & Manheim, 2006). 지방자치단체는 지역 주민과의 소통을 통해 지역사회 문제를 해결하고, 주민의 참여를 촉진하는 역할을 한다.

지방자치단체의 공공소통 목표는 주민과의 신뢰 구축, 투명한 정보 제공, 참여 민주주의 실현, 그리고 지역사회 발전과 복지 증진 등으로 요약된다. 국내 연구에 따르면, 지방자치단체의 공공소통 목표 중 가장 중요한 것은 주민과의 신뢰 구축이다. 최예나(2016)는 지방자치단체가 신뢰를 얻기 위해서는 투명하고 신속한 정보 제공이 필수적이라고 주장했다. 정보의 투명성이 주민의 신뢰를 높이는 주요 요소라고 강조하면서, 지방자치단체가 정책 결정 과정과 그 결과를 투명하게 공개하는 것이 중요하다고 했다. 또한, 지방자치단체의 공공소통 목표는 주민의 적극적인 참여를 유도하는 데 있다. 또한, 최예나(2016)는 주민 참여가 지방자치의 핵심이라고 지적하며, 지방자치단체가 다양한 소통 창구를 통해 주민의 의견을 수렴하고 이를 정책에 반영해야 한다고 주장했다. 이는 주민의 요구와 기대를 충족시키고, 정책의 수용성을 높이는 데 기여한다. 또한, 지방자치단체의 공공소통 목표 중 하나는 지역사회 복지 증진이다. 최진혁(2012)은 지방자치단체가 주민의 복지를 증진시키기 위해서는 주민의 목소리를 반영한 정책을 수립하고, 이를 지속적으로 평가하고 개선하는 과정이 필요하다고 강조했다. 이는 주민의 다양한 복지 요구를 충족시키고, 보다 나은 지역사회를 만드는 데 중요한 역할을 한다. 마지막으로, 지방자치단체의 공공소통은 지역사회 발전을 위한 협력과 조정을 목표로 한다. 한상우(2014)는 지방자치단체가 지역사회 내 다양한 이해관계자와의 협력을 통해 시너지를 창출할 수 있다고 주장했다. 이러한 협력이 지역사회의 발전과 문제 해결에 기여하며, 지방자치단체의 역할을 강화한다고 설명했다. 국내 대표적 사례로는 각 지방자치단체가 주민참여예산제도, 주민 소환제도 등을 통해 주민의 직접 소통을 반영하고 있다. 해외의 경우 스웨덴은 '알메달렌 주간'이라는 행사를 통해 정치인과 시민이 직접 만나 토론하는 장을 마련하고 있으며, 이를 통해 지방자치단체의 정책 결정 과정에 주민들이 적극적으로 참여할 수 있도록 하고 있다(Grimmelikhuijsen & Meijer, 2012).

공공기관의 공공소통 목표는 국민과의 신뢰 구축, 정책의 투명성 확보, 참여형 행정 구현, 정보 접근성 향상, 그리고 피드백 시스템 강화 등으로 요약될 수 있다. 이러한 목표는 국내외 다양한 연구를 통해 구체적으로 분석되고 있다. 사실 공공기관이 가진 공익적 관점에서 중앙행정기관, 지방자치단체 등의 소통 목표와 크게 다르지 않은 측면이 있는 것도 참고할 만하다. 공공기관의 대표적 공공소통 목표 중 하나는 국민과의 신뢰 구축이다. 투명한 정보 제공이 국민의 이해를 돕고, 신뢰도를 높이는 주요 요인이며, 이는 국민이 공공기관의 역할과 기능을 정확히 이해하고, 이에 따라 신뢰를 형성하게 하는 데 중요한 역할을 한다. 또한, 공공기관의 정책 투명성 확보도 중요한 소통 목표로 제시된다. 윤상오(2009)은 정책의 투명성이 국민의 정책 수용성에 미치는 영향을 연구하면서, 투명한 정책 과정 공개가 국민의 신뢰를 강화한다고 설명했다. 그는 공공기관이 정책 수립 및 집행 과정을 공개하고, 이에 대한 정보를 제공함으로써 정책의 투명성을 확보해야 한다고 주장하는데, 이는 소통이 기획부터 실행의 여러 과정에 중요한 요소임을 의미하는 것으로 이해할 수 있다. 해외 역시 공공기관의 공공소통은 국민 참여를 유도하고, 기관의 주요 결정 과정에 대한 투명성을 높이는 것을 목표로 하는 경우가 많다(OECD, 2017). 공공기관이 국민과의 소통을 통해 정책 결정 과정에 대한 신뢰를 구축할 수 있으며, 이를 통해 기관 사업의 효과성을 극대화할 수 있다고 설명한다. 공공기관 소통의 또 중요한 목표 중 하나는 정보 접근성을 향상시키는 것이다(남민경 외, 2018). 공공기관이 이해관계자가 쉽게 접근할 수 있는 형태로 정보를 제공하는 것이 중요하다고 강조했다. 이는 디지털 플랫폼을 활용하여 정보를 제공하거나, 이해하기 쉬운 형태로 정보를 제공하는 것을 포함하며, 궁극적으로 정보 격차를 줄이고, 모든 관계자가 공공정보에 쉽게 접근할 수 있도록 하는데 기여한다. 마지막으로, 공공기관의 공공소통은 피드백 시스템 강화를 목표로 한다. 이동기(2021)는 공공기관이 국민의 의견을 수렴하고, 이를 정책에 반영하는 시스템을 갖추는 것이 중요하다고 주장했다. 그는 피드백 시스템이 국민의 요구와 기대를 반영하여 보다 효과적이고 효율적인 정책을 수립하는 데 기여한다고 설명했다. 이러한 시스템은 공공기관과 국민 간의 쌍방향 소통을 촉진하고, 정책의 수용성을 높이는 데 중요한 역할을 한다.

마지막으로 비정부기구 및 시민단체의 공공소통 목표는 다양한 사회적 문제 해결과 공익 실현을 위해 국민과의 신뢰 구축, 투명한 정보 제공, 참여형 소통 구현, 지지와 협력 증대, 그리고 교육 및 인식 제고 등을 포함하는 것으로 구분할 수 있다. 김민영과 박성민(2013) 은 신뢰 구축이 효과적인 공공소통의 핵심이며 투명하고 신속한 정보 제공을 강조했다. 투명한 정보 제공이 기관의 신뢰도를 높이고, 내외부의 지지와 참여를 유도하는 데 중요한 역할을 하는 것으로 부연했다. 비정부기구와 시민단체는 투명한 정보 제공을 통해 자신들의 활동과 목표를 명확히 전달하고자 한다. 박정희(2018)는 이러한 투명성이 기부자와 지지자 모두에게 신뢰를 제공하며, 단체의 활동을 더욱 효과적으로 수행할 수 있도록 지원한다고 언급했다. 비정부기구와 시민단체는 또한, 지지와 협력을 증대시키는 것을 목표로 한다. 정혜진(2020)은 비정부기구가 다양한 이해관계자와의 협력을 통해 사회적 문제를 보다 효과적으로 해결할 수 있으며, 이러한 협력이 단체의 활동 범위를 넓히고, 더 큰 사회적 영향을 미치는 데 기여한다고 설명했다. 마지막으로, 비정부기구와 시민단체의 공공소통은 교육 및 인식 제고를 목표로 한다. 이동기(2021)는 공공소통이 단체의 목표와 활동에 대한 국민의 이해를 돕고, 사회적 문제에 대한 인식을 높이는 데 기여하는 역할을 지적했다. 교육 프로그램과 캠페인을 통해 국민의 인식을 제고하고, 사회적 변화를 촉진할 수 있다고 설명했다. 이 외에도 정부와 시민 간의 중재자로서 사회적 변화 촉진을 소통의 목표로 제시하기도 한다. 캠페인, 세미나 등의 방식이 활용되며, 인권 문제 등의 경우 국내외를 망라하는 경우가 이에 해당한다(Cole, 2014).

4. 주체별 소통방식의 특징과 차이

중앙행정기관은 국가의 주요 정책과 법률을 수립하고 집행하는 역할을 하며, 대국민 소통을 통해 정책의 정당성과 신뢰성을 확보하고자 한다. 국가 정책을 수립하고 집행하는 역할을 담당하므로, 소통방식이 공식적이고 구조화된 특징을 가지고 있다. 소통 방식은 주로 공식적인 채널을 통해 이루어지며, 기관의 입장을 명확히 전달하는 데 중점을 둔다. 가장 기본적으로 공식 발표와 보도자료를 통해 주요 정책과 결정을 국민에게 알리는 것이 일반적이다. 이 방식은 정보의 정확성과 일관성을 유지하며, 국가 차원의 주요 메시지를 신속하게 전달하는 데 적합하기 때문이다. 소통의 대상이 전국적 범위와 규모인 경우가 일반적이기 때문에, 다수의 대중을 대상으로 한 소통이 중요하다. 따라서 넓은 커버리지를 가진 언론, 방송, 공식 웹사이트, 소셜 미디어 등을 활용한다. 그리고 중앙행정기관은 법적 권한과 책임을 바탕으로 소통하며, 공식적인 절차와 문서를 통해 정보를 전달하는 것이 일반적이다. 이는 정책의 정당성과 신뢰성을 확보하기 위함이다. 대표적 소통방식 몇 가지를 살펴보면 첫째 공식발표와 브리핑을 들 수 있다. 정부 대변인이나 관련 부처 장

차관, 혹은 실무 국장 등이 정례 브리핑을 통해 주요 정책이나 현안에 대해 공식적으로 발표한다. 예를 들어, 대통령실의 대변인 브리핑, 각 중앙행정기관의 브리핑 등이 정례적으로 이루어지고 있다. 외국 정부 역시 백악관의 프레스 브리핑 등이 있다(Bennett & Manheim, 2006). 다음으로 공공캠페인이 있다. 정부는 특정 정책이나 공공의식을 제고하기 위해 대규모 공공 캠페인을 실시한다. 이는 TV 광고, 라디오, 인쇄물, SNS 등 다양한 매체는 물론 트렌드에 맞는 기획 과정과 방법을 통해 이루어진다. 디지털 플랫폼의 활용도 중요한 수단으로 성장하고 있다. 공식 웹사이트, SNS 계정 등을 통해 국민과의 소통을 강화하고, 실시간으로 정보를 제공한다. 우리나라 정부의 '대한민국 정책브리핑' 웹사이트는 중앙행정기관에서 발표하는 다양한 정책 정보를 종합하여 제공한다.

지방자치단체의 소통은 중앙행정기관에 비해 직접적이고 개인적인 수준의 접근을 통해 이루어지는 경우가 많다. 지역 주민들과의 밀접한 소통을 강조하며, 주민들의 의견을 수렴하고 이를 정책에 반영하려는 노력 역시 큰데, 지역 주민들과의 긴밀한 관계를 유지하고, 지역사회의 특수한 문제를 해결하는 데 중점을 두는 이유에서 비롯된다. 공공소통의 특징은 크게 3가지 정도로 구분할 수 있는데, 첫째, 지역 맞춤형 소통이다. 지방자치단체는 특정 지역 주민들을 대상으로 소통하므로, 지역의 특성과 주민들의 요구를 반영한 맞춤형 소통의 양상이 주로 나타난다. 둘째, 직접적인 주민 참여의 형식을 들 수 있다. 주민참여예산제도, 주민 소환제도 등 주민들이 직접 정책 결정 과정에 참여할 수 있는 기회를 제공한다. 이를 통해 주민들과의 소통을 강화한다. 세째, 커뮤니티 중심 소통이 일반적이다. 지방자치단체는 지역 커뮤니티와의 긴밀한 관계를 유지하며, 지역 행사, 공청회, 주민 회의 등의 오프라인 현장 방식을 통해 소통을 강화한다. 주민들이 직접 참여할 수 있는 회의나 공청회를 개최하여 지역사회의 문제와 해결 방안을 논의한다. 예를 들어, 서울시의 주민참여예산제도는 주민들의 의견을 직접 반영하고, 시장이나 구청장 등 기관장이 지역을 직접 방문하여 주민들과 대면 소통을 진행하고, 지역사회에 특화된 방송국이나 신문을 통해 정보를 제공하고, 주민들과의 소통을 강화한다. 디지털 소통의 중요성이 커지면서 이에 대해 진화하고 있기도 하다. 지역 정책, 계획, 공공서비스 등에 대한 주민의 이해를 돕기 위해 다양한 온라인 플랫폼을 통해 지역 정보를 제공하고 있다.

마지막으로 비정부기구 및 시민단체의 소통은 사회적, 정치적, 환경적 문제 등 기대하는 목표를 효과적으로 달성하기 위해 다양한 소통방식을 활용한다. 사회적 이슈에 대한 인식을 높이고 변화를 촉진하기 위해 캠페인, 시위, 서명 운동 등의 정부나 민간 기업과는 다른 소통 방식이 이용되기도 한다. 시민의 참여와 연대를 중요시 하기 때문에 빠르고 광범위하며, 다양한 소통 방식을 활용하는데 온라인 플랫폼, 소셜미디어, 커뮤니티 등의 채널도 자주 이용된다. 이러한 소통방식은 대내적으로는 조직 구성원 간의 협업을 촉진하고, 대외적으로는 일반 대중, 정부, 다른 NGO, 그리고 미디어와의 관계를 관리하는 데 필수적이다. 대외적 소통방식을 살펴보면, 첫째, 대중과의 소통이 있다. NGO와 시민단체는 대중에게 자신들의 목표와 활동을 알리고, 지지를 얻기 위해 다양한 방법을 사용한다. 소셜 미디어, 뉴스레터, 웹사이트, 블로그 등을 통해 대중에게 다가가며, 이들을 참여시킬 수 있는 캠페인이나 이벤트를 기획한다. 연구 보고서, 정책 제안서가 많이 활용되기도 하는데, 공공정책에 대한 변화 촉구, 사회적 변화를 위한 심층적 자료가 제공될 수 있기 때문이다. 그리고 단순한 정보 전달을 넘어, 자원 봉사자 모집, 기부 요청, 서명 운동 등의 구체적인 참여를 유도하기도 한다(Atack, 1999). 둘째, 미디어와의 관계 관리의 목적이 있다. 언론과의 관계는 NGO와 시민단체의 메시지를 널리 확산하는 중요한 역할을 한다. 이들은 보도자료, 기자회견, 미디어 인터뷰 등을 통해 언론과의 관계를 형성하고 관리한다(Lewis et al., 2020). 이를 통해 사회적 이슈를 공론화하고, 대중의 관심을 끌어 모을 수 있다. 셋째, 정부 및 국제기구와의 소통이 있다. 정부 및 국제기구와 협력하여 정책에 영향을 미치고, 그들의 목소리를 반영하기 위해 로비 활동과 공공 캠페인을 전개한다. 공식적인 회의, 자문 그룹 참여, 정책 제안서 제출 등을 통해 소통하며, 이 과정에서 관계 형성과 유지가 중요하다(Keck, 1998). 마지막으로 다른 NGO와의 네트워킹이 있다. 동일한 목표를 가진

다른 NGO와의 협력은 자원을 공유하고, 더 큰 영향력을 행사하는 데 중요하다. 이를 위해 컨퍼런스, 공동 프로젝트, 워크숍 등의 네트워킹 기회를 통해 서로의 경험을 공유하고, 공동의 전략을 개발하기도 한다(Edwards, & Hulme, 1996).

참고문헌

김민영, 박성민(2013). 성과평가제도 수용성의 선행 및 결과요인에 관한 연구: 한국 NGO 를 중심으로: 한국 NGO 를 중심으로. *정책분석평가학회보, 23*(4), 87-125.

김병준(2009). *지방자치론*. 법문사.

김영희(2019). *언론인 박권상과 한국 현대 언론*. 커뮤니케이션북스.

김정숙, 최선미(2019). 정책홍보가 정부신뢰에 미치는 영향에 관한 연구: 정보접근성, 세대 간 차이에 대한 조절효과를 중심으로. *국가정책연구, 33*(1), 185-220.

남민경, 박수진, 정의태.(2018). 지진대비 안전수칙 매뉴얼의 지속적인 노출 방안 연구: 성인의 정보 접근성을 높이는 방안을 중심으로: 성인의 정보 접근성을 높이는 방안을 중심으로. *한국디자인문화학회지, 24*(3), 215-229.

류재숙, 임재필(2012). 관광마케팅커뮤니케이션이 관광지 브랜드자산에 미치는 영향. *한국콘텐츠학회논문지, 12*(2), 439-452.

박나라(2017). 공공부문 투명성이 만족도에 미치는 효과: 2010-2015 년 공공기관의 정보공개와 고객만족도의 관계를 중심으로. *한국행정학보, 51*(4), 219-253.

오경수, 천명재, 김희경(2013). 정책 PR 이 정책지지, 정부신뢰에 미치는 영향 연구. *한국콘텐츠학회논문지, 13*(7), 190-202.

오완석(2013). 마을공동체회복사업과 주민자치를 위한 정부, 지방자치단체의 역할. *공공사회연구, 3*(2), 104-125.

윤상길(2017). 1960 년대 박정희 정부 공보선전 정책의 정치적 성격. *한국언론학보, 61*(6), 147-176.

윤상오(2009). 전자정부 구현을 위한 개인정보보호 정책에 관한 연구: 정부신뢰 구축의 관점에서: 정부신뢰 구축의 관점에서. *한국지역정보화학회지, 12*(2), 1-29.

안혁근, 서재호(2022). 중앙정부와 지방자치단체의 협력적 규제거버넌스에 관한 인식조사, 2015.

이동기(2021). 정책 인지도 및 정책 필요성 태도가 에너지 공공기관 설립의 정책지지에 미치는 영향. *지방정부연구, 24*(4), 273-295.

이명진, 문명재(2010). 공공기관의 조직적 특성과 정보공개에 관한 연구. *한국행정학보, 44*(1), 121-146.

이제홍(2022). 한류 콘텐츠 요인이 국가 브랜드 이미지, 한국제품 이미지와 한국제품 만족도에 미치는 실증분석. *e-비즈니스연구, 23*(4), 139-157.

정혜진(2020). 사회적 기업의 자율경영공시 참여: 기업의 특성에 대한 탐색적 접근. *NGO 연구, 15*(2), 173-202.

최예나(2016). 지방정부 주민참여의 결정요인 연구: 주민과 선출직 기관간 소통의 조절효과를 중심으로: 주민과 선출직 기관간 소통의 조절효과를 중심으로. *한국지방자치학회보, 28*(4), 129-152.

최용석, 김효미(2016). 소셜 미디어를 이용한 공공외교가 국가이미지와 국가 브랜드에 미치는 영향에 관한 연구. *한국콘텐츠학회논문지, 16*(3), 426-438.

최진혁(2012). 정책결정과정에서의 주민주권의 강화. *지방행정연구, 26*(1), 53-79.

최희주(2007). 정부중앙행정기관 웹사이트에서 대국민서비스의 효율적인 인터넷 민원 서비스 처리 설계. *한국정보과학회 학술발표논문집, 34*(1C), 305-310.

한국행정연구원(2015). 공공소통과 참여 행정의 중요성. 한국행정연구원 연구보고서.

한상우(2014). 지방자치단체 통합사례 분석 및 시사점: 청주, 청원 통합 사례. *국가정책연구, 28*(4), 165-186.

황성수, 윤광재(2018). 정책이해도, 정책선호, 정부신뢰 측정에 관한 탐색적 연구: 정책이해도가 높아지면 정부신뢰도 높아지는가?: 정책이해도가 높아지면 정부신뢰도 높아지는가?. *한국공공관리학보, 32*(3), 209-226.

Anholt, S.(2007). The theory of competitive identity. In *Competitive Identity: The New Brand Management for Nations, Cities and Regions* (pp. 25-42). London: Palgrave Macmillan UK.

Atack, I.(1999). Four criteria of development NGO legitimacy. *World development, 27*(5), 855-864.

Bennett, W. L., & Manheim, J. B.(2006). The one-step flow of communication. *The ANNALS of the American Academy of Political and Social Science, 608*(1), 213-232.

Bentele, G., & Nothhaft, H.(2008). The intereffication model: Theoretical discussions and empirical research. In *Public relations research: European and international perspectives and innovations* (pp. 33-47). Wiesbaden: VS Verlag für Sozialwissenschaften.

Bernays, E. L.(1923). *Crystallizing Public Opinion*. Boni and Liveright.

Briggs, A., & Burke, P.(2009). *A social history of the media: From Gutenberg to the Internet*. Polity.

Buhalis, D., & Law, R.(2008). Progress in information technology and tourism management: 20 years on and 10 years after the Internet—The state of eTourism research. *Tourism management, 29*(4), 609-623.

Carroll, A. B.(1991). The pyramid of corporate social responsibility: Toward the moral management of organizational stakeholders. *Business horizons, 34*(4), 39-48.

Castells, M.(2008). The new public sphere: Global civil society, communication networks, and global governance. *The aNNalS of the american academy of Political and Social Science, 616*(1), 78-93.

Chen, S., Khastgir, S., & Jennings, P.(2021). Analyzing national responses to COVID-19 pandemic using STPA. *Safety Science, 138*, 105195.

Cole, K.(2014). *Sustainable development for a democratic South Africa*. Routledge.

Coombs, W. T.(2007). *Ongoing crisis communication: Planning, managing, and responding*. Sage Publications.

Cutlip, S. M.(1962). *Effective public relations*. Pearson Education India.

Cutlip, S. M.(2013). *The unseen power: Public relations: A history*. Routledge.

Dinnie, K.(2015). *Nation branding: Concepts, issues, practice*. Routledge.

Eden, L.(2004). Globalization and NGOs: Transforming business, government, and society. Palgrave Macmillan.

Edwards, M., & Hulme, D.(1996). *Beyond the magic bullet: NGO performance and accountability in the post-cold war world*. Kumarian Press.

Fan, Y.(2006). Branding the nation: What is being branded?. *Journal of vacation marketing, 12*(1), 5-14.

Fombrun, C.J. and Van Riel, C.B.M.(2004), Fame Fortune. *How Successful Companies Build Winning Reputations*, Prentice Hall, New York.

Fung, A., & Wright, E. O.(2001). Deepening democracy: Innovations in empowered participatory governance. *Politics & society*, *29*(1), 5-41.

Gabriel, Y.(2000). *Storytelling in organizations: Facts, fictions, and fantasies*. OUP Oxford.

Govindan, K., Nasr, A. K., Mostafazadeh, P., & Mina, H.(2021). Medical waste management during coronavirus disease 2019(COVID-19) outbreak: A mathematical programming model. *Computers & Industrial Engineering*, *162*, 107668.

Grimmelikhuijsen, S. G., & Meijer, A. J.(2014). Effects of transparency on the perceived trustworthiness of a government organization: Evidence from an online experiment. *Journal of Public Administration Research and Theory*, *24*(1), 137-157.

Grunig, J. E.(2008). Excellence theory in public relations. In. W. Donsbach. *The international encyclopedia of communication*, *4*, 1620-1622.

Grunig, J. E.(1984). *Managing public relations*. Hilt, Rinehart and Winston.

Heath, R. L., & Palenchar, M. J.(2008). *Strategic issues management: Organizations and public policy challenges*. Sage Publications.

Hong, E.(2022). How can universities learn from COVID-19 and reinvent learning environments? A case study from South Korea. In *Sport Management Education* (pp. 233-244). Routledge.

Hughes, P. C.(2000). *Keeping the faith(s): Religion, communication, and marital satisfaction in interfaith marriages*. University of Denver.

Keck, M. E.(1998). *Activists Beyond Borders: Advocacy Networks in International Politics*. Cornell University Press.

Levin, D., & Arafeh, S.(2002). *The digital disconnect: The widening gap between Internet-savvy students and their schools*. Pew Internet & American Life Project.

Lewis, D., Kanji, N., & Themudo, N. S.(2020). *Non-governmental organizations and development*. Routledge.

McQuail, D.(2010). *McQuail's mass communication theory*. Sage publications.

Neuhauser, L., & Kreps, G. L.(2003). Rethinking communication in the e-health era. *Journal of health psychology, 8*(1), 7-23.

Nye, J. S.(2004). *Soft power: The means to success in world politics*. Public affairs.

OECD(2001). Citizens as Partners: OECD Handbook on Information, Consultation and Public Participation in Policy-Making. OECD Publications Service.

OECD(2017). OECD Working Papers on Public Governance. OECD Publications Service. https://www.oecd-ilibrary.org/governance/oecd-2017-ourdata-index_2807d3c8-en.

Olins, W.(2007). Branding the nation: the historical context. In *Destination branding* (pp. 32-40). Routledge.

Peters, H. P.(2022). The role of organizations in the public communication of science–Early research, recent studies, and open questions. *Studies in Communication Sciences, 22*(3), 551-558.

Putnam, R. D.(2000). *Bowling alone: The collapse and revival of American community*. Touchstone.

Ratzan, S. C., Sommarivac, S., & Rauh, L.(2020). Enhancing global health communication during a crisis: lessons from the COVID-19 pandemic. *Journal of Health Communication, 25*(5), 1-7.

Severin, W. J., & Tankard, J. W.(2001). *Communication theories: Origins, methods, and uses in the mass media*. New York: Longman.

Smith, B. G.(2012). Communication integration: An analysis of context and conditions. *Public Relations Review, 38*(4), 600-608.

Tufte, T.(2017). *Communication and social change: A citizen perspective*. John Wiley & Sons.

Willetts, P.(*1996). The conscience of the world: the influence of non-governmental organisations in the UN system*. C. Hurst & Co.

Woolcock, M., & Narayan, D.(2000). Social capital: Implications for development theory, research, and policy. *The world bank research observer, 15*(2), 225-249.

제 2 장

공공소통의 현황 및 경향

김정렴_대한법률구조공단 홍보실장

1. 공공소통의 목적

공공소통은 현대 사회에서 중요한 역할을 담당하며, 정부, 비영리 단체, 기업 등 다양한 조직이 목표를 달성하고 대중과의 신뢰를 쌓기 위해 활용하는 필수적인 도구이다. 정보가 빠르게 전달되고, 여론이 쉽게 형성되는 오늘날의 환경에서, 효과적인 공공소통 전략은 조직의 성공과 실패를 결정짓는 중요한 요소로 자리 잡고 있다. 공공소통의 목적은 매우 다양할 수 있고, 그 복잡성을 이해하고 효과적으로 활용하기 위해서는 주요 목적들을 구분하여 살펴보는 것이 바람직할 것이다. 본 저술에서는 정책 정보 제공, 브랜드 및 이미지 관리, 관광 등 3가지 주요 영역으로 살펴보고자 한다. 구분된 목적은 각기 다른 목표를 지향하지만, 궁극적으로는 대중과의 소통을 통해 보다 나은 사회를 구축하고자 하는 공통된 목표를 공유하고 있다.

첫째, 정책 정보 제공은 정부, 공공기관이 정책을 대중에게 알리고, 이해를 돕고, 지지를 얻기 위해 사용하는 개념으로 이해할 수 있다. 이를 통해 대중은 정책의 목적과 혜택을 이해하게 되며, 정책 시행에 대한 긍정적인 반응과 협조를 기대할 수 있다. 정책 홍보는 또한, 정책에 대한 비판적 의견을 수렴하여 개선의 기회를 제공하기 때문에 민주주의 사회에서 필수적인 목적으로 인식되고 있다. 정책 홍보의 같은 선상에서 정보 제공은 공공소통의 가장 기본적인 역할 중 하나로, 대중에게 필요한 정보와 지식을 제공하는 것을 목표로 한다. 기관이 제공한 정보를 바탕으로 대중은 중요한 의사 결정을 내릴 수 있으며, 이는 공공 안전, 건강, 교육 등 다양한 분야에 걸쳐 이루어진다. 브랜드 관리는 주로 기업에서 사용되지만, 정부나 공공기관에서도 그 중요성이 커지고 있다. 브랜드 관리는 조직의 이미지와 가치를 대중에게 전달하고, 긍정적인 인식을 구축하며, 장기적인 신뢰를 형성하는 것을 목표로 한다. 이를 통해 조직은 경쟁에서 우위를 점할 수 있으며, 대중과의 관계를 강화할 수 있다. 브랜딩을 통한 국가 이미지 개선은 한 나라의 국제적 인식과 평판을 긍정적으로 형성하고 외교, 무역, 문화 교류 등 다양한 측면에서 한 나라의 성공에 중요한 영향을 미친다. 공공소통을 통해 형성된 긍정적인 국가 이미지는 투자

유치, 관광 증가, 외교적 지위 강화 등 여러 가지 이점을 가져올 수 있기 때문에 중요하게 고려되고 있다. 관광 분야는 국가 혹은 특정 지역이 관광객을 유치하기 위해 사용하는 공공소통의 한 형태이다. 관광은 많은 나라에서 중요한 경제적 수단으로 인식되고 있어, 효과적인 관광 촉진은 지역 경제를 활성화하고 일자리를 창출하는 데 중요한 역할을 한다. 세 가지 주요 공공소통 목적을 중심으로 공공소통의 역할과 중요성을 분석하고, 각 목적을 달성하기 위한 효과적인 전략과 실제 사례들을 살펴볼 것이다. 이를 통해 공공소통이 사회와 조직에 미치는 영향과 그 중요성을 깊이 있게 이해할 수 있을 것이다.

1-1. 정책 정보 제공

공공소통의 개념을 논의할 때 정부의 대국민 커뮤니케이션을 가장 많이 연상하지 않을까 한다. 그만큼 중앙 행정기관, 지방자치단체, 공공기관의 대국민 커뮤니케이션의 정책 정보 제공 행위는 공공소통의 가장 큰 비중을 차지하는 걸로 이해할 수 있다. 정책 정보 제공의 본질은 정부와 공공기관이 시민과의 소통을 통해 정책의 투명성, 책임성, 참여를 증진하는 것이다. 단순한 정보 전달을 넘어, 정책의 정당성을 확보하고, 사회적 신뢰를 구축하며, 시민의 참여를 유도, 위기 관리 등 다양한 목적을 포함하고 있다. 우선 정책의 투명성 확보부터 살펴보면 다음과 같다.

a. 정책의 투명성 확보

정책의 투명성 확보는 공공소통의 가장 중요한 목적 중 하나로, 투명성은 민주주의의 근간을 이루는 요소로, 정부의 책임을 높이고, 시민의 신뢰를 증진하며, 시민의 참여를 촉진하여, 정책의 정당성과 효과를 증진하는 데 중요한 역할을 한다(Bertot, et al., 2010). 이는 정부와 공공기관이 시민에게 정책 결정 과정과 결과를 명확하게 전달함으로써 이루어진다. 투명성은 정부가 시민에게 정책, 결정, 활동 등에 관한 정보를 공개하고, 그 과정을 명확하게 설명하는 것을 의미한다. 피터스

(Peters, 2014)는 투명성은 민주적 책임성과 신뢰성의 기초로서, 정부와 시민 간의 신뢰 구축에 관한 중요성을 강조한다. 정책 투명성을 확보하기 위해서는 공공소통 과정에서 정보 공개가 필수적이다.

정책의 투명성을 확보하기 위한 공공소통의 방법은 여러 형태로 다양하게 나타난다. 첫째는 정보 공개를 들 수 있다. 정부는 법적으로 중요한 정보와 자료를 공개하여 국민들이 정책 결정의 배경과 과정에 대해 이해할 수 있도록 해야 한다. 예를 들어, 예산 사용 내역, 공공 사업의 진행 상황, 법안 제정 과정, 정책 결정 회의록, 연구 결과 등 자료를 투명하게 공개함으로써 시민이 쉽게 접근하고 이해할 수 있게 해야 한다(OECD, 2016). 정부 및 공공기관은 공식 웹사이트와 같은 온라인 플랫폼을 통해 국민이 접근할 수 있게 함으로써 투명성을 강화할 수 있다. 정보 공개는 국민들이 정책에 대해 잘못된 정보나 오해를 가지지 않도록 돕고, 정부가 숨길 것이 없음을 보여주어 신뢰를 구축하는 데 중요한 역할을 한다. 연구에 따르면, 정보의 공개 수준과 접근이 용이할수록 정부에 대한 시민의 신뢰가 증가하는 경향이 있다(Grimmelikhuijsen & Meijer, 2014). 개별 기관이 운영하는 홈페이지에서도 정보 공개가 이루어지고 있지만, 대표적으로 우리나라는 행정 정보 공개 사이트(www.open.go.kr)를 운영하고 있고, 미국의 데이터 포털(www.data.gov)은 정부의 다양한 데이터를 시민에게 공개하여, 누구나 이를 접근하고 분석할 수 있도록 한다(Ubaldi, 2013).

둘째, 공청회 및 토론회와 같은 직접적인 공공소통의 장을 통해 정책 투명성을 확보할 수 있다. 정부 및 공공기관은 정책을 제정하거나 변경할 때, 정책의 영향 범위에 있는 이해 관계자의 목소리를 듣는 의견 수렴의 과정을 거치는 과정을 취하게 된다. 이러한 참여형 소통 방식은 시민이 정책 결정 과정에 직접적인 영향을 미칠 수 있는 기회를 제공하고, 정부의 결정이 일방적이거나 불투명하다는 인식을 줄일 수 있다. 더 나아가 민주적 정당성을 강화하고, 정책 시행의 효과를 높일 수 있는 측면이 있다.

셋째, 디지털 플랫폼의 활용한 공공소통이 최근 투명성을 높이는 중요한 도구로 작용하고 있다. 정보 통신기술의 발달로 정부는 소셜 미디어, 모바일 애플리케이션 등을 통해 실시간으로 정책 정보를 제공하고, 시민과 상호작용 할 수 있다. 정부의 공식 유튜브 계정을 통해 정책 발표, 변경 사항, 긴급 상황 등에 대해 신속하게 알리고, 시민의 질문에 답변함으로써 보다 투명한 소통을 실현할 수 있다. 정부 회의나 의사 결정 과정도 온라인 스트리밍을 통해 실시간으로 시청할 수 있으며, 회의록과 의사 결정 문서를 쉽게 접근하는 것도 빈번히 나타나고 있다. 메르겔(Mergel, 2013)의 연구에 따르면, 소셜 미디어를 활용한 공공소통은 시민의 참여와 관심을 높이는 데 효과적이며, 정책 투명성을 강화하는 데 기여할 수 있다고 밝혀졌다.

마지막으로, 각종 보고서의 공개도 중요한 투명성 확보를 위한 공공소통의 방법이다. 정부는 외부 감사 기관이나 독립적인 평가 기관을 통해 정책 및 프로그램의 효과를 점검하고, 그 결과를 국민들에게 공개함으로써 정책의 투명성과 책임성을 강화할 수 있다. 이러한 공개된 보고서는 정부가 얼마나 효과적으로 자원을 활용하고 있는지, 목표를 달성하고 있는지를 평가할 수 있는 기준을 제공한다. 예를 들어, 유럽연합(EU)에서는 다양한 정책 프로그램에 대해 정기적으로 평가 보고서를 발행하며, 이는 EU의 투명성을 높이고, 회원국과 시민의 신뢰를 강화하는 데 중요한 역할을 하고 있다(Grimmenlikhujisen & Meijer, 2014).

상기에 살펴본 정부 및 기관 주도의 소통 과정과 별개로 국민이 직접 정보를 얻고자 하는 것을 제도적으로 지원하는 것도 공공소통의 한 방법으로 설명할 수 있을 것이다. 각국은 정보 공개에 관한 근거와 실행 방법을 적용하고 있는데, 우리나라는 정보공개법을 근거로 하고 있다. 이를 통해 시민이 정부의 문서와 자료에 접근할 수 있는 권리를 보장하고 있다. 공공기관이 보유한 정보는 공개가 원칙으로, 정보공개법 제 9조의 비공개 사유에 해당하는 예외적인 경우에만 정보 공개가 제한되며, 정보를 분리 가능할 경우 비공개 사유에 해당되는 부분 외에는 공개를 하도록 하여 정보 접근성을 높이는 방향으로 설계되어 있다. 개인 혹은 기관이 정보 공개 청구를 하면, 공공기관은 청구를 받은 날부터 10일 이내에 공개 여부를 결정하여 통지해야 한다. 이현영과 정연경(2017)은 정보공개법은 한국 사회에서 정부의 투명성을 높이는 데 중요한 역할을 하고 있으며, 시민의 정보 접근권을 보장함으로써 정부의 책임을 강화하고 있다고 평가했다. 해외에서도 쉽게 정책 투명성 확보를 위한 제도적 장치를 확인할 수 있다. 미국의 경우, 'Freedom of Information Act(FOIA)'를 통해 시민은 정부의 다양한 문서와 정보를 요청할 수 있으며, 이는 정부의 투명성과 책임성을 높이는 중요한 제도적 장치로 작용하고 있다(McDermott, 2010). 이 법은 정부가 정보 요청에 신속하고 적절히 응답해야 할 의무를 부과하며, 이를 통해 시민은 정부의 정책 결정 과정을 투명하게 이해할 수 있다. 영국의 'Open Government Partnership(OGP)' 역시 정부의 투명성을 높이기 위해 다양한 데이터를 공개하고, 시민 참여를 촉진하는 프로젝트이다. 예산 사용 내역, 정부 계약 정보, 공공 서비스 성과 등을 투명하게 공개하고 있다. 스웨덴은 'Public Access to Information and Secrecy Act'를 통해 정부의 모든 문서와 정보를 시민에게 공개하는 법적 장치를 마련하고 있으며, 이는 세계적으로 높은 투명성을 유지하는 데 기여하고 있다(Grimmelikhuijsen, 2012). 또한, 뉴질랜드는 'Official Information Act'를 통해 정부의 정보 공개를 제도화하고 있으며, 시민이 정부의 정책 결정 과정과 그 결과를 투명하게 이해할 수 있도록 하고 있다(Roberts, 2005).

b. 시민 참여 유도

공공소통의 목적 중 하나는 시민 참여를 촉진하는 것이다. 현대 사회에서 정부와 시민 간의 소통은 정보 전달을 넘어, 시민이 정책 결정에 적극적으로 참여할 수 있도록 돕는 중요한 역할을 한다. 대중 참여를 촉진함으로써 얻을 수 있는 효과는 다양하다. 무엇보다 시민이 정책 결정 과정에 직접적으로 관여할 수 있는 기회를 제공함으로써, 첫째, 정책의 수용성과 실행 가능성이 높아진다. 시민이 정책 결정 과정에 참여함으로써, 그들이 직면한 문제와 필요를 더 잘 반영한 정책과 공공 서비스 계획을 수립할 수 있다. 둘째, 정부와 시민 간의 신뢰가 증대된다. 투명한 참여 과정을 통해 정부가 시민의 의견을 존중하고 반영하려는 노력을 보임으로써, 시민은 정부에 대한 신뢰를 갖게 된다(Berger, 2009). 셋째, 시민 참여가 활성화되면 사회적 통합과 협력이 촉진된다. 그리고 다양한 배경과 의견을 가진 시민이 정책 결정 과정에 참여함으로써, 사회적 갈등을 줄이고 협력을 증진할 수 있다(Putnam, 2000). 마지막으로 정책의 실행 가능성을 높이고, 정책이 실제로 시민의 삶에 긍정적인 영향을 미칠 수 있도록 하는 데 중요한 역할을 한다(Fung, 2006).

정책 기획, 실행 과정에 시민이 참여할 수 있도록 제도를 도입하는 사례가 늘고 있다. 시민 참여가 제도로 정착된 사례를 살펴 보면, 우리나라의 시행 중인 '주민 참여 예산제'를 들 수 있다. 주민들이 직접 참여할 수 있도록 만든 이 제도는 지방자치단체의 예산 편성 과정에 주민들의 의견을 반영함으로써 예산의 투명성과 효율성을 높이는 것을 목표로 한다. 2000년대 초반부터 일부 지방자치단체에서 시범적으로 도입되었으며, 2011년 지방재정법 개정으로 전국적으로 확산되었다(김용훈, 2012). 서울시의 경우, 시민은 제안서를 제출하고, 이를 심사하는 과정에 참여하며, 최종적으로는 투표를 통해 예산의 사용처를 결정한다. 많은 지방자치단체가 시행하고 있듯, 홈페이지와 같은 온라인 플랫폼을 활용하여 시민 참여 공간을 활용한다. 정책 의견 제안, 민원, 신고 등의 필요 사항에 대하여 공간을 제공하여 적극적 참여를 유도한다.

외국에서도 유사한 사례는 쉽게 발견되는데, 미국 보스턴 시는 청소년들이 예산 결정 과정에 참여할 수 있는 'Youth Lead the Change' 프로그램을 운영하고 있다. 이 프로그램은 12세에서 22세 사이의 청소년들이 보스턴 시의 공공 예산 일부를 배정하는 과정에 참여할 수 있도록 하는데, 구체적으로 살펴보면, 100만 달러의 시 기금을 직접 할당하도록 권한을 부여하기 위해 고안되었다. 청소년들에게 지역 사회의 필요를 파악, 지역사회에 필요한 프로젝트를 발굴, 혁신적인 솔루션을 제안하고, 투표를 통해 결정하게 한다. 이 과정을 통해 참여자들은 지역 사회에 대한 책임감을 키우는 동시에 귀중한 시민 참여 경험을 얻게 한다. 이 프로그램은 청소년들이 정책 결정 과정에 참여할 수 있는 기회를 제공함으로써, 미래 세대의 시민 의식을 높이는 데 중요한 역할을 하고 있다(Wong & McLeod, 2019).

공공소통을 위한 시민 참여는 전통적으로 공청회, 설명회, 워크숍, 주민 회의, 설문 조사 등을 통해 이루어졌다. 하지만 사회 모든 영역에서 나타나고 있는 디지털 기술의 발전은 공공소통의 시민 참여를 촉진하는 과정에서도 중요한 수단으로 작용하고 있다. 국내 대표적인 시민 참여 플랫폼으로 국민신문고가 있다. 국민신문고는 대한민국 정부가 운영하는 온라인 민원 처리 시스템으로, 주민들이 정부와 직접 소통할 수 있는 채널로 시민은 일상생활에서 겪는 불편 사항, 정책에 대한 의견, 행정 서비스에 대한 불만 등을 제기할 수 있으며, 이러한 민원은 관련 정부 기관으로 전달되어 처리된다(엄석진, 2021). 주민들은 웹사이트나 모바일 애플리케이션을 통해 민원을 간편하게 접수할 수 있으며, 각 기관은 접수된 민원을 신속하게 처리하여 그 결과를 주민에게 통보한다. 국민신문고는 시민이 자신의 의견을 표현하고, 정부의 행정 서비스에 대해 피드백을 제공할 수 있는 중요한 통로를 제공한다. 교육 정책에 대한 주민들의 제안이 국민신문고를 통해 접수되고, 이를 바탕으로 새로운 교육 프로그램이 도입되는 사례는 국민신문고가 주민 참여를 촉진하는 데 중요한 역할을 하고 있음을 보여준다(이향수 & 이성훈, 2023). 서울시는 '민주주의 서울'이라는 온라인 플랫폼을 통해 시민이 정책 제안, 토론, 투표 등에 참여할 수 있도록 하고 있다. 이 플랫폼은 시민이 자신들의 의견을 표현하고, 다른 시민과 소통하며, 공공 문제에 대해 논의할 수 있는 장을 제공한다. 공론장을 개설하고 1,000명 이상의 시민이 참여하면 '민주주의 서울 연계형' 사업으로 차년도 예산 편성에도 반영하는 등 서울시는 시민의 참여를 유도하고, 다양한 의견을 반영한 정책을 수립하고 있다(정상호, 2014).

국내외 사례들을 통해 알 수 있듯이, 공공소통은 시민 참여를 촉진하는 중요한 도구로 작용한다. 이를 효과적으로 구현하기 위해서는 몇 가지 전략이 필요하다. 첫째, 정부는 투명한 정보 제공을 통해 시민이 정책 결정 과정에 대해 충분히 이해할 수 있도록 해야 한다. 이는 시민이 정보를 바탕으로 자신의 의견을 형성하고, 정책에 대한 피드백을 제공할 수 있는 기회를 제공한다(Berger, 2009). 둘째, 다양한 소통 채널을 구축하여 시민이 쉽게 접근할 수 있도록 해야 한다. 오프라인 회의뿐만 아니라 온라인 플랫폼, 소셜 미디어 등을 통해 시민과 소통이 가능한 채널을 확보하는 것이 중요하다. 시간과 장소의 한계를 넘어 많은 시민이 참여할 수 있는 기회를 제공할 수 있다(Dahlgren, 2009). 셋째, 시민 참여를 제도화하여 지속적인 참여를 유도해야 한다. 참여 예산 제도와 같은 제도적 장치를 마련하여 시민이 정기적으로 참여할 수 있는 구조를 제공하는 것이 중요하다. 넷째, 다양한 배경을 가진 시민의 참여를 보장하기 위해 포용하는 태도를 가져야 한다. 이는 성별, 연령, 사회경제적 배경, 교육 수준 등 다양한 요소를 고려하여 모든 시민이 평등하게 참여할 수 있는 환경을 조성하는 것을 의미한다(Abels, 2007).

1-2. 위기 관리

현대 사회는 자연재해, 테러, 감염병, 경제 문제와 같은 다양한 형태의 위기 상황이 발생한다. 위기 상황에서 정부와 공공기관의 역할이 점점 더 중요해지고 있다. 위기 관리를 위한 공공소통은 정부나 공공기관이 위기 상황에서 대중과 소통하는 중요한 과정이자 목적이다. 공공소통에서 위기 관리의 목적은 여러 가지로 나눌 수 있으며, 이들은 주로 대중의 안전과 신뢰를 보장하고 위기 상황을 효과적으로 대응하기 위한 것이다. 구체적으로 위기 관리에서 공공소통의 목적은 다음과 같다. 첫째, 대중의 안전과 보호이다. 위기 상황에서는 대중의 생명과 건강에 직결되는 정보가 신속하고 정확하게 전달되어야 한다. 예를 들어, 자연재해나 팬데믹 같은 상황에서는 사람들이 적절한 대응을 할 수 있도록 대피 경로, 방역 지침, 건강관리 요령 등을 제공해야 한다. 이를 통해 대중이 신속하게 대응할 수 있도록 하여 피해를 최소화하는 것이 목적이다. 레이놀드와 시거(Reynolds & Seeger, 2005)에 따르면, 위기 상황에서 공공소통은 대중이 위험을 인식하고 적절히 대응하도록 도와주는 역할을 한다. 둘째, 대중의 신뢰 구축이다. 위기 상황에서 공공기관이 주는 신뢰의 강도는 매우 중요하다. 대중은 공공기관이 제공하는 정보를 신뢰하고 이에 따라 행동해야 상황이 효과적으로 관리될 수 있다. 따라서 공공소통의 목적은 투명하고 일관된 정보를 제공하여 대중의 신뢰를 얻고 유지하는 것이다. 쿰스(Coombs, 2007)는 일관된 메시지와 신뢰할 수 있는 정보 제공이 위기 관리에서 신뢰를 구축하는 데 핵심적이라고 주장한다. 셋째, 불확실성과 혼란 감소이다. 위기 상황에서는 정보의 부족이나 잘못된 정보로 인해 대중이 혼란스러워하거나 불안감을 느낄 수 있다. 공공소통은 정확하고 일관된 정보를 제공하여 불확실성과 혼란을 줄이는 데 목적이 있다. 공공기관은 공감적이고 이해심 있는 언어를 사용하며, 대중에게 필요한 심리적 지원을 제공함으로써 안정감을 주어야 한다. 정보의 명확성과 일관성이 대중의 위기 상황 자체의 이해를 높이고, 불확실성을 줄이는 데 중요한 역할을 한다고 강조한다(Sandman, 2006). 다섯째, 대중의 협력 유도이다. 효과적인 위기 관리를 위해서는 대중의 협력이 필수적이다. 공공소통은 대중이 위기 상황에서 요구되는 행동을 이해하고 따를 수 있도록 안내하는 데 목적이 있다. 이를 통해 공공기관은 대중의 행동을 통제하고, 위기의 영향을 최소화할 수 있다. 베일 외(Veil, et al.,2011)는 다양한 대중의 참여와 협력을 유도할 수 있는 효과적인 소통 채널 활용을 강조한다. 마지막으로, 피해 회복 및 복구 지원이다. 피해를 입은 대중을 지원하고, 복구 과정에 필요한 정보를 제공하는 것이 목적이다. 이를 통해 대중은 위기 후유증에서 벗어나고, 사회는 위기 이전의 정상적인 상태로 회복될 수 있다. 위기 이후의 지속적인 소통은 공공기관의 책임감을 보여주고, 미래의 위기에 대한 대비를 강화하는 데 기여한다(Sandman, 2006).

이처럼 위기 관리를 위한 공공소통은 단순한 정보 전달을 넘어서, 대중과의 신뢰 관계를 구축하고 유지하는 중요한 역할을 한다. 위기 관리 목적의 공공소통은 위기 발생 전, 발생 중, 발생 후의 모든 단계를 포함하며, 위기의 예방, 대응, 회복을 위한 종합적인 접근을 필요로 한다. 당연하게 정교한 전략과 원칙을 바탕으로 이루어져야 한다. 몇 가지 전략적 포인트를 살펴보면, 첫째, 위기 상황에서의 공공소통은 신속성과 정확성을 중요시한다. 위기 상황은 예기치 않게 발생하며, 빠르게 변하는 특성이 있다. 따라서 관련 기관은 신속하게 상황을 평가하고, 정보를 수집하여 정확하게 전달해야 한다. 이 과정에서 대중에게 신뢰를 주기 위해 정보의 투명성이 필수적이다. 예를 들어, 2020년 COVID-19 팬데믹 동안 세계보건기구(WHO)와 각국 정부는 감염률, 방역 지침, 백신 개발 상황 등에 대한 정보를 신속하고 정확하게 제공함으로써 대중의 신뢰를 유지하려고 노력했다(Reynolds & Seeger, 2005). 2011년 일본 동북부에서 발생한 대지진으로 후쿠시마 원전의 방사능이 누출된 사고 초기에 일본 정부와 도쿄전력(TEPCO)은 방사능 누출의 심각성에 대해 충분한 정보를 제공하지 않았다. 정보의 초기 대응 과정에서 정보가 제한적으로 제공되어 주민들의 불안감을 증대시켰으며, 대중의 요구에 대한 부족한 대응은 일본 내외에서 비난을 받았다(Hayashi & Hughes, 2013).

둘째, 위기 관리 소통에서는 일관된 메시지가 중요하다. 여러 출처에서 상반된 정보가 제공되면 대중은 혼란에 빠질 수 있으며, 이는 불안감을 증폭시킬 수 있다. 따라서 정부와 공공기관은 위기 대응 메시지를 통합하고, 일관된 정보 전달을 위해 협력해야 한다. 예를 들어, 한 국가 내에서 중앙 정부와 지방 정부가 서로 다른 메시지를 전달하면 대중은 어떤 정보를 신뢰해야 할지 혼란스러울 수 있다. 이러한 문제를 방지하기 위해 위기 상황에서는 명확하고 일관된 메시지가 필수적이다(Coombs, 2007). 사례를 보면, 2005년 미국 남부 지역에 발생한 허리케인 카트리나는 미국 역사상 가장 치명적인 자연재해 중 하나로 기록되었다. 루이지애나주와 미시시피주를 포함한 광범위한 지역이 영향을 받았고, 특히 뉴올리언스는 심각한 홍수 피해를 입었다. 이 재난으로 인해 1,800명이 넘는 사망자가 발생했으며, 수많은 사람들이 집을 잃었다. 허리케인 카트리나 대응에서 중앙정부와 지방정부의 메시지 불일치는 대중의 혼란과 불신을 초래했다. 당시 중앙정부인 연방재난관리청(FEMA)과 지방정부인 루이지애나 주정부 및 뉴올리언스 시정부 간의 커뮤니케이션이 일관되지 못했다. 예를 들어, 연방정부는 뉴올리언스의 상황이 통제되고 있다고 주장했지만, 지방 정부는 긴급한 도움과 자원이 필요하다고 호소했다. 이러한 상반된 메시지는 대중에게 혼란을 주었고, 구조와 지원의 지연을 초래했다(Tierney, Bevc, & Kuligowski, 2006). 셋째, 위기 소통은 대중의 감정과 심리 상태를 고려해야 한다. 위기 상황에서 사람들은 두려움, 불안, 분노 등 다양한 감정을 경험할 수 있으며, 이러한 감정은 대중의 행동에 큰 영향을 미친다. 공공소통은 이러한 감정을 인정하고 공감하는 메시지를 통해 대중을 안심시켜야 한다. 이를 통해 공공기관은 대중과의 신뢰 관계를 강화할 수 있다. 공감적인 소통은 대중이 공공기관의 메시지를 더 잘 수용하게 하고, 위기 상황에서 필요한 행동을 유도하는 데 도움을 준다(Ulmer, Sellnow, & Seeger, 2022).

넷째, 소통 채널의 다양성을 확보하는 것도 중요하다. 현대 사회에서는 정보의 전달이 다양한 채널을 통해 이루어진다. 텔레비전, 라디오, 신문과 같은 전통적인 매체뿐만 아니라 소셜 미디어, 모바일 앱, 웹사이트와 같은 디지털 매체가 중요한 역할을 한다. 위기 상황에서는 이러한 다양한 채널을 활용하여 최대한 많은 사람들에게 정보를 전달해야 한다. 미디어 고유의 특성을 활용하여 예를 들면, 방송과 라디오를 통해 긴급 속보를 전달하고, 신문과 잡지를 통해 상세한 상황을 설명할 수 있다. 또한, 소셜 미디어 플랫폼을 통해 실시간으로 정보를 제공하고, 시민의 질문에 답변함으로써 상호작용을 증대시킬 수 있다(Veil, Buehner, & Palenchar, 2011). 사례를 통해 채널의 다양성에 관해 살펴보면, 뉴질랜드 크라이스처치 지진 사태를 들 수 있다. 2011년 뉴질랜드 크라이스트처치에서 발생한 규모 6.3의 강진으로 인해 많은 사상자가 발생하고, 도시 인프라가 파괴되었다. 이 지진은 뉴질랜드 역사상 가장 치명적인 자연재해 중 하나로 기록되었다. 지진 발생 직후, 뉴질랜드 정부와 지방 당국은 신속하게 재난 대응 체계를 가동하고, 대중과의 적극적인 소통을 통해 정보를 전달했다. 정부는 다양한 채널(라디오, 텔레비전, 소셜 미디어 등)을 통해 대피 경로, 응급 지원, 재건 계획 등에 대한 정보를 제공했다. 정보의 투명성과 신뢰성 덕분에 대중은 정부의 지침을 신뢰하고 따를 수 있었다(Potter et al., 2015). 마지막으로, 위기 이후의 소통도 중요한 요소로 고려되어야 한다. 위기 상황이 끝난 후에도 공공기관은 대중과 지속적으로 소통하여 위기 대응 과정에서의 교훈을 공유하고, 미래의 위기를 대비하기 위한 전략을 설명해야 한다. 이러한 지속적인 소통은 대중의 신뢰를 유지하고, 공공기관의 책임감을 보여주는 중요한 수단이다(Sandman, 2006).

위기 관리는 정부와 공공기관의 공공소통의 목적 중 매우 중요한 것의 하나로, 위기 관리를 위한 공공소통은 신속하고 정확한 정보 제공, 투명성과 일관성 유지, 미디어 활용, 정례 브리핑과 언론과의 협력, 교육과 훈련, 시민 참여와 협력 유도 등 다양한 방법을 포함한다. 이러한 방법들은 각각의 위기 상황에 맞추어 적절히 조합되고 활용되어야 한다. 위기 상황에서 효과적인 공공소통은 시민의 신뢰를 얻고, 혼란을 줄이며, 궁극적으로 위기 관리를 성공적으로 이끄는 데 중요한 역할을 한다.

1-3. 브랜드 관리

정부나 공공기관의 브랜드 관리도 공공소통의 중요한 목적 중 하나이다. 기관은 자체의 브랜드 관리를 통해 공공의 신뢰를 얻고, 긍정적인 이미지를 구축하며, 기관의 사명을 효과적으로 전달할 수 있다. 사실 앞서 제시한 공공소통의 목적인 정책 정보 제공, 위기 관리와 유기적으로 연계되어 있는데, 브랜드의 개념 자체가 소비자인 국민에게 각인된 기관의 이미지라는 점 때문이다. 정부나 공공기관 역시 민간 기업의 상품, 서비스와 마찬가지로 핵심 고객과의 관계 형성, 만족도를 높임으로써 커뮤니케이션을 통해 의도하고자 하는 목표를 추구한다. 공공 브랜드가 민간 브랜드와 차별화되는 것은 우선 목적과 목표에서 살펴볼 수 있다. 기업의 브랜드가 제품이나 서비스의 판매를 촉진하고 시장 점유율을 확대하기 위해 브랜드 인지도를 높이고, 충성도를 강화하는 데 집중한다면(Aaker, 1996) 공공 브랜드는 공공 서비스의 인식과 신뢰를 높이고, 시민의 참여와 협력을 유도함으로써 사회적 가치 실현을 목표로 하는 것에 있다(Beeri, et al., 2019). 이해 관계자도 중요한 구분 기준인데, 기업 브랜드는 '고객, 투자자, 직원, 파트너' 등이라면, 공공 브랜드의 주요 이해관계자는 '시민, 정부 기관, 지역 사회, 공공 서비스 이용자'에 초점을 맞춘다. 메시지와 커뮤니케이션 전략에서도 그 차이를 확인할 수 있다. 기업 브랜드는 주로 '경쟁 우위, 제품의 독특한 가치, 혁신' 등을 강조하고, 공공 브랜드는 '투명성, 신뢰성, 공공 서비스의 중요성'을 강조하는 경향이 강하다(Kotler et al., 2016). 공공소통의 결과에 대한 평가 기준에서도 기업 브랜드가 주로 '매출, 시장 점유율, 브랜드 인지도, 고객 만족도' 등 정량적 지표로 평가한다면, 공공 브랜드는 '시민의 신뢰도, 참여도, 정책 및 서비스의 효과성, 사회적 가치 실현' 등 정량, 정성적 지표의 결합된 요소로 평가된다. 공공기관의 브랜드 가치는 주로 시민의 인식과 태도, 정책의 투명성과 책임성, 공공 서비스의 질에 의해 결정된다(Beeri, et al., 2019).

공공기관 브랜드에 대한 만족도 여부는 기관의 여러 활동의 성과에 대한 독립적 변인으로 작동할 수 있기 때문에 의미가 상당히 중요하다고 볼 수 있다. 국민의 눈높이에 맞는 적재적소의 정책 정보 제공, 필연적인 위기 상황에 대한 뛰어난 위기 관리 역량이 모두 브랜드에 대한 상관 관계가 크기 때문에 브랜드 관리에 앞서 제시된 소통 목적의 내용과 독립적이면서도 중첩되는 부분이 크다. 공공소통에서 브랜드 관리의 중요성은 정부 및 공공기관이 대중과의 관계를 구축하고, 유지하며, 발전시키는 데 핵심적인 역할을 하기 때문이다. 브랜드 관리는 단순히 기업에만 중요한 것이 아니라, 정부와 공공기관이 자신들의 사명, 가치, 그리고 서비스를 효과적으로 전달하고, 대중의 신뢰와 지지를 얻기 위해 필수적이다. 이러한 브랜드 관리의 중요성은 다음과 같은 여러 측면에서 나타난다.

무엇보다 브랜드 관리를 통해 대중의 신뢰와 지지를 확보할 수 있다. 정부와 공공기관의 커뮤니케이션 목표 달성은 대중의 신뢰에 크게 의존한다. 신뢰는 공공소통을 통해 투명성과 책임성을 보여줌으로써 구축된다. 정책 결정 과정, 예산 사용, 정책 실행 등에 대한 정보를 제공하고, 대중과의 소통을 통해 투명성을 확보해야 한다. 이러한 투명한 정보 공개는 대중의 신뢰를 강화하고, 정부와 공공기관에 대한 긍정적인 이미지를 유지하는 데 필수적이다(Fombrun & Rindova, 2000). 신뢰는 투명성과 일관성을 바탕으로 형성되며, 이러한 신뢰는 정책 실행의 성공 가능성을 높인다. 신뢰 구축은 위기 상황에서도 중요한데, 신뢰를 바탕으로 한 공공소통은 위기 상황에서 대중의 협조와 지지를 얻는 데 필수적이다(Liu &

Horsley, 2007). 둘째, 위기 상황에서의 관리 역량을 높일 수 있다. 정부 및 공공기관은 다양한 위기 상황에 직면할 수 있으며, 이러한 상황에서 브랜드 관리는 기관의 이미지를 보호하고 대중의 불안을 완화하는 데 중요한 역할을 한다. 잘 관리된 공공 브랜드는 특히 위기 상황에서 대중의 신뢰를 유지하는 데 기여한다. 쿰스(Coombs , 2007)는 위기 상황에서, 공공소통 과정이 대중의 불안과 부정적인 인식을 최소화하고, 정부에 대한 신뢰를 유지하는 데 필수적이라고 강조한다. 이처럼 위기 상황에서도 공공기관은 과거 축적된 브랜드 관리를 통해 대중의 신뢰를 유지할 수 있게 된다. 셋째, 공공기관의 정체성과 가치 전달이 용이해진다. 브랜드 관리는 공공기관의 정체성과 가치를 대중에게 효과적으로 전달하는 데 중요한 역할을 한다. 정부와 공공기관은 다양한 정책과 프로그램을 통해 국민의 복지를 증진하려 하지만, 이러한 목표를 달성하기 위해서는 대중이 기관의 사명과 가치를 이해하고 지지하는 것이 필수적이다. 넷째, 브랜드 관리는 공공기관이 대중과의 커뮤니케이션을 효율적으로 관리하는 데 기여한다. 일관된 브랜드 이미지는 대중이 공공기관의 메시지를 쉽게 이해하고, 이를 신뢰할 수 있도록 만든다. 공공소통에서 일관성은 대중의 혼란을 줄이고, 메시지 전달의 효과를 극대화하는 데 중요하다. 마지막으로 잘 관리된 공공 브랜드는 공공 서비스의 품질 인식에 직접적인 영향을 미친다. 긍정적인 브랜드 이미지는 대중이 공공 서비스를 신뢰하고, 높은 품질을 기대하도록 만든다. 폼브른과 린도바(Fombrun & Rindova , 2000)는 브랜드 관리가 공공 서비스의 품질에 대한 대중의 인식을 형성하는 데 중요한 역할을 한다고 언급한다. 공공기관이 제공하는 서비스가 신뢰할 수 있고, 일관된 품질을 유지하고 있다는 인식을 대중에게 심어 줌으로써, 기관의 신뢰성과 효과성을 높일 수 있다.

기업, 제품 브랜드가 소비자의 인식에 성공적으로 자리매김하기 위해 정교하고 섬세한 전략이 필요한 것처럼 공공 브랜드 역시 마찬가지라고 할 수 있다. 기업은 가지고 있지 않는 정책이라는 고유한 상품의 특징을 제외하고는 브랜드 관리의 원칙이나 전략의 차이는 크지 않다. 정부 및 공공기관의 브랜드 전략의 핵심 내용을 잠깐 살펴보면, 공공소통을 통한 기관 브랜드 전략의 첫 번째 요소는 기관의 정체성을 명확히 하는 것이다. 이는 정부나 공공기관이 대중에게 전달하고자 하는 가치, 비전, 사명 등을 정의하는 것을 포함한다. 켈러(Keller, 2013)는 브랜드 정체성이 조직의 사명과 비전, 핵심 가치를 대중에게 명확하게 전달하는 데 중요하다고 지적한다. 정부나 공공기관의 브랜드 정체성은 국가의 문화, 역사, 그리고 현재의 정책 목표를 반영하여 대중이 쉽게 이해하고 공감할 수 있도록 설계되어야 한다. 예를 들어, 스웨덴은 'Swedish Model'이라는 브랜드 정체성으로 확립하여 복지국가, 평등, 지속 가능한 발전 등의 가치를 대중에게 전달했다. 타 국가와 차별화되는 스웨덴 정부가 추구하는 정책 목표와 사회적 가치를 명확히 하여 대중의 신뢰와 지지를 얻는 데 중요한 역할을 한 것으로 평가받는다. 브랜드 전략의 두 번째 요소인 목표 대중 세분화는 다양한 이해 관계자와 대중 그룹을 식별하고, 각 그룹에 맞는 맞춤형 메시지를 개발하는 과정이다. 공공기관의 브랜드 전략은 모든 대중에게 동일한 메시지를 전달하기보다는, 각기 다른 요구와 기대를 가진 대중 그룹에 맞춘 메시지를 전달하는 것이 효과적이다. 브랜드 관리의 많은 연구는 공통적으로 목표 대중을 세분화함으로써 기관이 더 효과적으로 커뮤니케이션하고, 특정 대중의 요구를 충족시키는 데 도움이 될 수 있다고 설명한다(Kotler, 2007). 예를 들어, 미국 국립보건원(NIH)은 건강 연구 및 정보 제공을 위해 다양한 연령대와 건강 상태를 가진 대중을 대상으로 세분화된 커뮤니케이션 전략을 사용한다. 이를 통해 각기 다른 건강 문제에 대한 정보와 자원을 제공함으로써 대중의 참여와 지지를 이끌어내고 있다.

세 번째 요소는 브랜드 메시지와 이미지의 일관성 유지이다. 정부와 공공기관은 다양한 채널을 통해 대중과 소통하지만, 모든 메시지는 일관성을 유지해야 한다. 일관된 메시지는 대중이 정부의 의도와 목표를 명확히 이해하게 하고, 혼란을 줄이며 신뢰를 쌓는 데 기여한다. 일관된 소통은 대중의 신뢰를 구축하고, 정책의 효과적인 실행을 보장하는 데 필수적이다(Grunig & Grunig, 2008). 2012년 런던 올림픽을 계기로 시작된 영국의 'Great' 캠페인은 세계에서 가장 영향력 있는 국가 브랜딩 및 마케팅 이니셔티브로 알려져 있는데, 이 캠페인은 영국의 세계적 평판을 높이고 전 세계를 대상으로 관광, 유학, 비즈니스 거래, 투자, 이민, 고용 등에 관한 자국의 가치를 알리는 정부 브랜드 활동으로 시작되었다. 캠페인을 관통하는 일관된 메시지 'Britain is GREAT'는 영국 정부의 국제 네트워크에 26개 정부 부서와 비공식 기관을 포괄하여 제공했다. 문화적 유산, 현대적 혁신, 교육과 사업 기회의 다양한 분야의 매력을 부각하기 위해 전략적으로 디지털 플랫폼과 미디어를 활용했으며, 주요 국제 행사와 연계하여 브랜드 이미지를 강화했다(Buhalis & Inversini, 2014). 영국의 이미지가 교육과 비즈니스 측면에서도 강화되었으며, 이는 국제 학생 유치와 비즈니스 투자를 촉진하는 데 기여했다(Popa, 2016). 캠페인 사이트의 설명에 의하면, 이 캠페인을 시작한 이후 지금까지 영국 경제에 70억 파운드의 수익을 창출했고, 광범위한 민간 부문 파트너, 국제 대사관 및 영사관 네트워크, 여러 정부 부서 내 캠페인 파트너를 만들 정도로 발전했다. 2023년 한 해 동안만 GREAT는 네트워크를 통해 9억 파운드 이상의 외국인 직접 투자, 5억 4,800만 파운드의 유학생 추가 지출, 2억 1,000만 파운드의 국제 관광 추가 지출, 영국 기업에 9,000만 파운드 이상의 수출을 달성하는 성과를 이루었다(https://greatcampaign.com/). 영국의 'Great' 캠페인은 브랜드 메시지와 이미지의 일관성을 유지하며 국가 이미지를 효과적으로 관리하여 성공한 국가 브랜드 전략의 대표적인 사례로 중요한 의미를 가진다.

또 다른 중요한 요소는 시각적 정체성 구축이다. 시각적 정체성 구축은 로고, 색상, 폰트를 망라한 다양한 시각적 요소를 통해 브랜드를 표현하는 단계이다. 시각적 정체성은 대중이 브랜드를 쉽게 인식하고 기억할 수 있도록 돕는 중요한 요소이다(Henderson & Cote, 1998). 그리고 시각적 요소는 기관의 정체성을 명확히 하고, 대중과의 소통에서 일관성을 유지하는 데 도움이 된다. 대표적으로 유엔(UN)의 파란색 로고와 상징이 전 세계적으로 평화와 협력의 이미지를 전달하며, 대중이 유엔을 쉽게 인식하고 신뢰할 수 있게 만든 사례를 들 수 있다. 시각화를 통한 공공 브랜드의 사례는 특히 도시 브랜드에서 자주 발견된다. 1977년 뉴욕주가 시작한 'I Love NY' 캠페인은 공공 브랜드의 고유한 시각적 정체성을 가진 것으로 전 세계에서 가장 잘 알려진 사례라고 할 수 있다. 밀튼 글레이저(Milton Glaser)가 디자인한 이 로고는 빨간색 하트와 'I', 'NY'의 흰색 글자를 사용하여 뉴욕에 대한 애정을 표현한다. 단순하면서도 강렬한 시각적 요소는 뉴욕을 사랑하는 사람들의 감정을 잘 대변하며, 뉴욕주의 문화적 다양성과 활기를 상징한다(Bendel, 2011). 이 로고는 이후 뉴욕시의 공식적인 관광 및 문화 브랜드의 중요한 요소로 자리 잡았다. 기념품, 광고, 캠페인에서 사용되면서 뉴욕의 브랜드 이미지를 전 세계에 알렸고, 뉴욕을 방문하는 관광객들에게 친숙한 상징이 되었다. 우리나라도 지방자치단체의 많은 브랜드 사례가 있다. 민선 지방자치단체가 출범한 이후 단체장의 마케팅에 대한 관심이 고조되었고 도시 브랜드 전략의 일환으로 로고를 변경하는 사례가 많아지고 있다. 서울시의 'I•SEOUL•U' 캠페인은 서울의 시각적 정체성을 강화하기 위해 2015년에 시작되었다. '나와 너, 서울이 함께한다'는 의미를 담아, 서울이 글로벌 도시로서 다양한 문화와 사람들이 공존하는 공간임을 강조하고자 했다. 여러 의견이 혼재되기는 하지만, 단순하고 간결하되 강렬한 로고 디자인과, 다양한 색상을 활용한 시각적 아이덴티티가 포함된다. 서울시는 새로운 브랜드 로고를 통해 관광객과 주민들에게도 도시의 긍정적인 이미지를 전달하고, 자부심을 고취시키고자 했다. 이러한 시각적 정체성 구축은 도시의 브랜드 이미지를 강화하고, 대중과의 소통을 개선하는 데 중요한 역할을 할 목적으로 기획되었다(서울특별시, 2015).

이 외에도 공공 브랜드 관리에 관한 많은 요소가 있다. 정부와 공공기관의 브랜드 전략은 대중과의 신뢰를 구축하고, 정책 목표를 달성하는 데 중요한 역할을 한다. 브랜드 정체성 확립, 목표 대중 세분화, 브랜드 일관성 유지, 시각적 정체성 구축은 모두 효과적인 브랜드 전략을 위한 필수적인 단계이다. 이러한 전략적 접근은 공공기관이 대중의 신뢰와 지지를 얻고, 성공적인 정책 실행을 보장하는 데 기여한다. 결론적으로 브랜드 관리 역시 공공소통의 중요한 목적이며, 공공기관이 대중의 신뢰와 지지를 얻고, 성공적인 정책 실행을 보장하는 데 기여한다는 점이다.

1-4. 관광

관광 분야가 정부나 공공기관이 수행하는 공공소통에서 중요한 목적 중의 하나가 되는 이유는 관광산업이 경제, 사회, 문화, 환경 측면에서 다각적인 영향을 미치기 때문이다. 관광산업은 많은 나라에서 주요 경제 동력으로 작용하며, 경제 성장을 촉진하는 중요한 산업으로 인정받고 있다. 정부와 공공기관은 공공소통을 통해 관광산업을 효과적으로 관리하고 촉진하는 것에 의미를 두고 있다. 관광 분야의 공공소통은 관광객 유치에 한정되는 것이 아니며, 지역 주민, 관광 산업 종사자, 환경 보호 단체 등 다양한 이해관계자 간의 협력을 증진하고, 지속 가능한 관광 발전을 도모하는 등 범위는 확대되고 역할도 커지고 있다.

구체적으로 관광 산업이 주목 받는 이유를 살펴보면, 무엇보다 경제적 이점을 들 수 있다. 관광은 일자리 창출, 외화 수입 증대, 세수 증대 등으로 지역 경제 활성화를 통해 국가 경제에 긍정적인 영향을 미친다. 관광객의 소비는 지역 경제에 직접적으로 유입되며, 다양한 관련 산업들, 예를 들어 숙박업, 음식 서비스업, 교통, 기념품 제조업 등과의 연계를 통해 경제적 파급 효과를 창출한다. 사회적, 문화적 영향도 무시할 수 없다. 관광은 사회적 및 문화적 교류를 촉진하고, 지역 문화와 전통을 보호하며, 이를 외부에 알리는 데 중요한 역할을 하기도 한다. 지역 주민들은 자신의 문화에 대한 자긍심을 느끼게 되며, 동시에 관광객들은 새로운 문화와 경험을 접할 수 있다. 관광산업의 발전은 또한, 교육과 훈련의 기회를 제공하여 지역 주민들의 역량을 강화하고, 삶의 질을 향상시킬 수 있다(Richards, 2018). 뿐만 아니라 관광은 종종 경제적으로 낙후된 지역의 개발을 촉진하기도 한다. 교통, 통신, 전기, 수도 등 기본적인 인프라의 개선을 필요로 하며, 지역 주민들의 생활 여건을 향상시키는 결과를 낳는다. 도시간, 혹은 도시와 농촌 지역 간의 경제적 격차를 줄이고, 균형 잡힌 지역 발전을 촉진하는데 기여하기도 한다(Sharpley, 2015). 마지막으로 지속 가능한 관광은 환경 보호와 자원 관리를 촉진할 수 있는 도구로 사용될 수 있다. 환경 이슈가 커짐에 따라 환경과 연계한 관광 활성화는 장기적으로 자연 자원의 지속 가능성을 확보하는 데 기여하기도 한다. 많은 국가들은 지속 가능한 관광 개발을 통해 환경 보호와 경제 발전 간의 균형을 맞추려고 노력하고 있다(Buckley, 2012).

관광과 관련한 공공소통의 전략은 관광지의 매력을 극대화하고, 지속 가능한 관광 발전을 촉진하며, 다양한 이해관계자 간의 협력을 강화하기 위한 방향에 초점을 둔다. 공공소통의 효과적인 전략 포인트를 통해 관광객의 경험을 개선하고, 지역 주민과의 긍정적인 관계를 구축하며, 관광 산업의 전반적인 발전을 추구한다. 주요 전략 포인트에 대해 살펴보면 다음과 같다. 가장 중요한 전략 중 하나는 목표 청중을 위한 최적화된 정보 제공이다. 관광객의 유형에 따라 그들이 필요로 하는 정보는 다를 수 있다. 가족 관광객, 청소년 여행자, 노인 여행자, 또는 비즈니스 여행자 등 각 그룹의 필요와 선호도에 맞는 정보를 제공해야 한다. 관광 목적지에 대한 맞춤형 정보, 교통편, 숙박 정보, 주요 관광지, 그리고 지역의 특별 이벤트 등을 포함한 구체적인 정보를 제공하는 것이 중요하다. 효과적인 타겟팅을 위해 소셜 미디어, 공식 웹사이트, 모바일 애플리케이션 등 다양한 채널을 활용하고 있다(Xiang, Magnini, & Fesenmaier, 2015). 정책 정보 제공 목적의 공공소통에서도 강조되었지만, 관광 관련 정보 역시 투명성과 일관성은 중요한 요소다. 투명한 정보 제공은 관광지의 이미지와 평판을 보호하고, 관광객의 기대를 관리하는 데 중요한 역할을 한다. 관광지의 환경 상태, 입장료, 운영 시간, 서비스 제공 여부 등과 같은 중요한 정보를 명확하게 제공할 필요가 있다. 지역 사회와의 협력은 공공소통 전략에서 중요한 요소 중 하나이다. 지역 주민들은 관광 개발의 주요 이해관계자이며, 그들의 참여는 지속 가능한 관광 발전을 위해 중요하게 고려되어야 한다. 주민들이 관광 개발의 혜택을 느낄 수 있도록 하고, 그들이 관광객을 환영하고 협력할 수 있도록 유도하는 것은 긍정적인 관광 경험을 창출하는 데 기여한다(Tosun, 2006). 지속 가능한 관광은 현대 관광산업의 핵심 이슈 중 하나로, 공공소통 실행 과정에서 중요하게 고려된다. 관광객들에게 환경 보호, 책임 있는 여행, 지역 문화 존중 등의 메시지를 전달하고, 지속 가능한 관광 행동을 장려하기도 한다. 에코 투어리즘, 로컬 푸드 소비, 쓰레기 줄이기 등 지속 가능한 관광 실천에 대한 홍보 캠페인은 흔히 목격되고 있다(Dodds &

Butler, 2009). 마지막으로 방문객의 긍정적 경험 공유를 촉진하는 공공소통의 기능도 중요하게 고려될 필요가 있다. 관광지의 명성을 높이고, 더 많은 방문객을 유치하며, 장기적인 관광 산업의 성장을 촉진하는 데 중요한 역할을 하기 때문인데, 방문객들이 그들의 긍정적인 경험을 공유할 수 있도록 정교하게 지원하고, 이러한 경험이 널리 퍼질 수 있도록 확산을 고민해야 한다. 기관의 공식 SNS계정과의 연계성을 높이고, 해시태그 등을 이용한 관련 캠페인 추진, 방문객의 피드백을 수집하고 관련 기획에 반영하는 것 등을 예시할 수 있다.

최근 많은 이들의 관심을 받고 있는 지속 가능한 관광과 관련한 공공소통 사례를 몇 가지를 통해 이해를 높일 수 있다. 각국은 디지털 기술, 소셜 미디어 캠페인, 교육 프로그램 등 다양한 방법을 통해 지속 가능한 관광을 홍보하고 있다. 뉴질랜드의 "Tiaki Promise" 캠페인은 방문객에게 자연을 보호하고, 문화를 존중하며, 책임감 있는 여행자가 될 것을 약속하게 하는 관광 캠페인이다. "Tiaki"는 마오리어로 "보호하다"를 의미하며, 이 캠페인은 뉴질랜드의 자연과 문화유산을 보호하기 위해 기획되었다. 뉴질랜드 관광청과 다양한 업계 파트너들이 협력하여 이 캠페인을 진행하며, 여행객들이 뉴질랜드에서 책임 있는 행동을 하도록 장려했는데, 소셜 미디어, 웹사이트, 공항 및 주요 관광지에서의 홍보물을 통해 널리 알려졌다 (New Zealand Tourism, 2020). 아이슬란드의 "Inspired by Iceland" 캠페인 역시 관광객에게 환경 보호와 책임 있는 여행의 중요성을 인식시키기 위해 다양한 메시지를 전달했는데, 특히, "The Icelandic Pledge"라는 서약을 통해 관광객들이 자연을 존중하고, 지역 문화를 보호하며, 환경오염에 대한 책임의식을 구체화했다. 웹사이트와 소셜 미디어를 통해 확산되었고, 참여형 콘텐츠와 교육 자료 등의 소통 방식이 효과적인 사례로 알려져 있다.

관광과 관련한 공공소통의 개념, 중요성, 전략 포인트에 대해 살펴봤는데, 공공소통이 정책 정보 제공에 머무르지 않고, 산업적 관점에서의 영향력을 이해할 수 있는 계기라 될 것이다. 이처럼 공공소통은 다양한 분야의 목적 달성을 위해 활용되고 있다.

2. 공공소통 미디어

공공소통의 목적을 달성하기 위해서는 목표 청중에게 의도한 메시지를 전하는 여러 수단들이 필요하다. 기관과 국민의 양방향적 소통 수단을 아우르는 개념인 미디어는 정보를 전달하고, 공공의 의견을 형성하며, 사회적 담론을 이끄는 중요한 도구로서 기능한다. 또한, 공공기관과 시민 간의 연결 고리 역할을 하며, 정부 정책에 대한 이해와 참여를 촉진한다. 공공소통의 핵심 요소로서 미디어에 대한 깊은 이해는 효과적 소통을 위한 중요한 과정으로 볼 수 있다. 사실 민간, 공공의 영역 모두 광고, 홍보, 소통 등 커뮤니케이션에서 미디어의 중요성은 아무리 강조해도 지나치지 않다. 공공소통에서 미디어가 갖는 중요성을 정리하면 다음과 같다.

첫째, 신속하고 광범위한 정보 전달이 가능하다. 미디어는 공공소통에서 정보 전달의 속도와 범위를 획기적으로 확장시킨다. 전자 매체와 디지털 미디어의 발전은 정부와 공공기관이 중요한 정보를 실시간으로 대중에게 전달할 수 있게 한다. 예를 들어, 자연재해나 비상 상황에서는 미디어를 통해 빠르고 정확한 정보를 전달함으로써 대중의 안전을 보호할 수 있다. 이는 라디오, 텔레비전, 인터넷, 소셜 미디어 등 다양한 채널을 통해 이루어진다. 이러한 미디어의 신속성과 광범위성은 공공기관이 대중과 효과적으로 소통하고, 위기 상황에서 대처하는 데 필수적이다(McQuail, 2010). 둘째, 대중 참여와 상호작용을 촉진한다. 미디어는 대중이 공공정책과 사회적 이슈에 참여할 수 있는 기회를 제공한다. 미디어 플랫폼을 활용하여 대중이 자신의 의견을 표현하고, 정부와 직접 상호 작용할 수 있는 채널을 제공한다. 이는 공공기관이 대중의 목소리를 듣고, 정책 결정에 반영할 수 있는 중요한 기회를 제공한다. 대표적으로 홈페이지, 소셜 미디어와 같은 디지털 미디어는 시민에게 공공 문제에 대해 의견을 제시하고, 청원에 참여하며, 정부의 답변을 요구할 수 있도록 기능한다(Mergel, 2016). 이러한 상호작용은 대중의 참여를 촉진하고, 민주적 의사결정 과정을 강화하는 데 중요한 역할을 한다. 셋째, 신뢰 구축과 투명성을 높일 수 있다. 공공소통의 목적에서 설명한 정보 제공과 브랜드 관점에서 꾸준히 강조하고 있는 신뢰 구축과 투명성 제고 역시 미디어의 중요한 기능이다. 공공소통의 주체인 정부와 공공기관이 전하는 핵심인 정책, 예산, 위기 상황 통제 등과 관련된 정보는 모두 미디어를 통해 전달되기 때문이다. 대표적으로 정부는 정기적인 언론 브리핑, 보도자료, 온라인 보고서와 같은 미디어를 통해 대중에게 정보를 제공하는데, 이는 공공기관의 책임성과 신뢰성을 강화하고, 대중의 신뢰를 확보하는 데 도움이 된다(Dunaway & Graber, 2022). 마지막으로 사회적 이슈에 대한 인식을 높이는 기능을 한다. 미디어는 사회적 이슈에 대한 대중의 인식을 높이고, 공공정책에 대한 이해를 돕는다. 언론 보도와 미디어 캠페인은 중요한 사회적 이슈를 조명하고, 대중에게 정보와 교육을 제공하는 역할을 한다. 이를 통해 공공기관은 대중이 중요한 이슈에 대해 알림으로써, 대중의 인식을 높일 수 있다. 예를 들어, 건강, 환경, 교육 등의 분야에서 미디어 캠페인을 통해 대중에게 정보를 제공하고, 이슈에 대한 이해를 증진시킬 수 있다(Keller, 2013).

미디어의 발전은 공공소통의 방식을 크게 변화시켜 왔으며, 이를 통해 정보의 전달과 대중 참여가 더욱 활성화되었다. 미디어의 발전 과정은 인쇄 매체에서 시작하여 전자 매체, 그리고 디지털 및 소셜 미디어로 진화해 왔다. 각 단계의 발전은 공공소통에 새로운 기회와 도전을 제시하였다. 이를 개괄적으로 살펴보면 미디어 발전의 첫 번째 주요 단계는 인쇄 매체의 등장이다. 과거 문자가 생기고 이를 표현할 수 있는 도구가 발명되면서 메시지를 전하는 방식, 오늘날의 포스터로 이해할 수 있는 벽보가 발달했다. 결정적으로 15세기 구텐베르크의 인쇄술 발명 이후, 급속하게 발전한 인쇄미디어는 신문, 잡지, 다양한 형태의 책자로 발전되어 정보의 확산을 위한 주요 수단으로 자리 잡았다. 인쇄 매체는 공공 정보와 소통을 위한 주요 채널로, 정부와 공공기관은 법령, 정책, 공지사항 등을 대중에게 전달하기 위해 활용하였다. 비록 인쇄 매체는 정보의 독점성을 발행자가 갖게 되면서 생기는 일방향성, 소통의 속도가 느린 점 등이 한계로 지목되긴 하지만 인류 역사상 오랜 기간 동안 대중과 소통하는 중요한 미디어였음은 틀림없다(McQuail, 2010). 20세기에 들어서면서 라디오와 텔레비전 같은 전자 매체가 등장했다. 라디오는 1920년대부터 대중에게 정보와 오락을 제공하는 중요한 미디어로 자리 잡았는데, 정부는 라디오를 통해 중요한 공지사항, 뉴스, 연설 등을 실시간으로 전달할 수 있었다. 대공황, 세계 대전 등 세계 근대사에 굵직굵직한 현안이 있을 때마다 라디오는 대중에게 정책에 대한 이해와 지지를 이끌어내는 수단으로 활용되었다. 텔레비전은 1950년대 이후 급속히 보급되면서 대중 매체의 중심으로 자리 잡았다. 텔레비전은 라디오가 하지 못한 시청각 정보를 제공함으로써 메시지 전달의 효과를 극대화했다. 정부는 텔레비전을 활용하여 정책 홍보, 공공 캠페인, 교육 프로그램 등을 통해 대중에게 메시지를 전달할 수 있었고, 정보 전달의 속도와 범위를 크게 확장시켰으며, 대중의 정치적 참여와 공공 의사결정 과정에 중요한 영향을 미쳤다(Meyrowitz, 1986). 당시 TV 역시 혁명적 기술로 인식되었겠지만, 1990년대 이후 나타난 인터넷과 디지털 기술의 발전은 공공소통에 그야말로 새로운 혁명을 가져왔다. 인터넷은 정보의 접근성과 전파 속도를 획기적으로 개선했고, 정부와 공공기관이 대중과 소통하는 방식에 근본적인 변화를 가져왔다. 웹사이트, 이메일, 온라인 포털을 통해 정부는 대중에게 실시간으로 정보를 제공하고, 피드백을 수렴할 수 있게 되었다. 특히 2000년대 중반 이후 등장한 페이스북, 트위터, 인스타그램과 같은 소셜 미디어는 정부와 대중이 상호작용할 수 있는 새로운 공간을 제공했다. 이를 통해 정보의 일방적인 전달이 아닌, 대중과의 쌍방향 소통이 가능해졌다. 오늘날 가장 큰 화두인 인공지능(AI)과 빅데이터 기술은 공공소통에도 큰 기대감을 주고 있다. 집단을 대상으로 할 수 밖에 없었던 정보 제공이 이제는 개인화된 수준으로 까지 정교한 소통을 가능하게 할 것이라는 기대감을 충분히 줄 수 있다. 이러한 기술들은 대중의 의견을 분석하고, 맞춤형 정보를 제공함으로써 공공소통의 효율성과 효과성을 높일 수 있을 것이다. 이미 공공 영역에도 도입된 챗봇 기술은 시민이 공공서비스에 쉽게 접근할 수 있도록 돕고 있으며, 빅데이터 분석은 정책 결정 과정에서 대중의 의견을 반영하는 데 중요한 역할을 하고 있다(Mergel, 2016).

공공소통에서 미디어 전략은 정보와 메시지를 효과적으로 전달하고 대중의 참여를 유도하기 위해 다양한 미디어 채널과 기법을 사용하는 접근 방식이다. 미디어 전략은 공공기관의 목표와 대중의 요구를 고려하여 적절한 미디어 채널을 선택하고, 콘텐츠를 설계하며, 메시지를 전달하는 과정이다. 미디어 전략의 주요 요소를 개괄적으로 살펴보자. 미디어 전략의 첫 단계는 명확한 목표 설정과 목표 청중 분석이다. 수행하고자 하는 커뮤니케이션 목표를 정의하고, 대중의 요구와 관심사를 분석하여 전략을 수립해야 한다. 목표는 정책 홍보, 공공 참여 유도, 정보 제공 등 다양할 수 있으며, 이러한 목표는 미디어 전략의 방향성을 결정짓는다(Wilcox, Cameron, & Reber, 2015). 다음 단계는 적절한 미디어 채널 선택의 과정이다. 다양한 미디어 채널을 적절히 선택하는 것은 미디어 전략의 핵심 요소다. 전통미디어(신문, 라디오, TV)와 디지털 미디어(웹사이트, 소셜 미디어, 모바일 앱) 등 다양한 미디어 중에서 공공기관의 목표와 대상 청중에 맞는 채널을 선택해야 한다. 각 채널의 특성과 대중의 접근 방식을 고려하여 최적의 미디어 믹스를 구성하는 것이 중요하다(Severin, 2001). 미디어 전략의 다음 단계는 콘텐츠의 제작이다. 콘텐츠는 대중의 관심을 끌고, 메시지를 효과적으로 전달하기 위해 미디어 특성에 맞게 최적화되어야 한다. 각 미디어 채널에 적합한 형식과 톤으로 콘텐츠를 제작하여 대중의 참여와 반응을 유도할 수 있다(Coombs & Holladay, 2014). 미디어 전략이 실행된 후에는 소통 활동의 진행 상황을 모니터링하고 평가하는 것이 중요하다. 미디어 캠페인의 효과를 측정하는 적절한 평가 지표를 수립하여 평가하고, 대중의 반응과 참여를 분석하여 전략을 조정할 수 있다. 예를 들어, 웹사이트 방문자 수, 소셜 미디어의 참여도, 정책 인지, 호감에 대한 설문조사 결과 등을 통해 소통 활동의 효과를 평가하고, 전략에 대한 판단을 하는 것이 중요하다. 이는 캠페인의 성공을 보장하고, 향후 전략 수립에 필요한 데이터를 제공한다(Schramm, 1964).

3. 공공소통 콘텐츠

미디어와 함께 콘텐츠는 공공기관이 대중과 효과적으로 소통하기 위한 핵심 요소이다. 콘텐츠는 소통 메시지의 핵심을 전달하며, 대중의 관심을 끌고, 이해를 돕는 수단이다. 효과적인 공공소통이 되려면, 전달하려는 메시지의 내용과 형식이 대중의 특성과 요구에 맞춰져야 하며, 이를 통해 신뢰성과 공감을 얻을 수 있다. 공공소통에서 콘텐츠의 중요성을 다양한 측면에서 설명할 수 있는데, 몇 가지를 개괄적으로 제시하면 다음과 같다. 우선, 정보 전달의 명확성이다. 즉, 콘텐츠는 공공소통 과정에서 메시지를 명확하고 이해하기 쉽게 전달하는 역할을 한다. 복잡한 정책, 법률, 절차 등에 대해 대중이 쉽게 이해할 수 있도록 설명하는 것은 효과적인 공공소통의 핵심이다. 콘텐츠가 명확하고 간결하게 구성되지 않으면, 대중은 혼란을 느끼고 정보에 대한 이해도가 떨어질 수 있다. 예를 들어, 건강 관련 정보나 재난 대비 지침과 같은 중요한 정보는 대중이 즉각적으로 이해하고 행동할 수 있도록 명확하고 간결하게 전달되어야 한다(Hallahan et al., 2007). 둘째, 콘텐츠는 대중의 관심을 끌고, 참여를 이끌어 내는 중요한 역할을 한다. 흥미로운 이야기, 시각적 요소, 그리고 대중의 관심이 큰 주제는 콘텐츠의 매력을 높이고, 대중의 관심을 끌어들이기 용이하다. 대표적으로 흥미롭게 기획된 공공 캠페인은 감정적으로 공감할 수 있는 이야기나 사례를 통해 대중의 참여를 유도할 수 있다. 대중의 관심과 참여를 끌어내기 위해서는 대중의 언어와 문화적 배경을 고려한 맞춤형 콘텐츠가 필요하다. 셋째, 효과적인 콘텐츠는 대중이 정책을 이해하고 수용하는 데 중요한 역할을 한다. 명확하고 설득력이 강한 콘텐츠는 대중이 정책의 필요성과 이점을 이해하도록 돕고, 지지하고 따르도록 유도할 수 있다. 정책 설명서, 사례 연구, 인포그래픽 등 시의 적절한 콘텐츠는 정책의 장점과 영향을 명확히 설명하여 대중의 수용성을 높이는 데 기여한다. 넷째, 콘텐츠는 다양한 형태로 제공 가능한데, 이는 대중이 정보에 쉽게 접근할 수 있도록 돕는다. 접근성 향상은 장애, 언어 그리고 디지털 기기에 익숙하지 않은 사람들을 포함한 모든 대중이 정보에 접근할 수 있도록 하는 것을 의미한다. 접근성 높은 콘텐츠는 텍스트, 오디오, 비디오, 시각적 도표 등 다양한 형식을 포함하여 다양한 사용자 요구를 충족시킬 수 있다. 예를 들어, 웹사이트와 모바일 애플리케이션에서 콘텐츠는 시각 장애인을 위한 스크린 리더 호환 기능과 다국어 지원 기능을 포함하여 제공될 수 있다. 이와 같은 접근성 향상은 공공기관이 모든 시민에게 정보를 제공하고, 정보 접근의 불균형을 해소하는 데 기여한다. 마지막으로 콘텐츠는 공공 의견 형성을 지원하는 데 중요한 역할을 한다. 다양한 형식의 콘텐츠는 대중이 사회적, 정치적 이슈에 대해 정보와 의견을 형성하는 데 도움을 줄 수 있다. 이는 정책에 대한 토론을 촉진하고, 대중의 의견을 수렴하여 정책 결정에 반영하는 데 기여한다. 예를 들어, 공공기관은 정책 결정에 대한 의견을 수렴하기 위해 여론 조사, 공개 토론, 설문조사와 같은 콘텐츠를 제공할 수 있다. 이는 정책 결정 과정에서 대중의 목소리를 듣고, 그 의견을 정책에 반영하는 데 도움을 준다(Dunaway & Graber, 2022).

공공소통에서 콘텐츠 표현 전략은 정보를 효과적으로 전달하고, 대중의 관심과 참여를 유도하기 위해 다양한 방법과 기법을 사용하는 접근 방식이다. 효과적인 콘텐츠 표현 전략은 메시지를 명확하고 매력적으로 전달하며, 대중의 이해와 참여를 높이는 역할을 한다. 다음은 공공소통에서 콘텐츠 표현 전략에서 고려되는 주요 요소를 개괄적으로 설명한다. 우선, 메시지의 명확성은 콘텐츠 표현의 기본 요소로, 정보가 혼란스럽지 않고 직관적으로 전달되어야 한다. 공공기관은 기술적 용어를 피하고, 가능한 한 쉬운 언어와 구조를 사용하여 메시지를 전달하는 것이 중요하다. 시각적 요소는 콘텐츠의 이해도를 높이고, 대중의 관심을 끌기 위해 중요한 역할을 한다. 이미지, 인포그래픽, 동영상 등 시각적 자료는 텍스트로만 전달되는 정보보다 더욱 효과적으로 정보를 전달할 수 있다. 시각적 요소는 복잡한 정보를 시각적으로 간단하게 표현하고, 대중의 기억에 더 오래 남도록 한다(Tufte, 1985). 스토리텔링은 정보를 전달하는 데 있어 강력한 기법으로, 사람들의 감정을 자극하고 메시지를 기억하기 쉽게 만든다. 공공소통의 과정에서도 스토리텔링 기법을 사용하여 정책이나 프로그램의 배경, 목적, 성과 등을 말하기 방식으로 설명할 수 있다. 예를 들어, 정부는 성공적인 사회적 프로젝트나 개인의 변화를 중심으로 이야기를 구성하여 정책의 중요성을 강조할 수 있다. 이러한 스토리는 대중이 정책에 대해 더 많은 관심을 가지게 하고, 행동을 변화시키는 데 도움을 준다(Heath & Heath, 2007). 맞춤형 콘텐츠는 대중의 특정 관심사와 요구에 맞춰 제작된 콘텐츠로, 공공기관은 다양한 인구 집단의 특성에 맞춰 콘텐츠를 조정해야 한다. 맞춤형 콘텐츠는 지역적, 문화적 배경에 맞춘 정보를 제공하고, 대중의 참여를 유도하는 데 효과적이다. 예를 들어, 공공기관은 다양한 언어와 문화적 배경을 고려하여 다국어 콘텐츠를 제공하거나, 지역 사회의 특정 문제를 다루는 맞춤형 캠페인을 진행할 수 있다. 인터랙티브 요소는 대중과의 상호작용을 증진시키는 콘텐츠 표현 전략의 하나로, 피드백, 참여, 의견 공유 등을 포함한다. 공공기관은 인터랙티브한 콘텐츠를 통해 대중의 참여를 유도하고, 실시간 피드백을 받을 수 있다. 온라인 설문조사, 퀴즈, 의견 게시판 등의 인터랙티브 요소를 포함한 콘텐츠는 대중이 콘텐츠에 적극적으로 참여하고, 의견을 제시할 수 있도록 한다. 이는 공공기관이 대중의 의견을 수렴하고, 정책 개선에 반영하는 데 도움을 준다(Coelho, Correia, & Medina, 2017).

참고문헌

김용훈(2012). 지방자치단체의 자치권과 감사원 감사—지방자치단체와 감사원 간 바람직한 관계 정립을 중심으로—. *지방자치법연구, 12*(1), 141-174.

서울특별시(2015). *I·SEOUL·U 브랜드 캠페인*. Retrieved from https://seoul.go.kr

엄석진(2021). 인공지능 시대의 민주주의와 행정:[국민신문고] 민원시스템 고도화 사례를 중심으로. *한국행정연구, 30*(2), 35-64.

이향수, 이성훈(2023). 국민참여를 통한 정부혁신 사례연구: 행정안전부 사례를 중심으로. *산업경제연구, 36*(6), 1171-1186.

이현영, 정연경(2017). 공공기관의 정보공개와 투명성의 관계에 관한 연구. *한국기록관리학회지, 17*(3), 97-114.

정상호.(2014). 참여민주주의의 관점에서 본 서울시 주민참여예산제 연구. *시민사회와 NGO, 12*(1), 3-34.

Aaker, D. A.(1996). Measuring brand equity across products and markets. *California management review, 38*(3).

Abels, G.(2007). Citizen involvement in public policy-making: Does it improve democratic legitimacy and accountability? The case of PTA. *Interdisciplinary information sciences, 13*(1), 103-116.

Beeri, I., Uster, A., & Vigoda-Gadot, E.(2019). Does performance management relate to good governance? A study of its relationship with citizens' satisfaction with and trust in Israeli local government. *Public Performance & Management Review, 42*(2), 241-279.

Bendel, P. R.(2011). Branding New York City—The Saga of 'I Love New York'. In *City branding: Theory and cases* (pp. 179-183). London: Palgrave Macmillan UK.

Berger, B. K.(2009). Public relations and organizational power. In *The future of excellence in public relations and communication management* (pp. 247-260). Routledge.

Bertot, J. C., Jaeger, P. T., & Grimes, J. M.(2010). Using ICTs to create a culture of transparency: E-government and social media as openness and anti-corruption tools for societies. *Government information quarterly, 27*(3), 264-271.

Buckley, R.(2012). Sustainable tourism: Research and reality. *Annals of tourism research, 39*(2), 528-546.

Buhalis, D., & Inversini, A.(2014). Tourism branding, identity, reputation co-creation, and word-of-mouth in the age of social media. In *Tourism Management, Marketing, and Development: Volume I: The Importance of Networks and ICTs* (pp. 15-40). New York: Palgrave Macmillan US.

Coelho, P. M., Correia, P. A., & Medina, I. G.(2017). Social media: A new way of public and political communication in digital media. *International Journal of Interactive Mobile Technologies, 11*(6), 150-157.

Coombs, W. T.(2007). *Ongoing crisis communication: Planning, managing, and responding.* CA: Sage.

Coombs, W. T.(2007). Protecting organization reputations during a crisis: The development and application of situational crisis communication theory. *Corporate reputation review, 10*, 163-176.

Coombs, W. T., & Holladay, S. J.(2014). How publics react to crisis communication efforts: Comparing crisis response reactions across sub-arenas. *Journal of Communication Management, 18*(1), 40-57.

Dahlgren, P.(2009). *Media and political engagement: Citizens, communication and democracy.* Cambridge University Press.

Dodds, R., & Butler, R.(2009). Barriers to implementing sustainable tourism policy in mass tourism destinations. *Tourismos: An International Multidisciplinary Journal of Tourism, 5*(1), 35-53.

Dunaway, J., & Graber, D. A.(2022). *Mass media and American politics.* Cq Press.

Fombrun, C. J., & Rindova, V. P.(2000). The road to transparency: Reputation management at Royal Dutch/Shell. *The expressive organization, 7*, 7-96.

Fung, A.(2006). Varieties of participation in complex governance. *Public administration review, 66*, 66-75.

Grimmelikhuijsen, S. G.(2012). *Transparency and trust. An experimental study of online disclosure and trust in government* (Doctoral dissertation, Utrecht University).

Grimmelikhuijsen, S. G., & Meijer, A. J.(2014). Effects of transparency on the perceived trustworthiness of a government organization: Evidence from an online experiment. *Journal of Public Administration Research and Theory, 24*(1), 137-157.

Grunig, J. E., & Grunig, L. A.(2008). Excellence theory in public relations: Past, present, and future. In *Public relations research: European and international perspectives and innovations* (pp. 327-347). Wiesbaden: VS Verlag für Sozialwissenschaften.

Hallahan, K., Holtzhausen, D., Van Ruler, B., Verčič, D., & Sriramesh, K.(2007). Defining strategic communication. *International journal of strategic communication, 1*(1), 3-35.

Hayashi, M., & Hughes, L.(2013). The policy responses to the Fukushima nuclear accident and their effect on Japanese energy security. *Energy Policy*, *59*, 86-101.

Heath, C., & Heath, D.(2007). *Made to stick: Why some ideas survive and others die.* Random House.

Henderson, P. W., & Cote, J. A.(1998). Guidelines for selecting or modifying logos. *Journal of marketing*, *62*(2), 14-30.

Keller, K.(2013). *Strategic Brand Managment: Building, Measuring, and Managing Brand Equity*. UK: Pearson Education Limited.

Kotler, P.(2007). *Marketing in the public sector*. Pearson Education.

Kotler, P., Keller, K. L., Brady, M., Goodman, M., & Hansen, T.(2016). *Marketing Management 3rd edn PDF eBook*. Pearson Higher Ed.

Liu, B. F., & Horsley, J. S.(2007). The government communication decision wheel: Toward a public relations model for the public sector. *Journal of Public Relations Research*, *19*(4), 377-393.

McDermott, P.(2010). Building open government. *Government Information Quarterly*, *27*(4), 401-413.

McQuail, D.(2010). *McQuail's mass communication theory*. Sage publications.

Mergel, I.(2013). Social media adoption and resulting tactics in the US federal government. *Government information quarterly*, *30*(2), 123-130.

Mergel, I.(2016). Social media institutionalization in the US federal government. *Government information quarterly*, *33*(1), 142-148.

Meyrowitz, J.(1986). *No sense of place: The impact of electronic media on social behavior*. Oxford University Press.

New Zealand Tourism.(2020). Tiaki Promise. Retrieved from https://www.tiakinewzealand.com/

OECD(2016). Government at a Glance 2016. OECD Publishing.

Peters, B. G.(2014). Accountability in public administration. *The Oxford handbook of public accountability*, 211-225.

Popa, R. E.(2016). Branding the Nation in the Digital Era. *Cultures of Communication–*

Cultures de la communication, 1(1), 95-113.

Potter, S. H., Becker, J. S., Johnston, D. M., & Rossiter, K. P.(2015). An overview of the impacts of the 2010-2011 Canterbury earthquakes. *International Journal of Disaster Risk Reduction, 14,* 6-14.

Putnam, R. D.(2000). Bowling alone: The collapse and revival of American community. *Touchstone.*

Reynolds, B., & Seeger, M. W.(2005). Crisis and Emergency Risk Communication as an Integrative Model. *Journal of Health Communication, 10*(1), 43-55.

Richards, G.(2018). Cultural tourism: A review of recent research and trends. *Journal of Hospitality and Tourism Management, 36,* 12-21.

Roberts, A. S.(2005). Spin control and freedom of information: Lessons for the United Kingdom from Canada. *Public Administration, 83*(1), 1-23.

Sandman, P. M.(2006). Crisis communication best practices: Some quibbles and additions. *Journal of Applied Communication Research, 34*(3), 257-262.

Schramm, W.(1964). *Mass media and national development: The role of information in the developing countries* (Vol. 65). Stanford, CA: Stanford University Press.

Severin, W. J.(2001). Communication theories: Origins, methods, and uses in the mass media. *NY Longman.*

Sharpley, R.(2015). Sustainability: A barrier to tourism development. *Tourism and Development. Concept and Issues, Second Edition. Bristol, Buffalo and Toronto: Channel View Publications,* 428-452.

Tierney, K., Bevc, C., & Kuligowski, E.(2006). Metaphors matter: Disaster myths, media frames, and their consequences in Hurricane Katrina. *The annals of the American academy of political and social science, 604*(1), 57-81.

Tosun, C.(2006). Expected nature of community participation in tourism development. *Tourism management, 27*(3), 493-504.

Tufte, E. R.(1985). The visual display of quantitative information. *The Journal for Healthcare Quality(JHQ), 7*(3), 15.

Ubaldi, B.(2013). Open Government Data: Towards Empirical Analysis of Open Government Data Initiatives. OECD Working Papers on Public Governance,

No. 22, OECD Publishing

Ulmer, R. R., Sellnow, T. L., & Seeger, M. W.(2022). *Effective crisis communication: Moving from crisis to opportunity*. Sage Publications.

Veil, S. R., Buehner, T., & Palenchar, M. J.(2011). A work-in-process literature review: Incorporating social media in risk and crisis communication. *Journal of contingencies and crisis management*, *19*(2), 110-122.

Wilcox, D. L., Cameron, G. T., & Reber, B. H.(2015). *Public relations: Strategies and tactics*. Pearson.

Wong, A., & McLeod, C.(2019). Youth engagement in participatory budgeting: Experiences from Boston. *Local Government Studies*, *45*(4), 489-508.

Xiang, Z., Magnini, V. P., & Fesenmaier, D. R.(2015). Information technology and consumer behavior in travel and tourism: Insights from travel planning using the internet. *Journal of retailing and consumer services*, *22*, 244-249.

제 3 장

공공 소통의 기획

이형민_성신여자대학교 미디어커뮤니케이션학과

1. 서론

좁은 의미에서 공공소통은 정부 또는 공공기관이 시민과 행하는 모든 형태의 커뮤니케이션을 의미한다. 이렇게 공공소통을 좁은 맥락에서 정의하는 것은 전략적 커뮤니케이션을 수행하는 핵심 주체로서의 조직이 얼마나 공적인 성격과 합법적 지위를 갖고 있느냐에 초점을 맞추고 있다. 반면, 공공소통은 소통에 참여하는 조직의 특성과는 상관없이 공동체적인 목적을 달성하기 위한 모든 형태의 커뮤니케이션으로 보다 폭넓게 정의될 수도 있다. 이러한 경우 커뮤니케이션 메시지의 형식과 내용 그리고 목적이 공공소통과 다른 형태의 소통을 구분하는 데 있어 주요한 역할을 한다고 말할 수 있다.

공공소통을 어떠한 관점과 맥락에서 정의하느냐와 상관없이 우리 사회에서 공공소통이 매우 중요하고 고유한 역할을 수행한다는 사실을 부정하기는 어렵다. 공공소통은 정부 또는 공공 기관과 시민 사이 이해와 참여의 기반을 마련함으로써 사회적으로 중요한 정책 집행 및 행정 활동을 원활하게 추진할 수 있는 환경을 구축할 수 있게 한다. 뿐만 아니라 공공소통은 우리 사회에서 중요하게 다루어져야 할 공적 논의와 담론을 활성화시키고, 사회 구성원들의 공동체 의식 및 시민 의식 함양에 기여하는 역할을 한다. 즉, 공공소통은 사회 체계가 발전적으로 기능하는 데 도움을 주고, 때로는 산적한 사회적 문제를 해소시킴으로써 구성원들이 안정적이고 행복하게 생활을 영위하게 하는 데 필수적인 요소라고 할 수 있다.

공공소통의 기획은 공적인 목적을 달성하기 위해 우리 사회 다양한 구성원들 간 원활한 의견 교환 및 이해를 도모하는 커뮤니케이션 행위를 체계적이고 효과적으로 준비하는 제반 과정이라고 할 수 있다. 따라서 공공소통의 기획은 사전에 명확한 목표와 산출물을 결정하고, 전략적인 접근을 통해 효율적인 자원 투입과 커뮤니케이션 효과의 극대화를 지향한다. 보다 구체적으로, 공공소통의 기획은 소통을 하고자 하는 대상을 명확히 하고, 그들과 커뮤니케이션하고자 하는 핵심 메시지를 구체화하고, 소통에 필요한 다양한 미디어 채널을 확보하며, 나아가 소통의 결과를 객관적이고 과학적으로 분석함으로써 목표의 달성 여부를 평가하고 차후 다른 공공소통 기획에 그 내용을 환류시키는 일련의 과정을 포괄한다.

이러한 맥락에서 공공소통의 기획은 단순히 공중의 눈길과 관심을 사로잡는 카피나 메시지를 도출하는 것 이상의 의미를 갖는다. 공공소통의 기획에서는 소통의 대상인 청중의 특성, 그들이 정보에 접근하고 소비하는 방식, 핵심적인 메시지 내용이 목표 수용자들에게 해석되고 수용되는 사회적, 문화적 배경 등 다양한 요소가 종합적이고 전략적으로 검토되어야 한다. 두말할 나위 없이 잘 기획된 공공소통은 우리 사회 구성원들 간 이해와 화합을 제고하고, 나아가 공동체적 가치와 지속가능성을 함양시키는 결과로 이어질 수 있다. 그러나 제대로 기획되지 않은 공공소통은 오히려 국민 신뢰를 저하시키고, 정책 집행의 동력을 상실시키며, 나아가 공동체의 분열이 조장되는 심각한 상황을 초래할 수 있기 때문에 공공소통의 체계적이고 전문적인 기획은 매우 중요하다.

이 장에서는 공공소통 기획에 있어서 유념해야 할 기본적인 원칙과 단계별 과정을 살펴볼 것이다. 이러한 탐구 과정 속에서 성공적인 공공소통 기획을 위해 필요한 구체적인 요소들을 제시하고 강조할 것이다. 이 장을 통해 공공소통 기획에 대한 기초적이고 실무적인 이해가 제고될 수 있기를 바란다.

2. 기본 원칙

2-1. 명확하고 측정 가능한 목표 설정

실제 공공소통의 기획에서 과소평가되거나 간과되는 경우가 많지만, 명확하고 측정 가능한 공공소통의 목표를 설정하는 것은 매우 중요한 기본 원칙 중 하나이다. 우선 목표가 명확해야 한다는 것은 공공소통의 기획 및 집행에 참여하는 모든 실무진들이 최종 결과와 방향성에 대해 쉽게 이해하고 공감할 수 있으며, 수립된 목표의 달성을 위해 한마음 한뜻으로 힘을 모을 수 있는 목표여야 한다는 의미이다.

명확한 목표는 보다 구체적인 공공소통 전략 도출을 위한 선결 조건이며, 공공소통 실무진들의 업무 의욕과 동기를 부여할 수 있는 요인이다.

또한, 공공소통의 목표는 정량적(quantitative), 객관적(objective), 과학적(scientific) 방법으로 측정 및 평가를 할 수 있도록 수립되는 것이 바람직하다. 공공소통은 공적인 목적 달성을 위해 마련된 자금(예를 들면, 정부 예산 또는 공공 조성금 등)에 의존하는 경우가 대부분이기 때문에, 다른 종류의 커뮤니케이션 보다 더욱 높은 수준의 예산 집행 모니터링 및 결과 보고가 요구된다. 최초 기획 단계부터 정량적, 객관적, 과학적으로 측정 가능한 목표가 수립되어야 궁극적으로 공공소통의 성과를 평가하고 개선할 수 있는 기준을 마련할 수 있다. 애초에 측정 가능한 목표가 수립되지 않는다면 공공소통의 성공 여부를 평가하기 어렵거나 불가능하기 때문에 공적 자금을 기반으로 한 예산 집행의 정당성을 확보할 수 없다(정원준, 2015).

명확하고 측정 가능한 목표 설정에 있어서 SMART 원칙이 유용하게 적용될 수 있다(최준혁, 2019). SMART 원칙은 바람직한 목표 설정에 필요한 다섯 가지 핵심 요소들을 포함하고 있으며, 각 요소들의 영어 앞글자를 따서 SMART 원칙이라 명명되었다. 각각의 요소와 원칙은 아래와 같다.

a. Specific: 구체적으로 기술된 목표

목표는 공공소통의 기획 및 집행에 참여하는 모든 사람들이 명확하게 이해할 수 있도록 최대한 구체적으로 기술되어야 한다. '공공 캠페인에 대한 시민의 관심을 증대시킨다', '캠페인을 통해 바람직한 시민 참여를 유도한다' 등과 같은 목표는 표현 자체가 모호하고 자의적으로 해석될 수 있을 뿐만 아니라 향후 공공소통 전략의 성공 또는 실패를 평가하는 기준을 분명하게 설정하기 어려워 바람직한 목표 설정 방법이라고 볼 수 없다. '공공 캠페인에 대한 시민의 관심을 지금보다 20% 증가시킨다', '시민 참여도를 지금보다 30% 향상시킨다' 등과 같이 구체적인 수치를 포함하여 기술된 목표가 필요하다.

b. Measurable: 측정 가능한 목표

최종 성과를 객관적이고 과학적으로 평가할 수 있도록 수치로 정량화되고, 실증적으로 측정 가능한 목표가 바람직하다. 공공소통 캠페인을 통해 달성하고자 하는 핵심 지표들이 설정되어야 하며, 각 지표는 측정 가능한 형태로 정의되어야 하고, 향후 측정 및 평가 계획까지 준비되어야 한다. 노출, 인지, 공감, 태도, 행동의도, 행동 등으로 세분화하여 공공소통 관련 핵심 지표들을 설정할 수 있으며, 설문조사, 2차자료, Web 반응지수(방문자 수, 조회수, 좋아요, 구독자 등) 등을 통해 계량화된 지표 관련 자료를 수집하고 이를 통계분석 등을 통해 최대한 객관적이고 과학적으로 평가할 수 있다.

c. Achievable: 실현가능한 목표

공공소통의 최종 목표는 현실적이고 달성 가능한 것이어야 한다. 공공소통의 궁극적인 목표는 구성원들의 상호 이해와 협력을 통한 공동체의 안녕과 발전이라는 거대하고 숭고한 이상을 향하고 있다. 그러나 너무 이상적이거나 비현실적인 목표 설정은 실무자들의 동기 부여를 어렵게 하고 사기를 저하시킴으로써 전체적인 전략의 실패로 이어질 수도 있다. 따라서 실제 활용 가능한 자원, 인력, 예산, 그리고 공공소통의 내·외부적 환경 등을 종합적으로 고려하여 현실적이고 달성 가능한 목표를 설정해야 한다.

d. Relevant: 시의적절하고 관련성이 높은 목표

당연한 얘기지만, 공공소통의 최종 목표는 공공소통을 기획하고 집행하는 조직 또는 기관의 존재 이유 및 정책 기조와 일맥상통해야 한다. 또한, 공공소통이 공동체 내의 상호 이해와 민주적인 합의를 기본으로 한다는 점을 감안할 때, 공공소통의 최종 목표는 해당 시점의 시대정신 또는 지배적인 가치관과 부합하도록 설정되어야 한다. 공공소통의 목표는 소통을 주도하는 조직 또는 기관에서 추진하는 다른 정책 또는 전략과 관련성이 높아야 하며, 전반적인 사회적 필요에 부응해야 한다.

e. Time-bound: 시간적 기한이 있는 목표

좋은 목표는 최종 성과를 달성할 때까지 예상되는 기한이 명시되어야 한다. 업무 수행 및 성과 달성의 기한이 명확하게 제시되어야만 계획을 단계적으로 실행하고 전략을 체계적으로 진행할 수 있다. 따라서 바람직한 목표는 '향후 3개월 동안 우리 부처의 유튜브 구독자 수를 10% 증가시킨다', '향후 6개월 내 공중 보건 예방 행위의 시민 참여를 20% 증가시킨다' 등과 같이 명확한 시간적 기한을 제시함으로써 공공소통 업무 전반에 참가하는 모든 실무자들이 계획적이고 체계적으로 움직일 수 있는 가이드라인으로 기능한다.

1-2. 실증 연구에 의한 상황 분석

공공소통 기획의 성패는 정확한 상황 분석에 달려있다. 공공소통 전략이 실제로 집행되는 상황을 철저히 분석하고 정확하게 이해하지 못한다면 애써 시간과 예산을 써서 더욱 큰 소통의 문제를 불러일으킬 수 있다. 뿐만 아니라 이러한 소통 실패가 반복된다면 공공소통의 주요 대상인 시민 공중들의 신뢰를 잃고 공공정보 및 캠페인에 대한 사회적 무관심이 팽배해지면서 더욱 어려운 환경이 펼쳐지는 악순환의 고리가 형성될 수도 있다.

상황 분석은 실증 연구를 통해 수집된 자료를 중심으로 진행된다. 실증 연구(empirical research)란 다양한 연구 방법들, 예를 들면, 설문조사, 실험, 관찰 등을 통해 실제로 검증 가능한 자료들을 수집하고, 이러한 자료들을 최대한 객관적이고 과학적인 접근 방법을 통해 분석함으로써 결론을 도출하는 일련의 과정을 말한다. 주지하다시피, 공공소통 기획에서 필요한 상황 분석은 정책 환경, 목표수용자, 사회적 여론 및 분위기, 핵심 메시지에 대한 일반적인 이해 및 인식 등을 대상으로 진행되어야 하며, 이렇게 분석이 필요한 부분에 대해 실증적인 자료를 수집하고 분석하는 연구가 병행되어야만 보다 성공 가능성이 높은 공공소통의 전략을 기획할 수 있다. 즉, 실증 연구에 의한 상황 분석을 통해 공공소통의 전반적인 방향성을 설정하고, 목표수용자를 명확히 하며, 메시지의 내용과 전달 방식을 최적화할 수 있다(이종혁·최홍림·기연정, 2013).

상황 분석은 공공소통 전략의 전반적인 토대를 확립하고 공공소통 활동의 방향성을 제시하는 중요한 과정이다. 공공소통 기획을 시작하기에 앞서 현재의 상황을 명확히 이해하고, 어떠한 이슈와 과제가 있는지 파악해야 효과적인 공공소통 전략을 도출할 수 있기 때문이다. 기본적으로 공공소통 기획의 실무자들은 다음과 같은 질문들에 대한 정보를 얻기 위해 상황 분석을 시행하여야 한다.

(1) 공공소통 캠페인의 가장 핵심적인 목표 공중들은 누구이며, 그들의 인구사회학적 특성은 무엇인가?
(2) 목표 공중들은 소통하고자 하는 정책이나 이슈에 대해 어떻게 생각하고 있는가?
(3) 주요 정책 및 이슈에 대한 목표 공중들의 태도는 어떻게 형성되어 있는가?
(4) 목표 공중이 정보와 메시지를 얻는 주요 경로는 무엇이며, 각 채널은 얼마나 공공소통에 활용될 수 있는가?

실증 연구에 의한 상황 분석은 더 체계적이고 구체적이며 효과적인 공공소통 기획을 가능하게 한다. 과거의 경험이나 추측에 의존하는 것이 아니라 실제 수집하고 분석하고 검증한 자료들이 제안하는 내용에 맞춰 공공소통을 기획할 수 있기 때문이다. 따라서 실증 연구에 의한 상황 분석은 공공소통의 효과와 성공 가능성을 제고시킬 수 있다는 차원에서 매우 중요하게 고려되어야 할 기본 원칙 가운데 하나이다.

1-3. 상황 분석 결과에 기반한 전략 수립

앞서 설명한 바와 같이 상황 분석은 전략 수립의 기초가 되는 작업이다. 공공소통 실무자들은 실증 연구 기반의 상황 분석을 토대로 목표 달성을 위해 필요한 실제 커뮤니케이션 전략을 수립한다. 그러한 맥락에서 전략 수립은 상황 분석 결과를 구체적인 공공소통 계획 및 활동으로 변환하는 과정이라고 할 수 있다.

공공소통의 중요한 기본 원칙은 실증 연구 기반의 상황 분석 결과가 전략을 수립하는데 있어서 핵심적인 매뉴얼이자 가이드라인으로 활용되어야 한다는 것이다. 상황 분석은 단순한 정보 수집이 아니다. 상황 분석을 통해 도출된 다양한 인사이트들은 효과적이고 성공적인 공공소통의 전략을 수립하는데 있어서 적극적으로 고려되어야 한다. 특히 상황 분석의 결과 가운데 전략을 설계하는데 있어서 중점적으로 고려되어야 할 내용은 다음과 같다.

(1) 공공소통을 통해 이해와 협력을 도모하고자 하는 목표 공중에 대한 세분화 및 우선 순위 설정
(2) 목표 공중의 인식, 감정, 행동 등에 대한 정보를 바탕으로 한 메시지 전략 수립
(3) 목표 공중의 미디어 사용 행태 정보를 바탕으로 한 채널 전략 수립
(4) 목표 공중의 인식, 감정, 행동의 형성, 변화, 또는 강화에 초점을 맞춘 평가 전략 수립
(5) 공공소통 전략 평가의 결과를 차후 업무에 반영하기 위한 환류 전략 수립

구체적인 전략을 논의하고 도출하는 것은 공공소통 기획의 근본적인 이유이자 핵심적인 업무라고 할 수 있다. 이제부터는 공공소통 기획을 단계별로 나누어 각 단계에서 해야 할 일들을 조금 더 구체적으로 살펴보겠다. 독자들의 더욱 쉬운 이해를 도모하고자 영국 공중보건국(Department of Health: DOH)에서 2009년 1월부터 시작하여 지금까지 진행하고 있는 'Change4Life' 캠페인 사례를 중심으로 공공소통 기획의 단계별 업무와 전반적인 과정을 알아보도록 하겠다.

3. 단계별 과정

3-1. 문제 정의와 목표 설정

공공소통이 필요한 이슈를 발굴하고, 공공소통을 통해 해결하고자 하는 사회적 문제 또는 정책적 과제를 구체화하는 것이 공공소통 기획에서 가장 먼저 수행되어야 할 작업이다. 공공소통으로 해결 가능한 문제가 구체적으로 정의되면 앞서 언급한 기본 원칙에 입각하여 명확하고 측정 가능한 목표를 설정하고 순차적으로 목표 달성을 위한 세부적인 행동 지침을 도출하게 된다. 보다 구체적인 의사결정 과정을 이해하기 위해 공공소통의 성공적인 사례로 널리 알려진 영국 공중보건국의 'Change4Life' 캠페인이 어떻게 문제를 정의하고 목표를 설정하였는지 살펴보자.

그림1. 'Change4Life' 캠페인 (출처: Gov.uk)

영국 정부 특히 공중보건국은 2000년대 들어서 어린이 비만율이 급증하고 있다는 점을 심각한 사회적 문제로 인식하였다. 다른 연령층보다 기대수명이 많이

남은 어린이층에서 비만 인구가 증가하는 것은 건강 문제와 관련한 사회적 비용과 정책적 부담을 필연적으로 가중시킬 가능성이 높았기 때문이다. 뿐만 아니라 미래 세대로서 어린이층에서 비만율이 높아지는 것은 국가의 번영과 지속가능성의 측면에서도 바람직하지 못한 신호였다. 이에 영국 공중보건국은 공공소통을 통한 인식과 행동 개선을 통해 어린이와 청소년 비만 문제를 해결하고자 'Change4Life' 캠페인을 구상하게 되었다(Piggin & Lee, 2011).

'Change4Life' 캠페인은 어떻게 명확하고 측정 가능한 목표를 설정하는지를 배우고자 하는 공공소통의 실무자들에게 모범적인 사례를 보여준다. 우선 'Change4Life' 캠페인은 매우 구체적인(specific) 목표를 설정했다. 캠페인의 핵심적인 목표는 첫해에 200,000 이상의 가족들이 식습관을 개선하고, 신체활동을 늘림으로써 비만을 낮출 수 있는 구체적인 행동 지침을 촉구하는 프로그램에 등록하게 하는 것이었다. 그리고 이러한 목표는 정량화된 형태로 객관적인 측정이 가능하도록(measurable) 설정되었다. 프로그램 등록 인원 외에도 소셜미디어에서의 각종 반응 지표(예를 들면, 조회수, 구독자 수, 댓글 수, 좋아요 등), 등록자들 중 실제 건강 개선 활동을 실천한 비율 등을 목표로 상정해 향후 평가 및 환류가 용이하도록 하였다. 또한, 첫해 프로그램 등록 가족 200,000명 달성을 목표로 설정한 것은 충분히 현실적이고 달성 가능한(achievable) 것으로 판단되었다. 뿐만 아니라 이러한 목표는 영국 정부와 공중보건국의 전체적인 비만 예방 정책과 밀접한 연관성을 공유함으로써(relevant) 효과적인 국정 운영과 공공선 달성에 기여할 수 있도록 설계되었다. 마지막으로 1년이라는 명확한 목표 달성의 기한을 명시하였다(time-bound).

3-2. 상황 분석

공공소통을 통해 해결하고자 하는 사회적 문제를 구체적으로 정의하고, 공공소통의 결과로 기대되는 목표가 명확하고 측정 가능한 형태로 도출되면 실증 연구를 통해 현 상황을 치밀하게 분석하고 완벽하게 이해함으로써 구체적인 전략을 수립하기 위한 상황 분석의 단계로 넘어간다. 앞서 설명한 바와 같이, 잘 계획되고 시행된 상황 분석은 정교하고 효과적인 세부 커뮤니케이션 전략을 수립할 수 있는 초석이 된다. 다시 한 번 강조하지만 상황 분석은 실증 연구를 통해 객관적이고 과학적으로 진행되는 것이 바람직하다. 과거의 경험이나 직관에 의존하여 수행되는 상황 분석은 자칫 잘못된 의사결정으로 이어질 수 있어서 위험하다.

'Change4Life'캠페인에서는 먼저 영국 내 비만율 증가와 그로 인한 사회적, 경제적 비용을 정량적으로 분석함으로써 문제의 심각성과 규모를 다시 한 번 정확하게 파악하고 이러한 내용을 목표 수용자들에게 어떻게 효과적으로 인식시킬지 고민했다. 다양한 건강 통계 데이터를 활용하여 어린이 비만율, 비만이 주요한 원인 가운데 하나인 각종 질병들(예를 들면 심혈관질환, 당뇨병 등)로 인해 영국 건강보험(National Health Service: NHS)에서 가중되는 진료 비용 등이 분석되었다. 또한, 일반 국민들의 식습관, 운동 빈도, 건강 인식에 대해 파악하고자 전국 규모의 설문조사를 실시하고, 실증 데이터를 수집하였다. 이외에도 다양한 포커스 그룹 인터뷰와 심층 인터뷰를 진행함으로써 부모들이 자녀 건강 관리를 어떻게 하고 있는지, 비만 문제를 해결하는데 있어 현실적인 장애 요인은 무엇인지, 부모와 자녀들의 건강한 식습관 정착과 규칙적인 운동을 위해 동기를 부여할 수 있는 요소가 무엇인지 등을 조사하였다.

이외에도 목표 수용자들의 미디어 이용 행태와 소통 환경을 전반적으로 분석함으로써 캠페인의 채널 전략 수립에 활용하였다. 자녀들의 식습관과 신체활동에 가장 큰 영향을 줄 수 있는 부모들이 주로 TV를 통해 정보를 얻는다는 점에 착안하여 자녀들의 비만 예방 및 완화를 위해 부모들이 신경써야 할 내용들을 전파하는 주요 채널로 TV를 활용하였다. 상대적으로 젊은 부모들과 청소년들을 위해서는 웹사이트와 소셜미디어 등의 채널을 활용하였다. 또한, 학교에서의 교육 프로그램과 지역 커뮤니티 기반 프로모션 등의 오프라인 미디어를 통해서도 캠페인 메시지를 전파하였다.

3-3. 커뮤니케이션 전략 수립

실증 연구에 기반하여 상황에 대한 전반적인 분석이 끝나면, 보다 구체적으로 어떠한 메시지를 누구에게 어떻게 전달할 것인지에 관한 커뮤니케이션 전략을 수립할 수 있다.

앞서 살펴본 상황 분석의 결과를 토대로 'Change4Life' 캠페인은 부모와 자녀들로 구성된 가족을 핵심적인 소통의 대상으로 상정하고 '잘 먹고, 더 움직이고, 오래 삽시다(Eat well, move more, live longer)'라는 핵심 슬로건을 개발하였다. 그리고 보다 구체적인 행동 강령으로 아래와 같은 7가지의 핵심 메시지를 도출하였다.

(1) 하루에 5개(5 a day): 과일 또는 야채를 하루에 5개씩 섭취하기
(2) 400, 600, 600: 아침 식사는 400칼로리, 점심과 저녁 식사는 600칼로리 이내로 제한 하기
(3) 소금 적게 먹기(Watch the salt): 하루에 섭취하는 소금의 양을 줄이도록 노력하기(성인의 경우 하루 6g 이하)
(4) 지방 섭취 줄이기(Cut back fat): 지방이 많이 함유된 음식 섭취를 줄이기

그림2 . 설탕 소비 감소 메시지(출처: M&C Saatchi London)

(5) 설탕 대체(Sugar swaps): 설탕이 많이 함유된 음식 섭취를 줄이고 다른 감미료로 대체하기
(6) 하루 최대 과자는 2개만, 100칼로리 이내(100 calorie snacks, 2 a day max): 하루 과자는 2개 이상 먹지 않고, 100칼로리를 넘지 않도록 하기
(7) 매일 외출하기(Get going everyday): 적극적이고 활발하게 신체활동 하기

3-4. 실행 계획 수립 및 집행

실행 계획 수립 및 집행 단계는 앞서 도출한 커뮤니케이션 전략을 실질적으로 수행하는 단계라고 할 수 있다. 이 과정에서는 실행 계획에 따라 차질 없이 자원과 인력을 배분하여 핵심 메시지를 목표 공중들에게 최종적으로 전달함으로써 최종적인 공공소통을 발생시키는 작업이 진행된다.

'Change4Life' 캠페인의 경우 연간 실행 계획을 수립하여 체계적인 공공소통을 도모하였다. 주요 캠페인 활동은 특정 시기나 이벤트에 맞춰 집중적으로 이루어졌다. 예를 들어, 새해 초는 많은 사람들이 건강에 관련된 결심을 하는 시기이므로, 이 시기에 캠페인 메시지의 노출을 극대화하고 목표 공중의 캠페인 참여를 독려했다.

'Change4Life' 캠페인은 TV, 소셜 미디어, 학교, 지역사회 등 다양한 공중 접촉점에서 소통 활동을 진행했다. 목표 공중의 자연스러운 관심과 노출을 유도하기 위해 애니메이션 형태의 TV 광고를 제작하고 방영하였다. 소셜 미디어는 각종 챌린지와 이벤트를 통해 목표 공중이 캠페인에 직접 참여하고 상호작용할 수 있는 채널로 활용하였다. 학교 내에서 진행된 오프라인 캠페인은 청소년들의 건강한 생활 습관을 형성하는데 초점을 맞추었다. 건강한 식습관을 교육하는 프로그램, 운동을 장려하는 행사 등이 각 학교들에서 진행되었다. 지역사회에서는 지역 보건 전문가와 협업하여 부모와 자녀들이 직접 참여할 수 있는 각종 건강 관련 이벤트와 활동들이 계획되고 실행되었다.

캠페인 실무자들은 캠페인의 메시지가 목표 공중들에게 잘 전달되고 있는지, 목표 공중들의 반응은 어떤지 등을 실시간으로 모니터링하고 대응하였다. 예를 들어, 특정 소셜 미디어 게시물에 대한 참여율이 높으면 그 게시물의 노출 빈도를 증가시키거나 관련 콘텐츠를 추가로 제작하여 공공소통의 효과를 극대화시키고자 노력했다.

그림3. 'Change4Life' TV 광고 출처: Gov.uk

3-5. 평가와 환류

평가와 환류는 공공소통 기획의 마지막 단계이다. 실제로 집행된 공공소통 활동의 효과를 평가하고, 그 결과 바탕으로 향후 전략을 개선하는 과정이다. 이 단계에서 수집된 피드백은 다음 공공소통의 성공을 위한 참고 자료로 활용됨으로써 환류 체계를 구축하게 된다.

'Change4Life' 캠페인이 실시된 첫 해 거둔 성과는 다음과 같다.

(1) 목표 가족의 99%에 캠페인 메시지 도달 성공

(2) 첫 12개월 동안 413,466 가족이 캠페인 프로그램에 등록

(3) 44,833 가족이 6개월 이후에도 캠페인 프로그램에 참여

(4) 온라인, 오프라인 합계 총 190만 회 이상의 반응 획득

한편, 평가를 통해 보다 광범위한 목표 공중을 설정하고, 지역 사회 단위에서 밀착형 캠페인을 진행할 필요성이 있다는 결론을 도출하였다. 따라서 목표 공중을 임산부, 소수민족, 중장년층 등으로 확장시키기 시작했다. 또한, 학교와 지역사회 중심의 캠페인 활동을 강화하였다. 각 학교별로 건강한 식습관 및 활발한 신체활동을 장려하기 위한 프로그램을 개발하도록 하고 이를 적극적으로 후원하였다. 그리고 지역사회를 중심으로 지속적인 메시지 노출과 밀착형 프로그램 도입을 시도하였다.

그림4. 지역사회 중심 활동 출처: PRWeek

4. 결론

공공소통은 우리 사회 구성원들 간 이해와 협력을 제고하고 우리 공동체를 보다 발전적으로 이끌어가는데 매우 중요한 기능을 수행한다. 공공소통의 기획은 이러한

공공소통이 효과적으로 설계되고 실행되는 과정 전반을 관리하고 지휘하는 행위이다. 정교하고 체계적인 기획은 공공소통이 명확한 방향성과 목표를 가지고 진행될 수 있도록 하며, 궁극적으로 더 나은 사회적, 정책적 성과를 창출하는데 기여한다.

이 장에서는 공공소통의 기획에서 반드시 기억해야 할 세 가지 원칙을 강조하였다. 첫 번째는 '명확하고 측정 가능한 목표 설정'이다. 초기 단계에서부터 공공소통을 통해 최종적으로 달성하고자 하는 목표가 명확하고 측정 가능한 형태로 설정되지 못한다면 전략 수립과 실행 단계에서 많은 혼란이 발생할 수 있고, 자칫 역효과를 불러일으킬 수도 있다. 공공소통 실무자들에게 명확한 목표 의식을 부여하고 업무 동기를 고양시킬 수 있도록 구체적이고, 측정 가능하고, 현실적이고, 관련성이 높고, 기한이 뚜렷한 목표를 설정하는게 중요하다.

상황 분석은 전략 수립의 기초적 토대가 되기 때문에 실증 연구를 바탕으로 최대한 객관적이고 과학적으로 수행되어야 한다. 현실적으로 시간과 예산의 한계 때문에 상황 분석을 꼼꼼하게 하지 못하는 경우가 많이 발생하는데 주먹구구식의 비효율적인 공공소통이 아직도 우리 주변에서 아직도 많이 관찰되는 주요한 이유가 바로 거기에 있다.

반면 정교하고 치밀한 상황 분석에 입각하여 커뮤니케이션 전략을 도출한다면 공공소통의 성공 가능성과 목표 달성 가능성을 최대한 제고할 수 있다. 당연한 얘기지만 정확한 데이터 분석을 통해 목표 공중, 핵심 메시지, 커뮤니케이션 채널 등이 결정되어야 공공소통이 원활하고 효과적으로 진행될 수 있다.

이러한 원칙 위에서 공공소통 기획은 문제 정의와 목표 설정, 상황 분석, 커뮤니케이션 전략 수립, 실행 계획 수립 및 집행, 평가와 환류의 단계로 진행된다. 이 장에서는 특히 성공적인 공공소통의 사례로 많이 언급되는 'Change4Life' 캠페인을 중심으로 각 단계가 실제로 어떻게 진행되는지 살펴보았다. 'Change4Life' 캠페인의 성공 사례를 통해서도 재확인할 수 있듯이 철저한 문제 정의와 상황 분석을 바탕으로, 구체적이고 실현 가능한 목표를 설정하고, 목표 공중을 고려한 공공소통 전략을 설계한다면 사회적인 문제를 해결하고 공공선을 구축하는데 기여할 수 있다.

효과적인 공공소통 기획은 정책 내용이 단순히 공중들에게 전달되는 수준을 넘어, 목표 공중이 정책의 참여자가 되고, 그 과정에서 긍정적인 사회적 변화를 이끌어낼 수 있도록 하는 중요한 도구이다.

참고문헌

이종혁·최홍림·기연정(2013). 정책PR 전략 단계 및 세부 전술 프로그램에 관한 탐색 연구. <광고PR실학연구>, 6권 2호, 67-90.

정원준(2015). 정책 집행과 정책 PR의 평가 모형. 박종민(편), <정책PR론>(158-177쪽). 서울: 커뮤니케이션북스.

최준혁(2019). <데이터 기반 PR 기획>. 파주: 한울 아카데미.

Piggin, J., & Lee, J.(2011). 'Don't mention obesity': Contradictions and tensions in the UK Cha

제 4 장

공공 소통의 메시지

이형민_성신여자대학교 미디어커뮤니케이션학과

1. 서론

공공소통이 기본적으로 커뮤니케이션이라는 점을 고려할 때, 결국 소통의 참가자들을 이해와 공감으로 묶어주는 핵심적인 매개체이자 연결고리는 메시지(message)일 것이다. 따라서 공공소통의 성공 여부는 어떻게 효과적으로 메시지를 설계하고 전달하느냐에 달려 있다고 해도 과언이 아니다. 공익적인 목적으로 공중들과 소통을 시도하는 모든 형태의 기관 또는 조직은 공중이 이해하고, 공감하며, 나아가 자발적으로 행동하도록 유도할 수 있는 쉽고 명확하며 설득력 있는 메시지를 개발하고자 한다. 효과적인 공공소통 메시지는 단순한 정보 전달을 넘어서 공중의 인식을 변화시키고, 행동을 촉구하며, 궁극적으로는 사회적 변화를 끌어내는 중요한 도구이기 때문이다.

기술의 발전과 생활양식의 변화로 인해 미디어 환경과 소비 양상은 빠르게 변화하고 있다. 인터넷을 기반으로 한 스마트폰, 소셜미디어, OTT(over-the-top) 등이 미디어 지형의 주류로 자리매김한 지 꽤 오랜 시간이 지났지만, 여전히 TV, 라디오, 신문, 출판물 등 소위 레거시 미디어 또한, 사회적인 영향력을 유지하고 있다. 이러한 환경 속에서 공공소통의 메시지는 더욱 다양한 미디어와 채널을 활용해야만 목표 공중에게 효과적으로 전달될 수 있다. 즉, 목표 공중에게 공공소통의 메시지를 도달시킬 수 있는 경로와 과정은 계속 다변화되고 복잡해지고 있다. 한편, 공공소통 메시지가 목표 공중들에게 최대한 원활하고 효과적으로 전달되기 위해서는 각 목표 공중들의 인구통계적, 사회심리적 특성과 배경 등이 종합적으로 고려되어 메시지를 설계하여야 한다. 이를 위해 메시지를 전달하는 도구로서 미디어와 채널이 전략적으로 분석되어야 하고, 각 미디어와 채널의 특성에 맞게 최적의 형식과 내용으로 메시지가 조정되어야 한다.

더욱 다양해지고 복잡해지는 미디어 환경 속에서 메시지가 효과적으로 작동하기 위해서는 무엇보다 명확하고 일관된 구조가 필요하다. 미디어 환경이 복잡해졌다는 것은 목표 공중이 언제 어떤 채널을 통해 공공소통의 메시지에 노출될지 예측하고 통제하기 어려워졌다는 것을 의미한다. 따라서 최근의 미디어 환경 속에서는 간결하고 일관성 있는 메시지를 최대한 다양한 채널에 걸쳐 전달하는 것이 매우 중요하다.

또한, 공공소통의 메시지는 감성적인 내용과 장치를 통해 목표 공중들의 공감을 이끌 수 있어야 한다. 목표 공중이 공공소통의 메시지를 어떠한 생각과 느낌으로 받아들일 것인지는 메시지 내용의 명확성 그리고 일관성만큼이나 중요하다. 그렇기 때문에 공공소통의 메시지는 목표 공중의 요구와 관심사를 고려하고, 그들의 감정적인 측면과 공명하여 행동적인 조응을 불러일으킬 수 있도록 설계되어야 한다.

성공적인 공공소통은 목표 공중의 자발적인 참여를 통해 공동체의 이익을 증진시킬 수 있는 방향으로 사회적 변화를 촉진하는데 기여한다. 이런 점에서 효과적인 공공소통의 메시지는 단순히 공동체에 필요한 정보를 일방적으로 전달하는 것을 넘어 어떠한 행동이 왜 우리에게 바람직한지를 설득력 있게 제시함으로써 사회적이고 거시적인 변화를 촉구할 수 있어야 한다. 메시지를 통해 목표 공중이 구체적으로 무엇을 해야 하는지, 어떻게 공공선의 제고를 위한 노력에 동참할 수 있는지를 명확히 안내하고 유도해야 공공소통의 목표를 달성할 수 있다.

결국 공공소통의 메시지는 단순 공공정보 전달 이상의 역할을 해야 한다. 공공소통의 메시지는 목표 공중의 인식, 감정, 행동 등에 의미있는 영향력을 행사함으로써 궁극적으로 정책 집행이 용이한 여론 환경을 조성하고, 건강하고 발전적인 공동체를 유지하기 위한 핵심적인 수단이자 도구이다. 이 장에서는 공공소통 메시지의 특징과 효과적인 전달 방법을 개괄적으로 살펴볼 것이다. 이 장의 내용을 통해 공공소통 메시지를 도출하는 데 필요한 기초적이고 기본적인 이해가 제고될 수 있기를 바란다.

2. 공공소통 메시지의 요건

2-1. 명확성(Clarity)

명확성은 공공소통 메시지의 주요한 요건 가운데 하나이다. 애매모호하고 다양한 해석이 가능한 메시지는 목표 공중이 핵심적인 정보나 행동지침을 이해하기 어렵게 할 수도 있고, 오해의 소지를 제공할 수도 있다. 따라서 상대적으로 표현의 자유를 폭넓게 허용하여 재미와 흥미를 도모하는 다른 유형의 전략적인 커뮤니케이션—예를 들면 상업 광고, 브랜드 메시지 등—보다 조금 더 엄격하고 절제된 언어와 표현의 사용이 요구된다.

공공소통의 특성상 인구통계학 또는 사회심리학적인 차원에서 다양한 배경을 지닌 불특정 다수의 공중들과 커뮤니케이션을 해야하는 경우가 많다. 따라서 공공소통의 메시지는 그 어떤 전략커뮤니케이션 메시지 보다 단순해야 하고, 이해하기 쉬워야 하며, 명료해야 한다. 지나치게 화려한 수식어나 불필요한 미사여구는 자제하는 것이 좋으며, 전문적이고 기술적인 용어는 누구나 쉽게 이해할 수 있는 수준의 단어와 표현으로 설명되어야 한다.

또한, 명확한 메시지는 수용자의 빠르고 직관적인 이해를 도모함으로써 더욱 신속한 공공소통을 가능하게 한다. 특히 위기 상황이나 응급 상황에서 수행되어야 할 공공소통은 무엇보다 신속성이 요구된다. 이러한 상황에서 핵심적인 내용만 간결하고 명료하게 전달하는 메시지는 빠른 의사소통과 적절한 행동적 대응을 유도할 수 있는 핵심적인 요소라고 할 수 있다.

단순하고 명료한 메시지는 목표 공중의 행동 유도에도 효과적이다. 복잡하고 해석에 오해의 소지가 있는 메시지는 인지 차원에서부터 혼란이 발생할 여지가 있으며, 궁극적으로는 효과적인 행동 유도로 연결되는 과정에서 장애 요소로 작용할 수 있다. 반면, 명확한 메시지는 인지-이해-행동으로 이어지는 연결고리를 더욱 강력하게 이어줌으로써 공공소통이 더욱 효과적으로 이루어질 수 있도록 도와준다.

공공소통 메시지의 명확성을 제고하기 위해서는 다음과 같은 몇 가지 요소에 대한 고려가 필요하다. 먼저 메시지를 최대한 간결하게 작성하기 위한 노력이 필요하다. 메시지가 간결할수록 목표 공중이 메시지의 의미를 파악하고 적절한 행동 반응을 판단하기 용이하다. 따라서 가장 핵심적인 정보들을 최대한 간결하게 구성하는 것이 좋다. 두 번째로 메시지는 구체적일수록 효과적이다. 추상적이고 모호하거나 자의적인 해석의 여지가 있는 메시지는 내용에 대한 이해와 적절한 반응을 방해할 수 있다. 이러한 맥락에서 구체적인 수치나 행동 지침을 포함한 메시지는 효과적일 수 있다. 예를 들어, '건강에 좋은 음식을 많이 드세요'라는 메시지 보다 '하루에 채소를 3회 이상 섭취하세요'라는 메시지가 더욱 좋은 메시지라고 할 수 있다. 마지막으로 하나의 핵심 메시지에 집중하는 것이 효과적이다. 너무 많은 정보를 전달하려고 한다면 오히려 커뮤니케이션 장애가 발생할 수 있다. 따라서 해당 메시지를 통해 전달하고자 하는 가장 중요한 내용 하나에 집중하여 그 내용이 제대로 잘 전달될 수 있도록 메시지를 설계하는 것이 바람직하다.

2-2. 일관성(Consistency)

메시지가 다양한 시점에 여러 채널이나 상황을 통해 목표 공중에게 전달되더라도 동일한 의미와 방향성을 지녀야 공공소통의 신뢰성과 설득력이 제고될 수 있다. 일관성은 이러한 공공소통 메시지의 특성을 의미한다. 일관성 있는 공공소통 메시지는 목표 공중이 핵심 정보와 내용을 혼란 없이 인식하고 이해하게 함으로써 참여와 협조를 극대화시킬 수 있다.

최근 복잡해지면서 동시에 지극히 개인화되고 있는 미디어 환경을 고려할 때, 일관성 있는 메시지의 중요성이 더욱 대두되고 있다. TV, 라디오 등 전통적인 매체뿐만 아니라 인터넷을 기반으로 한 웹사이트, 소셜미디어, OTT 등 비교적 새롭게 등장하면서 수용자층을 늘려가고 있는 매체에 이르기까지 미디어와 채널의 수와 종류가 다변화되면서 목표 공중들이 노출되는 공공소통 메시지의 내용과 형식도 매우 다양해지고 있기 때문이다. 이러한 상황에서 공공소통 메시지의 핵심 내용과 목표가 동일하고 일관적으로 유지되어야 메시지의 신뢰성과 공신력이 확보될 수 있다. 그뿐만 아니라 메시지가 일관적인 내용을 전달해야만 목표 공중의 인지적, 감정적, 행동적 반응 효과를 극대화할 수 있다.

공공소통 메시지의 일관성을 확보하기 위해서는 무엇보다 핵심 메시지(key message)가 정의되어야 한다. 공공소통 캠페인을 관통하는 핵심 메시지가 설정되어야 각기 다른 미디어와 채널을 통해 다양한 형태와 내용의 메시지가 전달되더라도 일관적인 의미 전달과 설득이 가능하다. 예를 들어, 코로나19 팬데믹에 대처하기 위한 뉴질랜드 정부의 사회적 거리두기 캠페인은 '집에 머무르고, 생명을 구하세요(Stay Home, Save Lives)'라는 핵심 메시지를 설정하고 TV, 라디오, 소셜 미디어 등 모든 매체를 통해 일관적인 공공소통을 진행했다. 뉴질랜드는 세계적으로 가장 낮은 확진자와 사망자 수를 기록한 나라 가운데 하나가 되었으며, 많은 전문가들은 이 캠페인의 커뮤니케이션 전략이 매우 효과적이었다고 평가하고 있다(Hunt, 2021).

그림1. 'Stay Home, Save Lives' 캠페인(출처: https://iso.org.nz)

시각적 요소에 대한 일관성도 중요하다. 로고, 색상, 글꼴, 캐릭터 등 시각적 요소들이 공공소통 메시지에 일관적으로 적용되면 메시지에 노출된 목표 공중들이 똑같은 캠페인 메시지임을 직관적으로 인식할 수 있다. 우리나라 보건복지부가 수년째 진행하고 있는 '노담' 캠페인의 경우 금연을 의미하는 '노담'이라는 핵심 키워

드와 함께 목표 공중인 청소년의 이미지, 노란색 색상, 마치 손으로 직접 쓴 것 같은 필기체 글꼴 등을 시각적으로 통일시켜 일관된 메시지 전달에 주력하고 있다.

그림2. '노담' 캠페인(출처: https://www.madtimes.org)

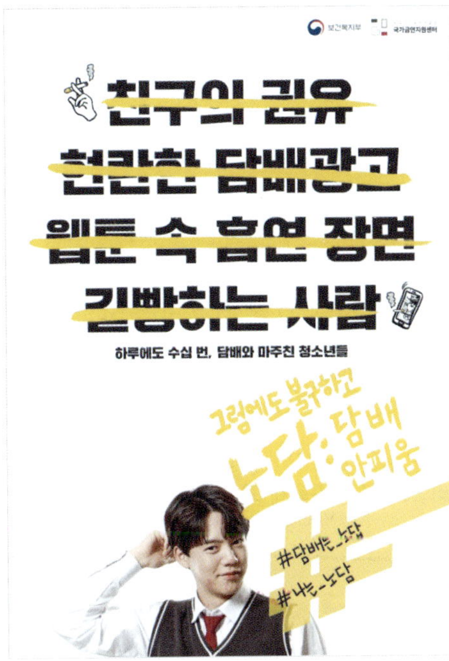

2-3. 공감성(Empathy)

공감성은 공공소통 메시지가 목표 공중의 감정, 가치관, 필요성에 공명함으로써 그들의 공감을 불러일으키는 정도를 의미한다. 공공소통의 목표는 단순히 정보를 전달하는데 그치지 않고, 목표 공중과의 신뢰 관계 구축과 진정한 소통을 통해 긍정적인 변화와 참여를 유도하는 것이다. 따라서 공공소통 메시지는 목표 공중의 생각, 감정, 입장 등을 전체적으로 고려하여 설계되어야 하며, 그렇게 설계된 메시지는 높은 공감성을 확보함으로써 설득 메시지에 대한 저항을 낮추고 자발적인 동참을 유도할 수 있다.

공감성 있는 메시지를 설계하기 위해서는 목표 공중의 생각과 감정을 고려한 언어를 사용하여야 한다. 딱딱하거나 지시하는 듯한 일방적인 어조보다 진심으로 목표 공중의 행복과 안녕을 위하는 마음이 전달될 수 있도록 따뜻하고 배려심 있는 어조를 사용하는 것이 효과적일 수 있다. 공동체 의식을 강조하는 메시지를 통해 소속감과 책임감을 제고하는 것도 목표 공중의 공감성을 유도하는 데 도움이 될 수 있다. 조용석과 황장선(2007)의 연구에 의하면, 사회에 대한 염려의 수준이 높고 집단주의적 성향이 강한 수용자들에게 공익 광고의 효과가 더욱 크게 발현되었다. 즉, 공동체 의식이 높은 사람들이 공공소통 메시지에 더욱 적극적으로 공감하고 반응하는 경향이 있다는 연구 결과로 해석할 수 있다. 따라서 공동체 의식을 강조하는 메시지를 통해 이러한 성향을 지닌 목표 공중의 공감과 행동 반응을 먼저 촉발시킴으로써 참여와 협조를 사회 전반으로 확산시키는 전략적인 방향 설정도 가능하다.

그림3. '우리', '모두' 등 공동체 의식이 강조된 제주시의 환경보호 캠페인
(출처: https://www.heraldpost.co.kr)

목표 공중의 일상생활 속 직접적이고 현실적인 예시를 통해 공감성을 제고시킬 수도 있다. 목표 공중의 실제 일상에서 쉽게 경험하고 관찰할 수 있는 내용을 다룰수록 공공소통의 메시지는 더욱 친근하고 현실적으로 느껴질 수 있으며, 그 결과 공감성이 제고됨으로써 동참을 이끄는 것이 쉬울 수 있다. 특히 이러한 내용을 스토리텔링 기법으로 풀어낸다면 그 효과가 배가될 수 있다. 주지하다시피, 이야기 형태의 메시지는 목표 공중이 메시지 속 상황을 더욱 쉽게 상상하고 이해하도록 하고, 정서적인 몰입을 유도함으로써 공감성을 높일 수 있다. 따라서 일상 속 이야기를 예시의 형태로 풀어내는 방식으로도 비교적 공감성이 높은 공공소통 메시지를 설계할 수 있다(강귀영·윤영민, 2021).

2-4. 적절성(Relevance)

공공소통 메시지는 특정한 정보의 단순한 전달을 넘어 목표 공중이 메시지를 자신의 삶에 중요한 정보로 지각함으로써 바람직한 행동 양식을 체득하고 실천하는 것을 목표로 한다. 따라서 공공소통의 메시지가 목표 공중들의 관심사와 실제 생활에 얼마나 적합하고 관련성이 높은지는 메시지의 효과를 결정하는 중요한 요인이 된다. 공공소통의 메시지가 목표 공중의 일상과 현실을 관통할 때, 목표 공중은 해당 메시지에 더 많은 관심을 기울이고, 더 많은 가치를 부여하며, 메시지에서 제안하는 내용대로 행동을 변화시키려는 동기를 가지게 된다.

그림4. 서울 5060 여성들의 건강한 신체활동을 장려하는 공공 캠페인 프로그램
(출처: https://www.epnews.net)

당연한 얘기지만, 적절성이 높은 공공소통 메시지는 목표 공중의 관심사와 가치를 반영한다. 해당 시점에서 목표 공중이 관심을 두고 있는 주제를 그들의 가치관에 부합하는 방향으로 풀어내어야 한다. 따라서 적절성이 높은 공공소통 메시지를 설계하기 위해서는 구체적인 공중 세분화와 목표 공중의 우선순위를 결정할 필요가 있다. 사람들은 모두 다르고, 제각기 다른 관심사와 가치관을 형성하고 있다. 예를 들어, 남성과 여성의 관심사와 가치관이 다를 수 있으며, 세대별로 이러한 성향이 다르게 나타날 수도 있다. 따라서 특정 목표 공중에게 더욱 적절하고 더욱 적극적인 참여를 유도할 수 있는 메시지를 도출하기 위해서는 소통의 대상을 세분화하고 캠페인의 목적에 맞게 목표 공중을 설정하는 것이 필수적이다.

공공소통 메시지 속에서 구체적인 행동 지침을 제공하는 것도 수용자들이 느끼는 메시지의 적절성을 제고할 수 있는 방법 가운데 하나이다. 목표 공중이 일상 속 쉽게 실천할 수 있는 행동 지침을 제시하면, 목표 공중들이 해당 메시지를 그들의 실제 생활에 적용하기 쉽다.

2-5. 신뢰성(Credibility)

비단 공공소통의 상황에서뿐만 아니라 모든 커뮤니케이션 행위에서 메시지의 신뢰성은 소통의 효과를 결정하는 중요한 요소이다. 특히 공공소통 메시지의 신뢰성은 목표 공중이 메시지를 수용하고, 정책을 지지하고, 해당 메시지에서 제안하는 내용대로 행동하도록 유도하는 핵심적인 요인이라고 할 수 있다.

목표 공중의 신뢰도를 제고하기 위해 공공소통 메시지에는 정확하고, 객관적이고, 투명한 정보가 담겨있어야 한다. 당연한 얘기지만, 목표 공중은 공공소통 메시지에 담겨있는 정보가 정확하고 근거가 있다는 확신이 있을 때, 더욱 긍정적인 반응을 보이며 적극적으로 협력하게 된다. 메시지의 신뢰성은 공공 캠페인의 장기적인 성과에도 영향을 미친다. 공공 캠페인이 지속적인 생명력을 갖기 위해서는 목표 공중의 신뢰를 바탕으로 한 지지와 참여가 필수적이기 때문이다.

앞서 소개했던 뉴질랜드 정부의 성공적인 코로나19 방역은 높은 신뢰 관계를 바탕으로 한 효과적인 공공소통에 기인한다. 뉴질랜드 정부는 팬데믹 초기부터 확진자 수, 사망자 수, 백신 관련 정보 등의 주요 방역 데이터를 국민들에게 신속하고 투명하게 공개하였다. 모든 정보는 명확한 출처와 함께 발표되었으며, 방역 조치의 배경과 근거를 과학적이고 객관적으로 설명함으로써 국민들의 이해와 자발적인 협조를 유도할 수 있었다.

또한, 뉴질랜드 정부는 매일 정기 브리핑을 통해 새로운 방역 정보와 중요한 메시지를 업데이트하고 꾸준한 공공소통을 이어갔다. 특히 당시 총리였던 저신다 아던(Jacinda Ardern)은 방역 행정의 전면에 나서며 진정성 담긴 언어로 국민들과 직접적인 공공소통을 했으며, 이러한 모습이 정부 정책에 대한 신뢰도를 제고하는데 큰 기여를 했다(김진숙, 2020).

그림5. 코로나19 방역 정책 브리핑을 하고 있는 뉴질랜드 저신다 아던 총리(출처: 세계일보)

3. 결론

공공소통의 메시지는 단순한 정보 전달의 기능을 넘어 목표 공중과의 관계를 형성하고 성공적인 결과를 도출하는 데 필수적인 역할을 한다. 공공소통의 메시지는 단순하고 이해하기 쉽도록 명확하게 구성되어야 하며, 목표 공중들에게 혼란을 주지 않도록 일관된 내용을 담아야 한다. 또한, 목표 공중들이 정서적으로 연결될 수 있도록 공감성 높은 언어로 설계되어야 하며, 목표 공중의 관심사와 요구가 반영된 적절한 것이어야 한다. 마지막으로 정확하고, 객관적이고, 투명한 정보를 바탕으로 목표 공중이 믿고 따를 수 있는 신뢰성 높은 메시지여야만 한다.

공공소통에서 메시지 설계는 매우 체계적이고 전략적인 고민과 접근이 필요하다. 명확성, 일관성, 공감성, 적절성, 신뢰성은 공공소통의 메시지가 목표 공중의 행동 변화를 유도하고 궁극적으로 공공소통의 목표를 달성하기 위해 필수적인 요소들이다. 이러한 요소들을 갖춘 공공소통 메시지는 목표 공중의 관심과 신뢰를 형성함으로써 정책 효과를 달성하는 데 실질적으로 기여한다.

참고문헌

강귀영·윤영민(2021). 정책 관련 내러티브가 공중의 SNS 상 정보확산 행동에 미치는 영향: 지각된 정책효능성을 중심으로. <한국광고홍보학보>, 23권 1호, 140-186.

김진숙(2020). 뉴질랜드 코로나19 발생현황과 대응전략. <의료정책포럼>, 18권 2호, 109-114.

조용석·황장선(2013). 공익 광고의 주제 유형별 효과: 이슈 유형(사회적-개인적)에 따른 메시지 및 수용자 변인의 영향. <한국광고홍보학보>, 9권 4호, 71-104.

Hunt, E.(2021, February 26). Words matter: How New Zealand's clear messaging helped beat Covid. *The Guardian*. Retrieved 11/02/24 from https://www.theguardian.com/world/2021/feb/26/words-matter-how-new-zealands-clear-messaging-helped-beat-covid.

제 5 장

지역 브랜드 커뮤니케이션

전종우_단국대학교 미디어커뮤니케이션학부 교수
윤영삼_호원대학교 K-POP학과 교수

1. 브랜드 아이덴티티
2. 지역 브랜드 구분
3. 국가 브랜드와 공공외교
4. 국가 브랜드의 효과
5. 국가 브랜드 구축
6. 도시 브랜드

1. 브랜드 아이덴티티

브랜드 자산에서 가장 중요한 것이 브랜드 아이덴티티(brand identity)이다. 브랜드 아이덴티티는 학자들에 따라 포함하는 요인들에 있어 차이가 난다. 가장 보편적으로 사용되는 Aaker(1991)의 브랜드 시스템 모델은 모델상에서 브랜드 아이덴티티에 제품, 조직, 사람, 상징으로서의 브랜드가 포함된다. 조직은 제품을 만드는 기업을 의미한다. 사람으로서의 브랜드는 브랜드 개성을 의미한다. 상징으로서의 브랜드에는 로고와 캐릭터가 포함되며 세부적으로 시각적 상징물과 은유로 구분될 수 있다. Upshaw(1995)가 제안한 모델에서는 브랜드 아이덴티티가 브랜드 에센스(brand essence)와 종합적 브랜드 아이덴티티(total brand identity)로 구분되고 종합적 브랜드 아이덴티티 내의 로고/그래픽 시스템이 시각적 아이덴티티를 나타낸다. 슬로건의 경우 언어적 브랜드 아이덴티티이며 마케팅 커뮤니케이션에 포함된다.

그림1. 브랜드 아이덴티티 시스템 모델 비교

Upshaw의 브랜드 아이덴티티 모델

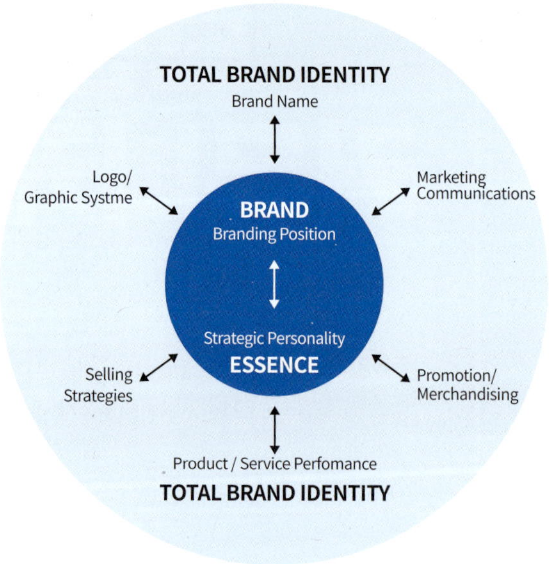

Aaker의 브랜드 시스템 모델

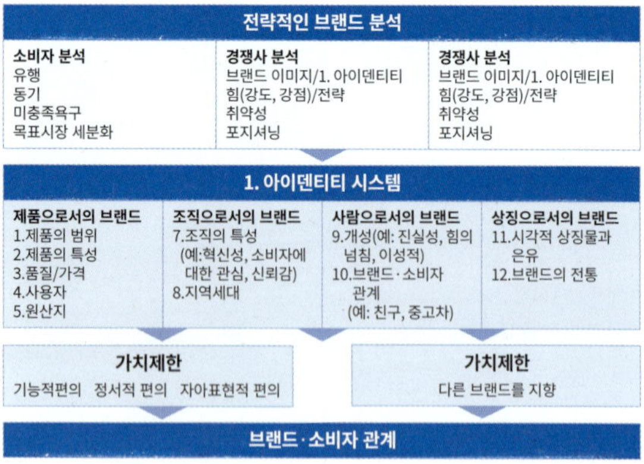

2. 지역 브랜드 구분

기업에서 주로 사용되는 브랜드 개념은 장소와 지역에도 적용될 수 있다. 장소에는 다양한 대상이 포함된다. 행정적으로 장소 브랜드를 관리하는 주체를 기준으로 보면 국가 단위에서 장소를 관리하는 중앙정부가 있고 지역 단위에서 장소 브랜드를 관리하는 지방정부로 구분할 수 있다. 기본적으로 중앙정부와 지방정부의 브랜드 전략이 차이가 난다. 공공 커뮤니케이션에 있어서도 중앙정부와 지방자치단체의 커뮤니케이션은 다르게 표현된다. 따라서 장소와 지역에 따른 브랜드에 대한 이해가 필요하다.

2-1. 지역 브랜드

지역 브랜드는 특정 지역의 고유한 문화, 경제, 사회적 자산을 활용해 그 지역의 이미지와 경쟁력을 강화하는 개념이다. 지역 브랜드의 개념은 세계화와 급속한 발전 속에서 지역의 경쟁력을 강화하기 위하여 등장하였으며, 지역의 차별화된 특성과 가치를 강조하여 관광, 투자, 거주 등의 매력을 높이는 데 중점을 둔다(김효정, 김연희, 2024). 지역 브랜드의 가치가 높아지면, 지역 정체성이 강화되고 경제 발전이 촉진되며, 지역민의 자긍심도 고취될 수 있다. 즉, 지역 브랜드는 지역의 지속 가능한 발전에 중요한 역할을 할 수 있다는 것이다. 지역 브랜드는 단순한 마케팅 도구를 넘어서 지역의 문화적, 경제적 가치를 전달하고 지역에 대한 긍정적인 이미지를 형성할 수 있다는 점에서 중요성이 매우 크다.

지역 브랜드는 다양한 유형으로 분류될 수 있는데, 크게 문화 지역 브랜드, 경제 지역 브랜드, 관광 지역 브랜드, 행정 지역 브랜드 등으로 나눈다. 첫째, 문화 지역 브랜드는 지역의 문화적 요소와 전통을 강조한다. 해당 지역의 고유한 문화(공예품, 춤, 음악, 행사 등)를 중심으로 브랜드화 되어 관광객 유치에 기여할 수 있다. 둘째, 경제 지역 브랜드는 산업과 기업 활동에 초점을 맞춘다. 특정 산업이나 제품이 유명한 지역에서는 이를 활용하여 투자 유치 및 경제적 발전을 목표로 한다. 셋째, 관광 지역 브랜드는 지역의 자연 경관, 역사적 유물 및 유적 등을 바탕으로 관광객을 모으는 데 중점을 둔다. 넷째, 행정 지역 브랜드는 지방 정부의 정책이나 공공 서비스의 질을 브랜드화 하여 거주민의 삶의 질을 향상시키고 지역 사회의 이미지를 개선하는 데 목적을 둔다(이정석, 2008).

이러한 각각의 지역 브랜드 유형들은 지역의 특성을 반영하여 효과적인 마케팅 전략과 결합될 때, 지역 경제와 사회에 긍정적인 영향을 미칠 수 있다. 따라서 이러한 유형들을 이해하는 것은 지역 브랜딩 전략을 수립하고 실행하는 데 매우 중요하다 할 수 있다.

2-2. 장소 브랜드

장소 브랜드는 지역 브랜드보다 좀 더 포괄적인 개념으로서, 특정 장소, 도시 또는 국가 등의 전반적인 이미지와 정체성을 형성하는 데 중점을 둔다. 지역 브랜드는 주로 경제적 이익과 지역 상품의 판매에 중점을 두는 반면, 장소 브랜드는 해당 장소의 광범위한 이미지와 정체성을 개선하고 국제적인 관심을 유도하는 데 더 큰 목적을 둔다. 또한, 장소 브랜드는 단순히 로고나 슬로건을 만드는 것을 넘어서, 그 장소의 문화, 역사, 경제, 자연환경 등을 통합적으로 고려하여 체계적인 전략을 수립하는 것을 포함한다.

여기서 장소의 개념은 단순히 지리적인 공간만을 의미하지 않으며, 공간 그 이상의 의미를 내포한다. Dovey(2010)는 장소를 공간성(지리적 구획이 만들어내는 물리적 특성)과 사회성(그 공간에서 일어나는 인간의 활동과 사건)이 얽혀있는 복합적인 개념이라 정의하였고, 이는 장소를 브랜드로 만들기에 특히 도전적인 요소로 작용한다고 보았다. 다시 말해, 장소 브랜드는 브랜딩의 일반적인 개념을 장소라는 특별한 대상에 적용한 것으로서, 사회적 공공성과 복합성이 강조되는 개념인 것이다(윤주현·장동련, 2017). 나아가 장소 브랜드는 단순히 경제적 이익만을 추구하는 것이 아니라, '현대적인', '성공적인', '전통적인', '중심적인' 등과 같은 구체적인 특성과 인본주의적 철학을 기반으로 장소가 지닌 깊은 의미와 가치를 소통하는 역할도 병행한다(Zenker et al., 2017; 이경미·김찬동·김소은, 2010). 이는 장소 브랜드가 제품이나 서비스 브랜드와 달리, 더 넓은 사회문화적 맥락과 연결되어 있어야 한다는 점을 시사한다.

장소 브랜드가 중요한 이유는 해당 장소에 대한 긍정적인 인상을 형성하게 함으로써, 장기적으로 그 지역의 명성과 가치를 높이는 데 기여하기 때문이다. 즉, 장소 브랜드는 해당 장소의 깊이 있는 스토리와 문화적 맥락을 전달하여 특별한 가치를 창출하고 강조하는 과정이라 볼 수 있다. 따라서 장소 브랜드 관리는 지역의 다양한 문화·역사적 요소를 통합하고 여러 이해관계자들의 마케팅 커뮤니케이션 협업 활동을 통해 전략적으로 이루어질 필요가 있다.

2-3. 국가 브랜드

국가 브랜드란 브랜드의 개념을 국가 차원으로 적용한 것으로 국가 브랜드 개념을 정의하기 위해선 브랜드 개념 확립이 선행되어야 한다. 국립국어원에 따르면 브랜드는 사업자가 자기 상품에 대하여, 경쟁업체의 것과 구별하기 위하여 사용하는 기호·문자·도형 따위의 일정한 표지라고 정의했다.[1]

브랜드는 두 가지 측면에서 그 의미를 살펴볼 수 있다. 첫 번째는 로고, 마크, 색상 등 시각적인 요소로 구성된 외형적 측면이다. 두 번째는 시각적 요소의 상위 개념인 의미론적 측면, 즉 본질적인 가치와 연관된 부분이다. 시각적·본질적 측면을 종합적으로 볼 때, 브랜드는 물리적 요소와 상징적 요소를 모두 포함하는 디자인적 상징체로, 제품이나 이미지를 경쟁사와 차별화하기 위한 수단으로 정의될 수 있다. 이러한 맥락에서 국가 브랜드의 개념을 정립해 보자면 먼저 사전적 의미로 한 국가에 대한 인지도·호감도·신뢰도 등 유·무형 가치를 종합한 체계도라 볼 수 있다(문효진, 2017).

1 국립국어원. https://opendict.korean.go.kr/dictionary/view?word_no=152694&sense_no=571267

누구나 한 국가를 바라보거나 생각할 때 자연스럽게 떠오르는 이미지가 있다. 이와 더불어 그 나라의 상품이나 브랜드를 자연스레 떠올리게 되는데 이를 국가 이미지라고 부르며 이는 국가 브랜드와 밀접한 연관이 있다. 국가 브랜드란 한 국가를 떠올릴 때 연상되는 이미지를 해당 국가가 지향하는 방향에 맞춰 기획하고 실행하는 것을 의미한다. 이는 긍정적인 이미지를 더욱 부각하고 발전시키며, 부정적인 이미지는 개선하거나 해소하는 과정을 포함한다. 또한, 국가 브랜드는 한 국가의 제품, 서비스, 문화, 자연환경, 국민, 역사, 전통, 정치체제, 경제 수준, 사회 안정 등의 유형 또는 무형의 정보와 경험을 활용하여 대상 국가를 바라보는 모든 내·외국인에게 의도적으로 인식시키고자 기획된 상징체계라 할 수 있다(조동성, 2003).

대표적인 국가 브랜드 연구는 1996년 사이먼 안홀트(Simon Anholt)의 연구를 살펴볼 수 있다. 그가 개발한 국가브랜드지수(NBI: Nation Brand Index)는 6개 속성을 통해 국가 브랜드에 대한 설문조사를 실시하는데, 그 속성은 다음과 같다. '수출-상품 및 서비스에 대한 이미지', '정부부문-국가에 대한 신뢰', '문화 및 유산-각 나라의 문화 유산에 대한 지각', 국민성-국민의 경쟁력, 여행 및 관광-관광 유인에 관한 이미지, '이민 및 투자-해당 나라에 살고 싶게 만드는 매력과 경제 및 사회적 조건들에 대한 이미지' 등으로 수렴된 것을 확인할 수 있다(미디어스, 2009).

표1. Anholt-GfK 국가 브랜드 지수(Nation Brand Index)

속성	설명
수출(Export)	제품 및 서비스에 대한 만족도 / 과학기술 발전에 대한 기여도
정부(Governace)	정치적 행정적 안정과 수준에 대한 국가 고객 만족 (정부의 능력, 공정성, 인권, 국제 사회에 대한 기여도 등)
투자 / 이주(Investment & immigration)	해당 국가에서 거주하거나 일하고 싶은 의도, 교육 기관의 수준, 사회적 경제적 상황 등
문화 / 유산(Culture & Heritage)	국가의 문화적 유산, 대중문화, 스포츠 등
국민(People)	가장 호의적이며 우선적 고용 대상이 되는 나라의 국민에 대한 요구나 그들의 친절하고 우호적인 정도
관광(Tourism)	자연 경관의 아름다움, 역사적 건축물 및 문화재, 도시의 활력 및 레저시설에 대한 인식 / 관광지로서의 이미지 / 방문의도 등

국가브랜드지수(NBI)를 살펴보았을 때 국가 브랜드는 한 국가의 유·무형의 서

비스, 정치적 및 행정적 안정 수준, 경제 수준, 문화적 유산, 국민, 관광 등 유·무형의 정보와 가치를 바탕으로 대상 국가의 호감도, 신뢰도, 인지도를 수치화하는 체계라 볼 수 있다. 이러한 상징체계를 수치화하여 종합한 것을 국가 브랜드 지수라 하며, 이는 국가경쟁력에 직·간접적으로 영향을 미치는 중요한 요소로 이해되고 있다(조동성, 2003). 우리 정부 또한 국가 브랜드의 중요성을 알리고 있는데, 국가 브랜드를 사람들에게 대상 국가 또는 집단, 제품, 서비스 등을 식별하고 타 국가와 구별할 수 있도록 의도된 이름, 용어, 기호, 심벌, 디자인 등의 조합이라고 정의하고 있다.

국가 브랜드는 차별/식별, 신뢰/보증의 기능을 수행하고 국가경쟁력에서 상대적 우위를 확보하며 나아가 국부 증대에 기여할 수 있다. 이로 인한 국가 브랜드의 역할은 먼저 내·외국인에게 대상 국가에 관한 인식의 차별화를 도모하고 더불어 신뢰감을 얻게 하는 것이다. 세부적으로는 그 역할을 세 가지로 나눌 수 있다. 첫째, 국가 브랜드를 통해 대상 국가의 제품·기업 브랜드와의 관계 속 후광효과가 발휘되게 된다. 둘째, 관광산업에서 국가 브랜드는 관광객이 여행목적지를 선택하는 데에 영향을 미치는 중요한 변수로 간주 된다. 셋째, 일자리 창출 및 경기 활성화를 목적으로 외국기업 투자 대상 국가를 선정할 때 객관적 경제지표와 더불어 국가 브랜드 역시 중요한 판단기준으로 작용한다(문화관광부, 2003). 따라서 국가 브랜드는 국가의 호감도, 신뢰도, 인식도를 높여 국가의 위상, 품격, 공공 이미지에 긍정적 영향을 미치도록 기획하는 것으로 21세기 국제사회에서 필수적인 요소로 자리 잡게 된 개념이라 설명할 수 있다.

그림2: 국가 브랜드의 역할

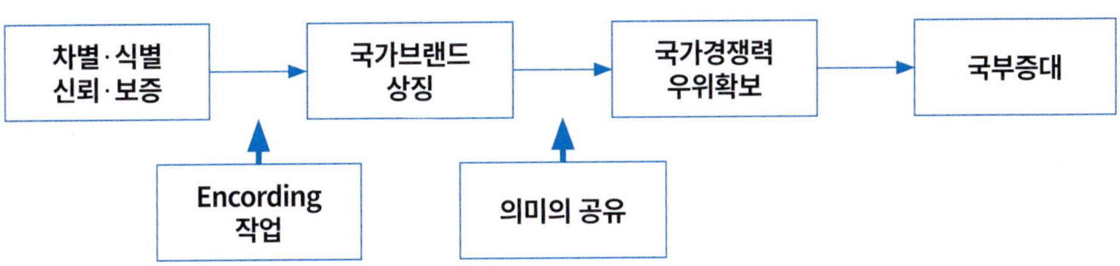

3. 국가 브랜드와 공공외교

오늘날 세계 각국은 국제사회에서 국가경쟁력을 확보하려고 다양한 방안을 내세우며 효과적인 공공외교에 국가 브랜드를 활용하고 있다. 한국무역협회에 따르면, 과거 국내기업이 선진국시장에 제품을 수출할 때 'Made in Korea'를 감추려는 기업이 적지 않았다고 한다. 우수한 품질의 제품을 보유해 상품을 수출하고 있지만, 국가 명칭을 노출하지 않는 것이 더 효율적이라 믿었기 때문이다(박규원, 2005). 1990년대 초반 삼성과 LG 전자제품의 패키지에 'Made in Korea' 라벨이 눈에 잘 띄지 않도록 한 것도 그 당시 한국이란 국가 브랜드 때문에 제품 가치가 하락되는 걸 막기 위해서 조치한 것이었다(조동성, 2022).

즉, 국가 브랜드 가치가 상승하면 해당 국가의 기업과 제품이 세계 시장에서 높은 평가를 받게 된다. 반대로, 적절한 국가 브랜드를 확립하지 못할 경우 국가에 대한 긍정적인 인식과 평가가 이루어지지 않아 국가 경쟁력 또한 향상되기 어렵다. 한 국가의 인지도, 호감도, 신뢰도 등의 유·무형 가치를 총합한 상징체계인 국가 브랜드는 공공외교에서도 그 빛을 발한다.

국가 브랜드 정립과 공공외교는 상당한 상관관계를 갖는다. 먼저 공공외교는 한 국가의 정책, 목표, 제도, 문화, 자연 등 국가의 유·무형 가치 및 정보를 외국 대중들에게 직접적으로 제공하는 과정이다. 이 과정에서 공공외교를 펼치는 국가를 알게 되고 지속적인 관심을 가지고 전문지식을 갖추게 된다면, 그 국가의 국민과 문화에 대한 이해도가 높아져 자연스레 태도가 긍정적으로 변화하고 호감을 보이게 된다(주미영, 2015). 자연스레 대상 국가를 인식 및 신뢰하고 호감도가 상승한다는 것은 국가 브랜드의 가치 상승과 더불어 국가 이미지가 긍정적인 국가 이미지로 변화된다는 것이다. 그러나 모든 공공외교가 무조건적으로 국가 브랜드 가치 상승을 이룬다는 것은 아니다. 유·무형 가치 및 정보를 어떤 이가 어떻게 제공하느냐에 따라 그 성과는 상당한 차이를 보일 수 있기에 국가 브랜드 활동 방법을 모색하는 일이 필수적으로 필요하다.

4. 국가 브랜드의 효과

국가 브랜드는 경제수준, 국가체계, 문화, 전통, 정치, 관광, 국민 등의 복합적인 요소를 활용한 국가적 상징체계로 글로벌 시대 필수 불가결한 요소이다. 21세기 국제사회에서는 자국의 차별화와 강점을 국가 이미지에 녹이며 국가 브랜드를 관리하는 활동에 열과 성을 다하고 있다.

긍정적이며 강력한 국가 이미지는 국제사회에서 대외적으로 다양한 효과를 창출한다. 첫째, 국가 이미지가 책임감, 신뢰성, 청렴·투명 등을 포함한 것으로 확립되면 국제사회에서 국가의 신용도는 제고되며 국가경쟁력도 함께 강화된다. 둘째, 외교 활동에서 국가 간 이해관계로 마찰이 발생하더라도, 긍정적인 국가 이미지는 유리한 외교 활동을 가능하게 하는 무형의 힘으로 작용한다. 셋째, 높은 품질과 위상을 보유한 국가 이미지는 타국 수출 제품의 부가가치를 높일 수 있으며, 상품 경쟁력과 국가경쟁력을 제하더라도 국민의 자긍심 향상 등 비경제적인 면에서도 매우 중요한 부분으로 작용한다(주미영, 2015).

이렇듯 국가 브랜드 가치가 상승한다면 국가의 기업 및 제품이 국제사회 시장에서 높은 평가를 받을 뿐만 아니라 전 세계인으로부터 존중, 존경, 호감, 신뢰 등 무형의 가치 역시 확산된다. 그러한 이유로, 현재의 신흥공업국가들은 국가 브랜드 활동 관점에서 과거 후진국, 개발도상국 이미지에서 벗어나 최첨단 기술과 고급 문화권으로 표상된 국가 이미지를 대외적으로 인식시켜 자국 생산품 및 기업의 가치를 높이려 노력하고 있다.

5. 국가 브랜드 구축

긍정적이고 강력한 국가 브랜드 구축은 국제사회 정세에서 갖추어야 할 매우 중요한 요소이다. 그러나 국가 브랜드 구축은 단기간에 형성되는 것은 아니며, 국가-기업-국민-상품 등에 공감할 수 있는 활동이 수반되어야 한다.

먼저, 효과적인 국가 브랜드 구축을 위해서는 국가 브랜드 아이덴티티 정립이 필요하다. 아이덴티티는 대내외적으로 각 구성원 결속 및 국가 실체를 위해 전달되는 메시지로 국가 브랜드의 인지도와 자산을 높이는 데에 가장 중요한 요소로 작용된다. 또한 아이덴티티는 명, 심볼, 로고 및 슬로건 등의 언어, 비언어적 요소를 모두 포함하는 포괄적인 개념이다. 국가 브랜드를 구축하고 국가의 이미지를 높이기 위해서는 국가 브랜드를 대표하는 대상 국가의 문화와 정체성, 이미지를 녹여낸 아이덴티티 정립과 협력체계가 중요하다.

국가 브랜드 구축을 위한 국가 이미지 통합 관리 프로그램 개발도 중요하다. 국가-기업-민간 전문가들이 거버넌스를 통해 국가의 긍정적 이미지 추진을 위한 전략 구성이 선행되어야 하며, 다음으로는 시각 이미지 형성 요인을 고려한 장기적이고 단계적인 국가 이미지 제고 전략 수립이 필요하다. 국가 브랜드 구축을 위한 PR전략 수립 또한 중요한데, 이는 정부와 기업-민간 등이 광고를 통해 PR할 때 매우 유용하게 사용될 수 있으므로, 국가 PR 전략에 대한 심도 있는 논의와 지속적인 사회적 관심이 요구된다.

미국 앨라배마주 몽고메리 비스킷츠 구단 홈구장에서 열린 '한국 문화유산의 밤' 기념행사는 김치를 홍보한 행사로 기록되었는데, 이는 경기장을 찾은 5천여 명의 관객들과 함께 진행되었다. 몽고메리 비스킷츠는 MLB 탬파베이 레이스 산하 마이너리그 더블A 팀으로, 앨라배마주 주도인 몽고메리시를 연고지로 한다. 한인 비영리단체 'A-KEEP(Alabama Korea Education and Economic Partner)과 구단이 함께 기획한 이번 행사에서는 김치를 활용한 다양한 먹거리와 볼거리를 제공해 관객들의 긍정적인 호응을 불러일으켰다. 선수들은 '김치'가 쓰인 유니폼과 함께 배추 모양의 김치 캐릭터가 그려진 모자를 썼고, 전광판과 야외 펜스에는 김치 영상과 이미지가 송출되어 한국의 국가 이미지를 홍보한 사례로 보고되었다.

그림3: 몽고메리 비스킷츠 김치 홍보

a. 국가 브랜드 디자인

대한민국은 국가 브랜드 관리에 관심을 가지고 국가 브랜드를 제작하여 사용해 왔다. 현재 대한민국 정부 브랜드와 국가 브랜드, 관광 브랜드가 혼재되어 사용되고 있는 실정이다. 국가 브랜드의 경우 '다이내믹 코리아'에서 'Creative Korea'로 변경되었지만 제정 이후 정권 교체로 인해 활용되지 못하고 있는 실정이다. 잦은 국가 브랜드 교체는 아이덴티티 구축에 부정적인 영향을 미치게 된다. 관광브랜드의 경우는 'Korean Sparkling'애서 'Korea Inspired'로 변경되었다. 또한 대한민국 관광브랜드와 관광공사 브랜드(Imagin Your Korea)가 혼재되어 통합된 커뮤니케이션에 문제가 발생할 수 있다.

■■ 그림4. 한국의 국가 브랜드 상징

b. 한류와 국가 브랜드

대한민국의 국가 브랜드 구축에서 가장 많이 인용되는 주제가 한류에 대한 것이다. 초기 한국의 드라마로 시작된 한류는 현재 K-POP으로 확장되어 한국의 국가 이미지에 긍정적인 구실을 하고 있다. 대중문화를 통해 형성된 한류는 한국산 제품으로 확장되었고 이제 한국 음식으로 확장되어 한국 라면과 분식류까지 해외에서 인기가 높다. 특정 국가에서 만들어진 제품이 제조국 국가의 이미지에 의해 원산지효과(country-of origin effects)를 누리는 것이 일반적이다. 하지만 제품이 우수한 경우, 모브랜드(parent brands)에 대한 이미지에 역으로 긍정적인 영향을 미치는 경우도 종종 발생하는데, 한류는 그러한 효과를 보여주는 대표적인 사례로 꼽힌다.

c. 메가 이벤트

전 세계인들의 관심을 끄는 메가 이벤트를 개최하는 것도 국가 브랜드를 구축하는 데 도움이 되는 방법이다. 메가 이벤트를 개최하면 미디어에서 집중적으로 다루어지고 국제행사인 경우 글로벌 미디어에도 행사 기간 동안 집중적으로 등장한다. 세계 3대 스포츠 이벤트는 올림픽, 월드컵, 세계육상선수권대회이지만 일반적인 세계 3대 이벤트는 올림픽, 월드컵, 엑스포를 꼽는다. 올림픽은 도시가 개최하는 것이 일반적이지만, 월드컵은 국가가 개최한다. 따라서 올림픽은 개최 도시의 도시 브랜드 구축에 효과적이고 월드컵은 국가 브랜드 구축에 도움이 된다. 엑스포도 특정 도시를 중심으로 개최되며 비즈니스 차원에서는 가장 큰 효과를 발휘하는 이벤트이다.

6. 도시 브랜드

6-1. 도시 브랜드의 개념

국가 간 여행 활성화, 다민족 국가가 늘어나면서 전통적인 국가의 위상보다 도시의 위상이더욱 커지고 있다. 최근에는 국가 간 경계가 흐려지고 자본, 상품 및 생산력의 이동과 공급이 유연해지면서 도시의 위상이 높아졌으며, 이로 인하여 도시 브랜드의 중요성이 강조되고 있다(나용모 외, 2023). 글로벌 시대의 국가 간 심화 경쟁을 넘어 도시 간 경쟁도 불가피하게 된 것이다. 따라서 각 도시는 경쟁력 확보를 위해 해당 도시만의 차별화된 전략을 바탕으로 매력적인 도시 브랜드를 구축하기 위해 노력하고 있다. 제품에서 시작된 일반적인 브랜드 개념이 도시에도 적용이 된 것이다.

이와 같은 도시 브랜드는 기업이 상품 및 서비스를 경쟁업체와 차별하기 위해 이름, 기호, 디자인 전략 등을 구축해 차별화와 가치 창출을 이루는 것처럼 도시가 지니고 있는 특정 요소를 활용해 타 도시와 차별화를 지향하고 전략을 구축하여 도시의 유·무형 가치를 창출하는 것이라 볼 수 있다(윤혜진, 오유리, 2022). 또한 도시 브랜드는 도시가 가진 개성을 슬로건으로 규정하고 도시를 홍보하는 영역을 넘어서 도시가 지닌 시간성-공간성을 기반으로 도시의 비전 수립, 방향성, 정치, 경제, 사회, 문화 활동의 총합이라 할 수 있다(박상희, 2021).

즉, 도시브랜드의 개념은 물리적인 공간과 특성만을 바라보며 단순 브랜딩 개념이 아닌 지역의 이해관계자들이 협력해 지역 비전과 방향성을 바탕으로 지역 내 가치를 서로 이을 수 있는 협력의 개념으로 바라봐야 한다는 것이다. 다시 말해, 도시 브랜드는 행정조직, 시민사회를 포함한 도시 거버넌스 체계 위에 상징적으로표상되는 이미지의 총합으로서, '세계에서 가장 살기 좋은 도시', '여행 가보고 싶은 도시', '가장 기억에 남는 도시' 등 하나의 장소로서 바라보는 장소적 관점과 함께 명품처럼 가치와 품격을 지향하는 상품 그 이상의 브랜드 관점이 복합적으로 포함된 개념으로 이해될 수 있다(박혜영, 김상수, 2015). 따라서 도시 브랜드는 그 지역만의 개성과 가치를 지역의 이해관계자와의 협력을 통해 그 가치를 잇고 확산시켜 타 도시와 차별화되는 종합적 가치 체계로 바라봐야 한다.

6-2. 도시 브랜드의 효과

도시 간의 경쟁 심화와 더불어 급격한 사회 변화에 각 도시는 차별화된 도시 브랜드 구축이 필요하다. 국가 간의 경쟁체제에서 도시간의 경쟁 또한, 일반화되었기 때문이다. 도시 브랜드는 기존의 도시 장점만을 내세워 마케팅을 강화하는 것이 아닌, 도시라는 공간을수요에 발맞춰 개발하고 브랜딩하는 것으로서, 물리적 공간 개발 및 도시와 관련된 내재된 가치를 상품으로 개발하여 도시의 상품 가치를 높이는 일종의 기업가적 접근으로 해석할 수 있다. 이는 도시 내 시민에게 내적 자부심을 창출하고 수출품, 도시 내 기업의 지지를 발생하게 한다. 또한, 외국의 투자를 장려하고 타 도시 거주자 및 외국인의 관광도 유인하게 된다(이수태, 2008). 도시 브랜드는 도시의 가치를 발굴 및 확산시키는 행위라 볼 수 있으며, 도시 내부부터 시작해 타 도시 및 외국인 관광산업 확산, 국가 브랜드까지 긍정적 영향을 주는 일련의 행위라 볼 수 있다.

그림5: 도시브랜드를 통한 효과

도시브랜드를 통한 효과

↓

내부 구성원	관계자 집단	내부 구성원
지역 문화 확립 및 혁신	관계자 집단 관심 환기	도시이미지 차별화로 도시에 대한 인식 향성
커뮤니케이션 활성화	커뮤니케이션 활성화	
애향심과 사기 진작	애향심과 사기 진작	

출처: 이수태(2008), 도시브랜드 디자인이 국가 이미지에 미치는 영향과 도시브랜드 디자인 방향에 관한 연구, 브랜드디자인학회 Vol.6 NO.1, p.55.

6-3. 도시 브랜드 구축

도시 브랜드 구축에 영향을 미치는 선행요인은 다양한 분야에서 확인된다. 문화적 도시 재생도 도시 브랜드에 영향을 미치게 되며, 그 중 경제적 가치가 도시 브랜드에결정적인 영향을 미치는 것으로 보고되고 있다(도현진, 김선영, 2023). 도시가 메가 이벤트를 개최할 수 있는 역량이 높으면 도시 브랜드 경쟁력에 많은 도움이 되며, 이에 영향을 미치는 것으로는 관광, 홍보, 수용 능력, 교통 등이 있다(이항아 외 2023). 지역 축제도 도시 브랜드에 긍정적인 영향을 미치며 이는 부산국제영화제가 부산에 대한 태도와 부산 방문의도에 미치는 영향으로 검증되었다(전종우, 우미원, 2023). 도시 자산으로서의 시립공연단이 도시에 대한 태도에 긍정적인 영향을 미치게 되며 특히 공연에 대한 감정적 경험이 도시태도에 직접적으로 영향을 미치는 것으로 나타난다(임지원, 이대현, 전종우, 2020). 실리콘밸리와 같은 지역 브랜드의 경우 인공지능 기술에 대한 친숙도나 가치 인식이 지역태도에 긍정적인 영향을 미치기도 한다(전종우, 2022). 비슷한 맥락에서 뮤지컬 도시인 웨스트엔트에 대한 유희성 지각은 웨스트엔드에 대한 친숙도에 긍정적인 영향을 미친다(이종윤, 홍다현, 전종우, 2020).

a. 도시 브랜드 디자인

도시 브랜드 디자인에서 가장 대표적인 것이 브랜드 로고이다. 도시를 시각적으로 알리는 직접적인 커뮤니케이션 상징으로 사용된다. 브랜드 로고는 도시의 특성에 대한 아이덴티티를 시각적으로 구현하며 가장 노출 빈도가 높은 브랜드 도구로서 사용되고 있다.

그림6. 지방자치단체 로고

서울특별시	인천광역시	부산광역시	대구광역시	대전광역시
울산광역시	광주광역시	경기도	경상남도	경상북도
전라남도	전라북도	충청남도	충청북도	강원도
제주특별자치도	경기도 수원시	경기도 고양시	경기도 용인시	경기도 성남시
경기도 안산시	경기도 부천시	경기도 남양주시	경기도 안양시	경기도 화성시
경기도 평택시	경상남도 김해시	경상남도 창원시	경상북도 포항시	충청남도 천안시
충청북도 청주시	전라북도 전주시	서울 노원구	서울 강동구	서울 강남구
서울 은평구	서울 관악구	서울 양천구	서울 강서구	서울 성북구
서울 서초구	서울 송파구	대구 달서구	대구 북구	대구 수성구
인천 부평구	인천 남동구	인천 서구	대전 서구	광구 북구

도시의 시각적 상징에서 로고와 함께 지역을 알리기 위해 많이 사용되는 것이 캐릭터이다. 캐릭터는 도시 브랜드를 알리기 위한 도구로 사용되지만 캐릭터 자체가 인기를 얻게 되면 자체적으로 수익을 내는 경우가 가능하다. 일본의 쿠마몬은 쿠마모토현을 상징하는 캐릭터로 캐릭터를 활용한 수익이 큰 것으로 알려져 있다.

그림7. 광역자치단체 캐릭터

b. 지역 축제

도시 브랜드를 알리기 위해 메가 이벤트가 효과적이기는 하지만 모든 지방자치단체가 글로벌 이벤트를 개최할 수 있는 것은 아니다. 특히, 기초단체의 경우 예산과 다른 제약요인으로 인해 쉽지 않은 것이 사실이다. 이럴 경우 도시의 특색에 맞는 지역 축제를 개최하여 도시를 알리는 방법을 사용할 수 있다. 도시의 아이덴티티에 부합하는 축제의 경우 효과적인 성공 사례가 많이 보고되고 있다. 보령 머드축제와 함평 나비 축제는 지역에서 개최한 페스티벌 중 성공사례로 평가되고 있다.

c. 도시 자산

도시 브랜드를 구축하기 위해서는 도시가 가진 물리적인 자산도 중요하다. 실체가 없는 브랜드 이미지를 만드는 것은 지속되기 힘들다. 도시의 물리적 자산에서 가장 대표적인 것이 관광지이다. 유명 관광지는 지역민들은 물론이고 외지인들을 지역으로 유인하는 요인이 될 수 있다. 만약 자연경관이나 역사적 유적이 없는 경우 인위적인 관광지를 구축하는 것도 가능하다. 테마파크와 같이 관광객들을 유인할 수 있는 인공 관광지 구축도 하나의 방법이 될 수 있다. 예를 들어 플로리다 올랜도의 디즈니월드는 해당 지역을 방문하는 가장 핵심적인 이유를 제공해준다. 해당 지역에 유명 기업이 소재하고 있다면 기업도 도시 브랜드 자산으로 긍정적인 영향을 미칠 수 있다.

d. 도시 브랜드 사례

도시 브랜드 가치에 대한 평가 요인으로 주거 요소는 거주환경, 교육환경, 교통환경이고 관광 요소는 즐길거리, 문화유산, 숙박 및 휴양시설 등이며 투자 요소는 일자리, 투자지원, 산업인프라 등이다(김민찬, 최민철, 이영일, 2023). 문화 도시 평가 요인으로는 물리적 요인, 시각적 요인, 사업화 요인, 거버넌스 요인, 문화적 요인, 도시 이미지 요인, 커뮤니티 요인, 스마트도시 요인 등으로 나타난다(양수진, 이건원, 2024).

메가 이벤트로 도시의 이미지를 구축한 전통적인 사례는 1988년 서울 올림픽이다. 과거 서울은 세계에 잘 알려지지 않은 도시였지만 88 서울 올림픽의 성공으로 인해 서울이라는 도시 브랜드를 글로벌 차원에서 홍보하였다. 물론 서울 올림픽 하나로 인해 서울이라는 도시 브랜드가 구축된 것은 아니지만 도시 브랜드를 알리는 계기가 되었던 것은 분명하다. 이후 한국은 2002 월드컵, 2012 여수 엑스포, 2018 평창올림픽을 개최하였다.

그림8. 국내 개최 메가 이벤트

충주시에서 포스터 광고는 유명한 사례로 언급된다. B급 감성을 기반으로 한 키치(kitsch) 광고로 충주시민뿐만 아니라 서울 수도권 소비자들에게도 관심을 끌었다. 충주시 광고의 제작 형식은 포스터와 같이 전통적인 광고 형식으로 보이지만 SNS를 통해 공유되면서 노출이 폭발적으로 증가한 사례이다. 이러한 성공을 바탕으로 유튜브 채널인 <충TV>도 인기를 얻고 있다.

그림9. 충주시 포스터

해외 도시 브랜드의 성공적인 사례로는 뉴욕을 들 수 있다. 뉴욕은 1970년대 중반까지만 하더라도 재정파탄, 인종 갈등 등으로 위험하고 쇠락한 도시였다. 그러나 1977년 이후 'I Love New York'이라는 브랜드 마케팅을 통해 도시의 분위기를 바꾸었고, 브로드웨이 쇼를 대표상품으로 한 종합 문화관광 마케팅 전략이 대

성공하면서 관광 수입만 연간 400억불 이상이 발생하는 도시로 탈바꿈 되었다(김명근, 2006).

도시 브랜드는 성공하기 쉬운 것은 아니다. 국내의 도시 브랜드 연구에 따르면 서울, 부산, 대구, 대전의 도시 브랜드 슬로건의 경우 너무 자주 교체되는 경향이 있어 언어적 상징의 지속성이 부족하다는 지적을 받는다(심인단, 박상희, 2023). 도시 브랜드는 정체성을 나타내는 상징으로서, 브랜드의 전통이 중요한 요소로 논의된다. 하지만 지방자치단체의 단체장이 취임하면 새로운 브랜드 상징물 개발을 하는 경우가 많다. 이는 브랜드 아이덴티티에서 브랜드 전통에 단절이 생기는 것은 물론 브랜드 자산 구축에도 부정적인 영향을 미치게 된다.

서울시 브랜드의 경우 과거 'Hi, Seoul'에서 박원순 시장이 취임하고 'I Seoul You'로 변경되고 오세훈 시장의 재당선 이후 'Seoul My Soul'로 재변경하여 사용되고 있다. 도시 브랜드의 완성도에 대한 논의는 제외하더라도 잦은 브랜드 교체는 지양해야 할 문제이다. 이는 기초단체에서도 종종 일어나는 문제이다.

그림10: 서울 도시 브랜드 변화

2024년은 파리올림픽이 개최된 해이다. 올림픽은 개최 도시에 긍정적인 브랜드 구축이 가능한 것이 일반적이지만 부정적인 이슈가 등장하면 오히려 문제가 될 수 있다. 파리올림픽 개막식은 세느강변에서 진행되었는데 비싼 입장료에 비해 관람객들에게 만족스러운 경험을 제공해주지 못하였다. 더욱이 공연 내용과 표현 있어서도 비판이 일어 파리 이미지에 부정적인 영향을 미친 사례로 이야기되고 있다.

참고문헌

국립국어원. https://opendict.korean.go.kr/dictionary/view?word_no=152694&sense_no=571267

김명근(2006). 도시브랜드 아이덴티티의 경향 연구 : p.45

김민찬, 최민철, 이영일(2023). 측정요소의 가중치 적용을 통한 도시브랜드가치 측정 기법의 개발과 활용. *경영컨설팅연구, 23*(3), 1-19.

김영식(2010). 국가브랜드 구축을 위한 브랜드문양 디자인에 관한연구. 한양대학교 대학원국내박사학위논문.

김효정, 김연희(2024). 지역 박물관을 통한 지역 브랜드 형성에 관한 연구 : 영월 박물관 고을 사례를 중심으로. *차세대컨버전스정보서비스기술논문지 13*(1), 43-55.

나용모, 박재연(2023). 지역의 정체성 제고를 위한 도시브랜드 제안 - 광주브랜드 인지도 조사를 중심으로. *한국과학예술융합학회 41*.1. 53-63.

도현진, 김선영(2023). 문화유산을 활용한 도시재생이 도시브랜드 및 주민 만족에 미치는 영향: 군산지역 도시재생 사례를 중심으로. *문화산업연구, 23*(4), 123-134, 10.35174/JKCI.2023.12.23.4.123

문화관광부(2003), 문화를 통한 국가브랜드가치 제고전략 보고서 요약본, 서울 : 국가브랜드 경영연구소.

문화관광부(2003). 문화를 통한 국가브랜드가치 제고전략 보고서 요약본, 서울 : 국가브랜드 경영.

문효진(2017). 국가브랜드 평판 구성요인 도출을 위한 탐색적 연구. *글로벌문화콘텐츠 0.29*: 103-128.

박규원(2005). 국제경쟁력 강화를 위한 브랜드구축방안과 패키지디자인의 관계성 연구. *한국디자인문화학회지 13.2*(2007) 34-45.

박상희(2021). 해항도시 리브랜드 사례를 통한 도시브랜드 전략 유형화 연구. *브랜드디자인학연구 19.1*: 5-16.

박혜영, 김상수(2016). 융합형 창업 생태계 활성화를 위한 국가브랜드 전략 연구 - 문화창조융합벨트 'cel' 사례를 중심으로 -. *브랜드디자인학연구 14.2*: 145-158.

심인단, 박상희(2023). 지방자치단체의 도시브랜드 슬로건 현황 연구- 한국 5대 도시를 중심으로 -. *브랜드디자인학연구, 21*(2), 335-344.

양수진, 이건원(2024). 문화도시의 브랜드 구축을 위한 평가 지표 개발 : 서울시 도시브랜드 사례를 중심으로. *한국도시설계학회지 도시설계, 25*(1), 91-104, 10.38195/judik.2024.02.25.1.91

윤주현, 장동련(2017). 루만의 사회시스템이론을 기반으로 한 장소브랜드 시스템 프레임워크와 디자인 역할. *Archives of Design Research, 30*(4), 109-121.

윤혜진, 오유리(2022). 부천시 도시브랜드 상징체계 정립을 위한 전략방안 고찰. *브랜드디자인학연구 20.1*: 109-120.

이경미, 김찬동, 김소은(2010). 서울시 도시브랜딩전략 연구. Seoul: The Seoul Institute.

이정석, 지역 브랜드, 왜 필요한가?, 지방자치, 통권 237호, 2008, p.123.

이종윤, 홍다현, 전종우(2020). 웨스트엔드 뮤지컬과 런던 도시 브랜드: 웨스트엔드 친숙도의 매개효과를 중심으로. *커뮤니케이션학 연구, 28*(3), 163-180.

이항아, 김이태, 류예빈, 김이태, 류예빈(2023). 메가 이벤트 개최지 역량이 도시 브랜드 경쟁력, 지역사회의식에 미치는 영향. *무역전시연구, 18*(3), 135-153.

임정은, 이수태(2008), 도시브랜드 디자인이 국가 이미지에 미치는 영향과 도시브랜드 디자인 방향에 관한 연구, *브랜드디자인학회 Vol.6* NO.1, p.55.

임지원, 이대현, 전종우(2020). 도시 자산으로서의 시립공연단이 도시 브랜드에 미치는 영향 : 수원시를 중심으로. *광고연구*,(125), 39-61, 10.16914/ar.2020.125.39

전종우(2022). 인공지능 기술 인식이 실리콘밸리 도시 브랜드와 미국 방문의도에 미치는 영향. *정치커뮤니케이션연구*,(64), 59-89.

전종우, 우미원(2023). 영화제가 도시브랜드 태도와 방문의도에 미치는 영향 : 부산국제영화제를 중심으로. *한국광고홍보학보, 25*(3), 94-112, 10.16914/kjapr.2023.25.3.94

조동성(2003) 유형 자산으로서의 국가브랜드. IPS Country Brand Report 2002.

조동성(2022.12.01.). 세계 4위로 올라선 한국의 국가브랜드 파워, 매일경제, https://www.mk.co.kr/news/contributors/10552573

주미영(2015). 글로벌 신뢰국가 이미지 형성을 위한 한국의 공공외교 연구. *정치정보연구 18.2*: 31-58.

Aaker, D.(1991). *Managing brand equity,* Free Press/Macmillan

Dovey, K.(2010). *Becoming places.* Abingdon: Routledge.

Upshaw, L. B.(1995). *Building Brand Identity: A Strategy for Success in a Hostile Marketplace,* 1st Edition, Wiley.

Zenker, S., Braun, E., & Petersen, S.(2017). Branding the destination versus the place: The effects of brand complexity and identification for residents and visitors. *Tourism Management,* 58, 15-27.

제 6 장

정책 브랜드

박한나_선문대학교 미디어커뮤니케이션학부 교수

1. 정책 브랜드의 개념

정부, 지방자치단체, 공기업, 공공기관은 각 조직이 집행하는 정책을 공중에게 효과적으로 전달하고, 긍정적인 인식과 태도를 구축하기 위해 다각적인 커뮤니케이션 활동을 전개하고 있다. 그러나 아무리 좋은 정책이라도 정책의 주요 대상인 국민이 이를 인지하지 못하거나, 공감을 얻지 못한 정책은 정책의 집행 초기부터 평가 단계에 이르기까지 여러 난관에 부딪칠 수 있다. 따라서 국민과의 우호적인 관계 형성과 정책에 대한 공감대를 확보하는 것이 매우 중요하다(최일도·이재호, 2014).

정책은 다양한 학자들에 의해 여러 관점에서 정의되어 왔다. 토마스 다이(Thomas R. Dye)는 정책을 "정부가 수행하거나 수행하지 않기로 선택한 모든 것"이라 정의하며, 이를 통해 정책이 정부의 공식적인 행동과 결정의 집합임을 강조한다(Dye, 1972). 정정길(1990)은 정책을 "바람직한 사회 상태를 이루기 위한 정책 목표와 이를 달성하기 위해 필요한 정책 수단에 대해 권위 있는 정부 기관이 공식적으로 결정한 기본 방침"이라고 정의했다(p. 52). 일반적으로 정책은 "바람직한 사회 상태나 목적 가치를 실현하고 사회 문제를 해결하기 위한 수단"으로 이해된다(사공영호, 2008, p. 7). 이러한 정의들을 종합해 볼 때, 정책은 사회적 목표를 달성하기 위해 수행되는 일련의 활동이나 그 결과물로 이해할 수 있다.

정책도 효과적인 브랜딩을 통해 긍정적 인식과 가치를 형성할 수 있을까? 일반적으로 브랜드(brand)란 "상품이나 서비스를 식별할 수 있는 이름, 용어, 디자인, 기호 등 고유한 특징을 지닌 것"을 의미하며, 브랜딩은 "회사가 시장에서 브랜드를 홍보하고 자리잡도록 독창적인 정체성, 가치, 인식을 구축하여 경쟁사와 차별화하는 접근법"이라고 정의된다(American Marketing Association, n.d.). 브랜드의 개념은 과거 가축이나 물품에 소유 표시를 위해 낙인을 찍었던 것에서 유래해, 소유와 신뢰, 그리고 신용의 상징으로 발전했다. 2000년대에 들어서는 산업 영역을 넘어 개인, 지역, 국가, 정책에 이르기까지 포괄적으로 적용되고 있다(최일도·이재호, 2014).

상업 브랜드와 달리 정책은 국가나 공공기관이 주도하며, 정책을 통해 국민과의 관계를 강화하고 신뢰와 협력을 이끌어낸다. 상업 영역에서 브랜드가 소비자의 감정과 신뢰를 구축하는 것처럼, 정책 역시 브랜드화(브랜딩)하여 국민들에게 정책의 목표와 가치를 명확히 전달하고 이해를 돕는 것이 가능하다. 정책을 브랜드로 다룰 때 중요한 것은 정책이 단순한 행정적 행위로 여겨지기보다, 국민의 삶에 긍정적인 가치를 제공하는 "정책 브랜드"로 자리 잡게 하는 것이다. 이러한 배경에서 정책 브랜딩의 과정은 정책을 하나의 브랜드처럼 인식하도록 하고, 이를 통해 정책의 목적, 비전, 혜택, 가치를 국민에게 효과적으로 전달하는 전략적 커뮤니케이션이다(김유경·김유신, 2015). 정책 브랜드는 슬로건, 로고, 스토리텔링과 같은 다양한 브랜딩 요소를 활용하여 정책을 쉽게 이해할 수 있도록 표현한다. 이를 통해 복잡한 정책의 본질을 시각적, 감정적으로 전달하여 긍정적인 인식을 형성한다.

브랜드 아이덴티티(identity) 개념을 적용해보면, 정책 브랜딩은 정책의 목표와 가치를 국민에게 명확히 제시함으로써 정책에 대한 신뢰와 공감대를 형성하는 것을 목적으로 한다. 정책 아이덴티티는 브랜드의 정체성처럼 정책이 지향하는 목표와 비전, 그리고 타 정책과의 차별화 요소로 이루어진다. 아커(Aaker, 1996)에 따르면, 브랜드 아이덴티티는 소비자에게 제공되는 가치와 약속을 전달하는 이미지의 집합으로, 브랜드가 의도하는 이미지를 형성하는 데 중요한 역할을 한다. 정책에서도 이와 유사하게 국민이 정책의 비전과 가치를 인식하고 긍정적 이미지로 기억할 수 있도록 정책 아이덴티티가 명확히 구축되어야 한다.

예를 들어, 대한민국 정부의 출산휴가 정책은 정책을 하나의 브랜드로 설정하고, 국민에게 일과 가정의 균형을 유지하는 것의 중요성을 전달하면서 모성 보호와 고용 안정성을 동시에 추구하고자 하는 노력이다. 출산 전후 휴가 급여, 육아휴직급여, 배우자 출산휴가급여 등의 세부적인 실행 방안을 통해 정책의 구체적인 혜택을 국민에게 전달하고 있으며, 이를 통해 많은 근로자가 가족 친화적인 환경 속에서 일할 수 있는 실질적인 지원을 받고 있다. 출산휴가 정책을 브랜드화하는 과정에서 정부는 이 정책이 단순한 근로 혜택을 넘어, 미래 세대를 위한 가족의 가치를 보호하고 모든 근로자가 함께 성장할 수 있는 사회적 기반으로 자리 잡도록 브랜딩 요소를 적극 활용해야 한다. 정책 브랜딩은 이처럼 국민의 인식 속에 정책이 단순히 공공행정의 일환이 아닌, 삶에 가치를 부여하고 긍정적 변화를 유도하는 "브랜드"로 자리 잡도록 돕는 과정이라 할 수 있다.

이러한 접근은 정책의 핵심 목표와 가치를 국민들이 쉽게 이해하고 공감할 수 있도록 돕고, 정책의 성공적인 실행을 위한 지속적인 참여와 지지를 이끌어내며, 정책이 장기적으로 국민에게 의미 있는 가치로 남도록 하는 중요한 역할을 할 수 있다. 궁극적으로 정책 브랜딩은 정책의 목표 달성 및 성공적인 실현을 위해 국민과 공감대를 형성하는 필수적인 전략으로 자리매김한다. 이를 통해 국민들은 정책을 더 쉽게 이해하고 신뢰를 바탕으로 지지하게 되며, 정책이 장기적으로 국민의 삶에 긍정적인 영향을 미칠 수 있다. 정책은 단순히 행정 절차나 규제가 아니라, 국민의 삶의 질을 높이는 데 기여하는 요소로 자리 잡아야 하며, 정책의 장기적 지속성과 성공적 실행을 보장하기 위해 모든 단계에서 체계적인 관리가 필요하다.

그러나 국내 정책 홍보와 브랜딩은 여전히 체계적인 접근이 부족한 실정이다(최일도·이재호, 2014). 최지혜(2019)는 브랜드라는 용어가 단순히 브랜드 네이밍이나 슬로건, 로고 등 브랜드 연상의 한 요소로 이해되는 경향이 있으며, 전문성이 결여된 채 임의적으로 정책 브랜드명이 사용되고 있다고 지적한다. 반면, 선진국들은 정책 입안, 집행, 평가의 과정을 통합적으로 관리하는 정책 브랜딩 체계를 갖추고 있으며, 이는 정책의 아이덴티티와 이미지를 제고하여 국민과의 우호적 관계 형성을 가능하게 한다(최일도·이재호, 2014). 따라서 우리나라도 체계적인 정책 브랜딩을 통해 국민의 인지도를 높이고 집행의 효율성을 강화함으로써, 공중의 긍정적 태도와 정책에 대한 이미지 제고를 이끌어낼 필요가 있다.

정책 브랜드에서 중심은 국민이다(최지혜, 2019). 일반적으로 기업 브랜드는 시장에서 경쟁적 우위를 확보하는 데 그 목적이 있는 반면, 정책 브랜드의 목적은 공익의 추구라는 점에서 기업 브랜드와 차별화되며, 따라서 일반 국민의 인식과 동의를 확보하는 것이 매우 중요하다. 이에 최지혜(2019)는 기업브랜드 자산 평가

모델을 바탕으로 국민의 정책에 대한 인식을 측정하여, 정책 브랜드 자산을 연구한 바 있다. 구체적인 구성요소는 정책 브랜드 인지도(policy brand awareness)(국민이 정책에 대해 얼마나 기억하고 인지하고 있는가?), 기능적 자산(정책의 유형적, 무형적 품질 평가: 정책의 속성(perceived features)과 혜택(perceived benefits)을 어떻게 인식하는가?), 감성적 자산인 정책 브랜드 이미지(policy brand image)(해당 정책에 대해 호의적으로 평가하는가?), 그리고 행동적 자산인 정책에 대한 충성도(policy brand loyalty) 및 지속적인 지지 의향을 가지고 있는가? 이다.

정책 브랜드와 유사한 개념으로 정책 PR(policy PR)이 있다. 정책 PR은 정부나 지방자치단체 등이 시행하는 정책을 국민이나 지역 주민과 같은 타깃(target) 수용자에게 널리 알려, 그들이 정책을 이해하고 지지하며 동참하도록 하는 커뮤니케이션 활동을 말한다(한국PR기업협회, 2020). 공익을 위한 정책이라도, 이해관계자들 간의 논란이 발생할 가능성이 높다(김주호, 2013). 대부분의 정책은 다수의 이해관계가 얽혀 있으며, 공익을 위한 정책이 특정 집단에게는 부정적 영향을 미칠 수 있다. 예를 들어 인구 증가와 생활 쓰레기 증가로 소각장 증설이 불가피한 상황에서, 지역 주민들은 소각장이 인근에 들어서는 것에 대해 환경오염과 건강에 미칠 부정적 영향을 우려하며 강하게 반발할 수 있다. 이러한 경우, 정책 PR은 정책이 입안되는 과정에서 직접적인 혜택을 얻게 되는 집단과 피해를 받을 가능성이 있는 집단 간의 갈등을 조정하고, 이해당사자 간의 의견을 수렴하여 최선의 해결책을 모색하는 데 기여한다.

이처럼 정책 PR과 정책 브랜딩은 목표가 유사하지만 접근 방식과 관점에서 차이를 보인다. 정책 PR은 정책 수용자와의 관계 형성에 초점을 맞추어 정책이 공공의 지지와 참여를 얻도록 돕는 활동이다. 반면, 정책 브랜딩은 정책을 하나의 브랜드로 인식시키기 위한 전략적 접근으로, 정책의 정체성과 비전을 국민의 인식 속에 일관되게 자리 잡게 하는 것을 목표로 한다. 정책 PR은 정책과 수용자 간의 유대와 신뢰를 구축하는 관계 중심의 접근이라면, 정책 브랜딩은 정책의 핵심 가치를 전달하고 지속 가능한 인식을 형성하기 위한 브랜드 시각에서 이루어지는 것이다. 정책이 단순한 공공행정을 넘어 국민의 삶에 장기적으로 긍정적인 변화를 제공하는 브랜드로 자리 잡을 수 있도록 정책 PR과 브랜딩이 함께 전략적으로 활용될 수 있다.

정책 브랜드의 기본 요소는 다음과 같다.

(1) 정체성 형성: 정책의 비전과 목표를 명확히 전달함으로써, 정책의 필요성과 목적을 국민이 쉽게 이해하도록 한다. 이를 통해 국민들이 정책의 중요성에 공감하고 정책에 대해 긍정적인 태도를 가질 수 있다.

(2) 일관된 메시지: 정책의 가치를 일관되게 전달하는 것은 정책에 대한 신뢰 형성에 필수적이다. 정책의 혜택과 목적을 장기적으로 꾸준히 알려줌으로써 국민들은 정책의 일관성과 진정성을 체감할 수 있게 된다. 이러한 신뢰는 정책이 목표를 달성하는 데 중요한 역할을 한다.

(3) 커뮤니케이션 채널 활용: 정책 브랜딩 과정에서는 다양한 채널을 통해 국민과 소통하며 정책의 핵심 메시지를 효과적으로 전달하는 것이 중요하다. 예를 들어, 레거시 미디어, 소셜 미디어, 옥외광고 등 다채로운 매체를 통해 정책을 소개하고 핵심 메시지를 지속적으로 공유하여 국민들의 관심과 참여를 유도할 수 있다.

(4) 대중 참여 유도: 정책은 국민들이 친숙하게 느끼고 쉽게 접근할 수 있는 방식으로 홍보되어야 한다. 이를 통해 국민들이 정책의 목표와 가치를 공감하고 자발적으로 참여하게 하여 정책에 대한 지지와 참여를 이끌어낼 수 있다.

2. 정책 브랜딩 과정

정책 브랜딩 과정은 국가 및 공공기관이 정책 목표를 달성하기 위해 그 정책의 가치를 구체적으로 전달하고, 국민들과의 신뢰 관계를 구축 및 유지하는 일련의 과정이다. 정책 과정은 정책의 아이디어에서 실행, 평가까지 다양한 단계로 구성되며, 이를 통해 정책의 목적과 성과를 국민들에게 명확하게 전달하는 브랜딩의 역할이 중요하다. 최일도와 이재호(2014)는 정책을 "국가 및 공공기관의 행정목표 달성을 위한 의도적, 계획적, 행동적 주요지침"이라고 정의하며, 정책의 과정은 "정책이 산출되기까지 밟아야 할 일정한 절차"라고 설명한다(p. 3). 이에 따라 정책 브랜딩 과정도 정책의 각 단계를 따라 구체적으로 설명될 수 있다(그림 1 참고).

(1) 정책 의제 설정 : 사회문제를 해결하기 위해 어떤 사안을 공식적 정책 문제로 채택하는 것
(2) 정책 결정 : 정책 의제로 표면화된 사안에 제도적 실행력을 부가하는 것
(3) 정책 집행 : 정책을 수행, 달성, 완성, 생산 및 완료하는 것
(4) 정책 평가 : 정책에 대한 비판적 검토 및 정책 집행의 효율성 및 효과성을 평가

그림 1. 정책 브랜딩 과정

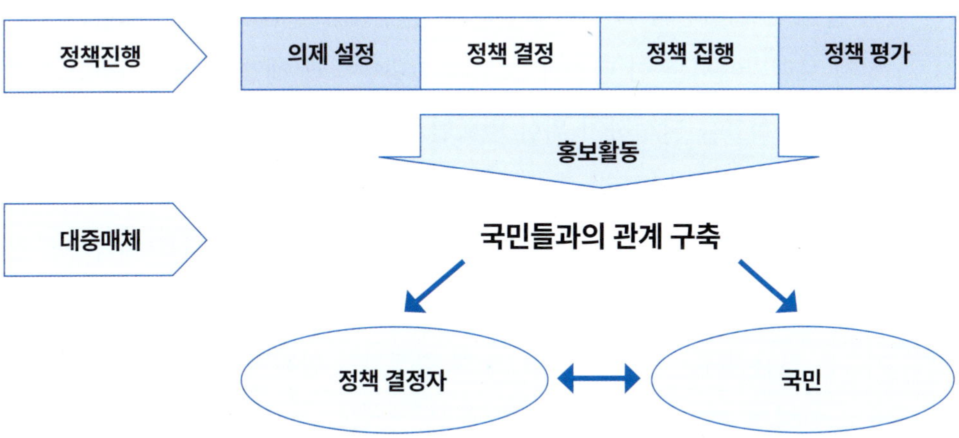

출처 : 최일도·이재호, 2014(p. 105)

정책 브랜딩의 첫 단계는 정책 의제를 설정하는 것으로, 이는 사회문제를 해결하기 위해 특정 사안을 공식적인 정책 문제로 채택하는 과정이다. 사회문제는 사회적 이슈로 발전하고, 공중 의제를 거쳐 궁극적으로 정책 의제로 설정된다. 이 정책 의제는 정부나 공공기관이 해결의 필요성을 인식한 사회문제라고 할 수 있다(최일도·이재호, 2014). 정책 브랜딩 측면에서는 시민이 정책의 필요성과 목표를 충분히 이해하고, 정책이 사회적 의제로 자리 잡는 과정이 매우 중요하다. 정부나 공공기관은 한정된 자원, 시간, 예산 내에서 우선적으로 해결해야 할 의제를 신중히 설정해야 하며, 정책이 해결하고자 하는 문제가 명확히 정의되고 시민에게 공감대를 형성하는 것이 핵심이다.

사회구성원의 절실한 요구가 있거나 둘 이상의 집단 간 이해관계가 첨예하게 대립하는 문제, 공중이 해결의 필요성을 공감하는 이슈 등이 종종 정책 의제로 고려된다. 예를 들어, 최근 고령화와 저출산으로 인한 연금 재정 고갈 우려가 커지면서 국민연금 개편이 중요한 정책 의제로 떠올랐다. 이는 미래 노후 소득 보장과 재정 지속 가능성을 둘러싼 세대 간 이해관계의 대립 속에서, 정부가 국민의 기본적인 사회 안전망을 강화할 필요성을 인식한 결과이다. 연금 개혁은 국민들에게 정책의 목표와 필요성을 이해시키고, 장기적인 노후 보장과 세대 간 공정성이라는 공감대를 형성하기 위한 중요한 정책 브랜딩의 과제로 자리 잡고 있다.

정책 결정 단계는 정책 의제로 설정된 사안에 제도적 실행력을 부여하는 과정으로, 정책 브랜딩에서는 이 단계에서 정책의 방향성과 해결 방안이 구체적으로 공표되며, 정책 목표를 달성하기 위한 명확한 계획과 실행 방안이 강조된다. 정책 결정자는 수많은 사회적 이슈와 문제 중에서 의제로 도출된 대상을 검토한 후, 이를 정책으로 채택할지 판단하게 되며, 이 과정에서 정책 집행 결과를 예측하고 반대 논리, 성공 가능성, 실패의 부담 등을 종합적으로 고려한다. 다양한 이론들은 이러한 예측을 뒷받침하는 데 활용되며, 정책 결정자가 합리적이고 근거 있는 결정을 내릴 수 있도록 돕는다. 브랜딩 측면에서는 정책이 효과적으로 실행되기 위한 전략과 기대 성과를 명확히 하여 정책에 대한 긍정적인 인식을 형성하고, 공중의 신뢰를 확보하는 것이 핵심 목표가 된다.

정책 결정 단계의 대표적 사례로는 탄소중립 정책을 들 수 있다. 탄소중립 목표는 기후변화에 대응하고, 지속 가능한 발전을 이루기 위한 필수적 과제로 주목받으며, 다양한 이해관계자 간 활발한 논의가 이루어져 왔다. 정부는 탄소중립 정책을 통해 산업 전반의 탄소 배출을 줄이고 지속 가능한 경제 구조로 전환하는 방향을 설정했으며, 이 과정에서 환경 단체의 요구와 산업계의 부담, 그리고 다양한 분야에서 제기된 반대 의견을 종합적으로 고려하여 각계의 목소리를 정책에 반영하려는 노력을 기울였다. 탄소중립 정책은 사회적 수용성을 높이고 실효성을 확보하기 위해 단계별 목표와 구체적인 실행 방안을 설정했다. 그 주요 방안으로는 탄소 배출권 거래제와 재생에너지 확대가 포함되며, 이를 통해 온실가스 감축 목표 달성 가능성을 제고하고자 했다. 정책 브랜딩 측면에서 이 탄소중립 정책은 국민에게 친환경 목표의 중요성을 강조하며 정책에 대한 신뢰를 구축하는 한편, 지속 가능한 미래에 대한 긍정적 인식을 형성하는 것을 목표로 한다.

정책 집행 단계는 결정된 정책이 실질적으로 실행되며 목표를 달성하는 중요한 과정으로, 정책의 최종 결과는 이 집행 단계에서 결정된다고 할 수 있다. 프레스만과 윌다프스키(Pressman & Wildavsky, 1979)의 연구를 통해 정책 집행의 중요성이 본격적으로 조명되었다. 이들은 정책 집행을 "수행하고(carry out), 달성하고(accomplish), 완성하고(fulfill), 생산하고(produce), 완료(complete)하는 것"으로 정의하며, 정책 집행이 정책 결과에 미치는 영향을 강조했다(최일도·이재호, 2014 재인용). 정책 브랜딩의 관점에서 정책 집행 단계는 시민에게 정책이 실질적으로 실행되는 모습을 보여주고, 정책이 지닌 장점과 혜택을 체감하게 하는 것이 중요하다. 이를 위해 정책 집행이 성공적으로 이루어지고 있는 현장을 시민이 확인할 수 있도록 하고, 성과와 혜택을 시각적 자료나 매체를 통해 적극적으로 알릴 필요가 있다.

예를 들어, 전기차 보급 확대 정책의 경우 정부는 전기차 구매 보조금 지원, 충전 인프라 확충, 공영주차장 주차 요금 감면 등 구체적 집행 계획을 통해 정책 목표를 실현하고 있다. 정책 브랜딩 측면에서는 전기차 보급이 주는 환경적 이점과 비용 절감 혜택을 국민들이 직접 경험할 수 있게 하는 한편, 이를 대중 매체와 홍보를 통해 시각적으로 강조하여 정책의 효과를 알린다. 이를 통해 전기차 보급 정책이 국민의 삶에 긍정적인 변화를 일으킨다는 메시지를 전달하여 정책에 대한 신뢰를 강화할 수 있다. 또한, 청년 취업 지원 정책을 예로 들 수 있다. 청년 취업을 촉진하기 위해 제공되는 직업 훈련 프로그램과 취업 지원금을 통해 청년층이 실제로 혜택을 받고 있는 모습을 홍보하고, 정책 집행의 성과가 청년층의 일자리 문제를 해결하는 데 기여하고 있음을 시민이 체감하도록 한다. 이를 통해 정책의 실효성을 높이는 동시에 정책에 대한 국민의 긍정적 인식을 형성할 수 있다.

마지막 단계인 정책 평가는 정책이 효율적이고 효과적으로 수행되었는지를 검토하고, 목표 달성 여부를 평가하는 중요한 과정이다. 정책 브랜딩 측면에서 이 단계는 정책 평가 결과를 투명하게 공개하여 국민의 신뢰를 강화하고, 향후 개선 방향을 제시하는 기회가 된다. 정책 평가는 정책 목표와 실질적인 성과 간의 차이를 분석하며, 정책 집행 과정에서 발생한 문제점과 성과를 면밀히 검토하여 후속 정책에 반영하는 순환적 특성을 지닌다. 따라서 정책 평가는 단순히 성과를 검토하는 것을 넘어, 정책의 방향성을 시민과 공유하고 정책의 투명성을 높이는 중요한 브랜딩 요소로 작용한다. 이를 통해 정부는 국민에게 책임감을 가지고 정책을 추진하며 개선 의지를 실천하고 있음을 보여주어, 정책 전반에 대한 공중의 신뢰를 강화할 수 있다.

정책 평가의 구체적인 사례로는 고용 지원 프로그램 평가를 들 수 있다. 정부는 청년층 고용 지원을 위한 정책의 효과성을 검토하기 위해, 프로그램에 참여한 청년들의 취업률, 평균 임금, 직업 만족도 등의 지표를 평가하여 정책의 실효성을 파악할 수 있다. 정책 평가는 이러한 구체적인 성과 분석을 통해 정책이 청년층 고용 문제 해결에 실질적인 기여를 했는지 검토하고, 만약 부족한 부분이 있다면 개선 방향을 제시함으로써 정책의 신뢰성을 높인다. 브랜딩 측면에서 이 평가 결과를 투명하게 공개함으로써 시민이 정책의 성과를 이해하도록 돕고, 정부가 공정하고 책임감 있게 정책을 관리하고 있음을 보여줄 수 있다. 또 다른 예로 공공 주택 공급 정책 평가를 들 수 있다. 정부는 공공 주택 공급 정책이 저소득층 주거 안정에 얼마나 기여했는지를 확인하기 위해, 공급된 주택의 이용률, 만족도, 지역별 수요 충족도를 평가하고 있다. 정책 평가는 주택 공급 정책이 저소득층의 생활 안정에 기여했는지, 혹은 지역별 수요를 충족했는지 등을 구체적으로 검토하여 이후 정책의 개선 필요성을 확인할 수 있게 한다. 이러한 평가 결과는 국민에게 정책의 성공과 한계를 명확히 전달하고, 정책의 장기적 목표와 지속 가능한 개선 방향을 공유하여 정책의 투명성과 신뢰성을 높이는 효과가 있다.

3. 정책 브랜드의 효과

정책 브랜딩은 단순히 정책의 이름이나 이미지를 만드는 것이 아니라, 정책을 국민에게 효과적으로 전달하고 공감대를 형성하여 정책의 성과를 극대화하는 중요한 수단이다. 정책이 국민에게 명확하게 전달되고, 국민이 정책의 가치를 공감하며 지지할 때 정책의 실질적 성공 가능성이 높아진다. 특히, 정책을 브랜드로 만들어 국민의 관심과 참여를 유도함으로써 정책의 장기적 지속 가능성과 실행력까지 높일 수 있다. 정책브랜드의 주요 역할 및 효과를 정리하면 다음과 같다.

첫째, 정책 브랜드는 국민의 정책에 대한 인지도와 신뢰도를 높이는 데 중요한 역할을 한다. 정책이 브랜드로 자리 잡게 되면 국민은 해당 정책을 더욱 친숙하게 느끼고 쉽게 이해할 수 있다. 예를 들어, 보건복지부 '다함께돌봄센터' 정책은 맞벌이 가정과 취약계층의 초등학생들을 위해 지역 내 공공시설을 활용해 안전하고 접근성 높은 돌봄 서비스를 제공하는 정책으로, 부모들에게 큰 신뢰를 형성하고 있다. 이 정책은 돌봄이 필요한 6~12세 아동을 대상으로 하여 일과 가정의 균형을 이루고자 하는 부모들이 경제적, 시간적 부담을 덜 수 있도록 돕고 있다. 다함께돌봄센터는 주중 상시 운영하며, 학기 중과 방학 기간의 돌봄 필요에 맞춰 서비스 시간을 유연하게 제공함으로써 정책의 실질적 효과를 높이고 있다. 또한, 정부24 원스톱 서비스나 센터를 통한 간편한 신청 절차를 통해 부모들의 접근성을 강화하여 정책에 대한 신뢰와 만족도를 높이고 있다. 이처럼 다함께돌봄센터 정책은 단순히 돌봄 서비스를 제공하는 데 그치지 않고, 지역 사회와의 연계를 통해 국민의 삶에 실질적인 도움을 주는 공공브랜드로 자리매김하고 있다. 부모들은 정책을 친숙하게 받아들이고 신뢰하게 되며, 이는 장기적으로 돌봄 문제 해결에 기여하는 중요한 기반이 된다.

둘째, 정책 브랜딩은 정책 메시지의 명확성을 강화하여 국민이 정책의 목표와 내용을 쉽게 파악할 수 있도록 돕는다. 브랜드화된 정책은 슬로건과 비전이 분명하게 전달되기 때문에 국민의 관심을 끌기 용이하며, 효과적인 커뮤니케이션이 가능하다. 예를 들어 교육부의 '늘봄학교'는 학생 성장과 발달을 목표로 학교와 지역사회가 연계하여 제공하는 종합 교육 프로그램으로, 기존의 초등학교 방과후 프로그램과 돌봄을 통합한 단일 체제이다. '누구나 이용할 수 있는 늘봄학교'라는 목표 아래, 초등학교 1학년부터 이용 학년을 점차 확대해 2026년까지 원하는 초등학생 모두가 혜택을 받을 수 있도록 할 예정이다. 이처럼 늘봄학교와 같은 브랜드화된 정책은 명확한 목표와 메시지를 통해 국민의 관심과 참여를 유도하며, 정책의 필요성과 효과를 쉽게 전달함으로써 정책에 대한 긍정적 인식과 공감을 이끌어낼 수 있다. 이는 정책이 국민에게 보다 직관적이고 매력적으로 다가갈 수 있는 중요한 요소가 된다.

셋째, 정책 브랜드는 국민의 참여를 유도하고 공감을 형성하는 데 도움을 준다. 정책이 친숙한 이름이나 슬로건을 통해 전달되면 국민이 정책을 쉽게 기억하고 참여 의지를 높이게 된다. 특히 공공 캠페인에서는 정책 브랜딩을 통해 자발적 참여를 촉진할 수 있다. 예를 들어, 고용노동부의 '아빠 육아 휴직'과 '아빠도 함께 육아!'와 같은 저출생 대책 정책과 캠페인은 아빠의 육아휴직 사용을 촉진하기 위해 고안된 메시지로, 아빠들이 육아에 적극적으로 참여하도록 독려한다. 정부는 2024년부터 시행되는 '6+6 부모육아휴직제도'를 통해 첫 6개월간 부모가 동시에 육아휴직을 사용할 경우 통상임금의 최대 100%까지 급여를 지원하고, 배우자 출산휴가도 현행 10일에서 최대 20일로 확대할 예정이다. 이러한 정책은 아빠의 육아 참여가 가정에 중요한 역할을 할 수 있음을 알리고, 부모의 양육 부담을 경감하는 효과를 강조하면서 자연스럽게 국민의 관심과 공감을 이끌어 낸다. 이를 통해 국민들은 저출생 문제 해결의 필요성과 정책의 중요성을 인식하게 되고, 이는 정책의 지속적인 지지와 참여로 이어지게 된다.

넷째, 정책 브랜딩은 정책의 차별화를 통해 경쟁력을 강화하는 데 기여한다. 여러 정책이 경쟁적으로 추진되는 상황에서 정책 브랜드는 각 정책이 고유한 가치를 가지고 있음을 부각하여 국민이 이를 쉽게 기억하고 이해할 수 있도록 한다. 브랜드화된 정책은 특정 정책이 다른 정책과 구별되는 명확한 목표와 방향을 제시함으로써 국민에게 차별화된 인식을 심어준다. 예를 들어, "디지털 뉴딜" 정책은 디지털 경제로의 전환과 혁신 성장을 목표로 하는 비전을 분명히 한다. 이 정책은 AI, 빅데이터 등 디지털 인프라 구축을 통해 미래 경제의 핵심 동력을 마련하겠다는 구체적인 방향성을 국민에게 전달하며, 디지털 뉴딜의 중요성과 실질적 혜택을 효과적으로 각인시킨다. 이를 통해 국민은 정책의 독창적 가치를 이해하고, 정책이 제시하는 미래 비전에 더욱 큰 신뢰와 지지를 보낼 수 있게 된다. 정책의 차별화는 국민이 다양한 정책 중에서도 특정 정책의 필요성과 중요성을 인식하고, 그 정책이 가지는 고유한 가치를 이해하게 하는 데 기여한다.

다섯째, 정책에 대한 긍정적 인식은 정책 성과를 향상시키는 데 중요한 역할을 한다. 정책 브랜드를 통해 국민이 정책을 긍정적으로 인식하고, 정책의 목표에 공감하게 되면, 정책의 실행력이 강화되고 목표 달성에 더욱 가까워질 수 있다. 예를 들어, 주민참여예산제도는 주민들이 예산 편성 과정에 직접 참여할 수 있도록 함으로써 정책에 대한 이해와 공감을 높이고 있다. 다양한 지역의 주민참여예산위원회와 예산학교, 설문조사, 제안사업 공모 등은 주민들이 자신의 의견을 제시하고 정책에 주도적으로 참여하도록 하여 정책의 신뢰도를 높인다. 이처럼 주민참여예산제도는 정책의 성공적인 실행을 촉진하는 중요한 수단이 되며, 국민의 자발적 참여와 지지를 통해 정책 목표 달성에 실질적으로 기여할 수 있다. 정책에 대한 긍정적 인식은 단순한 호감 형성을 넘어 정책 목표 달성에 필요한 자발적 참여와 지지를 이끌어낼 수 있다.

마지막으로, 성공적인 정책 브랜드는 정책을 수행하는 정부와 공공기관의 이미지를 제고하는 효과가 있다. 정책에 대한 국민의 신뢰가 높아지면 정책을 담당하는 기관에 대한 신뢰도 함께 상승하며, 투명성과 책임성 또한, 강화된다. 예를 들어, 환경부의 '탄소중립 2050' 목표를 브랜드화하여 국민이 기후변화 대응의 필요성과 비전을 공감하게 함으로써 환경부는 친환경과 지속 가능성에 앞장서는 기관으로서 긍정적 이미지를 구축할 수 있다. 이러한 긍정적 인식은 정부와 공공기관이 국민을 위해 신뢰할 수 있는 정책을 수행하고 있다는 이미지를 형성하며, 장기적인 관계 구축에 기여한다. 국민의 신뢰가 두터워질수록 정부가 추진하는 다른 정책들에 대한 지지도 상승하는 긍정적 효과를 가져올 수 있으며, 이는 정부의 정책 수행에 대한 국민적 지원을 더욱 공고히 하는 바탕이 된다.

정책 브랜딩은 이와 같이 정책의 인지도 향상, 메시지의 명확성, 국민 참여 유도, 차별화와 경쟁력 강화, 긍정적 인식에 의한 성과 향상, 공공기관 이미지 제고 등 다각적인 효과를 발휘함으로써 정책이 단순한 행정적 발표를 넘어 국민의 삶에 긍정적 영향을 미치는 하나의 브랜드로 자리잡을 수 있도록 돕는다. 이는 정책의 성공적 실행뿐만 아니라, 정책이 장기적으로 지속 가능한 사회적 변화를 이끄는 중요한 요소로 자리 잡을 수 있게 한다.

참고문헌

김주호 (2013). *PR의 힘*. 커뮤니케이션북스.

김유경·김유신(2015). *공공브랜드의 이해*. 커뮤니케이션북스.

사공영호(2008). 정책이란 무엇인가? 정책의 수단적 가치에 대한 반성. 한국정책학회보, 17(4), 1-36.

정정길(1990). 정책결정론. 대명출판사.

최일도·이재호(2014). *정책 브랜딩방안*. 한국언론진흥재단

최지혜(2019). 정책 브랜드 자산 구성요소 및 평가모형에 관한 연구. 정치커뮤니케이션연구, 53, 85-129.

한국PR기업협회 (2020). PR*용어사전*

Aaker, D. A.(1996). *Building strong brands.* The Free Press.

American Marketing Association(n.d.). Branding. https://www.ama.org/topics/content-and-branding/

Dye, T. R.(1972). *Understanding public policy.* Englewood Cliffs: Prentice-Hall.

Pressman, J. L., & Wildavsky, A. (1979). *Implementation: How great expectations in Washington are dashed in Oakland; or, why it's amazing that federal programs work at all, this being a saga of the Economic Development Administration as told by two sympathetic observers who seek to build morals on a foundation of ruined hopes*. University of California Press.

제 7 장

공공 소통에서의 위기관리

박세진_한양대학교 ERICA 미디어학과 교수

1. 위기관리의 정의

1-1. 위기관리

위기관리는 예측하지 못한 사건이나 상황이 발생했을 때 조직이 신속하게 대응함으로써 발생 가능한 부정적 영향을 최소화하는 과정이다. Fink(1986)에 따르면, 위기는 "예기치 않은 사건이 조직의 운영에 부정적인 영향을 미치는 상태"로 정의되며, 긴급성, 불확실성, 즉각적인 대응이 필요하다는 점에서 조직의 일반적인 운영에 제한을 주는 상황이라고 할 수 있다. 또한, Coombs(2007)는 위기를 "조직의 평판, 운영, 그리고 핵심 목표 달성에 위협을 가하는 예상치 못한 사건"으로 정의하며, 위기를 효과적으로 관리하는 것은 조직의 지속가능성과 신뢰 구축에 필수적인 요소라고 주장한다. 즉, 위기는 단순한 사고나 이슈와는 달리, 즉각적인 대응이 필요하고 조직의 구조적, 운영적 측면에 중대한 영향을 미치기 때문에 전략적인 관리가 요구된다. 요컨대 위기관리는 조직이나 기업이 위기로 인해 정상적인 운영에 영향을 받을 때, 부정적인 효과를 최소화하기 위해 신속하면서도 효과적으로 대응하는 과정으로, 조직은 예상치 못한 사건이 발생했을 때 가용한 자원을 활용해 기민하면서도 전략적인 대응을 해나갈 필요가 있다.

1-2. 공공기관의 위기관리

공공기관의 위기관리는 민간조직의 위기관리와는 본질적인 차이가 있다. 구체적으로 민간조직(예를 들면 기업)의 경우 주로 이해관계자(주주 등)의 이익 보호와 평판 회복을 위기관리의 목표로 설정하지만, 공공기관의 경우 국민의 생명 보호와 안전 유지를 위기관리의 최우선적인 목표로 삼는다. 공공기관은 국민은 세금으로 운영되며, 높은 수준의 도덕성이 요구되기 때문에 위기 상황이 발생할 경우 공익과 사회적 가치를 고려한 가운데 대응방안을 강구해야 한다(Heath & O'Hair, 2010). 예를 들어 코로나19와 같은 전염병이 발생한 경우 공공기관은 국민의 생존과 안전을 보장하기 위해 신속하면서도 효과적인 대응을 해야 한다. 이러한 공공기관의 위기관리는 조직의 경제적, 평판적 피해 최소화에 초점을 맞춘 민간조직의 위기관리와는 다르게 광범위한 사회적 영향을 미친다는 점에서 차별화 된다.

1-3. 공공기관 위기관리의 원칙

공공기관이 성공적으로 위기를 관리하기 위해서는 신뢰성과 투명성이 담보되어야 한다. 공공기관이 위기 상황에서 국민에게 제공하는 정보의 신뢰성과 의사소통 과정의 투명성은 위기를 극복하는데 중요한 요소로 작용하기 때문이다. 다양한 위기를 경험하고 노하우를 축적한 대표적인 조직으로는 미국의 질병통제예방센터(Centers for Disease Control and Prevention, CDC)를 꼽을 수 있다. CDC는 공공기관의 효과적인 위기관리를 위해 원칙과 준칙을 제안하고 있는데 CDC의 위기관리 원칙에 따르면 공공기관은 위기 발생시 국민과의 신뢰 관계를 유지한 가운데 쌍방향적 소통을 통해 효과적으로 대응해야 한다(CDC, 2018).

구체적으로 CDC는 공공기관의 위기관리에 있어 다음의 6가지 원칙이 준수되어야 한다고 주장한다. 첫째는 신속성(Be First)이다. 공공기관은 가능한 빠른 시간 내에 위기에 관한 정보를 전달해 공중의 불안을 최소화해야 한다. 공공기관은 신속한 소통을 통해 신뢰를 형성하는 동시에 공중의 혼란을 방지할 수 있다. 둘째는 정확성(Be Right)이다. 공공기관이 제공하는 정보는 정확해야 하며, 검증된 사실에 기반해야 한다. 잘못된 정보나 사실에 기반하지 않은 정보, 혼란을 초래하는 메시지는 위기를 더욱 악화시킬 수 있기 때문이다. 다음으로 신뢰성(Be Credible)을 들 수 있다. 정보 제공자의 신뢰성은 위기관리에 있어 매우 중요한 요소로 공공기관이 신뢰를 잃으면 국민의 협력과 이해를 구하기 어려워진다. 넷째는 공감(Express Empathy)이다. 공공기관은 위기 상황에서 국민의 두려움과 불안을 이해하고, 공감하는 메시지를 전달해야 한다. 다섯 번째는 행동 촉구(Promote Action)다. 공공기관은 위기 시 단순히 정보를 제공하는 것에 그치지 않고, 국민이 위기 상황에 올바르게 대처할 수 있도록 명확한 행동지침을 전달해야 하며, 국민들이 위기 극복을 위한 행동을 실천할 수 있도록 도와야 한다. 마지막으로 존중(Show Respect)을 꼽을 수 있다. 공공기관은 위기 상황에서 국민의 권리와 존엄성을 존중하는 태도를 견지해야 한다. 개개인이 존중받고 있다는 인식이 확산되면 국민의 위기 극복을 위한 행동 실천력이 더욱 높아지기 때문이다.

CDC가 제안한 6가지 원칙은 공공기관이 위기를 관리하는 과정에서 국민의 신뢰를 유지한 가운데 효과적으로 대응해 나가는데 중요한 역할을 한다. 신속하면서도 정확한 정보의 소통, 진실에 기반한 소통, 국민의 감정을 공감하고 존중하는 소통, 피해 최소화를 위한 행동 지침 소통은 단순히 위기에 대응하는 것을 넘어 국가와 공공기관에 대한 국민의 신뢰를 회복하는데도 큰 영향을 미친다. 이러한 원칙을 준수하는 공공기관은 위기 상황에서 보다 강력한 대응력을 발휘할 수 있으며, 이는 궁극적으로 사회의 안정과 공동체 회복을 앞당기게 한다.

표1. 미국 질병통제예방센터 위기관리 6원칙(CDC, 2018)

원 칙	설 명
신속성 (Be First)	가능한 빨리 정보를 전달해 공중의 불안을 최소화하는 동시에 위기 상황에 대한 공중의 명확한 이해를 돕는다. 이는 혼란을 방지하고 신뢰를 구축하는 데 중요한 요소다.
정확성 (Be Right)	제공되는 위기상황에 대한 정보는 반드시 사실에 기반하며, 정확하고 검증된 정보가 제공되어야 한다. 잘못된 정보는 위기를 더욱 악화시킬 수 있다.
신뢰성 (Be Credible)	정보 제공자는 반드시 신뢰를 줄 수 있는 존재여야 하며, 공공기관이 위기 상황에서 국민이 가장 신뢰할 수 있는 정보 출처임을 명확히 해야 한다.
공감 (Express Empathy)	국민의 위기 상황에서 느끼는 두려움과 불안감을 이해하고, 이를 공감하는 메시지를 전달함으로써 소통의 질을 높이고, 공중의 협조를 이끌어내야 한다.
행동 촉구 (Promote Action)	단순한 정보 제공을 넘어서서, 국민이 위기 상황에 적절히 대응할 수 있도록 명확하고 실행 가능한 행동 지침을 제공해야 한다.
존중 (Show Respect)	위기 상황에서 국민의 권리와 존엄성을 존중하는 태도로 소통해야 한다. 이는 위기 대응 과정에서 국민의 신뢰와 협조를 이끌어내는 중요한 요소다.

2. 위기 유형

공공소통에 있어 위기 유형을 구분하는 것은 매우 중요한 문제다. 위기의 유형에 따라 대응 전략이 달라지고, 대응에 필요한 자원의 종류와 양이 상이하며, 위기 유형에 적합한 커뮤니케이션 전략이 적용되어야 하기 때문이다. 먼저 위기의 원인과 영향 범위에 따라 위기를 해결하는 방안이 달라질 수 있기 때문에 유형에 적합한 위기 대응 전략을 수립해야 한다. 예를 들어, 자연 재해의 경우 신속한 구조와 복구가 가장 중요한 요소지만, 전염병의 경우 체계화된 방역시스템 구축과 공중보건 관리가 시급한 문제다. 따라서 위기 유형을 명확히 구분한 가운데 맞춤형 대응 방안을 수립해야 한다. 다음으로 위기 유형에 따라 요구되는 자원과 인프라의 양과 질이 달라진다. 홍수, 지진 등과 같은 자연재해는 피해 국민에 대한 구호물자와 구조 및 복구를 위한 인력 동원이 중요한 반면, 경제적인 위기는 정부의 재정적 개입과 정책적 대응이 필수적이다. 공공기관은 위기의 유형을 구분함으로써 각 위기 유형별 요구되는 자원을 효과적으로 배분하고 관리할 수 있게 된다. 셋째, 위기 유형 구분이 구체화 되면 발생 가능한 위기를 예측해 사전에 대비할 수 있다. 실제로 대부분의 공공기관은 위기의 특성에 따라 대응 매뉴얼을 준비하고, 신속하고 효과적인 대응을 위한 훈련 프로그램을 운영하고 있다. 이처럼 위기 유형의 구분은 위기에 대한 사전 준비를 가능하게 하고, 위기 상황 발생 시 대응 시간을 단축함으로써 피해를 최소화하는 데 도움이 된다.

위와 같은 이유로 인해 수많은 학자들이 공공부문의 위기 유형을 체계화하기 위한 노력을 지속해왔다. 여기서는 Boin et al.(2005)의 연구를 중심으로 공공기관의 위기 유형을 구분하고자 한다. Boin et al.(2005)은 공공기관의 위기를 다음의 5가지로 구분한다.

2-1. 자연재해 (Natural Disasters)

자연재해는 지진, 홍수, 태풍과 같은 자연 현상으로 인해 발생하는 위기로 2011년 일본의 후쿠시마 지진이나 2005년 미국의 허리케인 카트리나와 같은 위기를 일컫는다. Perry & Quarantelli(2005)는 자연재해에 효과적으로 대응하기 위해서는 사전준비, 실시간 소통, 자원 동원 등의 요소가 중요하다고 주장하며, 자연재해는 예측이 어렵기 때문이 지속적인 대비와 훈련이 중요하다고 강조한다.

2-2. 전염병 및 공중보건 위기 (Epidemics and Public Health Crises)

전염병 및 공중보건 위기는 코로나19·메르스·사스와 같은 전염병이 확산되어 국민의 건강과 생명에 위협을 가하는 위기를 일컫는다. 전염병 위기가 발생할 경우 공공기관의 투명하고 일관된 정보제공이 가장 중요하며, 방역지침과 백신 배포 계획, 국민의 협조를 이끌어내는 커뮤니케이션 전략 수립도 간과해서는 안된다(Katz, LaPorte & Liu,2008).

2-3. 사회적 갈등 및 정치적 위기 (Social Conflicts and Political Crises)

사회적 갈등 및 정치적 위기는 대규모 시위, 정치적 혼란 등 사회적·정치적 갈등으로 인한 위기로 국내에서 발생한 2008년 광우병 촛불 시위, 해외에서 발생한 2011년 아랍의 봄 시위나 홍콩 민주화 시위 등을 꼽을 수 있다. 이러한 유형의 위기는 적절하게 관리하지 못할 경우 정부의 권위와 신뢰를 무너뜨려 국가적 혼란으로 이어지는 경우가 많다(Boin et al., 2005).

2-4. 경제적 위기 (Economic Crises)

경제적 위기는 경제 불황, 금융 위기 등 경제적인 불안정에 의해 야기되는 위기로 1997년 우리나라의 IMF 구제금융, 2008년 글로벌 금융위기 등을 예로 들 수 있다. 경제적 위기는 국민들의 정부 정책에 대한 신뢰도를 저하시킬 수 있기 때문에 정책적 지원과 사회적 안전망을 강화하는 것이 무엇보다 중요하다(Rosenthal & Kouzmin, 1997).

2-5. 환경 및 인프라 위기 (Environmental and Infrastructure Crises)

환경 및 인프라 위기는 대기오염, 수질오염 등 환경문제와 사회 인프라스트럭처 붕괴 등으로 야기되는 위기로 2007년 발생한 미국 미네소타 다리 붕괴 사건 등을 들 수 있다. Mitroff(2004)는 환경오염 등으로 인한 재난상황이 공공기관의 위기관리에서 점차 중요한 이슈가 될 것이라고 주장하며, 국민의 신뢰를 회복하기 위해서는 공공기관의 맞춤형 대응 전략 수립이 중요하다고 강조한다.

이밖에도 Rosenthal와 Kouzmin(1997)는 공공 위기를 정치적 사건으로 인해 정부의 통제력이 약화되는 정치적 위기(Political Crises)와 소요사태, 대규모 시위 등으로 인해 발생하는 사회적 불안(Social Unrest)으로 구분했고, Perry와 Quarantelli(2005)는 자연재해(Natural Disasters), 테러 및 폭력 사태(Terrorism & Violent Events), 산업재해(Industrial Disasters) 등으로 세분화하기도 했다.

이처럼 공공기관에서 발생 가능한 위기 유형은 매우 다양하며, 위기 유형에 따른 대응 전략과 자원 배분, 커뮤니케이션 방안도 달라진다. 따라서 각 공공기관의 특성을 고려해 위기 유형을 구체화 하고, 유형별 적합한 대응 계획을 수립함으로써 위기 발생시 미칠 수 있는 부정적 영향을 최소화하기 위해 노력해야 할 것이다.

표2. 공공기관 위기유형

연구자	위기유형	설명
Boin et al. (2005)	자연재해	지진, 홍수, 산불, 태풍 등과 같은 자연현상으로 발생하는 위기
	전염병 및 공중보건 위기	전염병과 같은 공중보건에 위협을 가하는 위기
	사회적 갈등 및 정치적 위기	대규모 사회적 불안, 시위, 또는 정치적 불안정으로 발생하는 위기
	경제적 위기	경제적 불황, 금융위기 또는 경제적 불안정으로 발생하는 위기
	환경 및 인프라 위기	환경오염, 인프라 붕괴 등으로 인한 위기
Rosenthal & Kouzmin(1997)	정치적 위기	정부 통제력 약화나 주요 정치적 사건으로 인한 위기
	사회적 불안	사회적 갈등, 시위, 또는 공공불만으로 발생하는 위기
Perry & Quarantelli (2005)	자연재해	홍수, 태풍, 지진 등과 같은 자연현상으로 발생하는 위기
	테러 및 폭력사건	테러리즘, 폭동 또는 대규모 폭력사건으로 인한 위기
	산업재해	대규모화재, 폭발, 위험물질 유출 등 산업현장에서 발생하는 위기

3. 위기 단계

위기의 단계를 구분하는 것 역시 위기관리에 있어 매우 중요하다. 위기의 전개 과정에 적합한 커뮤니케이션 전략을 수립하는 데 도움을 주며, 자원과 역량을 효율적으로 배분할 수 있기 때문이다. 위기 단계의 구분을 통해 공공기관은 국민의 피해를 최소화하고 위기 발생으로 인한 신뢰를 회복할 수 있다. 위기 커뮤니케이션을 연구하는 학자들은 지금까지 여러 단계로 위기를 구분해왔다. 가장 대표적인 위기 단계 구분은 Fink(1986)의 위기 단계 모델로 그는 위기가 징후 단계(Prodromal Crisis Stage), 발생 단계(Acute Crisis Stage), 진행 단계(Chronic Crisis Stage), 그리고 종결 단계(Crisis Resolution Stage)로 구분된다고 주장한다. 특히 Fink는 위기 예측을 위한 두 가지 차원으로 위기 충격(Impact)와 위가 발생 가능성(Probability)을 제안하며 위기를 4가지 지역으로 유목화했는데, 이러한 유목화에 따라 자원의 배분이 이뤄져야 한다고 제안한다. 4가지 지역은 위기 충격이 크고 발생 가능성이 높은 적색 지역(Red Zone), 위기 충격이 크지만 위기 발생 가능성은 낮은 황색 지역(Amber Zone), 위기 충격이 작고 위기 발생 가능성이 높은 회색 지역(Gray Zone), 그리고 위기 충격이 작고 위기 발생 가능성도 낮은 녹색 지역(Green Zone)이다. 즉, 적색 지역의 위기에서 녹색 지역의 위기로 갈수록 위기관리에 요구되는 자원의 양은 줄어들게 된다(김영욱, 2002).

그림1. Fink(1986)의 위기 단계

https://www.linkedin.com/posts/andrewjlamb_finks-crisis-model-which-is-outlined-in-activity-7195460289830526976-jHG-

한편, Coombs(1999)는 Fink(1986)의 위기 단계 구분에 기반해 위기 단계를 체계화하고 단계별 커뮤니케이션 전략을 제안했는데 구체적인 내용은 다음과 같다.

3-1. 위기 전 단계 (Pre-crisis Phase)

Coombs(1999)가 제안한 위기의 첫 번째 단계는 위기 전 단계다. 위기 전 단계는 위기가 발생하기 전 징후를 탐색하고, 위기를 예방 및 준비하는 과정으로 쟁점 관리, 위험요소 관리, 관계 관리 등의 3가지 요소가 관리될 경우 적절하게 위기가 통제 될 수 있다고 보았는데 그 핵심적인 방안으로 위험 커뮤니케이션을 꼽았다. 여기서 위험이란 발생 가능성이 있는 불확실한 사건으로 조직에 부정적인 영향을 미칠 수 있는 잠재적 요소를 일컫는데 공공기관은 위험 커뮤니케이션을 통해 위험 신호를 신속히 알려 예방 조치를 촉구함으로써 국민의 위기에 대한 대비를 도울 수 있다. 또한, 위기 전 단계에서는 위기의 취약성을 파악하고, 위기관리팀을 구성하며, 위기관리계획을 수립함으로써 위기에 대한 대응 역량을 확보하는 것이 중요하다.

3-2. 위기 단계 (Crisis Phase)

위기 단계는 징후 탐색 및 예방 활동에도 불구하고 조직에 부정적인 영향을 미치는 사건이 발생한 상황으로 위기 인식, 위기 대응, 업무 회복 등의 과정이 수행된다. 위기 인식은 신속하게 위기 상황을 규정하고 조직 내 위기에 대한 공감대를 형성하는 과정이며, 위기 대응은 피해 최소화를 위한 커뮤니케이션 활동을 통해 공중에게 정확한 정보를 제공하고 불필요한 공포와 오해를 줄이는 과정을 포함하고, 업무 회복은 위기의 확산을 막고 가능한 빠른 시간 안에 정상적인 조직 운영 상태로 돌아가는 것을 말한다. 이러한 모든 과정은 상부에서 하부로, 조직에서 공중으로 이어지는 일방향적인 소통이 아닌 쌍방향 소통에 기반을 둔 상호작용적 소통이 되어야 한다.

3-3. 위기 후 단계 (Post-crisis Phase)

위기 후 단계는 위기가 종료된 이후, 피해 복구와 평가, 학습을 통해 조직의 위기 대응 방안을 개선하는 과정이다. 특히 공공기관의 경우 평가 결과를 국민에게 투명하게 공개하고, 피해 복구 상황을 명확히 설명해야 하며, 재발 방지를 위한 계획을 함께 제시해야 한다(Reynolds & Seeger, 2005). Fink(1986)은 위기 종결 단계에서 수행되는 위기 평가와 학습이 미래의 위기를 대비하는 데 필수적인 요소라고 강조했고, Ulmer et al.(2010)은 위기에 대한 학습을 통해 조직이 더욱 강력한 위기 대응 능력을 갖추고, 국민의 신뢰를 회복하는데 도움을 준다고 주장한다.

Fink(1986)와 Coombs(1999)의 위기 단계 모델은 공공기관이 각 위기 단계에 부합한 커뮤니케이션 활동을 수행함으로써 위기를 효과적으로 관리하는데 유용한 이론적인 틀을 제공한다. 특히 공공소통에 있어 각 단계별 전략적인 커뮤니케이션은 기관에 대한 국민의 신뢰를 유지하고, 사회 불안을 최소화하는 데 중요한 역할을 하며, 이를 통해 공공기관은 위기를 효과적으로 관리하고, 사회적 안정에 기여할 수 있게 된다.

그림2. Coombs(19999)의 위기 단계

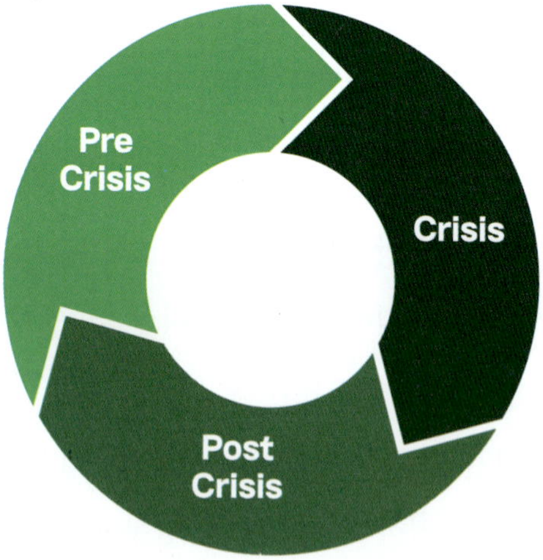

https://www.researchgate.net/publication/328559717_Running_head_PRE-CRISIS_LEADERSHIP_PRE-CRISIS_LEADERSHIP_AN_EXPLORATION_OF_CRISIS_PREVENTION_FOR_GLOBAL_LEADERS_WITH_NATIONAL_ORGANIZATIONS_IN_ZIMBABWE

4. 위기 커뮤니케이션 전략

공공기관이 위기를 관리하는 데 있어 국민과 효과적으로 소통하며 신뢰를 유지하고, 사회적 책임을 다하기 위해서는 전략에 기반한 커뮤니케이션이 필수적이다. 여기서는 지금까지 대부분의 위기 커뮤니케이션 전략 연구에서 이론적 틀로 활용되어 온 Coombs(1999)의 상황적 위기커뮤니케이션 이론(Situational Crisis Communication Theory, SCCT)과 Benoit(1995)의 이미지 회복 이론(Image Restoration Theory, IRT)을 중심으로 위기 유형별 적합한 커뮤니케이션 전략을 살펴보는 한편, 공공기관의 위기관리에 있어 핵심적인 이론적 프레임워크로 Sellow와 Seeger(2005)의 개선의 담론(Discourse of Renewal)과 Dowling과 Pfeffer(1975)의 정당성 이론(Legitimacy Theory)을 제안하고자 한다.

4-1. 상황적 위기커뮤니케이션 이론 (SCCT)

SCCT는 Coombs가 1995년에 제안한 위기 유형에 관한 연구에서 출발해 2007년에 이르러 체계적인 이론으로 발전되었으며, 현재까지 위기 커뮤니케이션 연구의 중심이론으로 활용되고 있다. SCCT는 귀인이론(Attribution Theory)에 기반해 위기의 책임 수준을 평가하는 것에서 출발했으며, Coombs는 기존의 귀인이론에 위기 유형과 조직의 책임 수준을 중요 변수로 확장해 위기 유형별 맞춤형 커뮤니케이션 전략을 추진해야 한다고 주장했다. SCCT는 조직의 책임 정도에 따라 위기를 세 가지 클러스터로 구분했는데 그 첫 번째는 위기가 조직의 통제를 벗어난 외부 요인에 의해 발생한 피해 클러스터(Victim Cluster), 두 번째는 예측할 수 없으나 조직의 일부 책임이 있는 위기 유형인 우발적 클러스터(Accidental Cluster), 그리고 마지막으로 조직의 잘못이나 과실로 인해 발생한 위기인 예방 가능 클러스터(Preventable Cluster)로 각각의 클러스터는 자연재해, 루머, 사고 등의 세부적인 위기 유형을 포함한다.

표3. SCCT 위기 유형

희생자 집단 (Victim cluster)	사고 집단 (Accidental cluster)	예방 집단 (Preventable cluster)
자연재해 (natural disaster)	도전 (challenge))	인간적 원인 사고 (human-error accident)
루머 (rumor)	기술적 원인 사고 (technical-error accident)	인간적 원인 제품 결함 (human-error product harm)
작업장 폭력 (workplace violence)	기술적 원인 제품결함 (technical-error product harm)	사상자 없는 조직의 비행 (organizational misdeed with no injuries)
제품손상 (product tanpering)		사상자 있는 조직의 비행 (organizational misdeed with injuries)
		경영관리 관련 조직의 비행 (organizational misdeed management misconduct)

출처: Attribution theory as a guide for post-crisis communication research, by Coombs, W. T, 2007, Public Relations Review, 33, p. 137.

SCCT의 주요 변수는 위기 책임 수준, 위기 유형, 그리고 평판이다. Coombs(2007)은 위기에 대한 조직의 책임 수준이 낮을 경우 부인(Denial)과 같은 방어적 커뮤니케이션 전략을 선택할 수 있지만 책임 수준이 높아질 경우 사과(Apology)와 같은 수용적인 전략을 선택해야 한다고 강조한다. 또한, 공중이 위기의 책임을 인식하는 데 영향을 미치는 선행요인으로 위기 이력(Crisis History)와 사전 명성(Prior Reputation)을 제시했는데 위기 이력은 조직이 과거에 유사한 위기 상황을 겪었는지에 관한 것이며, 사전 명성은 위기 발생 전 공중이 인식하고 있던 조직에 대한 평판 또는 이미지를 일컫는다. Coombs(2007)는 조직의 위기 이력이 없을수록, 사전 명성이 높을수록 공중이 위기 상황에서 인식하는 조직의 책임 정도가 낮아진다며, 위기 피해를 최소화하기 위해서는 위기 발생 전 위기 이력과 사전 명성을 잘 관리해야 한다고 주장한다.

■ 그림3. SCCT 위기 커뮤니케이션 전략

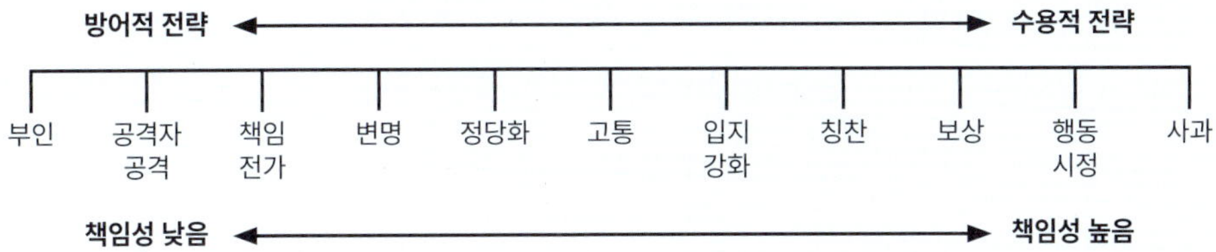

출처: Reasoned action in crisis communication: An attribution theory-based approach to crisis management, by Coombs, W. T., & Holladay, S. J., 2004, NJ: Lawrence Erlbaum Associates.

요약하자면 위기에 처한 조직이 평판에 미치는 피해를 최소화하기 위해서는 과거에 유사한 위기 이력이 없어야 하고, 공중들로부터 긍정적인 평판을 유지하고 있어야 하며, 위기 책임 정도에 부합한 커뮤니케이션 전략을 사용해야 한다. 다만 공공기관의 경우 공중들의 책임성 인식에 있어 보다 엄격한 잣대가 적용되는 만큼 유의할 필요가 있다. 예를 들어 Coombs와 Holladay(2002)는 공공기관은 국민의 세금에 의해 운영되기 때문에 위기 상황에서 다른 기관보다 높게 책임성을 인식해야 한다고 주장했고, Claeys et al.(2010)은 공공기관이 공익을 대표하기 때문에 위기 상황에서 투명성 견지와 신속한 책임 수용이 필수적이라고 밝혔다. 이처럼 공공기관에 적용되는 책임 수준이 더 높다는 점을 고려할 때 공공기관의 위기시 보다 방어적인 커뮤니케이션 전략을 선택해야 함을 염두에 둬야 한다.

4-2. 이미지 회복 이론 (IRT)

Benoit(1995)는 기존 이미지 회복 이론들이 공통적으로 "커뮤니케이션 활동은 목표지향적 행위"이라고 가정한다며, 대개의 경우 좋은 명성(Reputation)을 유지하는 것이 조직의 중요한 목표라고 주장한다. 즉, 이미지 회복 전략은 위기에 처한 조직이 명성 또는 이미지를 보존하고 회복하는 적극적인 방어기제인 것이다. Benoit(1995)는 버크(Burke)의 드라마 이론(theory of dramatism), 웨어와 링쿠겔(Ware & Linkugel)의 사과 이론(theory of apologia), 스콧과 라이먼(Scott & Lyman)의 설명 이론(classic work on account)에 기반해 이미지 회복 이론을 제안했으며, 주요 변수로 책임 인식, 사회적 기대, 조직의 평판을 제시했다.

위기에 처한 기관이 얼만큼의 책임 의식을 갖고 있는가는 커뮤니케이션 전략을 통해 표출되는데 이때 해당 조직에 대한 사회적 기대가 중요한 요소로 작용한다. 즉, 공중의 해당 조직에 대한 기대가 높을 경우 보다 수용적인 커뮤니케이션 전략을 활용하는 것이 바람직하다(김영욱, 2002). Benoit(1995)는 위기 상황하에서 조직이 선택할 수 있는 이미지 회복 전략을 5개 범주로 유형화했다. 먼저 부인 전략(Denial)은 위기 상황과 조직이 관련이 없음을 주장하는 전략이며, 책임의 회피 전략(Evading of Responsibility)은 위기에 대한 조직의 책임성을 회피하는 전략이며, 사건 충격 최소화(Reducing offensiveness of event) 전략은 조직이 비난 받을 만한 행동을 했다는 것은 시인하지만 그 행동의 심각성이 크지 않다고 주장하는 전략이다. 개선 행위(corrective action)는 위기 상황이 다시 발생하지 않도록 하겠다는 약속과 위기로 인한 문제를 해결하겠다는 의지를 표명하는 전략이며, 끝으로 사과(Mortification)는 위기에 대한 잘못은 인정하고 용서를 구하는 전략이다.

앞서 언급한바와 마찬가지로 이미지 회복 이론을 적용한 선행연구 역시 공공

표4. Benoit의 이미지 회복 전략

전략	하위 전략
부정(denial)	단순한 부정(Simple denial)
	책임 전가(Shifting the blame)
책임의 회피(evading of responsibility	희생양 만들기(Provocation)
	능력 부족(Defeasibility)
	사고(Accident)
	좋은 의도(Good intentions)
사건 충격 최소화(reducing offensiveness of event)	강화(Bolstering)
	최소화(Minimization)
	차별(Differentiation)
	초월(Transcendence)
	공격자 공격(Attack accuser)
	보상(Compensation)
개선행위(Corrective action)	
사과(Mortification)	

기관의 경우 위기 발생시 방어적 접근 전략을 취하는 것이 보다 효과적이라고 주장한다(예를 들면 Perry & Quarantelli, 2005; Maiorescu, 2016). 즉, 공중의 공공기관에 대한 기대 수준이 높기 때문에 기대를 저버리는 위기가 발생할 경우 책임을 통감하고, 사과 및 개선 행위 전략을 통해 공중의 신뢰를 회복하는 것이 무엇보다 중요하다고 하겠다.

4-3. 개선의 담론 (Discourse of Renewal)

개선의 담론은 위기에 처한 조직이 단순히 위기 상황을 극복하는 것을 넘어 위기를 긍정적인 변화와 성장을 위한 기회로 삼아야 한다고 주장한다(Ulmer & Sellnow, 2002). 특히, 위기에 대한 윤리적 소통, 성찰과 학습, 미래 지향적 비전 제시 등을 통해 조직은 위기 종료 후, 장기적인 신뢰를 구축하고 대중과의 관계를 재정립할 수 있어야 한다. 이를 통해 조직은 위기를 기회로 활용할 수 있고, 새로운 목표와 가치를 제시함으로써 지속가능하고 보다 회복력 있는 조직으로 거듭 날 수 있게 된다.

개선의 담론에서 제시된 주요 변수로는 윤리적 소통, 미래 지향적 비전, 학습과 혁신, 효과적 수사법 등이 있으며, 위기를 통해 새로운 조직으로 거듭날 수 있도록 투명하되 미래 지향적인 소통 전략을 구사해야 함이 강조된다. 개선의 담론은 위기의 부정적인 측면 보다는 위기 이후 보다 발전된 조직으로 변화할 수 있는 가능성에 초점을 두었다는 점에서 기존 위기 커뮤니케이션 연구의 접근 방식과 차별화되며, 장기적인 차원의 공중 관계를 다룬다는 점에 특히 주목할 필요가 있다.

공공기관의 특성상 위기를 피하는 것은 불가능에 가깝다. 따라서 위기 발생 시 공중에 미치는 피해를 최소화 하는 가운데 장기적인 관점에서 공중과의 관계를 개선시켜 나가는 노력을 기울이는 것은 공공기관의 지속가능한 발전을 위해 필수적이다. 이러한 소통을 통해 공공기관은 국민과의 신뢰를 강화할 수 있으며, 공익 증진의 역할을 수행하는 데 도움이 될 수 있다.

4-4. 정당성 이론 (Legitimacy Theory)

정당성 이론은 조직이 사회적 기대와 규범에 부합하는 방향으로 운영되어야 그 존재의 정당성이 유지된다고 주장한다. 즉, 조직의 운영은 사회적 바람직성과 밀접하게 연관되어 있으며, 조직이 사회적 기대를 충족하지 못하는 경우 조직의 지속가능성에 영향을 받게 된다.

정당성 이론의 주요 변수는 사회적 기대, 조직의 사회적 가치와 행동이다. 조직이 사회적 기대에 부응하지 못하면 정당성이 상실되며, 이는 신뢰저하와 조직의 붕괴로 이어질 수 있다. Suchman(1995)은 정당성의 유형을 인지적 정당성(Cognitive Legitimacy), 도구적 정당성(Pragmatic Legitimacy), 도덕적 정당성(Moral Legitimacy)으로 구분하며, 각각의 정당성은 조직의 활동이 옳다고 받아들여질 때, 조직이 이해관계자들에게 유용하다고 판단될 때, 조직의 활동이 사회적으로 책임있고 바람직하다고 평가될 때 형성된다고 설명한다.

이러한 유형의 정당성은 특히 공공기관의 위기에서 대중의 신뢰를 유지하는데 중요한 잣대로 활용될 수 있다. 공공기관은 위기 상황에서도 윤리적 행동과 사회적 책임 구현을 통해 정당성을 확보해야 하는데 이는 공공기관의 위기 커뮤니케이션이 공중의 기대에 부합하는 투명한 정보제공과, 진정성 있는 소통, 그리고 책임을 다하는 자세를 견지해야 함을 의미하며, 위기 후 장기적인 차원의 조직 정당성을 유지하는 데도 중요한 역할을 한다.

5. 위기관리와 사회적 책임

공공기관과 민간조직은 위기관리의 사회적 책임 측면에서 차별화 된다. 민간조직은 이해관계자의 이익을 보호하고 시장 경쟁력을 유지하는 데 중점을 두고 있어 위기 발생시 주로 평판 유지와 재정적 손실 최소화를 위해 노력하는 반면, 공공기관은 국민의 안전과 복지를 위해 존재하기 때문에 위기 상황에서도 국민을 최우선적으로 고려해야 하기 때문이다. 실제로 Heath & O'Hair(2010)는 공공기관의 위기관리가 국민의 안전을 보호하고 사회적 안정을 유지하는 역할을 중심으로 수행되어야 한다고 주장하며, 윤리적 기준을 준수한 가운데 국민에게 투명하고 신속하게 위기에 관한 정보를 제공해야 한다고 강조한 바 있다.

5-1. 윤리적 기준과 사회적 기대

공공기관은 국민의 세금으로 운영되는 특성상 사회적인 기대가 높기 때문에 위기 시 윤리적인 책임이 강조된다. 구체적으로 Bowen(2004)는 위기 발생 시 공공기관이 윤리적 책임을 다하지 않을 경우 국민의 불신을 초래할 수 있으며, 이는 장기적으로 공공기관의 정당성을 확보하는 데 부정적이라고 설명한다. Matten & Moon(2008)도 위기 시 공공기관이 투명성과 책임성을 발휘해야 하는데 이는 단순히 규범을 준수하는 것을 넘어 국민과의 신뢰를 강화하는 방향이어야 한다고 주장한다. 다시 말해 공공기관의 사회적 책임은 국민의 기대에 부합하는 공공기관의 윤리적 행위에 의해 구축되며, 특히 위기 상황에서 이러한 윤리적 기준을 엄격하게 준수하는 것은 국민과의 장기적인 관계를 유지하는데 필수적이다.

5-2. 투명성과 진정성

대개의 경우 위기 상황에서 정보 공개의 주도권은 위기가 발생한 조직에 있다. 즉, 언제, 어떤 정보를 어느 수준까지 공중에게 공개할 것인가에 대한 결정은 위기에 처한 조직이 선택할 수 있다는 것이다. 하지만 미디어 환경의 변화는 조직의 주도권과 결정권을 박탈하는 추세다. 쉽게 말해 숨길 수 있는 정보란 없다는 것이다. 다양한 소통채널이 존재하고, 다른 의견을 가진 조직 구성원이 존재하기 때문에 정보를 감추는 것은 이제 불가능에 가까워 졌다. 그렇다면 위기에 처한 조직이 가진 선택지는 최대한 투명하게 정보를 공개하는 것뿐이라고 할 수 있다. 정보의 은폐,

축소의 의혹이 제기되는 순간 조직에 대한 신뢰도는 급격하게 저하되며, 의혹이 제기된 이후에는 조직의 커뮤니케이션에 대한 투명성이 담보되기 어렵다. 따라서 위기 발생 순간부터 신속하고 투명하게 정보를 공개해야 한다.

국민의 불안과 고통을 공감하는 진정성 있는 소통도 필수적이다. Reynolds & Seeger(2005)는 진정성 있는 커뮤니케이션이 위기에 처한 공중의 불안을 줄이고, 조직에 대한 신뢰를 구축하는 데 도움이 된다고 강조한다. 공감과 진정성은 위기 상황에서 공공기관이 사회적 책임을 다한다는 인식을 심어줄 수 있으며, 단순한 정보 전달을 넘어 국민과의 감정적 유대를 형성함으로써 장기적인 신뢰와 협력을 이끌어 내는데 중요한 역할을 한다.

5-3. 쌍방향 소통과 상호작용

과거 정부와 같은 공공기관에서 위기가 발생한 경우 일방적으로 정보를 전달하는 일방향적(One-way) 커뮤니케이션이 대부분이었다. 하지만 오늘날 공공기관은 국민과의 쌍방향적(Two-way) 커뮤니케이션을 통해 순환적이고 반응적인 소통을 해야 한다. 이는 단순한 정보 전달의 차원을 넘어 국민의 의견을 수렴하고 이를 정책에 반영하는 상호작용적 접근을 포함한다.

Heath & Palenchar(2009)는 위기 시 공중과의 상호작용은 조직에 대한 신뢰를 높이고 효과적인 위기 대응 전략을 수립하는데 필수적이라고 주장하며, 공공기관이 공중의 의견을 수용하고 반영하는 과정을 통해 공중은 그들의 의견이 중요하게 여겨진다고 느끼는데 이는 장기적인 신뢰 관계 형성에 기여한다고 밝혔다. 따라서 공공기관은 위기 시 공중과 적극적으로 상호작용하고 쌍방향적 소통을 강화함으로써 신뢰를 구축하고 공중의 기대에 부합하는 정책을 추진해야 한다.

참고문헌

김영욱.(2002). 위기관리의 이해: 공중 관계와 위기 관리 커뮤니케이션. 책과 길.

Benoit, W. L.(1995). *Accounts, Excuses, and Apologies: A Theory of Image Restoration Strategies*. State University of New York Press.

Boin, A., Hart, P., Stern, E., & Sundelius, B.(2005). *The Politics of Crisis Management: Public Leadership Under Pressure*. Cambridge University Press.

Bowen, S. A.(2004). Organizational factors encouraging ethical decision making: An exploration into the case of an exemplar. *Journal of Business Ethics, 52*(4), 311–324.

Centers for Disease Control and Prevention.(2018). *Crisis and Emergency Risk Communication Manual*. CDC.

Claeys, A.-S., Cauberghe, V., & Vyncke, P.(2010). Restoring reputations in times of crisis: An experimental study of the situational crisis communication theory and the moderating effects of locus of control. *Public Relations Review, 36*(3), 256–262.

Coombs, W. T.(1999). *Ongoing Crisis Communication: Planning, Managing, and Responding*. Sage Publications.

Coombs, W. T.(2007). Protecting Organization Reputations During a Crisis: The Development and Application of Situational Crisis Communication Theory. *Corporate Reputation Review, 10*(3), 163–176.

Coombs, W. T., & Holladay, S. J.(2002). Helping crisis managers protect reputational assets: Initial tests of the situational crisis communication theory. *Management Communication Quarterly,16*(2), 165–186.

Fink, S.(1986). *Crisis Management: Planning for the Inevitable*. AMACOM.

Heath, R. L., & O'Hair, H. D.(2010). *Handbook of Risk and Crisis Communication*. Routledge.

Heath, R. L., & Palenchar, M. J.(2009). *Strategic Issues Management: Organizations and Public Policy Challenges*. Sage.

Katz, R., LaPorte, T. R., & Liu, X.(2008). Organizational Crisis Management: The Human

Factor. *Public Organization Review, 8*, 137–153.

Maioreścu, R. D.(2016). Crisis communication and image repair at the organizational level: A study of BP's efforts to restore its reputation. *Corporate Communications: An International Journal, 21*(1), 53–75.

Matten, D., & Moon, J.(2008). “Implicit” and “explicit” CSR: A conceptual framework for a comparative understanding of corporate social responsibility. *Academy of Management Review, 33*(2), 404–424.

Mitroff, I. I.(2004). *Crisis Leadership: Planning for the Unthinkable.* John Wiley & Sons.

Perry, R. W., & Quarantelli, E. L.(2005). *What is a Disaster? New Answers to Old Questions.* Xlibris Corporation.

Reynolds, B., & Seeger, M. W.(2005). Crisis and Emergency Risk Communication as an Integrative Model. *Journal of Health Communication, 10*(1), 43–55.

Rosenthal, U., & Kouzmin, A.(1997). Crisis and Crisis Management: Toward Comprehensive Government Decision Making. *Journal of Public Administration Research and Theory, 7*(2), 277–304.

Suchman, M. C.(1995). Managing legitimacy: Strategic and institutional approaches. *Academy of Management Review, 20(*3), 571–610.

Sellnow, T. L., & Seeger, M. W.(2001). E*xploring the Foundations of Crisis Communication: A Framework for Research and Practice.* University of Delaware Press.

Sellnow, T. L., & Seeger, M. W.(2005). Theorizing crisis communication. *Blackwell Handbook of Strategic Public Relations and Integrated Communications,*

Ulmer, R. R., & Sellnow, T. L.(2002). Crisis management and the discourse of renewal: Understanding the potential for positive outcomes of crisis. *Public Relations Review, 28*(4), 361-365.

Ulmer, R. R., Sellnow, T. L., & Seeger, M. W.(2010). *Effective Crisis Communication: Moving from Crisis to Opportunity*. Sage.

제 8 장

공공소통 미디어 전략

최호진_한라대학교 미디어광고콘텐츠학과 교수

1. 미디어믹스
2. 트리플 미디어 전략
3. 트리플 미디어의 통합적 접근 방식의 중요성
4. 트리플 미디어의 미래

1. 미디어믹스

공공소통에 있어서 미디어 활용은 민간 브랜드 소통의 그것만큼 중요한 고려 사항이다. 일반적으로 민간 브랜드 및 기업을 알리고자 하는 소통 전략에서는 예상 표적 수용자들에게 효과적으로 노출하기 위해 많은 액수의 재원(광고비)을 투입하는 것이 일반적이다. 하지만, 국민의 세금을 재원으로 하여 미디어를 운영하는 공공소통의 경우 민간 소통에 대비하여 미디어 운영에 있어 상대적으로 보수적인 집행 행태를 취할 수밖에 없다. 근래에 들어 더욱 적극적인 행보를 보이는 공공소통 분야에서 미디어믹스는 메시지를 핵심 공중에게 효과적으로 전달하기 위해 다양한 커뮤니케이션 채널을 전략적인 활용하는 것으로 정의할 수 있다. 즉, 의도한 공중에게 메시지를 전달하는 데 활용되는 다양한 미디어 채널과 플랫폼의 조합이라고 할 수 있다. 이는 공중에게 필요한 정보를 제공하고 그들의 참여 촉진을 목표로 하는 공공소통 미디어 전략에 필수적이다. 즉, 미디어믹스는 전통적인 미디어와 디지털 미디어를 결합하여 미디어 각각의 장점들을 활용하여 효과적이고 영향력 있는 공공소통을 달성하게 해준다. 이를 통해 다양한 공중 집단의 접근이 쉽고, 메시지의 효과를 더욱더 극대화할 수 있다.

미디어믹스의 개념은 그동안 많은 발전을 이룩했다. 과거의 공공소통의 경우 전통적인 4대 미디어(텔레비전, 라디오, 신문, 잡지)에 크게 의존한 미디어믹스를 진행하였다. 이러한 미디어는 조직(발신자)에서 나온 메시지가 공중(수신자)에게 일방적으로 전달되는 커뮤니케이션 흐름을 가지고 있다. Katz & Lazarsfeld(1955)는 전통적인 미디어가 대중의 인식에 영향을 미치는 과정에서 오피니언 리더의 역할을 강조하였다. 그 이후, 인터넷과 소셜미디어의 영향으로 미디어 환경은 그 이전의 전통적인 4대 미디어 중심에서 디지털 미디어 중심으로 크게 변화하였다. 특히 단순한 커뮤니케이션 커뮤니티 사이트의 개념으로 시작되어, 사용자 간에 연결할 수 있는 기능과 이러한 연결을 넘어서 사회적인 네트워크를 강화하고, 다양한 기술적인 기능을 바탕으로 사용자들에게 풍부한 경험을 체험할 수 있는 특징을 바탕으로 하여 목표 공중에게 효과적으로 접근하기 위한 통합적인 미디어믹스 전략 방법이 필요해졌다(Boyd & Ellison, 2007).

잘 계획된 미디어믹스는 소통의 목표를 달성하기 위해 온오프라인을 망라한 다양한 형태의 미디어 유형들의 장점을 활용한다(McQuail, 2010). 각 미디어는 고유한 특징과 장점이 있으므로 이러한 미디어의 전략적인 연계는 공중들의 연결 범위의 확장이 가능하고, 메시지를 강화하는 데 필수적인 역할을 한다.

1-1. 미디어믹스의 구성 요소

a. 전통 미디어

➲ 방송 미디어

TV와 라디오 같은 방송 미디어는 넓은 도달 범위와 즉시성을 제공하는 미디어이다. 특히 TV는 시각적 요소와 청각적 요소를 결합하여 스토리텔링과 정서적인 참여를 일으키는 데 효과적이나. 그리고, 대부분의 가구에서 최소 1대 이상의 TV를 보유하고 있을 정도의 광범위한 수용자를 확보하고 있다. 또한, TV에 노출되는 시간은 타 미디어보다 높은 것으로 나타난다. 라디오의 경우 접근성과 휴대성을 갖춘 미디어로서 특히 차량 이동 중에 효과적인 미디어이다. 또한, 메시지를 전달하는 데 있어 넓은 범위를 가지고 있고 메시지 전달에 따른 비용 효율성이 좋다. 특히 수용자 계층에 대한 선별성이 높은 특징이 있다. 즉, 프로그램의 전문화를 통해 고정적인 지역과 청취자층을 보유하고 있고 특정 계층을 끌어들이는 프로그램이 많아 세분된 수용자들에게 메시지 전달이 가능하다. 특히 출퇴근 시간이나 인터넷 접속이 제한된 지역에서 실시간으로 청중에게 접근이 쉽다(박현수, 2022).

➲ 인쇄 미디어

신문과 잡지는 상세한 정보 전달을 위하여 일반 대중에게 지속적인 중요한 역할을 하는 미디어다. 전반적으로 인쇄 미디어 독자층의 감소에도 불구하고 중요하게 신뢰할 수 있는 정보의 원천이라고 할 수 있다. 즉, 다양한 주제와 관심 의제를 다루는 전통적 미디어의 명맥을 유지하고 있다. 또한, 독자들이 직접 페이지를 찾아서 읽는 능동적인 미디어이고 비록 수명은 짧지만, 일정 기간의 수명을 유지할 수 있는 미디어라고 할 수 있다. 반면에 신뢰도가 높은 미디어 중 하나에 속하지만, 상대적으로 수명이 2~3일 정도가 최대라고 할 만큼 수명이 짧은 단점이 있다.

잡지의 경우, 다른 미디어에 비해 청중을 선별하는 데 있어 가장 효과적인 미디어라 할 수 있다. 잡지의 특성에 의하여 보유하고 있는 전문성 및 일관성 있는 본문 내용은 각 잡지의 성향을 극명하게 구분할 수 있어 특정 독자층 대상으로 메시지를 노출할 때 가장 효과적인 미디어 중의 하나로 구분할 수 있다. 그리고, 상대적으로 긴 수명과 회독(回讀)하는 특징을 갖고 있다. 즉, 단기적으로는 1주에서 장기적으로는 몇 개월에 이르기까지 하는데 수개월이 지난 잡지를 발견하여 다시 읽는 재독(再讀) 특징과 함께 잡지를 지인들에게 빌려주고 빌려 읽는 회독의 성향이 있다. 이를 통해 메시지의 반복 노출의 기회가 많아질 수 있다. 이렇게 세분된 독자에게 메시지를 반복 노출할 수 있는 장점이 있지만, 실질적인 도달률은 일반적으로 낮은 편에 속하는 단점을 가지고 있다. 그리고, 이와 함께 월별 달성할 수 있는 노출의 빈도수 자체도 낮다. 일반적으로 월간지의 광고 집행 스타일의 경우, 1개 잡지에 월 1회 광고를 진행하는 것이 일반적 추세이기 때문에 노출의 빈도가 낮을 수밖에 없다(박현수, 2022).

➲ 옥외 미디어

일반적인 의미의 옥외 미디어는 건물의 벽이나 길가, 야산 등에 설치하는 광고물로 일정한 장소에 자리 잡고, 유동 인구에 노출되는 것이며, 흔히 넓은 의미의 옥외 미디어는 교통 광고를 포함한 다양한 형태를 갖추고 있다(박현수, 2022). 옥외 미디어의 특징은 높은 가시성을 제공하며 공공장소에서 브랜드 메시지와 인지도를 강화하는 데 효과적이다. 옥외 미디어는 전반적으로 크기가 다른 미디어에 비해 확연히 크기 때문에 사람들의 관심도를 제고하는 데 유리하다. 그리고, 옥외 미디어가 설치된 장소 주변을 이동하는 사람들은 대부분 유사하여서 이들을 대상으로 메시지의 반복 노출을 유도할 수 있다(서범석, 2001). 반면에 미디어의 특성상 간결한 메시지를 전달하는 데는 유리하지만, 많은 양의 정보를 전달하는 데는 한계가 있는 단점이 있다. 그리고 타 미디어에 비해서 효과를 측정하는 시스템 자체가 취약하다. 따라서 옥외 미디어는 구체적인 효과 분석보다는 크기가 크고 화려한 콘텐츠를 바탕으로 화제성과 구전효과를 통한 홍보 효과에 무게 중심을 두고 있다. 이와 함께 옥외 미디어 설치를 위해서는 법적, 공간적인 제약들이 많아 좋은 위치를 확보하는 데 어려움이 많은 단점 또한, 존재한다.

이러한 옥외 미디어들은 기본적으로 아날로그에 기반한 전통 미디어의 일종에 속한다. 그러나 기술의 발달 특히 디지털 테크놀로지의 발전 속에서 옥외 미디어도 질적인 변화를 맞이하게 되었다. 즉, 4차산업혁명의 기술이라고 일컫는 사물인터넷(IoT), 인공지능(AI), 빅데이터 등의 혁신 기술을 도입하면서 발신자와 이용자 간의 상호작용이 가능하고 시공간적인 제약이 없는 융합형 기술 서비스가 가능하게 된 것이다. 이를 인터랙티브 옥외 미디어로 정의할 수 있는데, 총 3가지의 유형으로 구분된다.

- 인터랙티브 미디어(Interactive Media) : 인터랙티브 미디어는 기존의 옥외 미디어와 같이 청중들에게 일방향적으로 메시지를 노출하는 미디어가 아니라 청중들의 참여를 유도하거나, 각각의 청중들의 취향에 부합하는 맞춤형 메시지를 전달하는 미디어이다. 구체적으로 유동 인구가 많은 대중 이용 장소에 설치되어 이용자들이 자발적으로 광고 콘텐츠를 인식하거나 안면인식을 통한 성별, 연령 등의 타겟팅을 통해 타겟에 부합되는 맞춤형 메시지를 노출하는 방식으로 진행되는 형태를 말한다.
- 타겟 미디어(Target Media) : 타겟 미디어는 청중들의 정보와 라이프스타일을 바탕으로 접점을 찾아 메시지가 집행되는 형태이다. 특히 청중들의 인구통계학적 특징을 기반으로 청중들의 관심을 가질 것으로 예상되는 미디어인데, 청중들의 데이터베이스를 구축 후 타겟의 지역을 선별 특정 제품이나 서비스의 이용 시점에 맞춰 광고 메시지를 전송하는 방식을 채택하고 있다.

- 엠비언트 미디어(Ambient Media) : 엠비언트 미디어는 '주의를 둘러싼'이라는 의미로 주변에서 흔히 접할 수 있는 사물, 형태, 공간 등의 특성을 매체로 활용하는 미디어의 개념이다(심성욱 외, 2019). 즉, 일상생활에서 청중들이 흔히 볼 수 있는 모든 것이 미디어가 될 수 있다는 생각에서 시작된 미디어의 유형이다. 즉, 청중들이 자발적으로 미디어의 이용을 통해 호기심과 관심을 일으킬 수 있고, 이를 통해 미디어를 접하는 즐거움과 흥미를 느낄 수 있는 장점이 있다. 즉, 청중들이 스스로 관심을 가지고, 집중하기 때문에 미디어를 통해 전달되는 메시지 자체의 관심도 자연스럽게 높아질 수 있다. 이러한 엠비언트 미디어는 큰 비용을 지급하여 미디어를 구매하는 능력이 상대적으로 어려운 공공소통에서 활용 가치가 높은 미디어로 주목받고 있다(심성욱 외, 2019).

b. 디지털 미디어

➔ 소셜미디어

소셜미디어는 사람들이 자기 생각이나 의견 및 자신이 직접 제작한 콘텐츠 등을 타인과 공유하기 위해 사용되는 온라인 플랫폼이라고 정의한다(심성욱 외, 2019). 즉, 인터넷을 활용해 인간의 사회적인 상호작용을 이룩할 수 있게 디자인되었다고 할 수 있고, 콘텐츠 자체의 생산과 전송이 탁월하다(위키피디아,www.wikipedia.org). 또한, 소셜미디어는 Facebook, X(Twitter), Instagram, LinkedIn과 같은 플랫폼을 통해 대화형 실시간 커뮤니케이션이 가능하다. 또한, 타겟 광고, 커뮤니티 구축, 직접적인 청중 참여를 가능하게 만든다. Shirky(2008)는 청중을 조직하고 동원하게 만드는 소셜미디어의 능력을 부각하였고, 이를 통해 소셜미디어를 현대 커뮤니케이션 전략의 중요한 구성 요소임을 강조하였다. 소셜미디어의 특성에는 첫 번째 참여성(Participation)이 있다. 즉, 관심 있는 전체 사람들의 참여와 피드백을 유발하는 특성이 있다. 두 번째는 공개성(Openness)이다. 모든 소셜미디어는 참여와 피드백이 공개되어 있고 투표, 코멘트, 정보 공유 등을 촉진하여 소셜미디어에 장착된 콘텐츠의 접근과 공유에 대해 장벽이 거의 존재하지 않는다. 세 번째는 대화성(Conversation)이 있다. 고전적인 미디어가 콘텐츠를 일방적으로 청중들에게 전파하지만, 소셜미디어는 쌍방향 커뮤니케이션을 지향하는 특징을 가지고 있다. 네 번째는 커뮤니티성(Community)이 있다. 소셜미디어는 커뮤니티의 신속한 구성이 가능하고 그 안에서 공통의 관심 이슈를 주제로 토론이 가능한 특징이 있다. 마지막 특성으로는 연결성(Connectedness)이 있다. 소셜미디어는 여러 미디어를, 링크를 통해 연결이 가능하고 이를 통한 상호 간의 커뮤니케이션이 쉽게 이뤄지고 있다(FKII 조사연구팀, 2006).

➲ 웹사이트 및 블로그

웹사이트 및 블로그와 같은 온드 미디어(Owned media)는 콘텐츠에 대한 자기 통제권을 제공하면서 정보의 확산을 위한 허브 구실을 한다. 자세한 리소스를 제공하면서 청중과의 쌍방향 커뮤니케이션을 촉진하는 데 필수적인 요소이다.

➲ 이메일 마케팅

이메일 마케팅은 상대적으로 오래된 디지털 커뮤니케이션 미디어 중 하나이다. 오래된 미디어임에도 불구하고 가장 개인적이면서 직접적인 커뮤니케이션에 효과적이다. 참여 및 전환을 유도할 수 있는 세분된 전략을 구현하는 캠페인이 가능한 미디어이다.

➲ 모바일 앱

스마트폰의 사용이 증가하게 되면서 모바일 앱은 개인화된 대화형 사용자 경험을 위한 중요한 플랫폼으로 주목받게 되었다. 앱은 청중들의 충성도를 제고하고 정보와 서비스에 쉽게 접근할 수 있게 한다. 이러한 모바일 앱의 특징을 5가지로 분류할 수 있다(심성욱 외, 2019). 첫 번째는 개인화된 타겟에 메시지를 전송할 수 있는 점이다. 즉, 지오펜싱(Geofencing)이라는 기술을 활용하여 개개인의 모바일에 설치된 앱을 통하여 메시지 전송을 하고, 더 나아가 원하는 지역·성별·연령대를 고려하여 일정 조건에 부합하는 청중들을 대상으로 메시지를 전송할 수 있다. 두 번째는 양 방향적 커뮤니케이션이 가능하다가는 점이다. 즉, 기존의 TV와 라디오와 같은 전통 미디어는 일방적으로 자신들의 메시지를 청중에게 전달하여 청중들은 수동적인 입장에서 정보를 접하는 데 비해 모바일 앱의 경우 소비자와 직접 대화할 수 있는 양방향 광고가 가능하여 상품과 정보가 다양화되는 현대 시점에 소비자들을 보다 자세한 정보를 얻을 수가 있다. 세 번째 특징은 청중들이 휴대전화나 단말기를 항상 가지고 다니면서 정보를 제공받을 수 있는 위치기반서비스(Location-based-service)이다. 즉, 통신망이나 GPS 등의 무선인터넷을 통해 청중들의 위치정보를 기반으로 하여 다양한 콘텐츠를 제공하는 것으로, 청중들은 이동성과 휴대성의 특징을 가진 스마트폰 등을 통해 현재 위치한 장소에서 다양한 정보를 실시간으로 접하게 된다. 네 번째는 스마트폰 등을 통해 보내지는 메시지가 즉각 전달되어 읽히는 즉각적인 반응을 일으킨다는 점이다. 이것은 양 방향적 커뮤니케이션이 가능하다는 점과 일맥상통하는 데, 메시지를 전달받은 청중들의 즉각적인 반응으로 얻을 수 있어서 궁극적으로 청중들의 선호하는 요인을 즉시 분석하여 정책 PR에 적절하게 활용할 수 있는 장점을 갖고 있다. 마지막 다섯 번째는 높은 주목성을 들 수 있다. 모바일의 경우 스크린의 제한으로 인해 전체 화면에서 메시지가 차지하는 비율이 다른 미디어에 비해 월등히 높으므로 이를 통한 주목성이 높은 특징을 갖고 있다.

c. 뉴 미디어

➲ 인플루언서 마케팅

많은 팔로어를 보유한 인플루언서를 활용하여 도달 범위 및 신뢰도를 제고할 수 있다. 이것은 영향력 있는 사람들이 오피니언 리더의 역할을 하여 그들을 추종하는 구독자들의 인식과 행동에 영향을 미칠 수 있다(Katz & Lazarsfeld, 1955).

➲ 팟캐스트 및 웹 세미나

주로 심층적인 토론과 전문가의 통찰력을 원하는 청중들에게 적합한 매체다. 팟캐스트와 웹 세미나는 틈새 타겟팅을 구축할 수 있고 권위를 구축하는 귀중한 콘텐츠를 제공한다.

➔ AR, VR, MR

디지털 기술의 발달로 인하여 몰입형 경험을 제공하는 증강 현실(AR:Augmented Reality)과 가상 현실(VR:Virtual Reality), 그리고 혼합 현실(MR:Mixed Reality) 관련 기술 및 서비스가 일반화되고 있다. 이들 기술은 주로 체험 마케팅과 혁신적인 스토리텔링을 표현하는 데 적합하다. 그리고 가상과 실제 환경의 구현을 바탕으로 이용자와 객체와의 상호작용을 통하여 실재감과 몰입감을 주는 수단으로 각광받고 있다.

- **증강 현실(AR)** : 증강 현실(AR)은 가상 현실(VR)에서 파생된 기술로서 실제로 존재하는 환경 속에 가상의 정보 혹은 사물 등을 결합하여 실제 환경에서 존재하는 것으로 보이게 만드는 기술을 통틀어서 표현하고 있다(이아름, 2018). 즉, 증강 현실 기술은 실제 현실 환경이 주가 되고 가상의 사물이 부가적인 역할을 하는 구조로 이루어져 있다. 증강 현실 기술 활용에 있어서 초기에는 관광지 및 유적에서 사물을 비추면 화면에서 관련 정보를 소개하는 서비스 등이 실행되었고, 이후 가구 브랜드의 상품을 실제 배치될 공간에서 시험적으로 배치하는 서비스로 활용되었다. 즉, 증강 현실(AR)은 실제 환경에서 가상의 정보와 상호작용하여 더욱 개선된 정보 제공과 이해력을 제고하는 기술이다(조희경, 김성훈, 2019).
- **가상 현실(VR)** : 가상 현실(VR)은 컴퓨터 그래픽 기술 등을 통해 실제 환경이 아닌 가상의 환경에서 사용자들이 이것을 실제 환경인 것처럼 인식하며 상호작용을 하는 기술을 일컫는다(이아름, 2018). 가상 현실의 어원은 프랑스의 극작가 '앙토냉 아르토(Antonin Artaud)'가 관객을 몰입하게 하는 극장을 '가상 현실의 공간'으로 표현한 것에서 기원을 삼는다(오정석, 윤호창, 전현주, 고상미, 2019). 즉, 가상 현실(VR)은 매체에 의해 조성된 환경 속에서 자기 스스로가 존재한다고 느끼는 원거리 실재감(Telepresence)을 체험할 수 있는

실제 환경 혹은 시뮬레이션 된 환경을 말한다(장주연, 추호정, 박소윤, 2019).

- **혼합 현실(MR)** : 혼합 현실(MR)은 현실 세계와 가상 현실이 혼합되어 현실과 가상이 상호 작용할 수 있는 환경을 일컫는다(이아름, 2018). 즉, 현실과 가상이 어느 한쪽에 치우치지 않고 균일하게 겹치는 환경이라고 말할 수 있다. 따라서 가상 현실과 증강 현실보다 가상의 경험이 바로 현실과 연결되어 실제 존재하는 현실처럼 느끼게 하여 보다 현실감이 크게 전이되는 기술이라고 할 수 있다(안태영, 윤혜영, 2019). 혼합 현실(MR)의 개념을 정리하자면 실제 세계(Real World)와 가상 현실(VR) 간에 존재하는 모든 개념을 혼합 현실이라고 정의한다(조희경, 김성훈, 2019).

1-2. 효과적인 미디어믹스를 위한 전략

미디어믹스는 모든 대중 소통 전략의 중요한 구성 요소이다. 다양한 미디어 채널의 고유한 특성을 이해하고 대상 청중을 분석하고, 설득력 있는 메시지를 작성하고, 이를 고품질의 콘텐츠로 제작하여, 청중들의 참여를 촉진하고, 그 활동을 지속해서 모니터링하고 평가하여 복잡한 미디어 환경에서 소통 전략을 효과적으로 진행할 수 있다. 특히 공공소통 미디어 전략을 구성함에 있어서도 이와 같은 통찰력과 전략은 공공소통의 목표를 달성하고 영향력을 극대화하는 기반을 제공한다.

a. 청중 분석

메시지를 전달할 표적 청중을 이해하는 것은 성공적인 미디어믹스의 초석이다. 청중 분석에는 인구통계학적 특성, 선호도, 행동 및 미디어 소비 습관을 식별하는 작업이 포함된다. Napoli(2011)는 청중의 변화 과정에 대한 중요성과 소통 담당자가 변화하는 청중의 성향에 적극적으로 대응해야 할 필요성을 강조하였다. 효과적인 청중 분석을 통해 특정 대상 청중의 공감을 끌어내는 맞춤형 메시지를 개발하여 청중의 참여 가능성과 영향력을 제고할 수 있다. 이를 위해 설문조사, 포커스 그룹

인터뷰(FGI, Focus Group Interview), 데이터 분석 등의 활동은 청중의 선호도와 행동에 대한 통찰력을 얻기 위한 귀중한 도구이다.

b. 미디어 채널 선택

표적 청중에게 효과적으로 다가가기 위해서는 표적 청중에게 가장 적합한 올바른 미디어 채널을 선택하는 것이 중요하다. 다양한 미디어 채널들은 각각의 고유한 매체별 특성이 있으며 이를 다양한 세분화 전략으로 연결할 수 있다. 예를 들어, 연령대가 낮은 청중은 소셜미디어에서 더 활동적이지만, 연령대가 높은 청중은 전통 미디어를 선호할 수 있다. 이처럼 다각적인 미디어 채널 운영 전략은 더 넓은 범위와 더 큰 영향력을 보장할 수 있다.

Schultz, Utz, & Göritz(2011)는 위기관리 대응 소통에 대한 인식과 반응이 미디어 채널에 따라 그 효과가 다르다는 점을 주장하였다. 이는 소통의 맥락과 청중 선호에 따른 전략직 미디어 채널 선택의 필요성을 강조하였다.

c. 메시지 작성

청중들의 관심을 끌고 핵심 사항을 전달하기 위해서는 설득력 있는 메시지를 작성하는 것이 필수적이다. 메시지는 명확하고 간결해야 하며 전반적인 커뮤니케이션 목표와 일치해야 한다. 또한, 트윗, 블로그 게시물, 보도 자료, 비디오 등 다양한 형식과 플랫폼에 적응할 수 있어야 한다.

Scott(2015)는 메시지를 각 플랫폼의 특성에 맞게 조정하는 것이 중요하다고 강조하였다. 예를 들어 Instagram에서는 시각적 콘텐츠가 더 효과적일 수 있지만 블로그에서는 구체적인 텍스트 기사 콘텐츠가 더 효과적일 수 있다는 것이다.

d. 콘텐츠 제작

고품질의 콘텐츠를 제작하는 것은 효과적인 미디어믹스의 초석이다. 이러한 콘텐츠 제작에는 청중의 참여를 유도하고, 정보를 제공하는 텍스트, 이미지, 비디오, 인포그래픽 및 기타 멀티미디어 요소가 모두 연관된다. 콘텐츠는 각각의 연관성이 있어야 하고, 시의적절한 대응이 동반되어야 대상 청중의 관심과 요구를 만족할 수 있다.

Tuten & Solomon(2017)은 소셜미디어 마케팅에서 콘텐츠의 역할에 대해 논의하면서 창의성과 진정성을 강조했다. 매력적이고 고품질의 콘텐츠는 상호작용, 공유, 전환을 촉진하여 특히 공공소통 측면에서 노력의 범위와 영향력을 확대할 수 있다.

e. 참여 및 상호작용

최근의 인터랙티브 미디어 환경에서 참여와 상호작용의 중요성은 아무리 강조해도 지나치지 않는다. 댓글, 공유, 좋아요. 및 기타 다양한 형태의 참여를 통해 청중의 참여를 장려할 경우, 커뮤니케이션의 전파 범위와 영향력을 확대할 수 있다. 참여하는 팔로어 커뮤니티를 구축하면 충성도와 지지도가 높아진다.

Shirky(2008)와 Waters, Tindall, & Morton(2010)은 청중이 단지 수동적인 수신자 개념이 아니라 의사소통 과정에 적극적으로 참여하는 참여 의사소통으로의 전환을 강조하였다. 이러한 변화를 발전시키기 위해서는 대화를 촉진하고 관계를 구축하기 위한 전략이 필요하다.

f. 모니터링 및 평가

지속적인 소통 효과의 개선을 위해서는 소통을 위한 노력의 영향을 측정하는 것이 필수적이다. 여기에는 도달 범위, 참여도, 감정, 전환율과 같은 핵심 성과 지표(KPI) 추적이 포함된다. 이러한 지표를 분석하면 효과적인 것과 그렇지 않은 것에 대한 통찰력을 얻을 수 있으므로 소통 담당자는 더욱 긍정적인 방향으로 미디어믹스 전략을 개선하고 더 나은 결과를 얻을 수 있다.

Google Analytics, 소셜미디어 분석, 설문조사와 같은 방법은 소통 효과를 모니터링하고 평가하는 데 중요한 역할을 한다. 지속적인 피드백 체크를 통해 데이터를 기반으로 하는 통찰력을 통해서 전체적인 미디어믹스 전략을 조정할 수 있다.

1-3 효과적인 미디어믹스 전략 수립을 위한 위협과 기회요인

a. 위협

➲ 대상의 단편화

디지털 플랫폼의 확산으로 인해 메시지를 전달해야 할 대상이 단편화되어 단순한 단일 메시지로는 더 커지고 다양화된 그룹에 접근하기가 더욱 어려워졌다. 이를 위해서는 소통을 위한 더욱 세분되고 목표화된 접근 방식이 필요하다.

➲ 오보 및 가짜뉴스

디지털 미디어의 발달로 인해 가짜뉴스 및 잘못된 정보의 양이 증가하고 있어 미디어에 대한 신뢰가 침식되어 정확한 정보를 전달하고 신뢰성을 유지하기가 더욱 어려워진 상황이다. 이에 소통 담당자는 투명성과 성실성을 바탕으로 이러한 환경을 극복하기 위해 지속적인 탐색과 검증이 필요하다.

➲ 빠른 기술의 변화

빠르게 진행되는 기술의 발전에 맞춰 이를 지속해서 대응하는 적응력이 필요하다. 효과적인 미디어믹스를 유지하기 위해서는 새로운 트렌드를 받아들이고 이에 부합하는 소통 전략을 최신 상태로 유지하는 것이 필수적이다.

b. 기회요인

➲ 개인화

4차 산업혁명 기술을 바탕으로 하는 빅데이터 분석 및 인공지능(AI)을 통해 이제 공공소통에서도 고도로 개인화된 커뮤니케이션이 가능해졌다. 이를 통해, 소통의 관련성과 청중 참여도의 향상이 기대된다. 이러한 개인화를 통해 청중 전환율과 고객 만족도를 높일 수 있다. 이러한 개인화를 통해 청중이 소셜미디어에서 경험을 공유할 수 있는 기반을 구축할 것이다(Scott, 2015).

➔ 상호작용

디지털 플랫폼은 상호작용과 실시간 소통을 위한 전례 없는 기회를 제공하고 있다. 이러한 기능을 공공소통에서 활용하면 정책 PR의 효과와 청중들의 참여율을 제고하여 더욱더 매력적이고 역동적인 공공소통 경험을 만들 수 있다. 구체적으로 소셜미디어의 바이럴 특성을 활용하는 아이스 버킷 챌린지와 같은 PR 프로그램을 진행할 수 있다. 즉, 관련 영상을 소셜미디어에 공유하고, 같은 일을 하도록 다른 사람의 지명을 독려하는 캠페인을 통해 잘 실행된 미디어믹스의 힘을 보여주는 참여적이고 상호작용적인 성과를 얻을 수 있다(Shirky, 2008).

➔ 글로벌 도달 범위

디지털 시대에는 플랫폼을 통한 글로벌 커뮤니케이션을 가능하게 하여 지리적인 장벽을 허물고 전 세계 청중에게 메시지를 전파할 수 있게 해준다. 이러한 기회요인을 활용하여 그동안 지리적 거리감으로 인해 실행에 많은 어려움이 존재했던 공공외교에 관한 다양한 메시지와 콘텐츠를 쉽게 전파할 수 있어 국가브랜드 이미지 제고에 도움을 줄 수 있다.

2. 트리플 미디어 전략

근래에 들어 소통 환경은 주로 디지털 혁신과 소셜미디어의 부상으로 인해 엄청난 변화를 겪었다. 텔레비전, 라디오, 인쇄와 같은 전통적인 마케팅 채널은 디지털 플랫폼이 중심이 되면서 그 지배력이 약화 되었다(Ryan & Jones, 2014). 콘텐츠 제작 및 배포가 자유로워짐에 따라 청중들은 자신이 보고, 듣고, 참여하는 것에 대해 그 어느 때보다 더 많은 통제권을 갖게 되었으며, 이에 따라 기업 및 브랜드는 소통 전략을 다시 고민하게 되었다(Scott, 2015).

온드(Owned), 페이드(Paid), 언드(Earned)미디어를 포괄하는 개념인 트리플 미디어는 오늘날 청중들의 효과적인 참여 방법을 이해하기 위한 필수 체계로 부상했다. 이 세 가지 미디어 유형은 소통 담당자가 인지도, 고객 참여, 인식의 전환을 유도하는 영향력 있고 확장 가능한 캠페인을 만드는 데 중요한 역할을 한다(Pulizzi, 2013).

2.1 트리플 미디어의 정의

a.온드 미디어(Owned Media)

온드 미디어(Owned Media)는 기업(조직)이 소유하고 통제하는 채널과 플랫폼을 의미한다. 여기에는 브랜드 웹사이트, 소셜미디어 페이지, 블로그, 이메일 뉴스레터, 모바일 앱 및 브랜드나 기업(조직)이 직접 관리하는 기타 디지털 자산이 포함된다(Ryan & Jones, 2014). 온드 미디어를 사용하면 브랜드가 메시지에 대한 완전한 창의적 및 편집적 통제권을 가질 수 있으며 다른 채널에서 공유할 수 있는 콘텐츠에 대한 출처의 기반을 제공할 수 있다(Scott, 2015).

온드 미디어의 예

- 기업(조직)의 디지털 허브의 역할을 하는 기업 웹사이트
- 기업(조직)이 보유하고 있는 브랜드 블로그
- 기업(조직)이 콘텐츠를 공유하고 팔로어와 직접 소통하며 커뮤니티를 구축할 수 있는 소셜미디어 페이지(예; Facebook, Instagram, LinkedIn 등)

온드 미디어는 브랜드 아이덴티티를 구축하고 강화하는 데 도움이 되는 장기적인 투자개념의 미디어다. 지속적인 미디어 비용이 없으므로 가장 비용 효율적이고 연속적이고 다목적인 미디어 유형이지만 연관성을 유지하기 위해서는 지속적인 콘텐츠 생성 및 미디어의 최적화가 필요하다(Pulizzi, 2013).

b. 페이드 미디어(Paid Media)

페이드 미디어(Paid Media)는 TV 및 라디오 광고와 같은 기존 전통적인 형태의 미디어로부터 Google Ads, Facebook 광고 및 인플루언서 마케팅 등이 포함된다(Kotler & Keller, 2015). 페이드 미디어를 통해 브랜드는 온드 미디어에 관심을 두지 않는 청중에게 다가가서 메시지를 증폭시킬 수 있다(Chaffey & Ellis-Chadwick, 2020). 오늘날의 디지털 마케팅 생태계에서 페이드 미디어는 웹사이트나 블로그와 같은 온드 미디어 채널로 트래픽을 유도하는 데 자주 사용된다(Chaffey & Ellis-Chadwick, 2020).

➔ 페이드 미디어의 예

- 디스플레이 광고 : 제3자 웹사이트에 표시되는 배너 광고 및 비디오 광고
- Pay-Per-Click(PPC) : Google과 같은 검색 엔진에 게재되는 광고로, 사용자가 광고를 클릭할 때마다 광고주가 비용을 지급하는 광고
- 소셜 미디어 광고 : SNS(예; Facebook, Instagram, LinkedIn 등)와 같은 플랫폼의 후원 게시물 및 홍보콘텐츠
- 인플루언서 마케팅 : 제품이나 서비스를 홍보하기 위해 인플루언서에게 비용을 지불하고 이를 활용하는 마케팅 활동

페이드 미디어를 사용하면 메시지가 광범위한 잠재고객에게 빠르게 다가갈 수 있으며 특히 신제품 출시, 시간에 민감한 캠페인, 특정 청중을 대상으로 하는 타겟 세분화에 유용하다(Chaffey & Ellis-Chadwick, 2020). 그러나 지속적인 투자가 필요하며 예산이 소진되면 일반적으로 노출이 종료되는 약점이 존재한다(Kotler & Keller, 2015).

c. 언드 미디어(Earned Media)

언드 미디어(Earned Media)의 정의는 '청중의 신뢰와 평판을 획득하는 미디어'라고

할 수 있다(제일기획, 2012). 즉, PR의 노력, 구전효과(Word Of Mouth) 또는 고객 경험의 결과로 브랜드나 기업(조직)이 유기적으로 노출되는 것이다(Berger, 2013). 온드 미디어와 페이드 미디어와 달리 언드 미디어는 브랜드나 기업(조직)에 의해 직접 통제되지 않고 제3자의 검증을 통해 생성된다(Baer, 2016). 여기에는 언론 보도, 고객 리뷰, 소셜미디어 공유 또는 인플루언서의 언급이 포함될 수 있다(Baer, 2016).

➔ 언드 미디어의 예

- 언론 보도 : 언론인이나 블로거가 브랜드나 제품, 이슈에 관해 작성한 기사
- 소셜미디어상의 언급 사항(mentions) : 고객이나 인플루언서가 소셜미디어 플랫폼 상에서 브랜드에 관해 지속해서 언급하는 경우
- 고객 리뷰 : 고객이 커머스 플랫폼 등에 남기는 평가 및 리뷰
- 구전효과(Word Of Mouth) : 고객의 긍정적인 경험을 바탕으로 지속적으로 언급되는 입소문

언드 미디어는 소비자에게 더 진실하고 신뢰할 수 있는 것으로 인식되기 때문에 가장 가치 있는 미디어 유형이다. 긍정적인 기사나 좋은 고객 리뷰는 신뢰할 수 있는 제3자의 시선에서 생성된 객관적인 정보로 판단되기 때문에 광고보다 훨씬 더 큰 영향을 미칠 수 있다(Berger, 2013). 반면에, 언드 미디어는 고객 만족도, 미디어 관심도, 청중의 브랜드 인식 등 과 같은 외부 요인에 의존하기 때문에 예측하기 힘든 미디어이기도 하다(Baer, 2016). 디지털 미디어의 사용자가 정보 검색을 위해 모바일과 소셜미디어에 할애하는 시간의 비중이 커지고 있는 상황에서 기업(조직)은 청중들이 자신들의 온드 미디어로 접속하기를 기다려서만 안된다. 조직의 정책이나 서비스를 지속해서 소셜미디어에 노출해 청중들의 시선에 접근할 수 있게 할 필요가 있다(제일기획, 2012).

표1. 트리플 미디어의 정의와 특징

<table>
<tr><th>종류</th><th>정의</th><th>분류</th><th>예시</th><th>역할</th><th>장점</th><th>단점</th></tr>
<tr><td rowspan="2">**온드 미디어 (Owned Media)**</td><td rowspan="2">기업(조직)이 스스로 보유하고 있는 미디어</td><td>Online</td><td>• 웹사이트, 블로그
• 모바일사이트
• 메일</td><td rowspan="2">• 기존 청중 및 잠재 청중과의 장기적인 관계 구축
• 외부 미디어로의 확산</td><td rowspan="2">• 통제 가능
• 비용 대비 높은 효율성
• 장기적인 사용 가능
• 융통성 있는 활용</td><td rowspan="2">• 기업(조직)발신 정보의 낮은 신뢰성</td></tr>
<tr><td>Offline</td><td>• 상품 패키지
• 카탈로그
• 브로슈어</td></tr>
<tr><td rowspan="2">**페이드 미디어 (Paid Media)**</td><td rowspan="2">지급을 통해 얻을 수 있는 유료 미디어</td><td>Online</td><td>• 디스플레이 광고
• 검색광고
• 스폰서십</td><td rowspan="2">• 단기적 효과 획득
• 온드 미디어로 유도 및 언드 미디어 창출</td><td rowspan="2">• 필요한 재원 확보만큼 집행 가능
• 대규모 집행 가능
• 통제 가능</td><td rowspan="2">• 낮은 신뢰성</td></tr>
<tr><td>Offline</td><td>• 매스미디어광고
• 교통 광고
• 옥외광고
• 기사식광고</td></tr>
<tr><td rowspan="2">**언드 미디어 (Earned Media))**</td><td rowspan="2">청중을 비롯한 제3자가 정보를 발신하는 미디어</td><td>Online</td><td>• 뉴스사이트 기사
• 게시판의 게시글
• 소비자 블로그
• 전문가 평가</td><td rowspan="2">• 제3자의 추천에 의해 신뢰성 구축
• 청중 주도 평판 확산</td><td rowspan="2">• 높은 신뢰도 및 투명성</td><td rowspan="2">• 통제의 어려움
• 부정적 평판 가능성
• 어려운 측정</td></tr>
<tr><td>Offline</td><td>• 매스미디어 보도
• 소비자 구전효과
• 판매원의 추천</td></tr>
</table>

*출처 : 제일기획(2012). 트리플 미디어 전략

3. 트리플 미디어의 통합적 접근 방식의 중요성

상기된 트리플 미디어 유형은 각각 서로 다른 특성이 있지만, 트리플 미디어의 진정한 힘은 3개의 미디어를 한데 결합하여 고려하는 통합적 접근 방식에 있다(Kotler & Keller, 2015). 성공적인 브랜드와 기업(조직)의 캠페인은 온드 미디어, 페이드 미디어, 언드 미디어를 조합하여 통합적인 마케팅 커뮤니케이션 전략을 수립한다(Ryan & Jones, 2014). 이를 통해 메시지에 대한 도달 범위, 신뢰성 및 통제력을 극대화한다(Chaffey & Ellis-Chadwick, 2020).

예를 들어, 기업(조직)은 자신이 소유한 웹사이트에 블로그 게시물을 게시하고 소셜미디어의 유료 광고를 통해 이를 확대한 다음 청중이 콘텐츠의 가치를 발견하면 언론 보도를 활용하여 자세한 정보 제공을 통해 청중의 자발적인 정보 공유를 유도할 수 있다(Pulizzi, 2013). 이러한 통합적인 접근 방식을 통해 브랜드와 기업(조직)은 제3자의 보증에서 비롯된 진정성을 유지하면서 가능한 가장 광범위한 청중에게 다가갈 수 있다(Berger, 2013). 현대의 청중은 브랜드나 제품의 구매 결정을 내리기 전에 여러 접점에서 브랜드와 상호 작용하기 때문에 트리플 미디어의 통합이 중요하다. McKinsey의 연구에 따르면 소비자의 70%가 구매 과정에서 온라인 검색, 리뷰 읽기, 광고 보기 등 여러 채널에 참여하는 것으로 나타났다(Kotler & Keller, 2015). 결과적으로, 브랜드나 기업(조직)은 각 유형의 미디어가 다른 미디어를 지원하고 향상하게 시켜 소비자가 브랜드와 상호 작용할 때마다 일관되고 매력적인 경험을 제공하는 통합 접근 방식을 채택해야 한다. 다음은 트리플 미디어 각각의 유형이 통합적 접근 방식에 어떻게 이바지하는지를 정리한 내용이다.

- 허브로서의 온드미디어 : 콘텐츠와 정보의 주요 소스인 온드 미디어는 기타 모든 소통 활동의 허브 역할을 한다. 브랜드와 기업(조직)은 이러한 온드 미디어를 활용하여 가치 있는 제안을 선보이고, 스토리 전달을 통해, 청중과의 관계를 우호적으로 유지 할 수 있다(Pulizzi, 2013). 즉, 브랜드와 기업(조직)이 콘텐츠, 메시지, 청중과의 상호작용을 수행하는 플랫폼 임무를 수행한다(Ryan & Jones, 2014).예를 들어, 브랜드와 기업(조직)의 웹사이트에는 심층적인 제품 정보, 블로그 게시물, 사례 연구 및 영상 콘텐츠가 포함될 수 있다. 모든 페이트 미디어와 언드 미디어의 활동은 브랜드 및 기업(조직)에 대한 청중 경험을 완전히 제어할 수 있고 청중들의 전환을 유도할 수 있는 온드 미디어로의 트래픽을 유도해야 한다. 즉, 핵심은 온드 미디어 콘텐츠가 검색 엔진(SEO)과 사용자 경험(UX) 모두에 최적화되어 사용자가 필요한 정보를 쉽게 찾고 탐색할 수 있도록 하는 것이다(Scott, 2015).
- 증폭기로서의 페이드 미디어 : 온드 미디어는 제어의 기능을 제공하지만, 도달 범위 측면에서는 한계가 존재한다. 이를 보완할 수 있는 역할을 바로 페이드

미디어가 수행한다. 페이드 미디어는 브랜드와 기업(조직)이 보유한 온드 미디어 내의 콘텐츠 도달 범위를 더 넓은 청중에게 확대할 수 있도록 하는 증폭기 역할을 한다(Kotler & Keller, 2015). 페이드 미디어를 활용함으로써 브랜드와 기업(조직)은 온드 미디어로의 트래픽을 유도하고, 자신의 콘텐츠에 대한 가시성을 높이며, 특정 청중을 세분화할 수 있게 한다. 예를 들어 브랜드와 기업(조직)은 Google Ads 또는 Facebook 광고를 사용하여 블로그 게시물이나 웹사이트에 호스팅된 랜딩 페이지를 홍보할 수 있다. 페이드 미디어 광고와 검색엔진 마케팅(SEM)을 사용하면 인구통계, 관심사, 행동을 기반으로 정확한 잠재고객으로의 표적화를 할 수 있어 적절한 메시지가 적시에 적절한 잠재고객에게 도달할 수 있다(Kotler & Keller, 2015). 이렇듯, 페이드 미디어는 신제품 출시, 시간에 민감한 PR 캠페인 또는 브랜드가 경쟁 시장에서 신속하게 인지도를 구축해야 할 때 특히 효과적이다(Chaffey & Ellis-Chadwick, 2020).

- **신뢰성 구축을 위한 언드 미디어** : 언드 미디어는 제3자의 검증을 제공하기 때문에 종종 세 가지 미디어 유형 중 가장 가치 있는 것으로 간주 된다. 브랜드나 기업(조직)은 자신의 온드 미디어를 통해 콘텐츠를 통제하고, 페이드 미디어를 활용하여 자신이 광고비를 지급한 콘텐츠를 운영할 수 있지만 고객, 인플루언서 또는 미디어가 자신에 대해 말하는 내용을 직접 통제할 수는 없다. 언론, 소셜미디어, 온라인 리뷰에서의 긍정적인 언급은 페이드 미디어의 광고보다 더 진실하고 신뢰성이 있다고 여겨지기 때문에 청중에게 상당한 비중의 역할을 차지한다(Baer, 2016).언드 미디어는 온드 미디어의 활동과 페이드 미디어 활동 모두를 확대할 수 있다. 예를 들어, 잘 작성된 블로그 게시물이나 설득력 있는 페이드 미디어를 통한 영상 콘텐츠는 소셜을 통한 공유, 고객 리뷰 또는 영향력 있는 인플루언서의 지지를 통해 관심을 얻을 수 있다(Berger, 2013). 마찬가지로, 청중의 공감을 불러일으키는 페이드 미디어를 통한 광고 캠페인은 구전효과 홍보나 언론 보도로 이어져 브랜드와 기업(조직)의 가시성을 더욱 높일 수 있다

(Chaffey & Ellis-Chadwick, 2020). 따라서 브랜드와 기업(조직)은 뛰어난 고객 경험을 제공하고, 언론인 등의 오피니언 리더와의 관계 구축, 사용자 제작 콘텐츠 활용을 통하여 언드 미디어를 활성화할 수 있다(Baer, 2016).

이 세 가지 미디어 유형이 함께 작동할 때 각각의 미디어 자체를 강화하게 만들고 한 가지 유형의 미디어가 독자적으로 달성할 수 있는 것보다 훨씬 더 효과적인 결과를 창출한다(Chaffey & Ellis-Chadwick, 2020).

3-1. 청중(소비자) 행동과 미디어 소비의 진화

트리플 미디어의 부상을 뒷받침하는 주요 원인 중의 하나는 청중(소비자) 행동과 미디어 소비의 진화이다. 오늘날의 청중(소비자)은 온라인 정보 접근성과 소셜미디어의 확산으로 인하여, 그 어느 때보다 더 많은 정보를 얻을 수 있고, 많은 권한을 부여받았다(Lemon & Verhoef, 2016). 청중(소비자)은 더 이상 제품과 서비스의 선택 결정을 내리기 위해 광고 및 브랜드 콘텐츠에만 의존하지 않는다. 대신 청중(소비자)은 신뢰할 수 있는 출처로부터의 제품 리뷰, 사용자 제작 콘텐츠 및 인플루언서의 추천 등을 의존하는 경향이 있다(Berger, 2013).

이에 따라 브랜드 및 기업(조직)이 여러 접점에서 청중과 소통해야 하는 더욱 세분된 미디어 환경에 직면하게 되었다. 더 이상 단일 광고 채널에 의존하던 시대는 종료되었다고 볼 수 있다. 이러한 새로운 현실에서 성공하려면 브랜드와 기업(조직)은 온드 미디어, 페이드 미디어, 언드 미디어 각각을 원활하고 응집력 있는 방식으로 결합하는 다중 미디어 채널 운영 전략을 채택해야 한다.

3-2. 트리플 미디어 통합을 위한 주요 전략

온드 미디어, 페이드 미디어, 언드 미디어를 성공적으로 통합하는 열쇠는 모든 채널에서 통합되고 일관된 메시지를 작성하도록 조정하는 것이다(Kotler & Keller,

2015). 브랜드와 기업(조직)이 트리플 미디어를 효과적으로 통합하기 위해 사용할 수 있는 몇 가지 전략은 다음과 같다.

➲ 채널 간 메시지의 일관성 정립

트리플 미디어의 통합 소통 전략을 위해서는 메시지의 일관성이 중요하다. 브랜드와 기업(조직)은 온드 미디어, 페이드 미디어, 언드 미디어를 통해 전달하는 메시지가 모두 일관성을 유지하는지 확인해야 한다. 이는 브랜드나 기업(조직)의 메시지, 가치 제안 및 클릭 유도 문구(Calls-To-Action,CTAs)가 모든 플랫폼에 걸쳐 일관성 있게 존재해야 함을 의미한다(Scott, 2015).

예를 들어, 브랜드가 신제품을 홍보하거나 혹은 정부나 지방 자치 정부에서 새로운 정책을 홍보하기 위해 페이드 미디어를 통한 유료 광고 캠페인을 운영하는 경우 자체 웹사이트(온드 미디어)의 랜딩 페이지에는 광고에 사용된 것과 동일한 메시지와 시각적 요소가 반영되어야 한다. 또한, 청중 리뷰를 통해서든 인플루언서의 보증을 통해서든 언드 미디어에서의 제품이나 정책에 관한 언급은 온드 미디어 및 페이드 미디어에서 전달되는 주요 홍보 포인트와 일치해야 한다.

➲ 페이드 미디어 및 언드 미디어를 통한 온드 미디어로의 트래픽 유도

성공적인 통합 소통 전략은 종종 브랜드 웹사이트나 소셜미디어 프로필과 같은 자체 온드 미디어로 트래픽을 유도하는 것에서 시작된다. 페이드 미디어 캠페인은 청중을 이러한 온드 미디어 자산으로 안내하도록 설계할 수 있으며, 여기에서 브랜드와 기업(조직)은 청중의 참여를 독려하고 온드 미디어로의 전환을 안내할 수 있다(Chaffey & Ellis-Chadwick, 2020).

예를 들어 기업(조직)에서는 특정 문제에 대한 해결책을 검색하는 청중을 타겟으로 페이드 미디어를 통한 유료 검색광고 캠페인을 시작할 수 있다. 광고는 청중을 기업의 웹사이트 랜딩 페이지로 연결, e-book을 다운로드 할 수 있도록 한다. 콘텐츠가 청중의 공감을 불러일으키면 청중은 이를 자신의 소셜미디어에 공유하여 미디어 노출을 창출하고 웹사이트에 더 많은 트래픽을 유도할 수 있다.

➲ 페이드 미디어를 통한 언드 미디어의 증폭

언드 미디어는 유기적으로 페이드 미디어의 활용을 통해 활성화가 가능하다. 예를 들어, 브랜드나 기업(조직)이 긍정적인 언론 보도나 청중의 리뷰를 받으면 이를 페이드 미디어를 활용하여 언드 미디어의 메시지를 더 많은 청중에게 확산할 수 있다(Baer, 2016). 이를 통해 브랜드나 기업(조직)은 미디어 활동으로 긍정적인 메시지의 도달 범위와 영향력을 극대화할 수 있다.

또한, 기업(조직)은 Instagram의 인기 인플루언서로부터 좋은 평가를 받을 수 있다. 이를 페이드 미디어의 유료 소셜미디어 광고를 활용함으로써 기업(조직)은 인플루언서의 게시물을 더 많은 청중에게 홍보할 수 있다. 이 전략은 브랜드가 페이드 미디어의 넓은 도달 범위를 활용하면서 언드 미디어의 진정성을 활용하는 데 도움이 된다.

3-3. 트리플 미디어 통합 전략에서 기술의 역할

기술 발전으로 인해 브랜드나 기업(조직)은 온드 미디어, 페이드 미디어, 언드 미디어의 활동을 더욱 쉽게 통합할 수 있게 되었다. 마케팅 자동화 플랫폼, 소셜 청취 도구 및 분석 소프트웨어를 통해 브랜드는 마케팅 프로세스를 간소화하고, 캠페인 성과를 모니터링하고, 미디어 통합을 실시간으로 최적화할 수 있게 되었다.

➲ 마케팅 자동화: HubSpot 및 Marketo와 같은 도구를 사용하면 온드 미디어의 콘텐츠 배포를 자동화하고 채널 전반에 걸쳐 일관성을 보장할 수 있다. 즉, 브랜드는 온드 미디어의 게시물, 이메일 캠페인, 블로그 업데이트를 페이드 미디어 캠페인 시작에 맞춰 운영할 수 있다.

➲ 프로그래밍 방식 광고: 브랜드는 프로그래밍 방식 광고 플랫폼을 활용하여 페이드 미디어 캠페인을 자동화하고 최적화할 수 있다. 이러한 플랫폼은 인공지능(AI)과 기계 학습을 사용하여 청중의 행동을 분석하고 적시에 적절한 대상에게 광고 메시지를 제공할 수 있다.

4. 트리플 미디어의 미래

디지털 마케팅이 계속 발전함에 따라 온드 미디어, 페이드 미디어, 언드 미디어 간의 경계가 점점 모호해지고 있다. 기술의 발전, 소비자의 행동 변화, 새로운 마케팅 트렌드는 브랜드와 기업(조직)이 트리플 미디어의 통합 전략에 접근하는 방식의 변화를 이루고 있다. 따라서 트리플 미디어의 미래를 형성할 주요 트렌드와 향후의 발전에 대해 살펴보고 소통 담당자가 이를 이끌어가기 위한 해법들을 살펴보겠다.

4-1 미디어 경계의 모호화와 미디어의 통합

과거에는 온드 미디어, 페이드 미디어, 언드 미디어의 구별이 상대적으로 쉬웠다. 온드 미디어는 브랜드와 기업(조직)에서 직접 관리하는 플랫폼을 의미하고, 페이드 미디어는 유료의 외부 광고를 포함하며, 언드 미디어는 제3자의 유기적 언급을 의미하였다. 그러나 미디어 환경이 더욱 통합되고 역동적으로 변하면서 이러한 구별은 사라지고 있다. 또한 TV, 라디오, 인쇄 미디어를 바탕으로 하는 기존의 전통적 매체가 비교적 쉽게 구분되는 반면, 디지털 미디어들은 세부적인 부분까지 복잡해지고 기술적인 이해가 필요해지고 있다(최환진 외, 2017).

일반적으로 온드 미디어로 구분되는 브랜드와 기업(조직)의 소셜미디어 페이지에는 이제 페이드 미디어 및 사용자 제작 콘텐츠(언드 미디어)가 포함될 수 있다. 이러한 경계의 모호화는 세 가지 유형의 특성을 모두 혼합한 하이브리드 미디어 형식을 만들어낸다. 하이브리드 형태의 미디어를 통해 소통 담당자는 각 미디어 유형의 고유한 이점을 원활하게 활용하여 더욱 응집력 있고 광범위한 캠페인을 만들 수 있다.

이 새로운 환경에서 성공하기 위한 열쇠는 온드 미디어, 페이드 미디어, 언드 미디어가 더 이상 각각의 미디어가 아니라 더 넓은 마케팅 생태계의 상호 연결된 요소라는 점을 이해하는 것이다. 소통 담당자는 통합적으로 생각하고 이러한 미디어를 소통 캠페인의 분리된 구성 요소가 아닌 보완적인 구성 요소로 생각하는 캠페인 전략을 개발해야 한다.

4-2. 인플루언서 마케팅의 부각과 트리플 미디어에 미치는 영향

최근 몇 년 동안 중요한 발전 중 하나는 페이드 미디어와 언드 미디어가 혼합된 인플루언서 마케팅의 등장이다. Instagram, YouTube, TikTok과 같은 소셜미디어 플랫폼에서 많은 팔로워와 구독자를 보유하고 있는 인플루언서는 브랜드와 기업(조직)에 대한 유기적인 콘텐츠를 통해 수익을 창출하는 동시에 유료 파트너십에 참여하는 것도 가능해졌다(Baer, 2016).

연구에 따르면 소비자의 63%는 브랜드의 콘텐츠보다 인플루언서의 추천을 더 신뢰하며, 58%는 인플루언서의 제안을 기반으로 제품의 구매를 했다고 한다(Chaffey & Ellis-Chadwick, 2020).

향후 브랜드와 기업(조직)이 메시지를 확장 시키기 위해 인플루인시를 보다 적극적으로 의존할 가능성이 커짐에 따라 인플루언서를 통한 소통은 트리플 미디어 전략에 더욱 중요해질 가능성이 높다. 이러한 추세는 국내의 공공소통 전략에서도 잘 나타나고 있다. 충주시의 경우 충주시 온드 미디어에 인플루언서 역할을 하는 소통 담당자(김선태 주무관)가 독창적인 아이디어가 있는 콘텐츠를 제작, 생성하여 높은 조회수와 구독자 수를 기록하고 있고, 양산시도 비슷한 유형의 소통 전략을 추진하여 좋은 반응을 얻고 있다.

4-3. 인공지능과 자동화가 트리플 미디어에 미치는 영향

트리플 미디어의 미래도 인공지능(AI)과 자동화의 영향력이 지속해서 확대될 것이다. 인공지능 기반 도구는 이미 트리플 미디어 채널 전반에서 콘텐츠를 생성, 배포, 최적화하는 방식을 변화시키고 있다. AI는 데이터 기반 알고리즘을 사용하여 소통 담당자가 미디어 지출 할당, 콘텐츠 개인화, 캠페인 효과 측정 방법에 대해 더 많은 정보를 바탕으로 최적의 결정을 내리는 데 도움을 줄 수 있다.

AI가 큰 영향을 미치는 영역 중 하나는 AI와 머신러닝 기술이 실시간으로 광고 구매 및 배치를 자동화하는 페이드 미디어의 한 형태인 프로그래밍 방식 광고이다. 프로그래밍 방식 광고를 통해 브랜드와 기업(조직)은 개인화된 광고를 통해 특정 잠재고객을 세분화하여 타겟팅하고 캠페인 성과를 최적화하며 미디어 지출 낭비를 줄일 수 있다. 이를 통해 실제 광고 미디어 구매 결정은 접속한 지 1초로 되지 않는 시간에 이뤄지고 있다(최환진 외, 2017).

AI는 또한, 더 나은 소셜 청취 및 정서 분석을 지원하여 브랜드가 획득한 미디어를 관리하는 방식을 개선하고 있다. Brandwatch 및 Hootsuite와 같은 도구는 AI를 사용하여 소셜미디어 플랫폼, 블로그 및 뉴스사이트 전반에서 브랜드와 기업(조직)의 언급을 모니터링하므로 소통 담당자는 언드 미디어를 실시간으로 추적하고 청중의 피드백에 효과적으로 대응할 수 있다(Baer, 2016). 이 기술은 영향력 있는 목소리를 식별하고 주요 옹호자와 관계를 구축하는 데 도움이 되므로 사용자 생성 콘텐츠에 의존하는 브랜드에 특히 유용하다.

앞으로 AI는 이러한 미디어 유형이 상호 작용하는 방식에 대한 보다 포괄적인 통찰력을 브랜드와 기업(조직)에 제공함으로써 트리플 미디어 환경을 더욱 통합할 것으로 예상된다. 예측 분석을 사용함으로써 고객 행동을 더 잘 예측하고, 더욱 정교한 데이터 기반 트리플 미디어 전략을 개발할 수 있을 것이다(Ryan & Jones, 2014).

참고문헌

김해석(2018). *VR/AR산업 현황 및 전망*. 서울:정보통신산업진흥원 이슈리포트.

박현수(2022). *광고미디어기획론(5e)*. 서울:한경사.

서범석(2001). *옥외광고론*. 파주:나남출판.

심성욱, 김운한, 신일기, 김신엽, 김상현(2019). *인터랙티브 광고론(2e).* 서울:서울경제경영.

안혜영, 윤혜영(2019). 5G시대에 혼합현실(MR)기술 기반을 활용한 도시재생 : 청주 이정골 신항서원 축제를 중심으로. *글로벌문화콘텐츠학회 학술대회 논문집*, 33-37.

오정석, 윤호창, 전현주, 고상미(2019). 가상현실의 새로운 인식에 관한 사유. *한국콘텐츠학회 종합학술대회 논문집*, 171-172.

이아름(2018). *혼합현실(Mixed Reality, MR)시장 및 산업동향*. 서울:융합정책연구센터.

장주연, 추호정, 박소윤(2019). 몰입형 가상현실 기술과 패션 유통. *한국유통학회 학술대회 발표논문집*, 224-227.

제일기획(2012). *트리플 미디어 전략*. 서울:흐름출판.

조희경, 김성훈(2019). 증강현실(AR) 기반 교육용 콘텐츠 디자인에 나타난 에듀테인먼트 콘텐츠 요소 연구. *한국디자인문화학회지, 25*(1), 441-452.

최환진 외(2017). *트리플 미디어 마케팅과 광고기획*. 서울:중앙일보플러스.

FKII 조사연구팀(2006) *소셜미디어(Social Media)란 무엇인가?*. 정보산업지, 53.

Baer, J.(2016). *Hug Your Haters: How to Embrace Complaints and Keep Your Customers.* Penguin Publishing Group.

Berger, J.(2013). Contagious: *How to Build Word of Mouth in the Digital Age.* Simon & Schuster.

Boyd, D. M., & Ellison, N. B.(2007). Social Network Sites: Definition, History, and Scholarship. *Journal of Computer-Mediated Communication, 13(1)*, 210-230.

Chaffey, D., & Ellis-Chadwick, F.(2020). *Digital Marketing:Strategy, Implementation, and Practice.* Pearson.

Kotler, P., & Keller, K. L.(2015). *Marketing Management.* Pearson.

Katz, E., & Lazarsfeld, P. F.(1955). *Personal influence: the part played by people in the flow of mass communications.* Free Press.

McQuail, D.(2010). *McQuail's Mass Communication Theory(6th ed.).* London:SAGE.

Lemon, K. N., & Verhoef, P. C.(2016) Understanding Customer Experience throughout the Customer Journey. *Journal of Marketing*, 80, 69-96.

Napoli, P. M.(2011). *Audience Evolution: New Technologies and the Transformation of Media Audiences.* Columbia University Press.

Pulizzi. J.(2013). *Epic Content Marketing: How to Tell a Different Story, Break through the Clutter, and Win More Customers by Marketing Less.* McGraw-Hill Education.

Ryan, D., & Jones, C. (2014). *Understanding Digital Marketing: Marketing Strategies for Engaging the Digital Generation.* Kogan Page.

Schultz, F., Utz, S., & Göritz, A.(2011). Is the Medium the Message? Perceptions of and Reactions to Crisis Communication via Twitter, Blogs, and Traditional Media. *Public Relations Review, 37(1),* 20-27.

Scott, D. M.(2015). *The New Rules of Marketing and PR: How to Use Social Media, Online Video, Mobile Applications, Blogs, News Releases, and Viral Marketing to Reach Buyers Directly(5th ed.).* John Wiley & Sons.

Shirky, C.(2008). *Here Comes Everybody: The Power of Organizing Without Organizations.* Penguin Press.

Tuten, T. L., & Solomon, M. R.(2017). *Social Media Marketing(3rd ed.).* SAGE Publications.

Waters, R. D., Tindall, N. T. J., & Morton, T. S.(2010). Media Catching and the Journalist–Public Relations Practitioner Relationship: How Social Media are Changing the Practice of Media Relations. *Journal of Public Relations Research, 22(3),* 241-264.

제 9 장

공공 소통 미디어

김정렴_대한법률구조공단 홍보실장

1. **전통 미디어** Traditional Media
2. **디지털 미디어** Digital Media
3. **옥외 미디어** Out-Of-Home Media
4. **대인 접촉 미디어** Interpersonal Media

정부 및 공공기관의 홍보 활동은 국민과의 소통을 통해 정책을 전달하고, 국민의 참여를 유도하며, 공공 복지를 증진시키는 중요한 역할을 한다. 공공소통의 기획과 실행 과정에 중요한 요소가 많겠지만, 미디어도 매우 큰 역할을 가지고 있다. 황근과 최일도(2013)는 정부 PR 담당자들이 미디어를 효율적으로 활용하지 못하고 있다고 지적한다. 정부의 정책 홍보 예산은 미디어 별 균형과 지역 안배라는 차원에서 분배되어 왔는데, 효율적 홍보를 위해서는 정책의 특성을 고려해 적절한 미디어를 찾아 활용해야 한다는 것이다. 공공소통 활동이 표출되는 다양한 형태 중 가장 쉽게 접하는 것이 미디어를 통한 방식일 것이다. 오래 전, 대중과의 관계 자체를 의미했던 홍보의 영어식 표현 public relations는 분명 목표 청중과의 직접적 관계를 통해 형성하는 시도에서 비롯되었을 것이지만, 목표 청중의 범위가 넓어지고 다수의 대중에게 손쉽게 도달할 필요성이 커지면서, 넓은 커버리지를 가진 미디어의 등장은 자연스럽게 강력한 도구가 되었다. 미디어는 공공소통에서 목표 청중에게 정보를 전달하고 교육하는 데 중요한 도구이다. 미디어를 통해 공공기관은 정책, 법률, 공공 서비스, 재난 대응 등 다양한 정보를 목표 청중에게 신속하게 전달할 수 있다. 그리고 미디어는 각 미디어의 성격에 맞는 고유한 역할이 있다. 예를 들어, 신문은 정부의 공식 발표나 정책 변화를 상세히 설명하는 데 효과적이며, 라디오는 긴급 상황에서 실시간으로 중요한 정보를 전달하는 데 유용하다. 디지털 미디어는 최신 정보를 빠르게 업데이트하고, 국민들이 쉽게 접근할 수 있게 한다.

공공소통에서 미디어는 다음의 기대효과를 가져온다. 첫째, 정부 및 공공기관은 미디어를 통해 기관의 목표와 가치를 전파할 수 있다. 이를 통해 국민들이 정부의 정책 방향을 이해하고, 그 중요성과 필요성을 인식하게 된다. 예를 들어, 환경 보호를 주제로 한 공익 광고 캠페인은 국민들에게 환경 보전의 중요성을 인식시키고, 환경 친화적인 행동을 유도할 수 있다. 이러한 캠페인을 통해 정부는 기관이 추구하는 가치와 목표를 국민들과 공유하고, 공공의 이익을 증진시킬 수 있다. 둘째, 미디어를 통해 기관의 신뢰를 구축하고 이미지를 강화할 수 있다. 투명하고 신뢰성 있는 정보를 지속적으로 제공함으로써 국민의 신뢰를 얻을 수 있다. 예를 들어, 정기적인 브리핑이나 공식 발표를 통해 목표 청중에게 정책의 진행 상황과 성과를 투명하게 공개할 수 있다. 또한, 위기 상황에서 신속하고 정확한 정보를 제공함으로써 신뢰성을 높일 수 있다. 신뢰를 바탕으로 한 이미지는 목표 청중의 지지를 얻는 데 중요한 역할을 한다. 셋째, 기관은 미디어를 통해 정책을 설득하고 찬반 의견을 수렴할 수 있다. 예를 들어, 공청회나 토론회를 통해 목표 청중의 다양한 의견을 듣고, 이를 정책에 반영함으로써 참여를 유도할 수 있다. 또한, 미디어를 통해 정책의 필요성과 이점을 강조함으로써 목표 청중의 지지를 얻을 수 있다. 이러한 과정은 민주적인 정책 결정에 기여하며, 소통을 강화하는 데 중요한 역할을 한다. 넷째, 미디어는 목표 청중의 사회적 참여를 유도하는 중요한 도구이다. 다양한 캠페인과 프로그램을 통해 수용자가 직접 정책에 참여하고, 자신의 의견을 표현할 수 있는 기회를 제공한다. 예를 들어, 온라인 설문조사나 소셜 미디어 캠페인을 통해 목표 청중이 정책에 대한 의견을 제출하고, 정책 결정 과정에 참여할 수 있다(황성원, 2010).

본 장에서는 공공소통에 활용되고 있는 주요 미디어에 대해 설명하고자 한다. 공공소통에 자주 활용되는 미디어의 역사, 역할, 변화 등을 살펴본다. 공공소통을 위해 이용되는 미디어가 민간 기업의 상업적 목적의 미디어와 완벽하게 구분되지는 않는다. 미디어 자체의 차이라기 보다는 미디어 이용, 메시지 및 표현의 차이라고 이해할 수 있다. 공공소통에 주로 활용되는 미디어에 대해 여러 학자들과 전문가들은 일반적으로 미디어의 속성, 도달, 목적 등에 따라 다음과 같이 분류해 왔다.

1. 전통 미디어 Traditional Media

문자 그대로 전통이라는 단어가 보여주는 것처럼 오랫동안 공공소통에 활용되어 온 미디어를 통칭하는 개념으로 사용된다. 일반적으로 온라인, 디지털 등 뉴미디어의 상대적 관점에서 전통미디어로 불리며, 인쇄(print) 미디어, 방송(broadcast) 미디어로 크게 구분한다. 사실 뉴미디어라는 용어가 특정 시점에는 없던 새로이 등장한 것을 의미하는 new 라는 수식어처럼 인쇄, 방송 미디어 역시 처음 소개된 당시에는 새로운 미디어였다는 것은 주지의 사실이다. 인간의 창의와 새로운 표현에 대한 욕구는 다양한 형태의 인쇄 미디어를 탄생시켰고, 대표적인 것으로 포스터, 브로셔, 팜플릿, 뉴스레터, 신문, 잡지 등이 이에 해당한다. 인류의 등장과 언어의 존재에도 불구하고 목표 청중에게 정보를 제공한 가장 단순한 차원의 인쇄물로 시작하였지만, 대량 생산이 가능한 목판, 금속판은 인쇄 미디어의 확산을 가속화했고 가장 오랫동안 활용된 미디어로 존재하고 있다.

1-1. 인쇄 미디어

a.포스터

홍보 포스터는 정보를 전달하고 대중의 관심을 끌기 위해 사용된 시각 매체로, 다양한 역사적 배경과 변천 과정을 거쳐 왔다. 이미 고대 그리스에서는 벽에 부착된 공고문 방식으로 정보 전달 역할을 했고, 중세 유럽에서도 손으로 직접 작성한 포스터가 공지사항을 알리는데 활용되었다. 프랑스인 쥘 세레(Jules Chéret)는 화려하고 역동성 있는 화풍으로 상업 포스터를 제작하여 파리의 거리 문화를 형성하여 훗날 현대 포스터의 아버지로 불렸다(Hamilton, 2008).

쥘 세레의 포스터
*이미지출처: https://auctions.posterauctions.com/lots/view/1-1LU21Y/palais-de-glace-1893

포스터는 전 세계가 격랑에 빠진 1, 2차 세계 대전을 거치며 공공홍보의 수단으로서 활용 빈도가 시작했다. 군인을 공개 모집하고, 대중을 거리로 이끌었고, 그들의 마음을 움직여 정부가 의도하는 메시지를 전파할 수 있는 중요한 역할을 했다. 대표적으로 2차 세계 대전 당시 미국의 선전 포스터 'We Can Do It'은 웨스팅하우스일렉트릭 사의 J. 하워드 밀러가 노동자와 근로자의 사기를 높이기 위해 제작했다(Knaff, 2014).

우리나라 공공소통의 과정에도 포스터는 자주 활용되었다. 근대화 과정에서 상당히 많은 계몽적 캠페인이 정부에 의해 시도되었다. 선거에서의 투표 독려, 교통안전 및 출산장려의 목적으로 포스터가 길거리 곳곳에 부착되었고, 캠페인을 위한 포스터 공모전이 전국의 초, 중, 고교 학생을 대상으로 수시로 실시되었다(심성욱 외, 2015).

정리하면, 홍보 포스터는 초기에는 단순한 공고문에서 시작하였지만, 산업 혁명과 인쇄 기술의 발전을 통해 다양한 형태로 발전했다. 20세기에는 예술적 가치를 인정받고, 전쟁과 사회 운동에서 중요한 역할을 했다. 비록 길거리에 부착되는 포스터를 흔히 볼 수 없게 되었지만, 포스터는 디지털 기술로 등장한 소셜미디어에서 한 컷, 카드뉴스와 같은 표현물의 원형으로서 여전히 그 생명을 유지하고 있다.

J.하워드 밀러의 We Can Do It 포스터
*이미지출처: https://ko.wikipedia.org/wiki/We_Can_Do_It!

1950년 제작된 교통안전포스터.
*이미지출처: https://www.donga.com/news/Culture/article/all/20100819/30600917/9

1948년 5월 10일에 실시된 남한 총선거의 벽보용 선거 홍보물
*이미지출처: 국립민속박물관

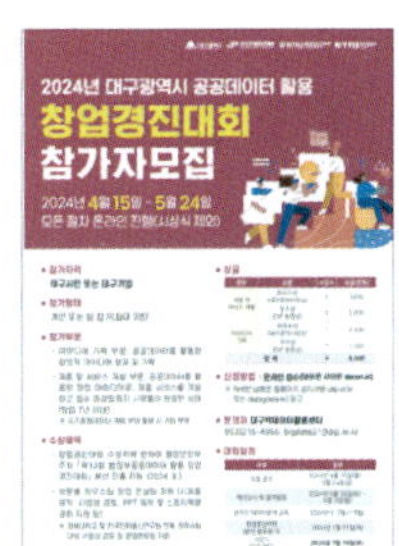

2024년 대구시 창업경진대회 포스터
*이미지출처: 대구광역시 SNS

b.브로셔

브로셔는 제품, 서비스, 행사, 또는 조직에 대한 정보를 제공하기 위해 만들어진 인쇄 미디어이다. 다양한 형태와 크기로 제작되는데, 흔히 단면(one-page brochure), 양면(two-page brochure), 삼단 접지(tri-fold brochure)등이 활용된다. 브로셔의 기원은 19세기 말에서 20세기 초로 알려져 있다(Twyman & McLean, 1970). 산업화와 함께 폭발적으로 증가한 상업 광고의 필요성은 브로셔를 등장하게 했다. 대량으로 생산함에도 불구하고 저렴한 비용 효율성, 목적에 맞게 변형이 유연한 용의성, 충분한 정보와 시각적 요소를 포함할 수 있는 공간적 가치 등은 브로셔를 중요한 미디어로 인식하게 했다.

1900년대 워싱턴 여행 안내 브로셔
*이미지출처: https://www.ebay.ph/itm/256190198468

인쇄 기술의 발달은 당연히 브로셔의 제작에도 큰 영향을 미쳤다. 흑백으로 제한된 표현수준에 머물던 브로셔는 컬러 기술이 도입되면서 더욱 화려하고 주목도 높은 미디어로 성장하게 된다. 기업들은 브로셔를 통해 제품과 서비스를 상세히 설명하고, 고객의 관심을 끌기 위해 창의적인 디자인을 채택했다.

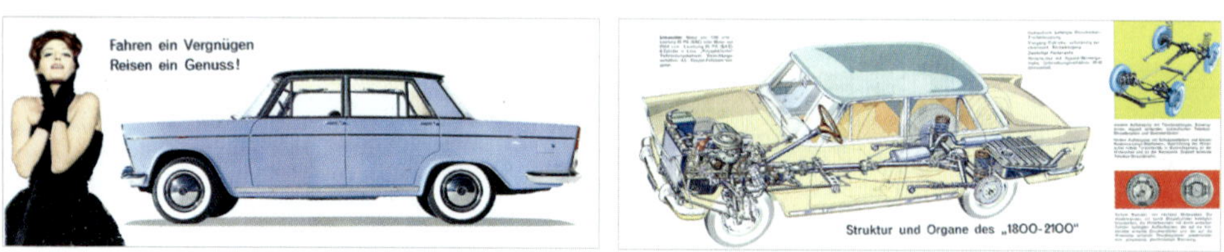

1950년대의 피아트1800-2100 브로셔
*이미지출처: 1950년대의 피아트1800-2100 브로셔

기업의 상업적 이용과 더불어 정부가 공공 정보를 효과적으로 전달하기 위해 브로셔를 사용하기 시작한 시기는 19세기 정도로 알려져 있다(Twyman, 1998).

브로셔는 정부의 다양한 정책 프로그램, 공공 서비스 등을 국민들에게 알리는 데 중요한 역할을 해왔다. 19세기에는 전염병 예방과 보건, 위생 정보 제공의 목적으로, 두 차례의 세계 대전 기간에는 포스터와 마찬가지로 전쟁 참여 독려, 자원 절약 등의 목적에 많이 사용되었다. 그리고 1930년대 대공항 시기에는 정부가 국민에게 제공하는 사회 복지 프로그램 정보를 전하는 중요한 수단으로 이용했다(Petty,& D'Rozario, 2009).

2차 세계대전 영국의 Keep Calm and Carry On 캠페인 브로셔
*이미지출처: https://www.forces.net/news/keep-calm-and-carry-phrase-you-dont-know-well-you-think

우리나라도 시대별로 주요 의제였던 공중 보건, 사회 복지, 공공 안전, 환경 보호 등 다양한 목적으로 브로셔는 중요한 역할을 해왔다. 2021년 전 세계를 강타한 코로나19와 같은 감염병은 특히 많은 정보를 필요로 하기에 세세한 정보를 담은 브로셔가 최근까지도 활발하게 활용되고 있다. 21세기 들어 디지털 미디어의 발달로 전통적인 인쇄 브로셔는 디지털 브로셔로 진화하며 활용성이 더욱 다양해지고 있다.

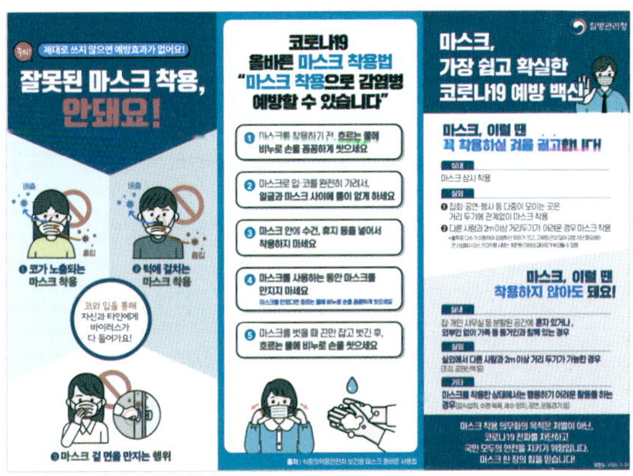

대한민국 정부의 코로나19 브로셔
*이미지출처: https://kdca.go.kr/gallery.es?mid=a20503020000&bid=0003&tag=&nPage=68

c. 신문

기업의 마케팅이든, 공공의 소통이든 효과를 높이기 위해서 미디어는 필수적으로 이용될 수 밖에 없다. 효과의 크기는 미디어의 가치에서 비롯된다. 역사상 어떤 인

쇄미디어보다 가장 영향력이 큰 미디어로 신문이 빠질 수 없을 것이다. 공공소통에서 신문이 가진 의미를 이해하기 위해서는 신문이라는 미디어에 대한 이해가 우선해야 한다. 신문이 갖는 가장 큰 가치는 바로 신뢰와 권위라고 할 수 있다. 신문의 신뢰는 여러 측면에서 확보되는데, 우선은 그 역사에서 찾을 수 있다. 지난 수 세기 동안 정보를 전달해 온 매체로, 오랜 역사와 전통은 신문의 신뢰성을 높이는 데 기여한다. 긴 역사를 가진 신문사는 축적된 경험으로 신뢰할 수 있는 보도를 제공해왔다(Kovach, & Rosenstiel, 2021). 때론 신문사의 자의적 왜곡이 있는 경우라도, 보편적인 저널리즘 윤리에 따라 공정성, 정확성, 독립성을 유지하기 위해 노력한다(Carlson, 2017). 사실에 기반한 보도를 하고, 이해 상충을 피하는 등의 윤리성에 민감하다. 그리고 엄격한 편집 기준을 적용하여 기사의 사실 확인, 교차 검증 등 잘못된 정보가 전달되는 것을 최소화하기 위해 노력한다. 또한, 각 분야별 전문 기자와 편집진을 두어, 심도 있는 취재, 분석으로 신뢰성 있는 보도를 제공한다. 물론 신문사는 법적 책임을 지고, 명예 훼손, 허위 사실 보도 등으로 자유로울 수 없는 기업이기에 이 또한, 신중한 보도로 신문의 신뢰성을 높이는 중요한 부분이다. 신문의 여러 장점 중, 복잡한 주제에 대해 심도 있는 설명을 제공할 수 있는 지면이 있기에 다양한 관점을 제시하는 매력이 있다. 다양한 연령대와 사회적 배경을 가진 독자층에게 도달할 수 있는 광범위한 네트워크로 설명되는 방대한 도달력 자체가 언론으로서의 영향력과 광고수단으로서의 강점을 갖게 만들었다.

공공소통에서 신문이 활용되는 것에는 여러 의미와 목적이 있을 수 있다. 몇 가지 구분해보면 첫째, 정보 전달과 대중 교육이다(McQuail, 2010). 정부를 포함한 공공기관은 신문을 활용하여 정책, 프로그램, 사회적 이니셔티브 등에 대한 정보를 효과적으로 전달할 수 있다. 이는 대중에게 정확하고 신속하게 정보를 제공함으로써, 기관의 이슈에 대한 인식과 이해를 증진시키는 데 도움을 준다. 둘째, 기관의 목표와 가치를 전파한다(Graber , 2002). 신문을 통한 홍보는 기관의 핵심 가치와 목표를 강조하고 홍보할 수 있는 효과적인 방법이다. 예를 들어, 경제 발전, 국가 안보, 사회 평등 등의 주제에 대한 기관의 관점과 접근 방식을 설명하고 이를 대중에게 전파함으로써, 정책 실행에 대한 지원을 유도할 수 있다. 셋째, 신뢰 구축과 이미지 강화이다(Lee, 2008). 기관은 신문을 통해 자신의 업적과 성과를 공유하면서, 공공적 신뢰와 이미지를 강화할 수 있다. 이는 기관의 투명성과 성실성을 강조하고, 시민에게 신뢰감을 부여하는 데 기여할 수 있다. 넷째, 정책 설득과 찬반 획득의 목적에 용이하다(Edelman, 1988). 기관은 신문을 활용하여 특정 정책이나 결정의 이점을 설득하고, 관련된 논쟁이나 반대 의견에 대한 해명을 제공할 수 있다. 이는 대중의 지지를 얻거나, 정책의 논리를 설득력 있게 전달함으로써 기관의 정책 실행을 용이하게 할 수 있다. 마지막으로 시민의 사회적 참여를 유도한다(Putnam, 2000). 기관은 신문을 통해 다양한 사회적 이니셔티브나 프로그램에 대해 대중에게 알리면서, 사회적 참여와 협력을 유도할 수 있다. 이는 시민이 기관의 이니셔티브에 적극적으로 참여하고 지원하는 데 도움을 줄 수 있다.

정부가 신문을 홍보 수단으로 활용한 역사는 인쇄기술이 발달하기 시작한 17세기까지 거슬러 올라간다(Sommerville, 1996). 1605년 독일의 요한 카롤루스(Johann Carolus)가 스트라스부르에서 발행한 “The Relation”은 세계 최초의 정기 간행물로 알려져 있다. 이 신문은 국제 소식과 함께 정부 공지사항도 포함하여, 초기 공공소통에서 신문의 역할을 보여주었고, 프랑스에서는 1631년에 창간된 “La Gazette”가 프랑스 정부의 입장을 대중에게 전달하는 역할을 했다. 창립자 테오프라스트 렌도(Theophraste Renaudot)는 정부의 허가를 받아 신문을 발행했으며, 이는 정부와 대중 간의 정보 전달 수단으로 활용되었다(Pettegree, 2014). 두 나라의 사례는 민간 신문을 정부가 활용한 것으로, 이후 60년 정도 지난 영국에서

Relation:
Aller Fürnemmen, vnd gedenckwürdigen Historien / so sich hin vnnd wider in Hoch vnnd Nieder Teutschland / auch in Franckreich / Italien / Schott vnd Engelland / Hisspanien / Hungern / Polen / Siebenbürgen / Wallachey / Moldaw / Türckey / etc. Inn diesem 1609. Jahr verlauffen vnd zutragen möchte.

Alles auff das trewlichst wie ich solche bekommen vnd zu wegen bringen mag / in Truck verfertigen will.

세계 최초의 신문으로 알려진 The Relation
*이미지출처: https://en.wikipedia.org/wiki/Johann_Carolus

Numb. 85.

The London Gazette.

Published by Authority.

From Monday, Septemb. 3. to Monday, Septemb. 10. 1666.

White-hall, Sept. 8.

The ordinary course of this Paper having been interrupted by a sad and lamentable accident of Fire lately hapned in the City of *London*: It hath been thought fit for satisfying the minds of so many of His Majesties good Subjects, who must needs be concerned for the Issue of so great an accident, to give this short, but true Accompt of it.

영국 정부 발행 신문 The London Gazette

*이미지출처: https://www.thegazette.co.uk/London/issue/85/page/1

나폴레옹의 기사가 실린 Le Moniteur Universel

*이미지출처: https://www.thegazette.co.uk/London/issue/85/page/1

는"The London Gazette"라는 공식 정부 신문이 창간되었다. 영국 정부의 공식 공지, 법률, 조례, 명령 등을 대중에게 전달하는 역할을 했는데, 이는 정부 간행 신문을 통해 정책을 홍보하고 대중에게 중요한 정보를 전달하는 수단으로 사용된 초기 사례 중 하나이다(Sommerville, 1996).

신문은 막강한 영향력을 발휘하며 이후에도 역사적으로 중요한 사건들과 함께 공공소통 분야에서도 발전해왔는데, 미국에서도 조지 워싱턴 대통령은 자신의 행정부가 추진하는 정책을 대중에게 알리기 위해 신문을 적극 활용했다(Pasley, 2002). 1800년대 초 나폴레옹은 정부의 공식 신문인 Le Moniteur Universel을 통해 정책과 전쟁 소식을 전파했다(Bell, 2009). 세계 대전과 냉전 시대를 거쳐 현대에 이르기까지 신문은 공공소통 분야의 영향력을 지켜오고 있다. 우리나라 역시 정부는 신문을 중요한 홍보 및 정보 전달 수단으로 활용해 왔다. 건국 초기의 국가 건설과 정책 홍보에서부터, 경제 개발, 민주화, 외교 정책, 그리고 최근의 코로나19 대응에 이르기까지, 신문은 정부가 대중과 소통하고 지지를 얻기 위한 중요한 매체로 기능해 왔다.

공공소통의 목적으로 신문을 활용하는 방법은 크게 2가지로 나눌 수 있다. 첫째는 언론사가 발행하는 신문에 광고비를 지불하고 광고를 집행하는 것, 둘째는 직접 신문을 발행하는 방식이다. 전자의 형태는 국가기관의 경우 한국언론재단을 통해, 기타 기관의 경우 적절한 방법으로 특정 미디어를 지정하여 광고를 집행하는 방법인데, 이는 공공소통 광고 챕터에서 자세히 다루게 될 것이다. 정부 및 공공기관이 신문을 직접 제작, 발행하는 것은 광고의 형식이 아닐뿐더러, 기관 스스로 편집권을 가지고 있기 때문에 다양한 형식으로 정책이나 성과 등을 알리기 용이하여 정부 기관에서는 적극 활용하고 있다. 통계가 공개되지 않아 전국 지방자치단체의 신문 현황을 파악하기는 어렵지만, 많은 광역, 기초 단체는 소식지를 발행하는 것으로 알려져 있다.

지방자치단체 소식지 예시

*이미지출처: 부산광역시 / 춘천시 홈페이지

디지털 미디어의 등장으로 공공소통 환경이 변화되었지만, 전통적으로 신문 미디어가 기여해 온 '의제설정' 기능이 약화된 것은 아니다(성기연, 2022). 언론진흥재단의 '2021 언론수용자 조사'의 뉴스 미디어 형태별 신뢰도는 TV가 가장 높고(3.74점), 신문(3.37점)이 뒤를 이었다. 소셜미디어는 2.88점에 그쳤다. 또한, 경기도 31개 시·군 공보담당자들을 대상으로 지방정부의 정책 홍보에서 언론과 SNS의 효과 차이를 조사한 연구에 따르면, 지방정부의 정책 홍보에 SNS 활용이 대폭 늘어났음에도 불구하고, 언론을 대상으로 한 공공소통이 정책 홍보에 더 도움이 된다고 평가했다(김규식·오대영, 2021).

d. 잡지

잡지는 인쇄 기술의 발달과 사회적 변화와 밀접하게 연관되어 있다. 이는 다른 인쇄 미디어의 발전 과정과 크게 다르지 않다. 잡지는 다양한 주제를 다루며, 특정 독자층을 대상으로 정보를 제공하고 유희적인 요소를 담고 있다. 잡지의 역사를 간단히 살펴보면, 1663년 독일의 요한 라인하르트(Johann Rist)가 학문적 내용을 다루는 세계 최초의 월간 잡지 'Erbauliche Monaths-Unterredungen'을 출판했

Erbauliche
Lieder-Samlung
zum
Gottesdienstlichen Gebrauch
in den
Vereinigten Evangelisch Lutherischen
Gemeinen
in
Nord-America;
Gesamlet, eingerichtet und zum Druck be-
fördert durch die gesamten Glieder
des hiesigen
Vereinigten Evangelisch Lutherischen
Ministeriums.
29359
Erste Auflage.
Germantaun,
Gedruckt bey Leibert und Billmeyer, 1786

에르바이슈 게덴크베르디카이텐(Erbauliche Monaths-Unterredungen) 표지

*이미지출처: https://en.wikipedia.org/wiki/Erbauliche_Monaths_Unterredungen

젠틀먼스 매거진(The Gentleman's Magazine) 표지

*이미지출처: https://www.abebooks.com/Gentlemans-Magazine-Historical-Chronicle-Volume-XIX/521512067/bd

다(Frank,& Fisher, 1999). 이보다 한참 후인 1731년 영국에서 '젠틀먼스 매거진(The Gentleman's Magazine)'이 출판되었는데, 에드워드 케이브(Edward Cave)에 의해 창간된 이 잡지는 다양한 주제의 기사를 담고 있어 현대 잡지의 전형을 보여준다는 평가를 받고 있다(Black, 1994). 10여년이 지난 1741년 미국에서는 벤자민 프랭클린이 '더 제너럴 매거진(The General Magazine)'을 창간했고, 같은 해, 앤드류 브래드퍼드는 '아메리칸 매거진(American Magazine)'을 발행했다(Richardson, 1978). 신문의 역사가 1600년대 초반인 점을 고려하면 잡지 역시 비슷한 시기에 태동했다고 볼 수 있다.

정책 홍보에 잡지를 활용한 역사는 정책 메시지를 전달하고 국민과 소통하기 위한 정부와 공공기관의 중요한 전략 중 하나였다(Cutlip, et al., 1994). 잡지는 심층적인 정보 전달과 고급스러운 편집으로 정책 홍보에 효과적인 역할을 해왔다. 세계 대전, 국가 보건, 냉전 시대 체제 우수성을 위한 프로파간다 등 근 현대사의 중요한 역사적 순간에 잡지는 항상 중요한 수단으로 이용되었다(Chapman, 2000). 우리나라에서도 경제 개발, 새마을 운동, 문화 정책 등 다양한 정책 홍보에 중요한 역할을 해왔다. 신문과 마찬가지로 잡지 역시 인지도가 높은 기성 잡지에 정부의 목적하는 바를 제작, 게재하는 광고의 방식과 정부가 주도하는 잡지를 창간하여 폭넓게 활용하는 방식으로 구분할 수 있다.

대표적으로 국정 소통을 총괄하는 문화체육관광부 국민소통실에서 발행하는 K-공감은 2009년부터 발행해온 정부대표 정책주간지이다. 국민에게 다양한 정책 정보를 제공하고, 정부의 주요 정책을 쉽게 이해할 수 있도록 돕기 위해 만들어졌다.

문화체육관광부 K-공감, 서울시 정책 홍보 잡지 서울사랑 표지
*이미지출처: 문화체육관광부, 서울시 홈페이지

많은 독자를 가진 잡지의 광고 만으로는 한계가 있는 지면 이슈를 극복함으로써, 정부의 주요 정책을 상세히 소개하고 배경, 목적 등을 구체적으로 설명한다. 또한, 정부의 입장을 설명하는 일방적 기사가 아니라 여러 분야의 전문가의 시각과 의견을 제공하는 우회적 방식의 콘텐츠도 제작하고 있다. 정책 홍보 잡지는 국민들이 정부의 정책을 쉽게 이해하고, 그 중요성과 효과를 알게 하는 데 도움을 주고, 국민이 정책에 참여하고, 정부의 활동에 관심을 가질 수 있도록 유도하며 정부와 국민 간의 소통을 강화하여, 신뢰를 구축하고 더 나은 정책 실행을 도모하는데 기여한다.

중앙 정부뿐만 아니라 지방자치단체도 자체적으로 잡지를 발행하여 지역 주민들에게 정책, 행사, 생활 정보 등을 알리고 있다. 예를 들어, 서울특별시는 ‘서울사랑’이라는 잡지를 발행하고 있는데, 서울시의 정책과 문화 소식을 전하고 있다. 지방자치단체의 잡지 발행에 관한 정확한 통계는 집계되지 않아 예산, 발행부수, 운영 기관 등을 자세히 알 수는 없으나, 상당한 기관이 운영하는 걸로 추정되고 있다.

정부 기관 외에도 공공소통의 중요한 주체 중 하나인, 다수의 공공기관 역시 잡지를 홍보에 많이 활용하고 있다. 월간, 격월, 계간 등 기관의 상황에 따라 발행되는 잡지는 민간 기업의 사보와 거의 유사한 성격이다. 회사 혹은 기관의 구성원, 가족, 주주를 대상으로 하는 사내보에서 출발했지만 대외 홍보의 필요성이 강조되면서 소통의 목적으로 발간하는 커뮤니케이션 도구로 사외보의 성격이 강해졌다(박애순, 2018). 공공기관의 궁극적인 목적은 설립 목적을 성실하게 수행하는 데 있고, 이윤 추구 목적의 기업과 달리 시장경쟁에서는 비교적 자유로운 편이지만 설립 목적을 얼마만큼 성실히 수행하느냐에 따라 국가 정책 전반의 성공 여부를 판가름하는 잣대가 되기도 한다. 자연스럽게 공공기관이 설립 목적을 달성하기 위해서는 정부와 마찬가지로 목표 공중에게 정책에 대한 관심을 갖도록 유도하고 참여를 이끌어 내는 것은 매우 중요한 일이라 할 것이다. 공공기관과 목표 공중의 관계 형성이 중요하고, 우호적인 관계 형성을 통해 기관에 대해 긍정적 이미지를 인식하게 하고, 기관이 수행하는 역할에 호의를 가지고 참여할 수 있기 때문이다. 이런 차원에서 잡지 형태의 간행물은 목표 공중과 감성적으로 만날 수 있는 중요한 커뮤니케이션의 한 방법으로 기관과 공중을 연결하는 대표적인 출판으로 이용되고 있다. 이런 기관지 성격의 잡지 간행물은 행정안전부 국가기록원의 「공공기록물관리에 관한 법률」제22조 및 동 시행령 제55조의 규정 에 따라 관할영구기록물관리기관에서 발간등록번호를 부여 받아 간행물에 표기하고 관리 받고 있다(행정안전부, 2023). 사내 발간 잡지는 기관 안내 책자, 팜플렛, 포스터 등과 함께 홍보성 간행물로 구분되어 있다.

공공기관 사보 이미지
*이미지출처: 한국조폐공사, 한국원자력환경공단, 한국토지주택공사 홈페이지

오랫동안 신문과 더불어 간행물로서 목표 청중과의 우호적 이미지를 형성하기 위해 활용된 잡지는 디지털 기술의 변화를 적극적으로 받아들여, 온라인 플랫폼을 통해 더 넓은 독자층과 효과적으로 소통하는 방식으로 진화하고 있다.

1-2. 방송 미디어

a. 텔레비전

미디어의 발전은 기술의 발전에서 비롯되는 경우가 대부분이며, TV 역시 이와 같은 패턴에서 등장했고 당시 이용자에게 상당한 놀라움을 안겼다. 1927년 세계 최초의 전자식TV 방송이 미국에서 실시되었고, 필로 판스워스((Philo Farnsworth)가 TV 송출을 시도했다(Abramson, 1987). 정기적 TV 방송의 시작은 1936년 영국 BBC에 의해 주도되었다. 본격적인 TV의 상업적 발전과 대중화는 2차 세계대전 이후로 미국의 방송 네트워크 확장으로 일반 가정에서의 TV 시청이 가능해졌다. 1950년대 들어 탄생한 혁명적 변화인 컬러TV의 등장은 방송 콘텐츠의 질적 향상을 가져왔고 TV가 대중 매체로 자리 잡는데 기여했다. 우리나라에서도 1961년 한국방송공사(KBS), 문화방송(MBC)이 설립되어, TV 방송이 시작되었다. 우리나라의 컬러TV 보급은 1980년대 본격화되었고, 1988년 서울올림픽과 같은 대형 이벤트의 TV중계 등의 계기로 TV는 국민의 삶에 뿌리깊게 자리매김한다.

TV에 중계되고 있는 서울올림픽 개막식
*이미지출처: https://bravo.etoday.co.kr/view/atc_view/4486

미디어의 영향이 커질 수록 정부 및 공공기관의 TV 활용은 많아졌다. TV 역시 신문과 마찬가지로 기관이 직접 소유하는 방식, 기성 미디어를 활용하는 2가지로 크게 나눌 수 있지만, 인쇄 간행물과 달리 영상 기반의 TV는 기관이 직접 보유하여 미디어로 운영하기에는 상당한 자원이 필요하다. 영상 콘텐츠 기획, 촬영, 편집, 미술, 송출 등 여러 분야의 전문가 집단이 필요하고 송출이 가능하다 하더라도 기술적 운영, 마케팅 등 많은 인력과 예산이 필요하기 때문이다. 우리나라 공공기관이 TV형태의 채널을 보유한 경우는 대한뉴스로 잘 알려진, 1948년 대한민국 정부 수립 후 발족된 공보처 공보국 영화과로 출범하여 현재는 한국정책방송원(KTV)로 알려진 정부 기관이 있다. 한국정책방송원의 모태가 된 초기 우리나라는 1953년에서 1994년까지 대국민 정부 PR의 일환으로 <대한뉴스>를 제작 및 상영했다. 고유한 채널은 갖고 있지 않았지만, 이 당시 제작된 <대한뉴스>는 우리나라 정부의 중요한 대국민 홍보 콘텐츠로 영화관, 공공기관 그리고 TV방송을 통해 송출되었다(이동기, 박종민, 2011). 국회사무처에서 운영하는 국영방송인 국회방송은 1995년부터 국회 본회의장 내선 CCTV 실황중계가 시초였다(김광호, 이옥기, 신명희, 2007). 한국정책방송원과 국회방송은 현재는 케이블, 위성, IPTV에서 독자적인 채널을 운영하고 있다. 하지만, 두 채널은 방송 채널의 평가 기준인 시청률 관점에서 상업 방송과 비교해 높은 시청률을 얻고 있지는 못하기 때문에 정부의 홍보는 광고 형태로 운영되는 경우가 많다.

대한뉴스 이미지

*이미지출처: 대통령기록관

궁극적으로 광고는 기관 자체의 이미지를 강화하기도 하고, 목표 청중에 메시지를 전달하여 행동 변화를 이끌어 낼 수 있는 장점 때문에 TV역시 많이 활용되고 있다. 정부 및 공공기관은 광고라는 수단으로 공중에 대한 소통을 통해 보건, 사회, 정치, 문화적 차원의 다양한 대의 명분을 촉진한다(송기인·안주아, 2006). 공공기관의 광고 유형은 크게 공익광고와 정부광고로 나눌 수 있다(김범수, 유현재, 2014). 공익광고와 정부광고는 국민을 대상으로 계몽적 가치를 전달하거나 사회적 메시지를 전달한다는 점에서 공통점이 있지만, 광고의 기능과 역할에서 차이점이 있다. 우리나라 정부 광고는 1972년 국무총리 훈령 제102호를 기반으로 제정, 공포되었다(김영욱, 2010). 1974년 5월 이후 국무총리 훈령 제 120호에 근거하여 국민을 대상으로 하는 소통 활동이 시작되었다.

중앙행정기관, 지방자치기관, 정부투자기관, 국영기업 그리고 특별 법인 등 공무를 담당하는 기관은 국민을 상대로 광고의 방식으로 매스미디어를 통해 메시지를 전달한다. 개별 기관마다 다양한 주제를 가지고 광고의 형태로 제작하여 한국언론진흥재단을 통해 송출한다. 정부의 광고는 국가비전, 가치관에 대한 인식 제고, 국민의 자긍심 제고, 정부의 국정 목표 및 철학에 대한 인식 제고, 정부 주요 정책에 대한 인식제고, 정부 기관의 대국민 서비스 인지도 제고, 마지막으로 국정 이슈와 위기 관리 차원에서 집행되고 있다(국정홍보처, 2004). 정부 광고는 행정 광고, 시책 홍보 광고, 의견 광고, 긴급 쟁점 광고, 상품 및 서비스 광고 등 다양한 종류로 구분된다(한국언론재단, 2000). 국내 정책광고의 주요 주제에 관한 연구를 살펴보면, 우리나라 정부는 정책의 기안과 시행을 위해 정보를 제공하여 국민을 설득하고 국민과의 지속적 의견교환으로 정부 정책에 대한 지지, 참여를 높이기 위한 목적으로 정책광고를 활용했다(김지혜, 2016). 정부 정책광고의 긍정적 평가는 많은 정부 기관에서 정부 정책을 알리는 수단으로 채택하게 했다. 정책 광고의 주요 주제로는 환경문제 환기, 국민의 자존감 고취, 질병 예상, 출산과 근로 장려 등이 가장 많이 이용되고 있다(김병희, 손영곤, 김지혜, 2016).

이에 비해 공익광고는 사회 구성원의 협력을 이끌어 내, 공공의 이익과 복지추구, 건전한 사회 발전을 도모하기 위한 인간 존중의 정신이 기저에 있고, 사회와 공동체 발전을 위한 의식 개혁이 목표인 경우가 많으며(유종숙, 2004), 휴머니즘, 비영리성, 비정치성, 공익성의 특징을 가진다(최윤희, 2008). 우리나라 공익광고는 대표적인 사회 마케팅의 메시지로 인식되었고, 정부 정책광고의 메시지 전략 수립에까지 다양한 시사점을 주었다. 공익광고는 한국방송광고진흥공사(KOBACO)의

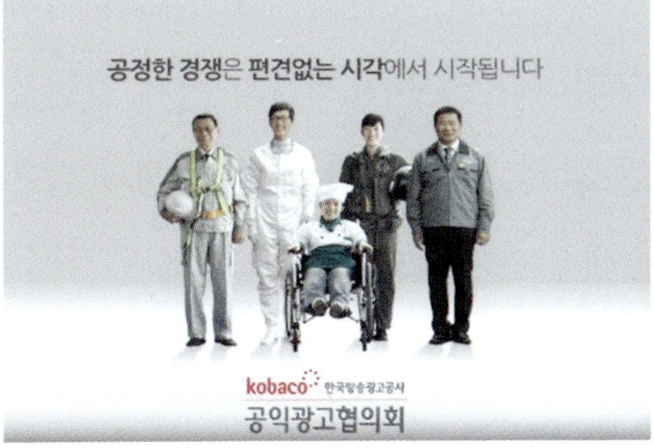

공익광고 사례

*이미지출처: 한국방송광고공사

공익광고협의회가 기획, 제작, 송출을 전담하고 있다. 첫 출발은 1981년 '저축으로 풍요로운 내일을' 편이었고, 흡연, 약물남용, AIDS 예방, 음주운전 예방, 인전벨트 착용 등 개인의 행동 변화와 사회적 정책형성의 공감대를 얻는 의도가 많았다. 2024년 3월에 이르기까지 공익광고는 모두 442건이 제작, 방영되었다(김범수, 유현재, 2014). TV는 디지털 시대에 접어들어 시청률이 감소하고 있음에도 불구하고 소셜미디어에 비해 고품질의 콘텐츠 가치와 오랫동안 미디어의 강자로 군림해온 누적된 역량으로 여전히 공공의 소통에 중요한 도구로 인식, 사용되고 있다.

b. 라디오

TV와 더불어 라디오는 공공소통에 활용되는 대표적인 방송 미디어 중 하나이다. 1920년 미국에서 세계 최초의 상업 라디오 방송국 KDKA가 개국했고, 우리나라는 1927년 경성방송국 JODK가 설립되었다(김영희, 2002). 간단한 기기만으로 수신이 가능했기에 라디오는 빠르게 대중화되었다. 공공 특히 정부 PR은 두 차례의 세계대전을 거쳐 선전활동 중심으로 발전했는데, 당시의 선전활동에 영향을 크게 미친 주요 매체는 신문과 함께 라디오를 들 수 있다(이동기, 박종민, 2011). 특히 민주, 공산 양 체제를 대표하는 미국, 구 소련은 냉전 시대에 각각VOA(Voice of America), RFE(Radio Free Europe), RL(Radio Liberty) 등의 채널과, 라디오 모스크바(Radio Moscow), 라디오 키에프(Radio Kiev), 라디오 타슈켄트(Radio Tashkent) 등의 채널을 통해 전 세계로 선전 방송을 송출했다(강명구 외, 2007). 전후 라디오는 뉴스, 음악, 드라마 등 다양한 프로그램을 수용하였고, 국민의 주요 정보원이자 유희적 미디어로 자리잡았다. 한국전쟁 이후 우리나라 정부는 재건과 경제 발전을 위한 정책 홍보로 라디오를 적극 활용했고, 농촌 발전, 가족 계획, 보건 위생과 같은 국민 밀착형 의제의 캠페인이 라디오 전파를 통해 알려지기도 했다.

정부와 공공기관의 라디오 활용은 주로 한국언론재단을 통한 광고 집행 형태로 이루어지고 있다. 라디오 광고는 다음과 같은 장점과 효과를 가지고 있기 때문에 정부 및 공공기관에서 꾸준히 선호하고 있다. 첫째는 광범위한 미디어 도달이다. 라디오는 폭넓은 청취자 층을 확보하고 있다는 장점에 더해 특정 지역에 한정하는 라디오 방송국을 통해 지역별 타겟팅이 가능하고, 출퇴근 시간, 근무 시간 등 다양한 미디어 전략을 자연스럽게 시도할 수 있다(문성준, 박정의, 2008). 둘째 텔레비전이나 고품질의 인쇄 광고에 비해 제작 비용이 상대적으로 저렴한 비용 효율성을 들 수 있다(Sterling, & Kittross, 2001). 세 번째는 반복 노출인데, 특정한 시간, 프로그램에 지속적으로 반복 송출이 가능하기 때문에 메시지가 기억에 남을 확률이 높아진다(Rose & Webster, 2011). 라디오 진행자, DJ 등 유명인 또는 기관을 대표하는 기관장은 음성과 존재만으로도 광고 메시지의 신뢰성을 높인다. 시급한 의제에 대해 최고 책임자가 상황을 설명하고 호소할 수 있는 형식으로 많이 이용되는 이유이기도 하다. 마지막으로 신속한 정보 전달이 가능한 특징이 있다(Keith, 2012). 시간에 민감하고 사회적 파장이 큰 이슈에 대한 캠페인, 광고 등의 즉각적 제작과 집행에 용이하다. 지진, 태풍, 홍수 등 재난 상황에서 중앙재해대책본부장이, 코로나19와 같은 감염병 대응과 관련해서 질병관리청장, 의사증원을 포함한 의료개혁에 보건복지부 장관이 출연하는 등이 대표적 사례로 볼 수 있다.

TV가 보급되며 라디오의 역할을 다소 위축된 면이 없지 않지만, 라디오 고유의 장점인 충성도 높은 청취자를 자극하며 여전히 활용도가 높은 미디어로 인식된다. 디지털시대에 접어들어 더 큰 위기를 예상하기도 했지만, 디지털 기술과 접목하여 디지털 라디오, 팟캐스트와 같은 변화된 방식은 새로운 청취자를 유입하는 원천이 되기도 했다(Hendy, 2013). 기상청, 재난 안전본부의 긴급 재난 방송과 같은 비상시에도 그 유용성을 입증하고 있고, 실시간 정보 전달과 공익 캠페인에서 중요한 역할을 하고 있다.

2. 디지털 미디어 digital Media

인간이 활자를 기록으로 남기고, 타인에게 정보를 전하는 수단으로서 미디어가 발전했고, 인간의 다양한 표현 욕구, 문화적 환경, 역사적 과정을 통해 여러 형태의 인쇄 미디어, 그리고 기술의 발전으로 전파를 이용하는 방송미디어가 등장했다. 비약적으로 발전하는 디지털 기술은 사회 모든 분야의 환경 변화를 가져오고 있으며 미디어 역시 예외일 수 없다. 하지만, 디지털 미디어는 디지털 기술로 탄생한 미디어로 특정하여 설명하는 것은 무리가 있다. 전통미디어의 범주에 해당하는 여러 미디어들이 온라인, 디지털 기술과 접목되면서 경계가 모호해졌기 때문이다. 국내외 학자들의 디지털 미디어에 대한 정의를 살펴볼 필요가 있다. 디지털이라는 용어 의 상대적 개념에 있는 아날로그와의 비교를 통해 정보를 디지털 형식으로 변환하여 저장하고 전송하는 것을 디지털 미디어로 정의하는 경우가 많다(Negroponte, 1995). 모스코(Mosco, 2005)는 정보가 디지털 형식으로 변환되어 저장되는 기술 그 자체에 더해 다양한 디지털 네트워크를 통해 유통되는 것을 추가하여 설명한다. 플루(Flew, 2007)는 디지털 기술을 이용하여 생성, 저장, 유통하는 모든 형태의 콘텐츠를 포함하며, 정보와 커뮤니케이션 기술의 융합이 제공하는 새로운 미디어 경험도 추가하여 정의하였다. 국내 연구자들도 디지털 미디어 정의에 대해 정보의 생성, 저장, 전송, 검색, 관리의 디지털 방식 수행을 공통적으로 언급하면서(권상희, 김위근, 2007), 동시에 전달되는 콘텐츠를 포함하거나, 디지털 사용자 경험을 추가하여 설명한다(이시훈, 2005).

디지털 미디어가 기존 아날로그 미디어(non-digital media)와 명확히 구분되는 분절적 개념이 아닌 관점에서 정의하는 학자들의 정의도 살펴볼 필요가 있다. 마노비치(Manovich, 2002)는 디지털 미디어에 대해 컴퓨터를 통해 제작, 저장, 전송하는 모든 미디어 형태를 포함한다는 설명에 대해 이는 기존 미디어의 디지털화된 형태임을 강조했다. 볼터와 그루신(Boter, & Grusin, 1999)도 디지털 미디어는 기존 미디어를 디지털 형식으로 재매개하여 새로운 방식으로 정보와 경험을 제공하는 것으로 기존 미디어와의 연장선상에서 정의하고 있다.

기술적 특징과 기존 미디어의 진화 과정에 더해 디지털 미디어가 과거 미디어와 차별적으로 나타나는 특징을 토대로 정의한 학자들의 연구 역시 활발하게 진행되었다. 문철수(2006)는 디지털미디어는 사용자들이 정보와 콘텐츠를 상호작용하며 소비하고 생산할 수 있는 플랫폼을 제공하는 매체로 정의하며 사용자가 소비와 생산을 하는 주체라는 점과 상호작용성을 강조했다. 이명진과 박현주(2011) 도 디지털 장치를 통해 전달되고 소비되는 미디어이며 사용자와의 상호작용성을 중요시한다는 점을 분명히 했다. 이시훈(2005)도 정보의 디지털화와 네트워크를 통해 이루어지는 모든 형태의 콘텐츠와 커뮤니케이션 도구의 상호작용성을 설명했다. 많은 해외 연구자들도(Jenkins, 2011; McLuhan, 1999; Page, 1999) 역시 디지털 장치와 사용자가 상호작용하며 융합되는 특성을 강조하여 정의를 내렸다. 이상의 정의들은 공통적으로 정보의 디지털화, 네트워크를 통한 상호작용, 다양한 디지털 장치를 통한 접근성을 강조하고 있고, 디지털 미디어가 어떻게 정보와 커뮤니케이션을 디지털화하고, 이를 통해 사용자와 상호작용하는지 설명하고 있다.

공공소통에 이용되고 있는 디지털 미디어의 역사를 간략히 살펴보면, 1990년대 초기 인터넷 시대로 거슬러 올라간다. 1990년대 중반, 인터넷의 상용화와 함께 정부 기관, 공공기관에서 웹사이트를 개설하기 시작했다. 김영삼 정부에서는 '청와대 큰마당'이라는 PC통신 서비스를 시작했고, 청와대 홈페이지가 만들어졌다. 주로 정보 제공 목적으로 사용되었고, 정책, 법령, 공지사항 등을 게시했다. 국민이 정부 정보를 쉽게 접근할 수 있게 되어 정부 투명성 제고에 기여했다. 2000년대 중반 웹 2.0 시대에 접어들며, 홈페이지는 단순 정보 제공에서 벗어나 상호작용 기능을 갖추게 되었다. 블로그, 포럼, 설문조사 등이 등장하면서 국민의 의견을 수렴할 수 있는 경로가 마련되었다. 노무현 정부는 '참여정부'와 '웹2.0'이라는 키워드를 바탕으로 인터넷을 통한 적극적 정책 홍보와 시민 참여 유도를 이끌었다(임문영, 2016). 홍혜현(2012)의 연구는 홈페이지를 비롯한 전자 정부(e-government)의 이용이 정부와 공중의 관계를 긍정적으로 만드는 필수 요소라고 설명한다. 그리고 정부가 홈페이지

김영삼 정부 청와대 홈페이지(좌), 김대중 정부 청와대 홈페이지 이미지
*이미지출처: https://raythep.mk.co.kr/m/Headline/View/14492

에서 정보 제공을 잘 수행할 때 기관의 이미지가 증진되며, 온라인을 통한 행정 서비스가 신속하고 편리하게 제공될 때 정부 부처의 이미지 제고, 홈페이지 재방문, 적극적 의견 개진이 이루어진다는 연구도 제시되었다(양성관, 이현우, 김형석, 2002).

2000년 대 후반 페이스북, 트위터 등 소셜 미디어 플랫폼의 등장으로 공공기관은 새로운 홍보 수단을 얻게 되었다. 소셜미디어가 가진 실시간 소통, 빠른 메시지 확산 등 정부 홍보에 큰 변화를 가져왔다. 중앙행정기관 차원에서는, 이명박 정부에서 본격적으로 소셜 미디어를 이용한 공공소통이 시작되었는데, 청와대에 여론을 모니터링하고 관리하는 '뉴미디어 비서관' 직제를 신설하고, 중앙행정기관에 온라인 소통을 전담하는 '온라인 대변인'제를 도입했다. 문화체육관광부에 온라인 홍보과를 신설함과 동시에, 중앙 행정기관의 소셜 미디어를 포함한 디지털 소통을 총괄토록 했다(송수근, 2013). 이후 정부와 공공기관의 SNS를 중심으로 한 소통은 비약적으로 발전하였다.

SNS는 개방성, 참여성, 공유성의 특징을 갖고 있다. 정부와 시민의 소통 과정에 중요한 매개 역할을 한다(Khan, Swar & Lee, 2014). 정부의 입장에서 SNS는 국민과 직접 소통하는 데 많은 장점을 갖고 있는 도구이다. SNS가 가진 개방성은 두 주체의 직접적 대화를 가능하게 하여, 정치적, 사회적 간격을 줄이고, 국민이 정부의 특성을 평가하도록 하며, 국민이 정부에 대한 신뢰를 높이거나 낮추는 역할을 한다(Starke, Marcinkowski & Florian, 2020). SNS의 참여성은 정보 전달의 민주적 가치를 가져오고, 대중에게 그 힘을 지원하는 데 기여하였고, SNS의 공유성은 정책 메시지를 전달하는 중요한 도구로 성장하도록 하였다(조창환 외, 2019). 시간의 제약이 거의 없어지며 정책을 다양한 목표청중에게 알리기 쉽고, 정부가 국민과 긴밀하게 상호작용을 통해 정책 메시지의 접근성이 높아졌다. 이런 장점은 정부의 정책에 대한 국민의 이해, 정부 신뢰를 높여 국민의 정부에 대한 태도 변화를 긍정적으로 지속화하는 데 기여할 걸로 예상된다(조창한 외, 2019).

2010년대 접어들면서 스마트폰의 보급은 공공소통에도 획기적인 변화를 가져왔다. 모바일 접근성이 크게 확대되었고, 공공기관 역시 국민의 미디어 이용에 맞춰 반응형 홈페이지를 개발하여 국민의 서비스 이용을 어디서나 가능하도록 노력했다. 그리고 다양한 모바일 어플리케이션을 통해 실시간 정보 제공, 민원 서비스, 공공 서비스 신청을 용이하게 했다. 디지털 미디어로의 변화는 미디어뿐만 아니라 자연스럽게 콘텐츠 제작에도 상당한 변화를 가져왔다. 유튜브와 같은 플랫폼은 기존 디자인 형태에서 동영상 콘텐츠와 라이브 스트리밍을 활용하는 소통의 변화를 가져왔다. 국민에게 복잡한 정책을 보다 쉽게 설명하는 방식으로의 전환이 이루어졌다. 정부기관의 디지털 콘텐츠가 활성화 된 데에는, 디지털미디어의 채널 운영과 콘텐츠 제작 전담 팀의 신설과 무관하지 않다. 2023년 기준, 45개 중앙 행정기관 중 직제에 반영된 디지털 전담 조직이 있는 기관은 16곳으로 나타났다. 16곳의 위상은 장관급 기관 15곳, 차관급 기관 1곳이며, 14개의 부와 1개의 위원회, 1개의 청으로 나타났다. 전담 조직의 부서명은 국토교통부(뉴미디어홍보팀) 한 곳을 제외하고 대부분 디지털소통팀으로 확인되었다.

디지털소통 전담 조직이 꾸려진 16개 기관의 업무 분장에 대해서 분석한 결과는 표2에 제시하였다. 다소간의 표현에 관한 차이가 있으나 대체로 주요 정책의 디지털 소통 계획 수립과 운영에 관한 사항, 소셜미디어 운영, 디지털 소통 콘텐츠 제작이 전 부처에 걸쳐 공통적 역할로 명확하게 나타났다. 이는 과거 공보 기능에 귀속되었던 일부의 디지털 소통 기능이 독립적으로 분리된 것으로 이해할 수 있다.

표1. 중앙행정기관 디지털소통 전담 조직 직제 현황

기관명	명칭	시행일	존속기한	존속기간
교육부	디지털소통팀	2019년 6월	2024년 6월	5년
과학기술정보통신부	디지털소통팀	2018년 9월	2025년 9월	7년
국방부	디지털소통팀	2019년 5월	2024년 5월	5년
행정안전부	디지털소통팀	2018년 9월	2024년 9월	6년
문화체육관광부	디지털소통팀	2018년 12월	2025년 12월	7년
농림축산식품부	디지털소통팀	2018년 9월	2025년 9월	7년
보건복지부	디지털소통팀	2019년 1월	2026년 1월	7년
환경부	디지털소통팀	2018년 1월	2024년 8월	6년
고용노동부	디지털소통팀	2019년 1월	2025년 12월	7년
여성가족부	디지털소통팀	2019년 6월	2024년 6월	5년
국토부	뉴미디어홍보팀	2018년 10월	2025년 9월	7년
해양수산부	디지털소통팀	2018년 9월	2025년 9월	7년
방송통신위원회	디지털소통팀	2020년 3월	2025년 3월	5년
중소벤처기업부	디지털소통팀	2022년 12월	2025년 1월	2년
경찰청	디지털소통팀	2022년 12월	2025년 12월	3년
국가보훈부	디지털소통팀	2023년 8월	2024년 9월	1년

*출처: 상기 부처 직제규칙 자료

표2. 정부 디지털소통 전담조직의 업무 분석

직제 내용	교육	과기	국방	행안	문체	농림	복지	환경	고용	여가	국토	해수	중기	방통위	경찰청	보훈부
주요 정책의 디지털 소통 계획 수립·운영에 관한 사항	O	O	O	O	O	O	O	O	O	O	O	O	O	O		O
소셜미디어 운영을 통한 대국민 정책소통	O	O	O	O	O	O	O	O	O	O	O	O	O	O	O	O
디지털 소통 콘텐츠 제작에 관한 사항	O	O	O	O	O	O	O	O	O	O	O	O	O	O	O	O
주요 디지털 소통(온라인 이슈)에 관한 현안 대응	O	O			O	O		O	O			O	O	O		O
기관 대표 홈페이지 운영 및 관리	O	O		O		O		O	O	O	O				O	O
주요 정책에 관한 디지털 소통 평가 관리 및 대응	O	O		O		O	O			O	O		O	O		

직제 내용	교육	과기	국방	행안	문체	농림	복지	환경	고용	여가	국토	해수	중기	방통위	경찰청	보훈부
정책고객관리 서비스 운영 및 관리	O	O									O					
대국민 직접 소통 및 홍보활동 지원				O			O			O	O					
장관 및 차관의 정책 활동에 대한 온라인 홍보				O			O		O	O						
대학생/정책 기자단 관리					O									O		
온라인과 연계한 오프라인 홍보활동에 관한 사항								O								O
홍보지 기획 및 운영									O							
정책광고 업무 지원									O							
고용노동정책 홍보 관련 회의체의 운영 및 지원									O							
부내 실·국간 연계 홍보									O							
협업 인플루언서단 구성 및 운영											O					
관계 기관·단체와의 정책 홍보 협력													O			
홍보전문성 제고를 위한 홍보교육에 관한 사항													O			
경찰청 방송국 운영에 관한 사항															O	

*출처: 한국법률정보센터 부처 직제 자체 분석

정부의 SNS 운영도 디지털 미디어의 성장, 쇠락과 같은 환경변화, 국민의 미디어 이용 등에 발맞추어 트렌드를 추구했다. 페이스북, X(구 트위터), 유튜브, 인스타그램 등 다수 국민이 사용하는 디지털 미디어에 중앙 행정기관도 적극적으로 활용했다. 2022년 5월 기준, 18개 부, 6개 처, 18개 청, 7개 위원회 중 고위공직자범죄수사처를 제외한 모든 중앙행정기관이 유튜브 계정을 개설하여 홍보에 적극 활용하고 있다(신동민, 이진균, 2023). 2023년 11월 기준의 아래 표3, 표4를 보면 거의 모든 중앙행정기관이 SNS 채널을 운영하며 상당한 수준의 구독자를 확보한 기관도 확인할 수 있다.

표3. 장·차관급 중앙행정기관 SNS 구독자 현황(2023년 11월 30일 기준)

구분	내용	유튜브	페이스북	트위터	인스타그램	네이버 블로그
장관급	운영기관 수	24 (100%)	24 (100%)	23 (95.8%)	19 (79.2%)	24 (100%)
	구독자수 합계	1,855,029	3,686,436	1,640,666	1,300,439	691,691
	구독자 평균	77,293	153,602	68,361	54,185	28,820
차관급	운영기관 수	21 (100%)	21 (100%)	21 (100%)	18 (85.7%)	20 (95.2%)
	구독자수 합계	1,041,768	2,518,438	933,468	626,300	403,492
	구독자 평균	49,608	119,925	44,450	34,794	20,174

*출처: 중앙행정기관 SNS 자체 분석

표4. 장·차관급 중앙행정기관별 SNS 구독자 현황(2023년 11월 30일 기준)

기관명	유튜브	페이스북	트위터	인스타그램	네이버 블로그
개인정보위	5,702	7,874		7,154	2,489
고용부	104,761	175,002	59,213	91,639	55,190
공정위	31,550	143,566	56,461	45,867	18,469
과기부	64,546	140,744	49,889	50,192	53,917
교육부	64,542	145,739	47,621	22,221	73,740
보훈부	51,256	95,332	38,045	26,978	16,029
권익위	101,830	216,982	95,231		12,769
국방부	106,299	341,834	54,642	73,472	18,203
국토부	183,305	163,099	140,306	101,389	47,987
금융위	22,282	76,782	53,472	34,793	30,420
기재부	45,806	119,142	59,540		42,482
농식품부	166,402	134,888	96,518	85,988	23,606
문체부	114,316	251,336	139,373	103,294	37,889
방통위	25,673	42,760	37,059	6,138	8,259
법무부	127,055	156,999	95,128	25,808	8,253
복지부	110,859	283,212	88,794	141,756	42,471
산업부	80,500	221,651	49,756	72,677	32,808
여가부	41,478	85,690	43,590	23,662	22,057
외교부	90,573	200,349	32,998		33,406
중기부	55,600	151,439	39,963	21,238	42,687
통일부	37,370	115,657	38,337		13,407
해수부	57,718	89,052	26,995	46,572	24,716
행안부	92,321	238,785	73,896	121,908	27,527
환경부	124,196	152,441	64,562	69,854	34,107

기관명	유튜브	페이스북	트위터	인스타그램	네이버 블로그
경찰청	337,432	479,849	99,632		28,319
관세청	14,515	47,364	78,025	42,772	9,584
국세청	96,660	118,628	50,522		89,120
기상청	37,013	99,374	72,437	6,288	16,951
농진청	44,899	54,806	17,936	13,410	40,659
문화재청	33,254	110,002	88,958	90,697	17,072
방사청	60,654	71,579	13,733	12,173	16,176
법제처	21,831	67,427	33,658	19,832	3,655
병무청	41,621	241,313	27,647	12,867	5,316
산림청	29,791	215,190	163,388	53,493	3,042
새만금청	14,418	75,902	4,788	12,839	8,174
소방청	56,229	107,557	56,146		15,235
식약처	60,789	214,956	42,025	33,909	46,598
원안위	14,679	144,843	12,541	10,641	13,534
인사처	20,704	109,823	7,713	38,128	16,163
조달청	12,265	21,043	17,809	7,099	14,832
질병청	64,298	111,131	55,980	119,564	
통계청	21,239	68,807	33,917	41,977	23,194
특허청	31,874	72,456	28,190	20,767	14,619
해경청	13,247	18,187	11,425	20,436	10,377
행복청	14,356	68,201	16,998	69,408	10,872

*출처: 중앙행정기관 SNS 자체 분석

2020년대에는 데이터와 생성형 인공지능(AI)을 활용하는 기술변화가 본격적으로 등장했다. 빅데이터 분석 기술을 활용하여 국민의 관심사와 여론을 분석함으로써 맞춤형 홍보 전략을 수립하는 노력이 시도되고 있다. 과거 일방향적인 의제 설정과 홍보 방식에서 크게 진일보한 것이며 광고 분야에서도 소셜미디어와 검색 엔진 광고를 통해 특정 목표 집단을 대상으로 맞춤형 메시지를 전달하는 타겟팅 광고도 공공에서 상당히 활용도가 높아지고 있다. 인공지능을 활용한 챗봇과 가상 서비스가 도입되었고, 행안부의 국민비서와 같은 정부 서비스는 24시간 내내 국민이 필요로 하는 질문에 답변하고 있다. '구삐'라는 애칭의 국민비서 서비스는 국민 생활에 도움이 되는 행정정보를 네이버앱, 카카오톡과 같은 포털, 메신저 앱, 4대 금융사 앱 등 민간기업의 모바일 앱과 연계하여 편리하게 제공하는 것으로 2021년 3월에 서비스를 시작하여 2023년 11월 기준, 가입자 수가 1616만 명을 돌파했다. 2024년 기준, 67종의 알림과 45종의 상담 서비스를 추가하여 확대 제공하고 있다. 알림

서비스는 건강, 주거, 복지, 세금, 연금, 보험, 자동차, 교육 등 광범위한 분야에서 제공 중이고, 구체적으로 보면, 건강검진 일자, 운전면허 갱신기간, 소상공인 손실보상 대상여부, 보상금지급, 자동차 정기 검사 안내 등 국민의 생활과 아주 밀접하다. 국민연금 및 4대 사회보험의 가입 및 상실, 보험료 자동 이체, 증명서 발급 등 관련 서비스를 제공한다. 식품 산업 종사자들이 정기 건강진단 시기를 놓치지 않도록 건강진단결과서 사전 안내, 12세 이하 필수예방 접종 대상 아동의 접종시기 사전 알림, 지연의 경우 누락 접종도 안내한다. 상담 서비스는 전자통관, 고속철도, 정부보조금, 휴양림 예약, 특허, 산업 재해와 보험 관련 상담 등을 제공하고 있다. 기존의 우편 안내 방식의 분실 우려, 전화 상담의 지연 등 단점을 보완한 것으로 적극 이용되고 있다. 공공소통과 접목된 디지털 미디어가 가져온 시대적 변화를 살폈다. 이러한 변화는 공공의 영역이 국민과 더 효과적으로 소통하고, 투명성과 참여를 높이며, 정책의 이해와 수용을 증진시키는 데 큰 역할을 하고 있고 앞으로 더욱 중요성이 커질 것이다.

행정안전부 국민비서 이미지

*이미지출처: 행정안전부 국민비서 홈페이지

3. 옥외 미디어 Out-Of-Home Media

옥외 미디어는 공공장소에서 불특정 다수에게 메시지를 전달하는 광고 수단으로 영문 표현은 'Out of Home Media' 또는 'Outdoor Media'를 일컫는다. 상시 또는 일정기간 계속해서 공중에게 표시되어 공중이 통행할 수 있는 장소에서 볼 수 있는 미디어로 정의된다. 그 기원이 매우 오래되었으며, 인류의 역사와 함께 발전해 온 중요한 커뮤니케이션 수단 중 하나이다. 옥외 광고의 역사는 고대 문명에서 시작하여 현대에 이르기까지 다양한 형태와 변화를 거쳐왔다. 옥외 광고의 역사는 고대 이집트, 그리스, 로마 시대까지 거슬러 올라간다. 고대 이집트에서는 파피루스에 상업 광고를 쓰고 공공장소에 게시하는 형태의 광고가 존재했다(Nelson & Sykes, 2019). 고대 그리스와 로마에서는 벽화나 돌에 새긴 상업 광고와 정치 관련 메시지가 주요 도시의 공공장소에 노출되었다. 이러한 형태의 옥외 광고는 상업 활동뿐만 아니라 정치적, 사회적 메시지를 전달하는 중요한 수단으로 이용되었다. 15세기 중반 구텐베르크(Gutenberg)의 인쇄술 발명은 인쇄 미디어뿐만 아니라 옥외 미디어의 발전에도 큰 영향을 미쳤다. 인쇄술의 발달로 인해 등장한 전단과 포스터가 옥외의 공간으로 확장되어 널리 활용되었다(Pollay, 1985). 19세기 산업혁명 시기에는 도시화와 대중교통의 발달로 인해 옥외 광고가 더욱 활발해졌는데, 기차역과 도로변에 광고판이 등장했고, 철도와 트램 등의 교통수단에 광고를 부착하거나, 도심의 건물 벽면에 대형 광고판을 설치하는 방식이 일반화되기 시작했다(Presbrey, 2000). 20세기 초반에는

1920년대 미국 옥외광고 빌보드 이미지
*이미지출처: https://www.economist.com/business/2018/11/08/billboards-are-an-old-but-booming-ad-medium

1920년대 미국 옥외광고 빌보드 이미지
*이미지출처: https://oaaa.org/resources/history-of-ooh/

1950년대 한국 옥외광고 이미지
*이미지출처: https://economist.co.kr/article/view/ecn202110120004

전광판, 네온사인과 같은 새로운 기술이 옥외 광고에 도입되기 시작했다.

특히 대도시의 번화가에서는 이러한 전광판 광고가 눈에 띄게 많이 사용되고 있다. 21세기 들어 디지털 기술의 발전은 옥외 광고의 새로운 시대를 열었다. 디지털 디스플레이와 LED 전광판은 기존의 고정된 광고판을 대체하며, 실시간으로 변동 가능한 광고 메시지를 제공할 수 있게 되었다(Taylor, 2015). 스마트폰과 인터넷의 보급으로 옥외 광고는 단순히 시각적인 요소뿐만 아니라, QR 코드나 NFC 기술을 활용하여 소비자와의 상호작용을 촉진하는 방식으로 진화했다. 디지털 옥외 광고는 광고의 효율성을 높이고, 타겟 마케팅이 가능하게 되었다는 것을 시사한다.

다른 미디어와 구분되는 옥외 미디어의 특성은 우선 지역적으로 특정 표적 시장에 광고를 집행할 수 있다는 장점이 있다. 둘째, 일정 장소에서 비교적 긴 시간에 걸쳐서 동일한 메시지를 지속적으로 노출할 수 있기 때문에 반복 노출을 통한 광고효과를 얻을 수 있다. 셋째, 광고 미디어 중에 가장 커다란 사이즈의 제작물이 가능한 만큼 소비자에게 전달되는 메시지의 영향력이 크다고 할 수 있다. 넷째, 매체 수명 면에서 다른 광고 매체와 비교하여 장기적인 광고 노출이 가능하다(심성욱, 김민희, & 임예지, 2015). 디지털 시대로 접어들었지만, 옥외 미디어의 효과는 여전한 것으로 나타나는데, 특정 메시지나 캠페인을 널리 알리는 데 효과적인 것으로 인식된다. 옥외광고에 집행된 정보가 정확하고 신뢰할 수 있다고 생각하는데, 특정 조사에서는 옥외광고에 나오는 공공 정보를 신뢰한다고 응답한 비율이 65%로 나타나, 공공기관이 주도하는 캠페인이나 사회적 메시지의 경우 신뢰도가 더욱 높은 것으로 나타났다(한국갤럽, 2019). 소비자들은 옥외광고가 강력한 메시지 전달력을 가지고 있다고 인식하고 있다. 시각적으로 눈에 띄는 디자인과 간결한 문구는 광고 메시지를 쉽게 이해하고 기억하게 만든다. 옥외광고가 직관적이고 강력한 시각적 요소를 통해 대중의 주의를 끌고, 중요한 정보를 효과적으로 전달할 수 있음을 보여준다.

옥외 미디어의 풍부한 미디어 효과 가치 덕분에 우리나라에서도 정부 및 공공기관이 공공 메시지를 효과적으로 전달하는 중요한 수단으로 꾸준히 활용하고 있다. 공공소통의 옥외 광고 역사를 간략히 살펴보면, 1960년대 산업화의 시작과 함께 주요 도시 곳곳에 마련된 공간에 포스터와 벽화 등의 홍보가 시작되었고, 1970-80년대 다양한 옥외 미디어가 나타나기 시작했다. 고속도로, 도로변 등 교통 광고가 급속히 성장했고, 2000년대 디지털 사이니지가 도입되면서 본격적인 디지털 옥외 공공 광고가 시작되었다. 현재, 우리나라 중앙 행정기관은 다양한 옥외 매체를 사용하여 광고를 집행하고 있으며, 그 이용률은 지속적으로 증가하고 있다. 자료에 따르면 정부가 사용하고 있는 매체는 총 11,127종이며, 이중 OOH(Out of Home, 옥외) 매체가 10,959 종으로 가장 많은 비중을 차지하고 있는 것으로 나타났고, 옥외 미디어의 소유 관계는 정부가 보유하고 있는 경우가 8,372종으로 민간이 보유하고 있는 것보다 많은 것을 알 수 있다(인포마스터, 2014). 이는 다른 미디어와 달리 옥외 미디어는 정부가 상당히 많은 미디어를 소유하고 있음을 확인할 수 있다.

표5. 매체 유형별

구분	전체	방송			인쇄	OOH			온라인
		소계	TV	라디오	간행물	소계	외부	내부	SNS
전체	11,127	7	6	1	143	10,959	3,424	7,535	18

표6. 보유 유형별

구분	전체	방송			인쇄	OOH			온라인
		소계	TV	라디오	간행물	소계	외부	내부	SNS
전체	11,127	7	6	1	143	10,959	3,424	7,535	18
정부	8,372	6	5	1	126	8,221	1,006	7,215	17
민간	2.755	1	1	-	15	2,738	2,418	320	1

* 출처 : 인포마스터 2014 정부 보유매체 조사자료

디지털 시대에는 도심에 대형으로 설치된 OOH미디어 수요 집중 현상이 두드러지고 있다(김성훈, 2023). 특히 기술 발전으로 입체감이 강력한 아나모픽(anamorphic) 영상은 도심지의 대형 전광판에 주목도 높은 제작물로 대중의 관심과 행동변화를 이끌고 있다. 몇 가지 사례를 보면, 문화체육관광부는 코로나19

방역을 위한 정부의 노력에 적극 동참한 국민들과 의료진에 대한 감사의 메시지를 담은 표현물을 코엑스 입체 전광판에 노출하여 많은 주목을 이끌었다. 해외에서도 홍콩의 환경 당국은 2020년에 환경 보호와 관련된 메시지를 전달하기 위해 아나모픽 영상을 사용한 옥외 광고를 제작한 사례가 있다. 이 광고는 홍콩의 중심지인 센트럴 지역의 대형 전광판에서 방영되었으며, 해양 생태계 보호와 플라스틱 사용 줄이기를 주제로 하였는데, 3D 효과를 통해 해양 동물들이 화면을 넘나드는 생생한 장면을 연출하여 환경 보호의 중요성을 강조했다. 일본 도쿄시에서도 역시 지진 대비 교육을 위해 아나모픽 영상을 활용한 옥외 광고를 기획, 제작하여 시부야 교차로의 대형 전광판에서 방영했다. 지진 발생 시 행동 요령과 대비 방법을 3D 그래픽을 통해 국민에게 직관적으로 전달했는데, 시각적 충격과 교육적인 내용을 결합하여 시민의 안전 인식을 높이는 데 기여했다는 평가를 받다.

문화체육관광부의 코로나19 코엑스 입체 영상 캠페인 사례 이미지

*이미지출처: 대한민국 정책브리핑

4. 대인 접촉 미디어 Interpersonal Media

대인관계 미디어는 개인이나 소그룹 간의 직접적이고 개인적인 상호 작용을 촉진하는 커뮤니케이션 채널을 말한다. 광범위한 청중에게 정보를 전파하는 대중 미디어(mass media)와 달리, 대인 미디어는 보다 친밀한 상호작용을 가능하게 한다.

이러한 상호작용은 직접 만나는 대면, 전화, 이메일, 디지털 플랫폼 등 다양한 매개 형태를 통해 이루어질 수 있다. 대인 미디어의 핵심 특징에는 즉각성, 개인적 관련성, 상호작용적 대화의 가능성이 포함된다(Littlejohn & Foss, 2009). 아주 오랜 시대부터 오늘날의 디지털 시대에 이르기까지 정부와 공공기관은 시민과 소통하고, 정책 결정을 알리고, 공공 복지를 증진하기 위해 다양한 형태의 대인 미디어를 사용해 왔다(김영희, 2018). 문자 언어와 우편 시스템의 발전은 대인 미디어 분야에서 중요한 발전을 이루었는데, 로마 제국의 cursus publicus는 제국 전역에 걸쳐 정부 법령과 서신의 효율적인 전달을 촉진하는 국영 택배 및 운송 서비스였다고 한다(Briggs & Burke, 2009). 19세기 전신의 발명은 정부의 커뮤니케이션에 상당한 변화를 가져왔다. 정부는 속도와 신뢰성을 위해 신속하게 전신을 채택했다. 대표적으로 미국 남북 전쟁 동안 링컨 대통령은 장군들과 통신하고 전장에서 실시간 업데이트를 받기 위해 전신을 광범위하게 사용했다(Marvin, 1988). 1876년 알렉산더 그레이엄 벨(Alexander Graham Bell)이 발명한 전화는 정부와 공공기관의 대인 커뮤니케이션을 더욱 변화시켰다(채백 외, 2019). 20세기 초에는 많은 정부기관에 전화가 설치되어 행정 기능과 공공 서비스의 효율성이 향상되었다(Briggs & Burke, 2009). 20세기 말과 21세기 초 인터넷과 디지털 기술의 출현은 대인 미디어의 새로운 시대를 열었다. 이메일은 정부 커뮤니케이션을 위한 표준 도구가 되었으며, 이를 통해 공무원과 대중 간의 신속하고 문서화된 교환이 가능해졌다. 페이스북, 트위터, 인스타그램과 같은 소셜 미디어 플랫폼은 시민과의 직접적이고 실시간 상호 작용을 가능하게 함으로써 정부 커뮤니케이션에 혁명을 일으켰다. 이러한 플랫폼을 통해 정부는 이전에는 상상할 수 없었던 규모로 대중에게 정보를 공유하고, 피드백을 수집하여 대화에 참여할 수 있다(Hendy, 2013).

여러 학자, 실무 전문가의 정의를 토대로 대인접촉 미디어의 유형을 구분해 보면 다음과 같다. 첫째, 면대면 커뮤니케이션(face-to face communication)이 있다. 개인이 직접 상호 작용하는 가장 직접적인 형태의 대인 미디어로서 대화와 같은 언어적 신호 뿐만 아니라 신체 언어 및 얼굴 표정과 같은 비언어적 요소를 포함한다. 세부적으로는 대화, 회의, 청문회, 인터뷰와 같은 형태로 구분할 수 있다. 대면 의사소통은 풍부하고 다양한 정보 교환으로 인해 인간 상호 작용의 기본 형태로 남아 있다(Littlejohn & Foss, 2009). 대화와 함께 공공소통에서 많이 활용되는 회의는 여러 형식으로 구분할 수 있는데, 오늘날에도 많이 활용되고 있는 타운홀 미팅을 대표적으로 설명한다. 타운홀 미팅(town hall meeting)은 지역사회의 주민과 공공기관 또는 정부 당국 간의 대화와 소통을 촉진하기 위해 개최되는 회의 형식을 의미한다. 이러한 미팅은 일반적으로 공공정책에 관심이 있는 사람들이 모여 정부나 공공기관의 관계자들과 직접 소통하고, 의견을 나누며, 질문을 할 수 있는 기회를 제공한다. 타운홀 미팅의 주요 특징은 주민들이 자유롭게 발언, 질문한 수 있는 공간을 제공하는 참여적 환경, 지역 사회의 중요 문제, 정책에 대해 직접 의견을 제시하여 정부나 공공기관이 반영할 수 있도록 돕는 공익의 목적, 최신 정보를 전달하고 정책, 프로그램에 대한 설명을 투명하고 명확하게 전달하는 정보 제공, 주민이 지역 사회 발전에 대하여 직접적 관심을 가지고 참여할 수 있는 기회를 촉진하는 것으로 그 성격을 구분할 수 있다.

보건복지부-중앙사회서비스원 2023년 사회서비스 타운홀 미팅 사례

*이미지출처: http://www.kdpress.co.kr/news/articleView.html?idxno=124480

또 다른 대면 커뮤니케이션 방식으로 공개 협의 또는 공개 회의라고도 하는 공청회(public hearings)가 있다. 공청회는 특정 문제, 정책, 프로젝트 또는 제

우리나라 공청회 사례

*이미지출처: https://glcc.news/?idx=kr/16920263&bmode=view

안에 대한 대중의 의견을 구하기 위해 정부 및 공공기관이 조직하는 공식 모임이다. 일반적으로 공공 장소에서 개최되며, 당면한 문제에 관해 대중의 의견, 제안을 공개적으로 표현할 수 있는 공간을 만들고 고려하는 의지를 보여줌으로써 공공기관과 목표 청중과의 신뢰를 구축하는데 도움이 된다(Pew Research Center, 2015). 흔히 공청회는 회의의 목적과 안건을 설명하는 의장이나 조직 대표의 소개로 시작되고, 논의 중인 문제에 대한 자세한 정보를 제공하는 전문가나 관계자의 설명이 이어진다. 이 설명 이후 의견, 질문 및 피드백을 위해 대중의 참여가 시작된다. 마지막으로 제기된 핵심 사항을 요약하고 의사 결정 과정의 다음 단계를 설명하는 최종 발언으로 마무리된다(행정안전부, 2018).

둘째, 전화 통신(Telephonic Communication), 화상 회의(video conferencing) 방식의 대인 접촉 미디어가 있다. 전화 통신은 오랫동안 정부가 시민과 연결하는 중요한 도구였다. 전통적인 전화 통화는 정부와 대중 간의 주요 소통 수단으로 사용되어 왔다. 정부 기관은 국민의 문의를 받기 위해 콜 센터를 운영하며, 이를 통해 각종 행정 서비스와 관련된 정보를 제공하고 있다. 예를 들어, 정부는 다양한 민원 서비스 플랫폼을 지원하는 콜 센터를 운영하여 국민들이 각종 민원을 쉽게 제기하고 해결할 수 있도록 지원하고 있다. 전화 통신의 주요 장점 중 하나는 정부 서비스 및 지원에 즉시 접근할 수 있다는 것이다. 시민은 실제 사무실을 방문할 필요 없이 전화를 통해 공공기관에 연락하여 정보를 얻고, 문제를 보고하고, 서비스를 요청할 수 있다.

전통적 방식의 전화 통화 외에도 기술의 발전으로 전화 통신의 범위가 원격 회의 및 화상 회의로 확장되었다. 이러한 도구를 통해 공공기관은 대규모 시민 그룹과 동시에 소통하고, 정책 문제를 논의하고, 대중의 의견을 수집할 수 있다. 현대적인 화상 회의 기술은 코로나19 팬데믹 기간 동안 급속히 확산되었다. 정부와 공공기관은 화상 회의를 통해 비대면으로 국민과 소통하고 업무를 처리한 경험을 획득했다. 서울시는 '서울시 온택트 정책설명회'를 통해 화상 회의 플랫폼을 이용해 시민과 직접 소통하고 정책을 설명하는 기회를 가졌다. 코로나19 대응을 위해 질병관리청은 비대면 진료 및 상담을 위한 화상 회의 시스템을 도입하여 국민이 안전하게 의료 서비스를 받을 수 있도록 하였다(질병관리청, 2020). 전통적인 전화 통화, 현대적인 화상 회의를 포함하는 이러한 의사소통 방법은 정부 및 공공기관과 대중과의 직접적이고 즉각적인 상호 작용을 가능하게 하며, 정보 전파를 촉진하고 피드백을 수집하며 실시간으로 우려 사항을 해결한다. 직접적인 의사소통 수단을 제공함으로써 정부는 시민의 요구와 우려 사항을 더 잘 이해하고 해결할 수 있으며 이를 통해 신뢰와 투명성을 높일 수 있다.

마지막으로 디지털 메시지(Digital Messaging) 방법이 있다. 디지털 메시징은 정부가 시민과 소통하는 시간을 단축했으며, 정보를 전파하고 대중과 소통하는 효율적이고 확장 가능하며 직접적인 수단을 제공했다. 이러한 형태의 커뮤니케이션에는 전자 메일(e-메일), 단문 메시지(SMS), 소셜 미디어 메시징, 전문 정부 앱 등 다양한 플랫폼이 포함된다(Hendy, 2000). 디지털 메시징의 주요 이점 중 하나는 즉시성이다. 정부는 중요한 정보와 업데이트를 대규모 청중에게 신속하게 배포하여 시민이 정책, 긴급 상황 및 공공 서비스에 대해 잘 알 수 있도록 할 수 있다. 예를 들어, 코로나19 팬데믹 기간 동안 전 세계 많은 정부에서는 디지털 메시징을 활용하여 건강 지침, 예방 접종 장소, 봉쇄 조치에 대한 시의 적절한 업데이트를 제공했다. 정보의 신속한 전파는 위기를 관리하고 대중에게 정보를 제공하는 데 매우 중요한 것으로 각인되었다(Centers for Disease Contrl and Prevention, 2020). 전자 메일은 여전히 정

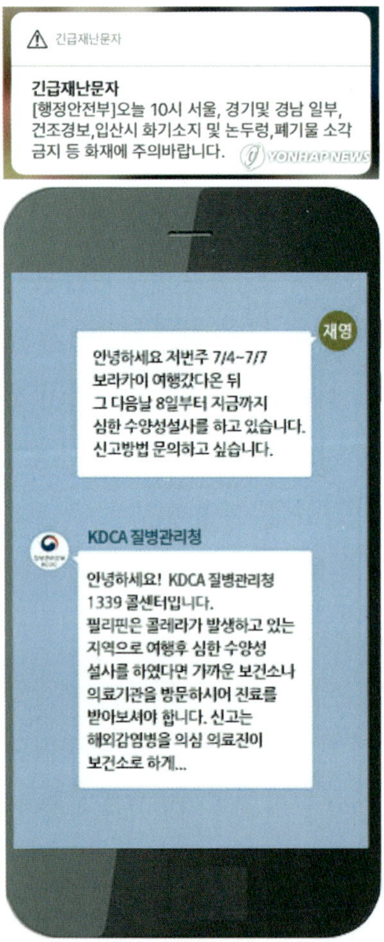

우리나라 정부 디지털 메시징 사례

*이미지출처: 대한민국 정책브리핑

부에서 가장 널리 사용되는 디지털 메시징 도구 중 하나이다. 그리고 뉴스레터는 정책 업데이트, 정책 알림에 적합하며, 상세하고 구조화된 커뮤니케이션이 가능하여 정부나 공공기관은 개인정보 동의를 획득한 전자 메일 주소을 활용하여 특정 인구집단이나 관심 그룹을 대상으로 정보가 관련 대상에게 전달되도록 하는 경우가 많다. SMS 또는 문자 메시지는 긴급하고 시간에 민감한 정보에 대한 또 다른 효과적인 도구이다. 정부는 긴급 경보, 공공 서비스 알림 및 기타 중요한 알림을 보낸다. 질병, 사고, 지진, 산불 등 긴급재난 문자는 행정안전부, 각 지방자지단체에서 적극적으로 활용하고 있다. 디지털 플랫폼이 널리 사용된다는 것은 정부가 전통적인 커뮤니케이션 채널에 참여하지 않는 젊은 층을 포함하여 광범위한 청중에게 다가갈 수 있음을 의미한다(Pew Research Center, 2021). 디지털 메시징은 대중의 참여와 피드백에 필수적인 양방향 커뮤니케이션을 지원한다. 시민이 메시지에 응답할 수 있도록 함으로써 정부는 여론에 대한 귀중한 통찰력을 수집하고 그에 따라 전략을 조정할 수 있다.

참고문헌

강명구, 백미숙, 최이숙(2007). '문화적 냉전'과 한국 최초의 텔레비전 HLKZ. *한국언론학보, 51*(6), 5-33.

국정홍보처(2004). *정책성공을 위한 홍보 매뉴얼*. 서울: 국정홍보처.

권상희, 김위근(2007). 적소이론 관점에서 대인 뉴미디어의 경쟁: 휴대전화와 인터넷의 대인 커뮤니케이션 서비스 충족을 중심으로: 휴대전화와 인터넷의 대인 커뮤니케이션 서비스 충족을 중심으로. *한국방송학보, 21*(1), 47-97.

김광호, 이옥기, 신명희(2007). 국회방송 공공가치 평가에 관한 연구. *한국방송학보, 21*(6), 81-131.

김규식, 오대영(2021). 지방정부 정책 홍보에서 언론과 SNS 의 효과 차이: 경기도 31 개 시· 군 공보 담당자들의 인식 조사. *한국지역개발학회지, 33*(2), 117-141.

김범수, 유현재(2014). 정부광고 내용분석: 정부기관 기획 및 협찬 텔레비전 광고를 중심으로. *미디*

어융합연구, 21, 109-162.

김병희, 손영곤, 김지혜(2016). 국가 주요 정책광고의 효과성 제고방안 연구. 문화체육관광부.

김성훈(2023). *대한민국 옥외광고 시장의 현주소와 옥외광고산업 발전을 위한 과제*. KAA저널. https://www.kaa.or.kr/sub05/sub05_1_2_view.html?no=173&page=1.

김영욱(2010). 선전인가, 공익인가?: 우리나라 정부광고 집행의 문제점과 대안. *커뮤니케이션 이론, 6*(1), 295-336.

김영희(2002). 일제시기 라디오의 출현과 청취자. *한국언론학보, 46*(2), 150-183.

김지혜(2016). *소셜 미디어를 활용한 정부 PR 효과 연구: 정부 PR실무자와 국민의 인식 차이를 중심으로*. 중앙대학교 대학원 박사학위논문

문성준, 박정의(2008). 라디오 광고가 제품의 신뢰도, 평가도, 만족도에 미치는 영향에 대한 연구. *한국언론학보, 52*(2), 151-172.

문철수(2006). 디지털 미디어 환경 변화에 따른 새로운 홍보 전략. *한국광고홍보학보(구 한국광고학보), 7*(5), 252-277.

박애순(2018). *공공기관 사외보의 구독 동기와 만족도가 기관 인지도 및 평가에 미치는 영향*. 제주대학교 행정대학원 박사학위 논문.

성기연(2022). 언론을 통한 정부 PR 에 관한 연구: 서울시 홍보담당자와 출입기자의 인식에 대한 비교분석. *한국언론학보, 66*(3), 231-267.

송기인, 안주아(2006). 사회적 마케팅의 공익성 광고 크리에이티브 분석: 공익성 정부광고와 공익광고를 중심으로: 공익성 정부광고와 공익광고를 중심으로. *광고연구*,(70), 147-174.

송수근(2013). *소셜 미디어 시대의 정부 홍보 방안 연구: SNS 이용자의 정부 온라인서비스태도 및 평가를 중심으로*. 경희대 대학원 박사학위 논문.

신동민, 이진균(2023). 정부부처 유튜브 채널 특성이 정책 홍보에 미치는 영향. *광고연구*,(138), 44-76.

심성욱, 김민희, 임예지(2015). 옥외매체를 활용한 정부광고의 내용분석에 관한 연구. *OOH 광고학연구, 12*(1), 49-77.

양성관, 이현우, 김형석(2002). 인터넷 홈페이지의 이용 만족도와 홍보 효과에 관한 연구: 정부부처 홈페이지 이용자 평가를 중심으로: 정부부처 홈페이지 이용자 평가를 중심으로. *한국언론학보, 46*(2), 412-451.

유종숙(2004). 한국공익광고의 내용변천연구: 20년간의 인쇄광고를 중심으로. *광고홍보학보, 6*(2), 134~172.

이동기, 박종민(2011). 대국민 정부 PR 의 시대별 특성 연구: 1953 년에서 1994 년까지< 대한뉴스> 보도내용 분석. *한국언론학보, 55*(2), 304-332.

이명진, 박현주(2011). 미디어 발전과 사회갈등 구조의 변화. *정보사회와 미디어*,(21), 1-34.

이시훈(2005). 디지털 미디어와 광고: 현황과 미래 전망: 현황과 미래 전망. *한국광고홍보학보, 7*(5), 57-81.

인포마스터(2014). 행정기관 옥외광고 매체 활용조사 보고서.

임문영(2016, 1, 9). 임문영의 호모디지쿠스 대통령의 디지털 소통 ... YS의 청와대 홈피, 노무현 팬카페, MB는 트위터 채팅. 중앙일보. URL: https://news.joins.com/article/19383747

조창환, 이희준, 이소윤, 김경호, 최모세, 조원경(2019). 정부 및 공공기관 SNS 활용 평가를 위한 정량 및 정성 지표의 도출과 지표별 중요도 분석. *한국광고홍보학보, 21*(4), 5-43.

질병관리청(2020). 코로나19 비대면 진료 및 상담 안내. http://www.kdca.go.kr.

최윤희(2008). 현대PR론. 서울: 나남.

채백, 강승화, 허윤철(2019). 전화의 보급 확대와 대인 교류의 변화: 구술사를 중심으로. *커뮤니케이션 이론, 15*(3), 105-151.

한국갤럽(2019). 옥외 광고에 대한 공중의 인식 보고서.

한국언론재단(2000). 정부광고업무편람. 서울: 한국언론재단

행정안전부(2018). 공청회 운영 매뉴얼.

행정안전부(2023). 정부산하공공기관 기록물 관리 지침.

홍혜현(2012). 정부-공중 관계성 향상을 위한 PR 도구로서 전자정부의 가능성 탐색 연구. *PR 연구, 16*(3), 169-207.

황근, 최일도(2013). 대중미디어를 통한 정책 홍보 문제점해결방안 연구. *한국광고홍보학보, 15*(1), 289-322.

황성원(2010). *모바일 SNS 를 이용한 공공기관 정책 홍보 전략에 대한 연구*. 한양대학교 박사학위 논문.

Abramson, A.(1987). *The History of Television, 1880 to 1941*. McFarland & Company.

Bell, D. A.(2009). *The Cult of the Nation in France: Inventing Nationalism*, 1680-1800. Harvard University Press.

Black, J.(1994). The British Abroad. The Grand Tour in the Eighteenth Century. *The Scriblerian and the Kit-Cats, 27*(1), 83.

Bolter, J. D., & Grusin, R.(2000). *Remediation: Understanding new media*. MIT Press.

Briggs, A., & Burke, P.(2009). *A Social History of the Media: From Gutenberg to the Internet(3rd ed.)*. Polity Press.

Carlson, M.(2017). Journalistic Authority: Legitimating News in the Digital Era. *Journalism Studies, 18*(11), 1451-1465.

Centers for Disease Control and Prevention.(2020). COVID-19 Response Health Department Call Centers. https://www.cdc.gov/coronavirus/2019-ncov/php/call-centers.html.

Chapman, J.(2000). The Art of Persuasion. *Historical Journal of Film, Radio and Television, 20*(1), 111-116.

Cutlip, S. M., Center, A.H. & Broom, G.M.(1994).*Effective Public Relations*. Upper Sadddle River, NJ : Prentice-Hall.

Edelman, M.(1988). *Constructing the Political Spectacle*. University of Chicago Press.

Flew, T.(2007). *New Media: An Introduction*. Oxford University Press.

Frank, W. P., & Fisher, K. F.(1999). *Early Modern Europe: An Oxford History*. Oxford University Press.

Graber, D. A.(2002). *The power of communication: Managing information in public organizations*. CQ press.

Hamilton, S. E.(2008). *From publicity to intimacy: The poster in fin-de-siècle Paris*. Texas Christian University.

Hendy, D.(2013). *Radio in the global age*. John Wiley & Sons.

Jenkins, H.(2011). Convergence culture. Where old and new media collide. *Revista Austral de Ciencias Sociales, 20*, 129-133.

Keith, M. C.(2012). *The radio station: Broadcast, satellite and internet*. Routledge.

Khan, G. F., Swar, B., & Lee, S. K.(2014). Social media risks and benefits: A public sector perspective. *Social science computer review, 32*(5), 606-627.

Knaff, D. B.(2014). *Beyond Rosie the Riveter: Women of World War II in American Popular Graphic Art*. University Press of Kansas.

Kovach, B., & Rosenstiel, T.(2021). *The elements of journalism, revised and updated 4th edition: What newspeople should know and the public should expect*. Crown.

Lee, M.(2008). Public relations in public administration. *PUBLIC ADMINISTRATION AND PUBLIC POLICY-NEW YORK-*, *136*, 3.

Littlejohn, S. W., & Foss, K. A.(Eds.).(2009). *Encyclopedia of communication theory* (Vol. 1). Sage.

Manovich, L.(2002). *The language of new media*. MIT press.

Marvin, C.(1988). *When old technologies were new: Thinking about electric communication in the late nineteenth century*. Oxford University Press, USA.

McLuhan, M.(1999). *Digital McLuhan: a guide to the information millennium*. Routledge.

McQuail, D.(2010). *McQuail's mass communication theory*. Sage publications.

Mosco, V.(2005). *The digital sublime: Myth, power, and cyberspace*. Mit Press.

Negroponte, N.(1995). *Being Digital*. Knopf.

Nelson, R., & Sykes, A.(2013). *Outdoor Advertising(RLE Advertising)*. Routledge.

Page, B.(1999). Hamlet on the Holodeck: The future of narrative in cyberspace. *MFS Modern Fiction Studies*, *45*(2), 553-556.

Pasley, J. L.(2002). *The tyranny of printers: Newspaper politics in the early American republic*. University of Virginia Press.

Pettegree, A.(2014). *The invention of news: How the world came to know about itself*. Yale University Press.

Petty, R. D., & D'Rozario, D.(2009). The use of dead celebrities in advertising and marketing: Balancing interests in the right of publicity. *Journal of advertising*, *38*(4), 37-49.

Pew Research Center.(2015). Public trust in government: 1958-2015. https://www.pewresearch.org/politics/2015/11/23/1-trust-in-government-1958-2015.

Pollay, R. W.(1985). The subsiding sizzle: A descriptive history of print advertising, 1900–1980. *Journal of Marketing*, *49*(3), 24-37.

Presbrey, F.(2000). The history and development of advertising. *Advertising & Society Review*, *1*(1).

Putnam, R. D.(2000). *Bowling alone: The collapse and revival of American community*. Touchstone.

Richardson, L. N.(1978). *A history of early American magazines 1741-1789*. Taylor & Francis.

Rose, B., & Webster, T.(2011). The infinite dial 2011: Navigating digital platforms. *Arbitron Inc. and Edison Research, Tech. Rep.*

Sommerville, C. J.(1996). *The news revolution in England: Cultural dynamics of daily information*. Oxford University Press.

Starke, C., Marcinkowski, F., & Wintterlin, F.(2020). Social networking sites, personalization, and trust in government: Empirical evidence for a mediation model. *Social Media+ Society*, *6*(2), 1-11.

Sterling, C., & Kittross, J. M.(2001). *Stay tuned: A history of American broadcasting*. Routledge.

Taylor, C. R.(2015). Creating win–win situations via advertising: new developments in digital out-of-home advertising. *International Journal of Advertising*, *34*(2), 177-180.

Twyman, M., & McLean, R.(1970). *Printing 1770-1970: an illustrated history of its development and uses in England*. London: Eyre & Spottiswoode.

Twyman, M.(1998). *The British Library guide to printing: history and techniques*. University of Toronto Press.

제 10 장

공공 플랫폼

조준혁_서원대학교 광고홍보학과 교수

1. 디지털 플랫폼의 부상과 사회적 변화
2. 플랫폼의 정의
3. 플랫폼의 특징
4. 플랫폼의 유형
5. 공공 부문의 플랫폼

1. 디지털 플랫폼의 부상과 사회적 변화

플랫폼의 개념이 등장하면서 기존의 전통적인 사회와 경제 구조가 급격히 변화하고 있다. 아마존(Amazon)과 쿠팡(Coupang)은 오프라인 중심의 전통적인 소매업 구조를 혁신하고, 구글(Google)과 네이버(Naver)는 광고의 디지털화를 선도하며, 넷플릭스(Netflix)는 미디어 산업의 변화를 이끌고 있다. 플랫폼은 디지털 기술의 발전과 함께 디지털 플랫폼으로 진화하면서 폭발적인 성장을 이루고 있다(김미리 외, 2024).

소셜 미디어 플랫폼의 발전과 더불어 이용자들이 남기는 방대한 데이터를 분석하고 처리할 수 있는 환경이 조성되었고, 인공지능(AI)이 이러한 데이터를 학습하면서 예측과 제안 능력이 더욱 향상되고 있다. 이로 인해 디지털 플랫폼의 성장은 가속화되고 있으며, 공공 부문에서도 데이터를 개방하고 플랫폼을 구축하거나 민간 플랫폼을 활용하여 국민과의 소통 창구를 다양화하고 있다.

공공 부문에서는 플랫폼을 소통의 공간으로 기획할 수도 있고, 적절히 이용할 수도 있어야 한다. 이 장에서는 공공 플랫폼을 새롭게 기획하거나 기존 플랫폼을 활성화하기 혹은 민간 플랫폼을 활용하여 소통을 강화하기 위해서는 플랫폼의 개념과 특성, 유형, 그리고 성공적인 플랫폼 사례들을 살펴보는 것이 필요하다.

2. 플랫폼의 정의

플랫폼(platform)이라는 단어는 프랑스어 plat(평평한 땅)과 forme(형태, 영어로 form)의 합성어로, 16세기에 생겨났다. 원래는 주변보다 높은 평평한 장소를 의미했으나, 이후 비즈니스뿐만 아니라 다양한 분야에서 폭넓게 사용되기 시작했다(Baldwin & Woodard, 2009; 노규성, 2014).

플랫폼이라는 개념이 다양한 분야에서 사용되면서 학계에서도 분야별로 약간씩 다른 의미로 해석되고 있다(Andersson Schwarz, 2017). 컴퓨터 과학, 경제학,

미디어 커뮤니케이션, 법학 등에서는 플랫폼을 이해하는 방식에 미묘한 차이가 있다(Gorwa, 2019). 자동차 산업에서는 GM이 처음으로 플랫폼 개념을 도입하여 다양한 자동차 모델에 프레임, 트랜스미션, 브레이크 등 공통적으로 사용하는 부분을 플랫폼으로 정의했다. 이를 통해 새로운 자동차를 개발할 때 플랫폼을 제외한 부분만 새로 만들어 개발 비용을 절감할 수 있었다.

IT 분야에서는 1990년대 캘리포니아의 소프트웨어 개발자들이 자신들이 만든 제품을 단순한 프로그램이 아닌, 코드 개발과 배포가 가능한 유연한 플랫폼으로 개념화했다(Bogost and Montfort, 2007). 일반적으로 플랫폼은 다양한 이해관계자를 모으고 다양한 용도로 활용될 수 있는 공통의 유무형 틀 또는 구조물로 이해된다(서형준, 2023).

우리 일상에서도 플랫폼이라는 단어는 익숙하다. 기차 승강장이나 연단과 같은 의미로 사용되기도 하는데, 기차 승강장은 기차와 사람을 연결하고, 버스 터미널은 버스와 사람을 이어주는 장소이다. 교통수단을 제공하는 회사들은 매출을 올리고, 승객은 비용을 지불하고 원하는 목적지로 이동한다. 또한, 승강장은 사람들끼리 약속을 정하고 만나는 공간이기도 하다. 유동 인구가 많은 승강장이나 터미널에는 옥외 광고와 현수막이 자주 보이며, 대형 쇼핑몰이 함께 있는 경우도 많다.

플랫폼도 이와 유사한 역할을 한다. 다양한 공급자와 소비자가 만나 부가가치를 창출할 수 있는 공간을 제공하며, 이용자 간의 상호작용을 통해 다양한 부가 활동이 이루어질 수 있다.

디지털 기술의 등장과 비즈니스 환경의 변화에 따라 플랫폼의 개념도 디지털 플랫폼으로 진화하였다(김미리 외, 2024). 디지털 플랫폼은 기술적으로 매개되어 이용자 그룹 간의 상호작용을 가능하게 하며, 특정 작업을 수행할 수 있도록 지원한다(Bonina et al., 2021).

구글의 에릭 슈미트(Eric Schmidt) 회장은 애플, 아마존, 페이스북, 구글의 성공 비결로 강력한 플랫폼 구축을 꼽았다. 실제로, 포브스가 선정한 세계에서 가장 가치 있는 브랜드 상위 10개 기업 중 7개가 플랫폼 회사일 정도로 플랫폼의 중요성은 매우 크다.

■■ 그림1. 포브스 선정 가장 가치있는 브랜드(2020)

Forbes The World's Most Valuable Brands						
#1	Apple	$241.2 B	17%	$260.2 B	-	Technology
#2	Google	$207.5 B	24%	$145.6 B	$6.8 B	Technology
#3	Microsoft	$162.9 B	30%	$125.8 B	$1.6 B	Technology
#4	Amazon	$135.4 B	40%	$260.5 B	$11 B	Technology
#5	Facebook	$70.3 B	-21%	$49.7 B	$1.6 B	Technology
#6	Coca-Cola	$64.4 B	9%	$25.2 B	$4.2 B	Beverages
#7	Disney	$61.3 B	18%	$38.7 B	$4.3 B	Leisure
#8	Samsung	$50.4 B	-5%	$209.5 B	$4 B	Technology
#9	Louis Vuitton	$47.2 B	20%	$15 B	$7 B	Luxury
#10	McDonald's	$46.1 B	5%	$100.2 B	$365 M	Restaurants

a.글로벌 플랫폼 사례

애플은 앱스토어 플랫폼을 통해 앱 개발자와 앱 이용자를 연결한다. 2007년 스마트폰 시장에 후발주자로 진입한 애플은 앱스토어라는 플랫폼을 통해 앱 개발자와 사용자 간의 연결을 강화하며 새로운 시장을 창출했다. 이 플랫폼 구조는 기존 전통 제조 기업의 수직적 구조로 개발된 앱과 비교해 빠르게 격차를 벌렸고, 애플이 시장 주도권을 잡는 데 크게 기여했다(O'Reilly, 2011; van Alstyne et al., 2016; 서형준, 2023).

아마존은 판매자와 구매자를 연결하는 플랫폼을 제공하여, 판매자에게는 더 많은 고객에게 노출될 기회를 제공하고, 구매자에게는 다양한 상품을 선택하고 구매할 수 있는 환경을 제공한다.

페이스북은 이용자가 콘텐츠 소비자인 동시에 프로슈머(참여형 소비자)로서 역할하도록 하며, 이용자 간 또는 기업과 이용자 간의 상호작용을 통해 가치를 창출한다. 구글은 검색 플랫폼을 통해 사용자와 광고주를 연결하며, 유튜브를 통해 크리에이터와 이용자를 연결한다.

b.국내 플랫폼 사례

네이버는 네이버 쇼핑을 통해 판매자와 소비자를, 네이버 플레이스와 예약 서비스를 통해 가게와 이용자를 연결한다. 당근마켓은 지역 기반 커뮤니티를 활용하여 동네 주민 간 거래를 지원하며, 카카오택시는 택시 드라이버와 승객을, 배달의민족은 식당과 고객뿐 아니라 배달 기사까지 연결한다.

이러한 플랫폼들은 공급자와 소비자, 이용자 간의 연결과 상호작용을 통해 경제적 가치를 창출하며, 현대 사회의 핵심 비즈니스 모델로 자리 잡았다.

3. 플랫폼의 특징

3-1. 양면시장 구조와 네트워크 효과

플랫폼은 다양한 이해관계자를 중개하고 연결하는 기능을 갖추고 있으며, 그중 중요한 특징으로 양면시장(two-sided market)이 있다. 양면시장은 프랑스 경제학자 장 티롤(Jean Tirole)과 장 샤를 로셰(Jean-Charles Rochet)가 정립한 개념으로, 두 개 이상의 독립적인 사용자 그룹이 존재하고, 이들 사용자 그룹이 플랫폼을 통해 상호작용하거나 거래를 할 수 있는 시장을 의미한다. 이 과정에서 각 사용자 그룹은 서로에게 이익을 제공하고, 동시에 플랫폼 자체도 경제적 가치를 창출하게 된다. 사용자 그룹의 가치는 다른 그룹의 규모나 활동 수준에 따라 달라지며, 사용자 그룹이 많아질수록 플랫폼의 효용도 커진다.

양면시장의 중심에는 네트워크 효과가 있다. 네트워크 효과란 한 사용자 그룹의 규모가 커질수록 다른 사용자 그룹에 제공되는 가치가 증가하는 현상을 의미한다. 즉, 플랫폼에 참여하는 사용자나 참여자가 많아질수록 그 플랫폼의 가치가 증대되는 것이다.

예를 들어, 페이스북이나 유튜브 같은 소셜 미디어 플랫폼에서는 더 많은 사용자가 참여할수록 그 플랫폼의 영향력과 유용성이 커진다. 애플의 앱스토어나 구글 플레이스토어와 같은 플랫폼은 개발자와 사용자를 연결하여 다양한 애플리케이션이 개발되도록 하고, 이러한 애플리케이션이 사용자를 다시 끌어들이는 순환 구조를 갖고 있다. 이러한 측면에서 플랫폼은 사용자들이 자발적으로 참여하고 그 참여로부터 상호작용을 통해 가치를 창출하는 공간이라고 할 수 있다.

네트워크 효과는 크게 직접 네트워크 효과와 간접 네트워크 효과로 나눌 수 있다. 직접 네트워크 효과는 동일한 사용자 그룹 내에서 발생하는 효과를 의미하며, 예를 들어 소셜 미디어 플랫폼에서는 사용자가 많을수록 더 많은 사람들과 소통할 수 있기 때문에 플랫폼의 가치가 높아진다. 반면, 간접 네트워크 효과는 다른 사용자 그룹의 증가에 따라 가치가 높아지는 효과를 의미한다. 예를 들어, 앱스토어 플랫폼에서는 애플리케이션 개발자가 많아질수록 사용자에게 제공되는 애플리케이션의 선택지가 늘어나기 때문에, 사용자 그룹의 만족도가 증가한다.

양면시장의 성공 여부는 이러한 네트워크 효과를 어떻게 극대화할 수 있는지에 달려 있다. 각 사용자 그룹이 플랫폼에 참여함으로써 얻게 되는 가치가 커질수록 해당 플랫폼은 더 많은 사용자를 끌어들일 수 있다. 이는 일종의 긍정적 피드백 루프를 형성하여 플랫폼의 성장 속도를 가속화시키는 역할을 한다.

3-2. 플랫폼의 중요성

플랫폼의 중요성은 경제적 측면뿐만 아니라 사회적 측면에서도 큰 의미를 지닌다. 플랫폼은 정부, 시민, 민간 기업 간 협력을 촉진하며 사회적 문제를 해결하는 데 중요한 역할을 한다. 예를 들어, 공공부문에서 플랫폼을 활용하면 시민들에게 정부 정책 결정 과정에 직접 참여할 기회를 제공하고, 이를 통해 더 투명하고 민주적인 사회를 실현할 수 있다.

정부는 데이터를 개방하여 시민과 민간 기업이 이를 활용할 수 있도록 지원하며, 이를 통해 혁신적인 공공 서비스를 창출할 수 있다. 공공 데이터의 개방은 정부가 보유한 방대한 데이터를 시민과 기업이 활용하여 새로운 가치를 창출하는 데 핵심적인 역할을 한다.

특히 4차 산업혁명 시대에 접어들면서 플랫폼의 중요성은 더욱 강조되고 있다. 인공지능(AI), 빅데이터, 클라우드 컴퓨팅과 같은 신기술의 발전으로 정부와 민간 부문 모두에서 플랫폼 활용이 급증하고 있으며, 이를 통해 공공서비스의 질이 향상되고 효율성이 극대화되고 있다. 이러한 기술적 발전은 플랫폼이 단순히 정보를 제공하는 역할을 넘어, 공공과 민간이 협력하여 공동으로 문제를 해결하는 공간을 마련하는 데 기여하고 있다.

3-3. 플랫폼의 활성화

플랫폼이 활성화되는 과정은 기존의 서비스를 기반으로 이용자와 공급자를 연결하며 점차 확대되는 구조를 보인다.

페이스북의 초기 모습은 하버드대 학생들의 정보와 사진을 제공하는 디렉토리 서비스였다. 처음에는 하버드대 학생들만을 대상으로 서비스를 제공했지만, 점차 다른 대학으로 확장되면서 인기를 끌었다. 2007년, 페이스북은 외부 개발자들이 페이스북의 소셜 그래프를 기반으로 프로그램을 개발할 수 있도록 플랫폼을 개방했으며, 개발된 프로그램의 수익을 개발자와 나누는 오픈 플랫폼 정책을 발표했다.

이후 외부 개발자들은 페이스북 내에서 활용 가능한 다양한 앱을 개발했으며, 이러한 앱들은 페이스북의 킬러 콘텐츠로 자리 잡아 이용자를 대규모로 유치했다(윤상진, 2012). 페이스북은 SNS 서비스를 통해 이용자를 모은 후, Facebook for Developers를 통해 외부 개발자와 제3자가 페이스북 개발 도구를 활용해 새로운 서비스를 지속적으로 제공할 수 있도록 했다. 이는 페이스북 이용자 기반을 더욱 확대하며 플랫폼으로서의 성장을 가속화시켰다.

그림2. 메타(Meta) - Facebook for Developers

OpenAI의 ChatGPT 서비스는 플랫폼 활성화의 대표적인 사례로 꼽힌다. OpenAI는 ChatGPT 서비스를 통해 전 세계 이용자를 확보하며 AI 기반의 강력한 생태계를 구축해왔다. 이후 앱스토어나 플레이스토어와 유사한 GPT 스토어 플랫폼을 운영하며, 플랫폼 중심의 비즈니스 모델로 진화하고 있다.

GPT 스토어에서는 이용자들이 GPT 모델을 활용한 챗봇, 이미지 생성, 글쓰기, 가상 비서 등 다양한 생성형 AI 앱을 구매할 수 있다. 동시에 개발자와 판매자들에게는 이러한 AI 앱을 개발하거나 판매할 수 있는 새로운 기회를 제공한다.

이와 같은 과정은 ChatGPT가 단순한 AI 도구에서 벗어나, 이용자, 개발자, 그리고 판매자를 연결하는 포괄적인 플랫폼으로 발전하고 있음을 잘 보여준다.

■ 그림3. Opan AI – GPT Store

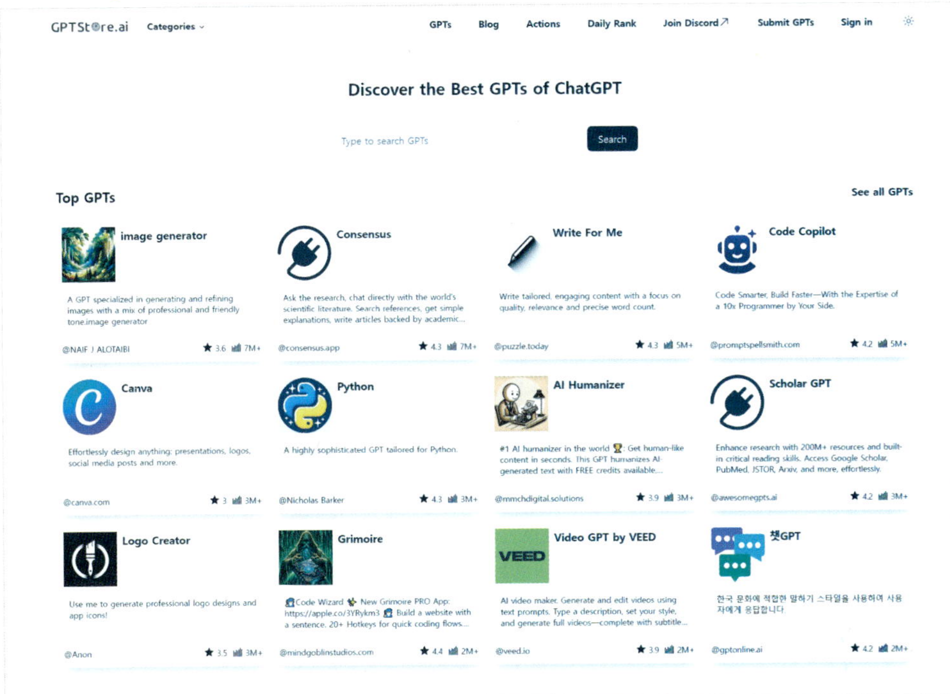

3-4. 플랫폼의 초기 진입 장벽과 극복 전략

모든 플랫폼이 단순히 만들기만 한다고 활성화되는 것은 아니다. 양면시장의 특징을 지닌 플랫폼은 초기 진입 장벽을 극복하는 것이 매우 중요하다. 네트워크 효과가 큰 시장에서는 초기 사용자 확보가 어려워 치킨과 달걀 문제(Chicken-and-Egg Problem)가 발생할 수 있다. 플랫폼에 사용자가 없으면 공급자들이 참여할 이유가 없고, 공급자가 없으면 사용자들이 플랫폼을 이용할 이유가 없는 상황을 뜻한다.

예를 들어, 쇼핑 플랫폼을 새로 오픈했다고 가정했을 때, 기업은 사용자가 없는 곳에 물건을 공급하기를 꺼려할 가능성이 높다. 판매가 많지 않아 관리 비용만 발생할 위험이 크기 때문이다. 반대로, 사용자 입장에서는 판매자가 적을 경우 가격과 품질 등을 비교하기 어려워 플랫폼을 이용할 동기가 낮아진다.

이러한 문제를 해결하기 위해 플랫폼은 초기 사용자를 확보하는 데 집중적인 노력을 기울여야 한다. 때로는 한쪽 사용자 그룹에게 무료 서비스를 제공하거나 보조금을 지급하는 전략을 사용하기도 한다. 예를 들어, 우버(Uber)는 초기 단계에서 승객과 운전자를 확보하기 위해 승객에게 무료 승차나 할인 쿠폰을 제공하고, 운전자에게는 추가 수당을 지급하는 방식으로 시장에 진입했다. 이러한 전략은 초기 사용자 기반을 빠르게 구축하고, 이후 네트워크 효과를 통해 더 많은 사용자를 유입시키는 데 성공한 사례이다.

페이스북의 경우도 마찬가지로, 개발 비용이 저렴한 플랫폼을 먼저 구축하고 네트워크 효과를 바탕으로 다양한 사용자 그룹(개발자, 광고주, 사용자 등)을 확장해 나갔다. 또한, 지속적인 서비스 추가와 기능 개선을 통해 플랫폼 생태계를 형성하고 성장하였다. 결국 초기 사용자나 고객을 확보하면 외부의 개인이나 기업이 자발적으로 참여하며 선순환 구조를 형성하게 되고, 플랫폼은 지속적으로 발전하며 성장할 수 있다(Bonina et al., 2021; 김미리 외, 2024).

3-5. 플랫폼의 장점과 단점

플랫폼의 장점은 두 개 이상의 사용자 그룹을 연결하여 다양한 시장에서 동시에 가치를 창출할 수 있다는 점이다. 플랫폼은 사용자 그룹 간의 상호작용을 통해 부가가치를 극대화하는 구조를 제공하므로, 전통적인 비즈니스 모델보다 더 큰 잠재력을 지니고 있다. 네트워크 효과를 통해 빠르게 성장할 수 있다는 점도 양면시장의 주요 장점 중 하나이다.

그러나 플랫폼에는 단점도 존재한다. 앞서 언급한 대로 초기 진입 장벽이 존재하며, 양쪽 사용자 그룹을 확보하기 위해 많은 노력이 필요하다. 또한, 경쟁 플랫폼이 등장할 경우 사용자 그룹 간의 상호작용이 줄어들면서 플랫폼의 가치가 급격히 하락할 수 있다. 예를 들어, 한쪽 사용자 그룹이 다른 플랫폼으로 이동하면 네트워크 효과가 사라지면서 플랫폼의 전체 생태계가 붕괴될 위험이 있다. 또한, 가격 구조가 잘못 설계될 경우 한쪽 사용자 그룹의 불만이 발생해 전체 플랫폼의 가치를 떨어뜨릴 수 있다. 플랫폼을 성공적으로 운영하기 위해서는 이러한 리스크를 최소화하고 사용자 그룹 간의 상호작용을 촉진할 수 있는 전략이 필요하다.

4. 플랫폼의 유형

플랫폼은 다양한 기준에 따라 분류할 수 있으며, 특히 디지털 플랫폼은 하드웨어, 소프트웨어, 네트워크의 개념이 혼재되어 구조와 기능이 플랫폼마다 상이하다. 이로 인해 연구자들은 다양한 관점에서 플랫폼 유형을 정의하고 있다(김미리 외, 2024).

a. Kenney & Zysman(2016)의 플랫폼 유형 분류

Kenney와 Zysman(2016)은 플랫폼을 다음의 다섯 가지 유형으로 구분하였다:

기반 플랫폼(Platform for Platforms)

다른 플랫폼이 구축될 수 있는 기반을 제공하는 플랫폼으로, 애플의 iOS, 구글의 Android와 같은 운영체제, Amazon Web Services(AWS), Microsoft Azure, Google Cloud Platform과 같은 클라우드 인프라가 이에 해당한다.

디지털 도구 제공 플랫폼

디지털 환경에서 새로운 플랫폼 구축 비용을 절감할 수 있는 리소스와 도구를 제공하는 플랫폼이다. 예를 들어, GitHub는 오픈 소스 소프트웨어의 저장소를 제공하며, 이를 통해 개발자들이 새로운 플랫폼과 마켓플레이스를 쉽게 구축할 수 있도록 돕는다.

업무 중개 플랫폼

전문 네트워킹과 채용 프로세스를 혁신하는 LinkedIn과 같이 업무를 중개하는 플랫폼이다. 또한, Amazon Mechanical Turk나 UpWork와 같은 글로벌 가상 노동 플랫폼은 전 세계적으로 업무와 서비스를 연결하고 교환할 수 있는 기회를 제공한다.

리테일 플랫폼

소비자와 판매자가 디지털 수단을 통해 직접 상호작용할 수 있도록 지원하는 플랫폼이다. 아마존, 이베이와 같은 플랫폼은 이러한 유형에 속하며, 소비자와 판매자 간의 거래를 매개한다.

서비스 제공 플랫폼

에어비앤비, 우버, 리프트(Lyft) 등은 서비스 제공업체와 고객을 연결하는 플랫폼이다. 이들은 알고리즘을 활용해 상호작용과 거래를 중개하며, 전통적인 서비스 산업의 혁신을 이끌고 있다.

b. Evans & Gawer(2016)의 플랫폼 유형 분류

Evans와 Gawer(2016)은 플랫폼의 기능과 경제적 역할에 따라 플랫폼을 다음과 같이 분류하였다.

거래 플랫폼(Transaction Platforms)

거래 플랫폼은 마켓플레이스처럼 서로 다른 사용자 그룹이 디지털 환경에서 거래할 수 있는 공간을 제공한다. 아마존, 알리바바 같은 이커머스 플랫폼이나 우버, 리프트와 같은 차량 호출 서비스가 이에 해당한다.

혁신 플랫폼(Innovation Platforms)

혁신 플랫폼은 다른 플랫폼이 추가적인 도구나 서비스를 개발할 수 있는 기반을 제공한다. Apple의 iOS나 Google의 Android는 개발자들에게 생태계 내에서 앱과 서비스를 개발할 수 있도록 지원하는 대표적인 사례이다.

통합 플랫폼(Integrated Platforms)

거래와 혁신 기능을 결합한 플랫폼이다. 거래를 지원함과 동시에 타사의 혁신도 가능하게 한다. 예를 들어, Google은 YouTube와 같은 서비스를 통해 광고 거래를 지원하는 동시에 Android 플랫폼을 통해 앱 개발을 촉진한다.

투자 플랫폼(Investment Platforms)

투자 플랫폼은 플랫폼 개발과 확장에 자본을 지원하는 모델로, 주로 플랫폼 기반 비즈니스에 투자하는 벤처 캐피탈 회사와 투자자들이 여기에 포함된다.

플랫폼 컨소시엄(Platform Consortia)

플랫폼 컨소시엄은 여러 기업이 협력하여 공유 플랫폼을 공동 운영하는 형태를 말한다. 이는 주로 금융이나 통신 산업에서 서비스나 제품을 표준화하기 위해 사용되며, 기업 간 협력 모델로 주목받고 있다.

Cusmano et al.(2019)은 플랫폼의 목적에 따라 거래 플랫폼(Transaction Platform), 혁신 플랫폼(Innovation Platform), 하이브리드 플랫폼(Hybrid Platform)으로 나눌 수 있다고 제안한다. 이 장에서는 이러한 세 가지 플랫폼 유형에 대해 자세히 살펴보고, 각각의 특징과 적용 사례를 논의한다.

4-1. 거래 플랫폼(Transaction Platform)

거래 플랫폼은 구매자와 판매자, 서비스 제공자와 이용자 등 다양한 이해관계자 간의 거래를 중개하는 온라인 환경을 의미한다. 주로 이커머스, 소셜 미디어, 앱 스토어 등으로 세분화되며, 사용자가 상품, 서비스, 정보 등을 교환할 수 있도록 한다(Bonina et al., 2021). 구체적으로 Google Play, Twitter, Airbnb, WeChat, TripAdvisor 등이 있다. 거래 플랫폼의 핵심 기능은 정보와 자원의 공유를 통해 상업적 거래뿐만 아니라 사회경제적 교류를 촉진하는 것이다.

Cusmano et al.(2019)은 거래 플랫폼이 물리적 거리에 관계없이 다양한 개인과 조직이 상호작용할 수 있는 온라인 시장의 역할을 한다고 설명한다. 이러한 플랫폼은 순수한 상업적 목적을 넘어 사회적 영향력을 확대할 수 있다. 예를 들어, 소셜 미디어 플랫폼인 페이스북은 정보와 자원에 대한 접근성을 높여 취약계층의 경제적 기회를 확대할 수 있으며, 집단 행동을 통해 사회적 변화를 이끌어내는 데 기여한다(Nicholson et al., 2016).

또한, 인도네시아의 고젝(Gojek)과 같은 공유경제 플랫폼은 자영업자와 소비자를 연결하여 다양한 서비스 제공을 촉진한다. 초기에는 오토바이 택시 기반의 배달 서비스로 시작했으나, 현재는 청소, 웰빙 서비스 등 다양한 영역으로 확장되었다(Raharso & Sia, 2017). 이러한 플랫폼은 빠른 경제 성장과 고용 창출을 촉진하는 데 중요한 역할을 한다.

거래 플랫폼이 사회적 책임을 강화하고 투명성을 증대시키는 사례로는 우샤히디(Ushahidi)가 있다. '우샤히디'는 스와힐리어로 '증언'을 의미하는 크라우드소싱 플랫폼으로, 2007년 케냐의 선거 폭력 사태 이후 목격자의 제보를 기반으로 지리적 정보와 데이터를 시각화하여 실시간으로 제공하였다(Rotich, 2017). 이 플랫폼은 지진, 산불, 질병 등의 긴급 상황에 대한 정보를 신속히 수집하고 분석해 공공안

그림 4. 우샤히디(Ushahidi)

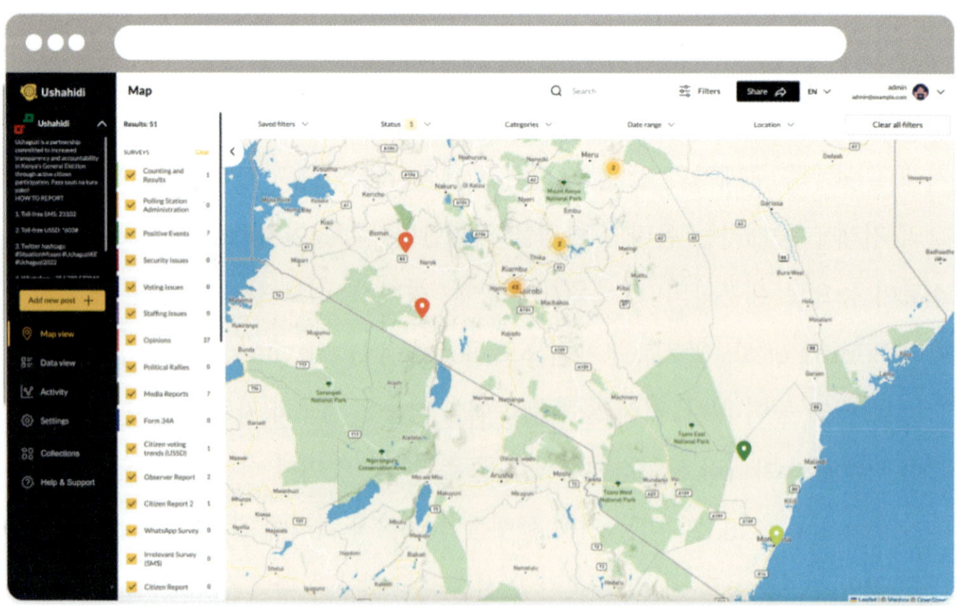

전과 커뮤니티 참여를 강화하는 데 기여했다.

인도의 Aadhaar는 공공 서비스에 접근할 수 있는 국가 전자 신원 확인 시스템으로, 거래 플랫폼의 기능을 확장해 공공 행정의 효율성을 높인다(Mir et al., 2020). 이는 사회적 포용성을 높이는 동시에 정부의 투명성과 책임성을 강화하는 데 중요한 역할을 한다.

이처럼 거래 플랫폼은 단순한 상업적 목적을 넘어서 사회적, 경제적 발전에 기여하는 다양한 기능을 수행하며, 책임성과 포용성을 높이는 데 기여할 수 있다.

4-2. 혁신 플랫폼(Innovation platforms)

혁신 플랫폼은 '다른 기업들이 상호 보완적인 제품, 서비스, 또는 기술을 개발할 수 있는 기반을 제공하는 역할'을 한다(Gawer, 2009). 이러한 플랫폼은 새로운 서비스나 기술 혁신을 촉진할 수 있는 환경을 조성해, 외부 개발자나 기업들이 다양한 응용 프로그램과 서비스를 구축할 수 있도록 지원한다.

혁신 플랫폼의 대표적인 예로는 Android와 iOS 같은 모바일 운영 체제가 있다. 이들 운영 체제는 타사 개발자들이 API를 활용해 애플리케이션을 개발하고 기능을 추가할 수 있는 생태계를 제공하며, 이를 통해 앱 생태계 내에서 지속적인 서비스 혁신이 이루어진다.

또한, Amazon Web Services(AWS), Google Cloud, Microsoft Azure와 같은 클라우드 서비스 플랫폼, 그리고 Salesforce.com, SAP와 같은 엔터프라이즈 플랫폼은 기업 환경에서 다양한 비즈니스 애플리케이션 개발을 지원하며, 데이터 관리와 분석, 고객 관계 관리(CRM) 등에서의 혁신을 촉진한다. Siemens Mindsphere와 같은 엔터프라이즈 IoT 플랫폼은 산업용 사물인터넷(IIoT) 기반의 데이터 수집과 분석을 통해 스마트 공장 및 제조 혁신을 지원한다.

현지 상황에 맞춘 혁신 플랫폼의 대표적인 사례로는 '지역 보건 정보 소프트웨어(District Health Information Software 2, DHIS2)'를 들 수 있다. 'DHIS2'는 여러 국가와 조직, 특히 유럽연합(EU)과 세계 각국의 정부에서 사용되는 오픈 소스 건강 데이터 플랫폼으로, 오슬로대학의 보건 정보 시스템 프로그램(HISP)에서 개발하여 2006년에 출시되었다. 현재 120여 개국에서 사용되고 있으며, 주로 아프리카와 중남미를 중심으로 널리 확산되었다(dhis2.org, 2024).

이들 국가의 NGO와 중앙 정부는 환자 건강 모니터링, 질병 감시 개선, 질병 발생 추적, 건강 데이터 접근성 향상 등 다양한 보건 프로젝트를 위해 DHIS2를 배포하고 있다. 통계 데이터의 수집, 검증, 분석, 관리, 시각화를 통합하여, 실시간 데이터 기반의 신속한 분석과 시각화를 지원한다. 이러한 기능을 통해 보건 관련 정보의 접근성을 높이고, 신속하고 정확한 결정을 내릴 수 있도록 돕는다.

DHIS2는 웹 기반으로 제공되며, 실시간 데이터 분석과 시각화 기능이 뛰어나다. 이를 통해 환자 건강 상태 모니터링, 질병 감시 체계 강화, 발병 지도 작성, 의료 시설 및 정부 기관의 데이터 접근성 향상 등의 용도로 활용된다.

혁신 플랫폼은 외부 개발자나 조직이 플랫폼 생태계를 활용해 자체적인 애플리케이션과 솔루션을 개발하고 혁신할 수 있도록 지원하는 것이 특징이다. 이를 통해 기존 인프라를 바탕으로 새로운 부가가치를 창출하고, 다양한 산업 분야에서 디지털 혁신을 가속화하는 데 기여한다. DHIS2와 같은 현지화된 혁신 플랫폼은

그림 5. DHIS2

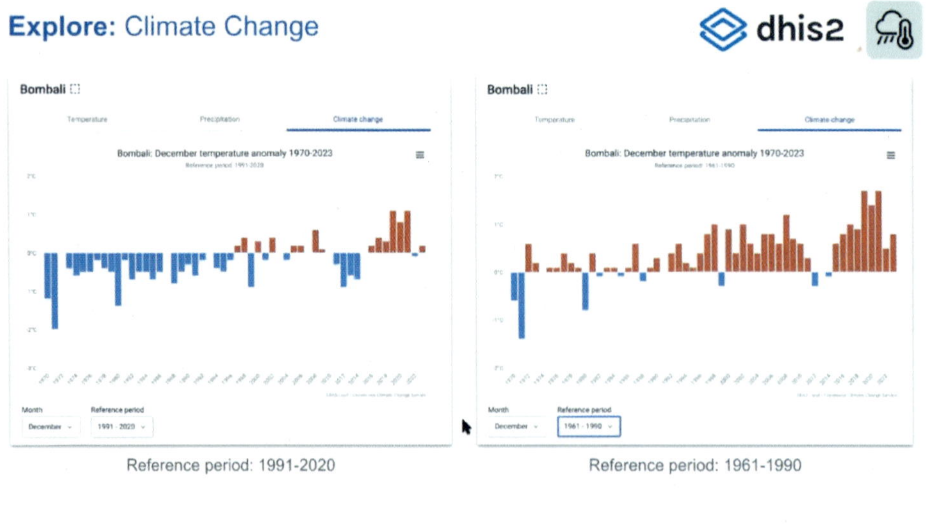

특히 지역적 특성과 필요성에 맞는 솔루션을 제공함으로써, 지역사회의 건강 문제 해결과 사회적 가치를 증진하는 중요한 역할을 수행하고 있다.

혁신 플랫폼은 핵심 아키텍처와 주변부 아키텍처로 구성된다(Baldwin & Woodard, 2009). 그림 6에서 이를 시각적으로 확인할 수 있다. 이를 더 쉽게 이해하기 위해, 애플(Apple)의 iOS나 구글(Google)의 Android를 예로 들 수 있다. 이들 플랫폼의 경우, 애플과 구글이 핵심 아키텍처를 미리 구현해 두고, 개발자들이 API(애플리케이션 프로그래밍 인터페이스)를 통해 핵심 아키텍처에 접근하여 주변부 아키텍처에서 앱과 서비스를 개발한다. 주변부에서 개발된 앱과 서비스는 핵심 아키텍처와 구분되며 분리되어 있다.

혁신 플랫폼의 핵심 아키텍처를 구성하는 모듈은 일반적으로 애플이나 구글과 같은 플랫폼 소유자에 의해 개발된 다양한 기능들로 이루어진다. 이러한 모듈들은 플랫폼의 중심적인 역할을 하며, 플랫폼 생태계 내에서 핵심적인 기능을 제공한다. 반면, 다양한 기능이 아닌 데이터 기반으로 핵심 모듈을 구성하는 플랫폼 유형도 존재한다. 예를 들어, 공공 데이터(Open Government Data, OGD) 플랫폼은 데이터를 중심으로 한 혁신 플랫폼의 한 사례로, 이 경우 데이터가 핵심 아키텍처

그림 6. 혁신 플랫폼 개요

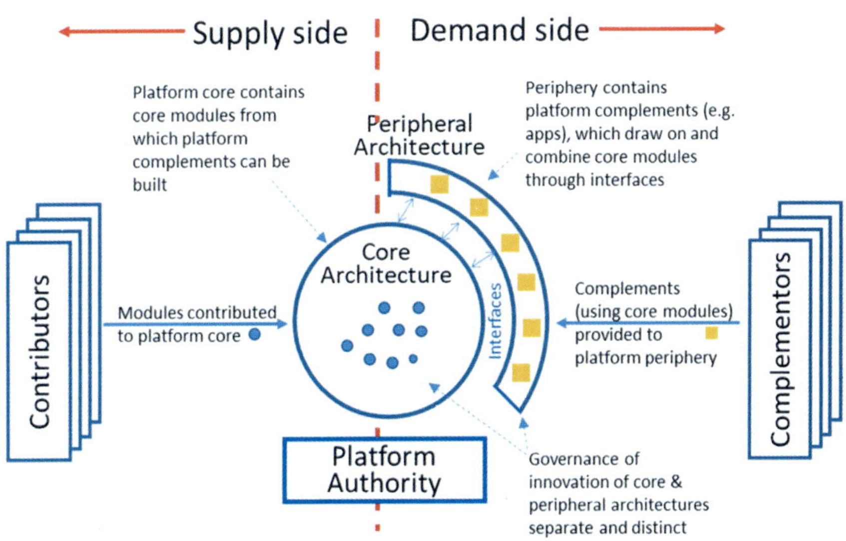

의 중심 모듈을 형성한다(Bonina & Eaton, 2020).

또한, 핵심 모듈은 플랫폼 소유자 외부의 기여자로부터 제공될 수도 있다. 예를 들어, OGD 플랫폼에서는 여러 정부 기관이 플랫폼의 보완적 요소가 되는 핵심 모듈, 즉, 데이터를 제공하는 방식으로 플랫폼에 기여한다. 이와 같이, 플랫폼 소유자와 분리된 기여자들이 제공하는 모듈은 혁신 플랫폼의 다양성과 확장성을 높이는 중요한 요소가 된다(Bonina & Eaton, 2020).

4-3. 하이브리드 플랫폼

거래 플랫폼과 혁신 플랫폼의 특성을 모두 갖고 있는 하이브리드 플랫폼 형태도 존재한다. 페이스북, 애플, 구글, 마이크로소프트, 아마존 등이 대표적인 예이다. 플랫폼은 성장하고 진화함에 따라 하이브리드 플랫폼 형태를 가질 수 있다. 예를 들어 페이스북은 상대적으로 비용이 저렴한 거래 플랫폼을 개발하고 혁신 플랫폼으로 진화하였다(Bonina et al., 2021).

5. 공공 부문의 플랫폼

플랫폼은 경제, 사회, 기술적 측면에서 핵심적인 역할을 하며, 최근에는 공공 부문에서도 필수적인 요소로 자리 잡고 있다. 공공 부문에서 플랫폼이란 무엇을 의미하며, 이를 활성화하기 위해 어떤 측면이 필요한지 살펴보자. 이를 위해 우선 플랫폼 정부(Government as a Platform, GaaP)의 개념을 검토한다.

5.1 플랫폼 정부의 개념과 중요성

플랫폼 정부는 전자정부를 넘어선 새로운 정부 운영 모델로, 정부가 공공 데이터를 개방하고 이를 통해 민간과 협력하여 공공 문제를 해결하는 방식을 말한다. 이 개념은

2010년대 미국 오바마 행정부가 공공 데이터 개방 정책을 추진하며 본격화되었다.

공공 부문에서 플랫폼의 중요성은 정부와 시민, 민간 기업 간 협력을 촉진하여 더 나은 공공 서비스를 제공하고 문제 해결을 위한 혁신적인 방안을 제시할 수 있다는 점에 있다. 플랫폼 정부는 기존의 자판기 정부(Vending Machine Government) 모델에서 벗어나, 정부가 협력의 중개자 또는 촉진자로서 다양한 이해관계자들이 참여할 수 있는 장을 제공하는 형태로 진화하고 있다.

자판기 정부는 제한된 선택지와 서비스를 제공하는 데 초점을 맞추지만, 플랫폼 정부는 다양한 사회적 문제를 해결하기 위해 협력을 촉진하고 혁신적인 공공 서비스를 제공하는 데 중점을 둔다.

5-2. 공공 부문의 플랫폼 유형

공공 부문의 플랫폼은 연구자에 따라 다양한 방식으로 분류된다. 주요 유형을 다음과 같이 정리할 수 있다:

a. Linders(2012)의 공공 플랫폼 유형

Linders(2012)는 공공 플랫폼을 Citizen Sourcing, Government as a Platform, Do-It-Yourself Government라는 세 가지 유형으로 분류하였다. 이는 서비스 제공 과정의 단계인 설계(Design), 실행(Execution), 모니터링(Monitoring)에 따라 시민과 정부의 역할을 다르게 설정한 것이다.

- 설계 단계에서는 시민의 의견을 반영하여 정책을 설계하고,
- 실행 단계에서는 시민들이 서비스를 공동으로 제공하며,
- 모니터링 단계에서는 시민들이 서비스의 성과를 평가하고 피드백을 제공하는 방식으로 이루어진다.

1. 플랫폼으로서의 정부 (Government as a Platform, G2C)

정부는 공공 데이터를 개방하여 시민이 이를 활용할 수 있는 환경을 조성한다. 정

부는 직접적인 책임을 지기보다는 플랫폼 역할을 하며, 시민이 데이터를 활용해 삶의 질을 개선하고 생산성을 높일 수 있도록 지원한다.

- 예시: 미국의 정부 데이터 개방 플랫폼 HYPERLINK "https://data.gov"data.gov와 보건복지부의 HYPERLINK "https://health.data.gov"health.data.gov 등

2. 시민에서 정부로 (Citizen Sourcing, C2G)

시민이 정부의 정책 설계와 서비스 제공에 적극적으로 참여하는 유형이다. 정부는 시민의 의견과 데이터를 활용하여 정책 방향을 설정하며, 이를 통해 시민의 참여를 장려한다.

- 예시: 미국 오바마 행정부의 Open Government Initiative와 같은 정책 제안 플랫폼, 시민 의견을 수렴하는 e-Rulemaking 시스템

3. 시민 스스로 (Do-It-Yourself Government, C2C)

시민들이 정보통신기술을 활용해 자율적으로 공공 문제를 해결하고 서비스를 생산하는 유형이다. 정부는 기본적인 틀만 제공하거나 최소한으로 개입한다.

영국의 경우, 지방 정부에 대한 주요 규제 기관을 폐지하는 대신 지방 의회가 재정 장부를 공개하도록 한 사례가 있다. 이는 비영리 단체와 시민들이 오픈소스 방식을 활용해 지방 의회를 모니터링하는 책임을 맡는 구조로 설계되었다(Dunleavy & Margetts, 2010).

- 예시: 자발적인 카풀 시스템을 만드는 경우, 커뮤니티 포털 등을 통해 시민들이 직접 공공서비스를 제공하는 시스템,

b. 유란희 & 이경은(2024)의 공공 플랫폼 유형

유란희와 이경은(2024)은 Linders(2012)가 제시한 공공 플랫폼 유형을 기반으로, 플랫폼의 주요 기능과 서비스 방향성을 기준으로 하여 공공 부문의 플랫폼 유형을

정보제공형, 정책 제안형, 민간역량중개형의 세 가지로 분류하였다.

분류 기준은 크게 두 가지이다. 첫째, 기능적 측면에서 외부로의 정보 공개와 참여 및 협력 촉진이라는 두 가지 핵심 기능에 초점을 맞추었다. 둘째, 정부와 시민 간 서비스 방향성의 차이에 따라 유형을 구분하였다.

1. 정보 제공형 플랫폼 (G2C)

정보 제공형 플랫폼은 정부가 정책, 서비스, 데이터 등 정보를 시민에게 제공하는 형태로, 정보 개방 및 공공 데이터 제공을 통해 시민들이 정부의 자원에 손쉽게 접근할 수 있도록 한다.

- 예시: 국내에서는 복지서비스를 검색할 수 있는 복지로(bokji-ro), 지방 정부 정책 홍보를 위한 홈페이지 및 SNS 등이 정보제공형 플랫폼의 사례에 해당한다(유란희 & 이경은, 2024).

이 유형은 정부가 데이터를 개방함으로써 공공 부문의 투명성을 제고하고, 민간에서 이를 활용하여 부가가치를 창출할 수 있는 기회를 제공한다는 특성을 가진다.

2. 정책 제안형 플랫폼 (C2G)

정책 제안형 플랫폼은 시민이 직접 정책을 제안하거나 정부 정책에 의견을 제시할 수 있도록 하는 플랫폼으로, 참여와 협력을 촉진하는 역할을 한다.

이 유형은 참여하는 시민의 규모나 역량에 따라 플랫폼의 활용도가 달라질 가능성이 크다. 이는 비슷한 플랫폼이라도 지방 정부별로 활용도와 효율성이 상이한 이유를 설명해준다.

- 예시: 주민참여예산제도는 전국적으로 시행되지만, 주민 참여가 활발한 지역에서는 플랫폼의 사용도 더욱 활발하게 이루어지고 정책 제안과 관련된 참여 수단도 다양하게 활용된다(유란희 & 이경은, 2024).

3. 민간 역량 중개형 플랫폼 (C2C)

민간 역량 중개형 플랫폼은 민간 부문과 시민 간의 상호작용을 촉진하며, 정부는 중재자로서의 역할을 수행한다. 이 유형은 민간 부문이 자발적으로 공공 문제 해결에 참여할 수 있는 장을 제공하며, 시민 간 협력과 민간 기업의 참여를 유도한다는 점에서 차별화된다.

- 예시: 현실 사례로는 아직 많지 않지만, 메타버스 기술을 활용한 전통시장 VR관 등이 민간역량중개형 플랫폼의 예로 거론된다(유란희 & 이경은, 2024).

c. 기술적 측면, 거버넌스 측면

서형준(2023)은 공공 부문 플랫폼을 기술적 측면과 거버넌스 측면에서 나누어 볼 수 있다고 설명한다. 여기서 기술적 측면에서 중요한 핵심 요소는 데이터이며, 이는 데이터 통합(Data Integration)과 데이터 개방(Open Data)으로 구분할 수 있다.

데이터 통합은 공공부문의 정보 시스템, 웹사이트 등을 하나의 통합된 시스템으로 구축하여 자원과 서비스를 하나의 창구에서 제공하는 방식이다. 이를 통해 공공 서비스의 효율성과 접근 편의성을 높이는 것이 목표이다(서형준, 2023; Seo & Joo, 2020). 반면, 데이터 개방은 공공기관이 보유한 데이터를 외부에 공개하여 민간 부문이 이를 활용해 새로운 부가가치를 창출하도록 하는 접근 방식이다. 데이터 개방의 목적은 시민, 기업, 비영리 단체 등 다양한 주체가 공공 데이터를 활용해 사회적 가치를 높이는 데 있다. 데이터 통합이 공급자 중심의 일방적인 정보 제공 형태라면, 데이터 개방은 수요자 중심으로 시민과 다양한 이해관계자가 자발적으로 참여할 수 있는 방식이다.

이러한 차이에 따라 기술적 측면에서는 통합 시스템 플랫폼(Integrated System Platform)과 데이터 플랫폼(Data Platform)으로 구분할 수 있다.

가-1. 통합 시스템 플랫폼

통합 시스템 플랫폼은 데이터 통합을 기반으로 하여 공공부문 내 자원과 서비스를 통합 제공하는 플랫폼이다. 이는 공공의 정보 시스템이나 웹사이트를 하나로 묶어 사용자들이 쉽게 접근할 수 있도록 한다. 예를 들어, 미국의 'Login.gov'는 여러 연방정부 기관의 웹사이트에 대한 통합 인증 서비스를 제공함으로써, 이용자들이 한 번의 로그인으로 다양한 정부 서비스를 이용할 수 있게 한다. 또한, 'Pay.gov'는 미국 재무부가 운영하는 통합 결제 플랫폼으로, 연방정부의 세금 및 수수료를 원스톱으로 처리할 수 있도록 지원한다. 'Cloud.gov'는 미국 총무청에서 관리하는 오픈소스 기반의 클라우드 플랫폼으로, 연방정부 기관의 웹사이트 구축 및 서비스 기능 업데이트를 용이하게 해준다(Pope, 2019).

국내 사례로는 '코로나19 역학조사 지원시스템'이 대표적이다. 이 시스템은 공공과 민간 데이터를 통합한 스마트시티 데이터허브를 기반으로 구축되었으며, 이를 통해 평균 24시간이 소요되던 확진자의 이동 동선 추적을 10분 이내로 단축해 신속한 역학 조사를 가능하게 했다. 이 사례는 공공과 민간의 데이터 결합이 효과적인 협업의 시너지를 창출할 수 있음을 보여준다(Seo & Joo, 2020).

그림 7. 코로나19 역학조사 지원시스템

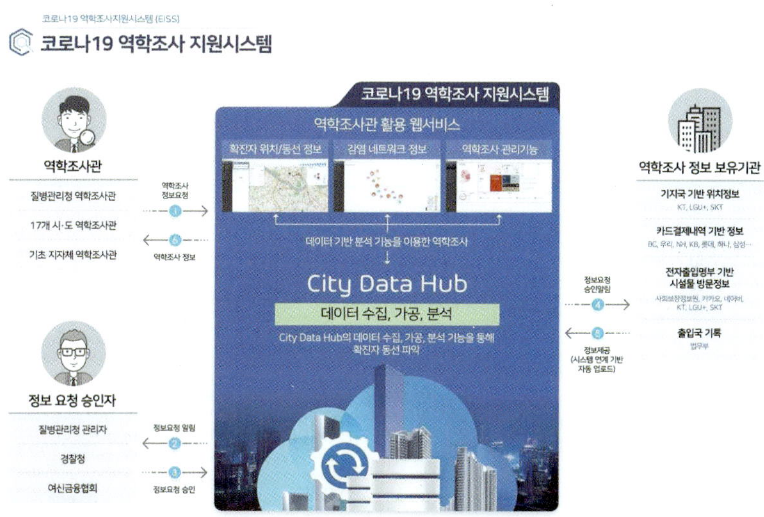

가-2. 데이터 플랫폼

데이터 플랫폼은 데이터 개방을 중심으로 하여 공공기관이 보유한 데이터를 민간과 공유하는 방식이다. 이를 통해 외부의 다양한 주체가 공공 데이터를 활용해 새로운 서비스와 기술을 개발할 수 있도록 한다. 데이터 플랫폼의 목적은 정부가 직접 제공하는 서비스의 한계를 넘어, 민간의 참여와 혁신을 통해 다양한 사회적 문제를 해결하고 경제적 가치를 창출하는 것이다.

이처럼 기술적 관점에서의 플랫폼 유형은 공공 부문 내의 자원 활용 및 서비스 제공 방식에 따라 다르게 구성될 수 있으며, 데이터 통합과 개방 모두가 공공서비스의 효율성 제고와 사회적 가치를 증대하는 중요한 역할을 한다.

농림축산식품부와 네이버가 협력하여 운영하는 '안심식당'은 공공 데이터와 민간 데이터가 결합된 대표적인 사례이다.

안심식당은 '덜어먹기 가능한 도구 비치·제공', '위생적 수저 관리', '종사자 마스크 착용'의 기준을 준수하며, 소재지 지자체의 인증을 받은 음식점이다.

네이버 검색, 네이버 플레이스, 네이버 지도 등을 활용해 '안심식당' 또는 '지역명 + 안심식당'을 검색하면 원하는 지역의 안심식당을 손쉽게 찾을 수 있다(이명철, 2020). 검색 결과에서는 해당 음식점을 선택하여 리뷰, 메뉴, 가격, 위치 등의 정보를 확인할 수 있다.

그림8. 네이버 안심식당

이 서비스는 공공 데이터와 민간 데이터, 사용자 데이터를 통합하여 제공된다.

- 안심식당 여부: 정부에서 제공하는 공공 데이터.
- 메뉴, 위치 등 음식점 정보: 식당 사업자가 업데이트하는 민간 데이터.
- 리뷰 정보: 이용자가 작성하는 사용자 데이터.

이러한 다양한 데이터를 통합하여 네이버 플레이스에서 제공함으로써, 공공과 민간, 사용자가 협력하여 정보를 공유하고 활용하는 플랫폼 구조를 보여준다.

데이터 플랫폼은 데이터 개방을 중심으로, 공공 부문이 생산하고 가공한 데이터를 단일 플랫폼을 통해 외부 이해관계자에게 제공하는 시스템이다.

데이터 플랫폼은 통합시스템 플랫폼과 차별화되며, 공공기관의 데이터를 하나로 통합하여 외부 이해관계자의 데이터 접근성을 높이고, 이를 활용해 새로운 부가가치를 창출하는 것을 주요 목적으로 한다.

대표적인 데이터 플랫폼 사례로는 다음과 같다:

미국: data.gov, data.usa

영국: find open data

한국: 공공데이터포털

거버넌스 측면에서는 플랫폼을 두 가지 유형으로 구분할 수 있다:

1) 소통 플랫폼(Communication Platform)

이해관계자 간 원활한 의사소통을 촉진하는 역할을 하며, 정보 교환과 의견 수렴을 위한 창구로 기능한다.

2) 협업생산 플랫폼(Co-creation Platform)

공공과 민간이 협력하여 정책과 서비스를 공동으로 개발하고, 다양한 문제를 해결하기 위한 상호작용을 강조한다.

이 두 유형의 플랫폼은 공공과 민간의 협력을 기반으로 정책 개발, 서비스 혁신, 문제 해결에 중요한 기여를 한다.

■ 그림 9 공공 데이터 포탈

나-1. 소통 플랫폼(Communication Platform)

소통 플랫폼은 공공과 민간 간의 상호작용을 우선시하며, 이해관계자들이 정책 및 공공 서비스에 대한 의견을 제시하고 참여할 수 있는 기회를 제공하는 플랫폼이다. 이러한 플랫폼은 국민의 관심사와 정책 이슈를 반영하고, 공론화하는 데 중요한 역할을 한다. 사례로는 미국의 'WethePeople', 영국의 의회 청원 사이트, 그리고 한국의 '국민제안'과 '청원24'가 있다. 예를 들어, 한국의 국민제안과 청원24는 정부에 정책 제안이나 청원을 제출할 수 있는 플랫폼으로, 각각 1개월 및 90일 내에 답변을 제공하도록 규정되어 있다. 미국과 영국의 청원 플랫폼도 많은 서명 참여자가 모인 청원은 국민적 관심을 끌어 공론화될 가능성이 크며, 언론을 통해 이슈가 확대되기도 한다.

이러한 소통 플랫폼은 정부가 직접 국민의 요구에 응답한다는 점에서 시민의 성취감을 높이고 참여를 촉진하는 효과가 있다. 하지만, 규정에 맞지 않는 청원이 자주 올라오거나 특정 집단의 이익만을 대변하는 경우도 있으며, 단순히 의견 제시에 그치는 등의 한계도 있다(서형준, 2021; Seo & Joo, 2020).

나-2. 협업생산 플랫폼(Co-creation Platform)

협업생산 플랫폼은 공공과 민간이 함께 문제를 해결하기 위해 정책이나 서비스를 개발하거나 새로운 비즈니스 모델을 창출하는 플랫폼이며 이를 통해 실질적인 공공의 가치를 창출한다.

미국의 'Challenge.gov'는 크라우드소싱 방식으로 공공정책 문제를 해결하기 위해 다양한 아이디어와 솔루션을 공모하는 플랫폼이다. 연방 정부 기관이 다양한 분야의 도전 과제를 제시하고, 대중이 제출한 아이디어 중 우수한 제안에 대해 인센티브를 지급한다. 2010년 개설 이후 1,200여 개의 도전 과제가 수행되었으며, 이는 공공부문에서 집단지성을 활용해 실질적인 문제 해결을 도모한 사례로 평가된다.

'The Opportunity Project(TOP)'는 2016년 미국 인구조사국에서 개설된 플랫폼으로, 공공 데이터와 최신 기술을 활용해 민간이 사회 문제를 해결하도록 지원하는 프로그램이다. 기술팀, 사용자, 정부 관계자, 제품 고문이 팀을 이루어 12주간의 스프린트 기간 동안 제품을 개발하고, 최종 사용자에게 납품한다는 특징이 있다. Challenge.gov와 유사하지만, 구체적인 제품 개발과 기간 설정 등에서 차별화된다.

한국의 '소통24'는 2017년 '광화문 1번가'로 시작해 2023년 '소통24'로 개명된 국민참여 정책 제안 플랫폼이다. 소통24의 혁신제안톡은 제안 토론, 제안 숙성, 정책 반영의 단계를 거치며, 국민의 정책 제안을 수렴하여 실제 정책으로 반영할 수 있도록 지원한다. 또한, 공공기관이나 민간이 협업을 요청하는 '혁신이음터'와, 미국의 Challenge.gov를 벤치마킹한 '도전한국' 등도 있다. 도전한국은 대국민 아이디어 공모전을 통해 문제 해결을 위한 아이디어를 공모하며, 비교적 높은 인센티브로 인해 높은 참여도를 보인다(Seo & Joo, 2020).

협업생산 플랫폼은 구체적인 산출물을 요구하기 때문에 소통 플랫폼에 비해 더 많은 시간과 자원이 필요하다. 이러한 이유로, 협업생산 플랫폼의 성공적인 운영을 위해서는 인센티브가 중요한 요소로 작용한다. 실제로, 공익적 목적만으로는 이해관계자의 참여를 유도하기 어려운 경우가 많아, 인센티브가 제공되는 플랫폼의 참여도가 더 높은 경향을 보인다(Brown et al., 2017; 이지형 외(2020); 서형준, 2021; Seo & Joo, 2020).

이와 같이 소통 플랫폼과 협업생산 플랫폼은 공공 부문의 다양한 정책 과제와 문제 해결에 중요한 역할을 하며, 국민의 참여를 기반으로 공공 가치를 창출하는 데 기여할 수 있다.

참고문헌

김미리, 김상유, 박수현, 하병천, & 김길선.(2024). 디지털 플랫폼 기업의 유형 분류 및 진화 경로 분석. *경영학연구, 53*(1), 27-56.

노규성.(2014). *플랫폼이란 무엇인가*. 커뮤니케이션북스

서형준. (2021). 웹툰플랫폼 성공요인에서 도출한 플랫폼 정부 활성화 방안. *Journal of Digital Convergence, 19*(10)

서형준.(2023). 국내 디지털플랫폼정부 구현을 위한 정책연구: 국내• 외 플랫폼 정부 사례의 유형화를 중심으로. *정보화정책, 30*(4), 113-137.

시티 데이터 허브. http://www.citydatahub.kr/?p=943

유란희, & 이경은.(2023). 플랫폼 정부의 유형과 발전에 관한 연구: 지방정부 간 정책확산을 중심으로. *지방행정연구, 37*(4), 29-63.

윤상진.(2012). *플랫폼이란 무엇인가?*. 한빛비즈.

이명철(2020.09.24). 음식 덜어먹는 '안심식당' 네이버에서도 찾아본다. https://n.news.naver.com/

mnews/article/018/0004744602?sid=101

이지형, 박형준, & 남태우. (2020). 네트워크 거버넌스의 진화? 플랫폼 정부 모델과 전략 분석:'광화문 1 번가'를 중심으로. *한국행정연구, 29*(2), 61-96.

Andersson Schwarz, J. (2017). Platform logic: An interdisciplinary approach to the platform-based economy. *Policy & Internet, 9*(4), 374-394.

Baldwin, C. Y. (2009). The architecture of platforms: a unified view. Platforms, Markets and Innovation/Edward Elgar Publishing Limited.

Bogost, I., & Montfort, N. (2007). New media as material constraint. An introduction to platform studies. In *Proceedings of the HASTAC Conference* (pp. 176-193).

Bonina, C., & Eaton, B.(2020). Cultivating open government data platform ecosystems through

governance: Lessons from Buenos Aires, Mexico City and Montevideo. *Government Information Quarterly, 37*(3), 101479. https://doi.org/10.1016/ j.giq.2020.101479

Bonina, C., Koskinen, K., Eaton, B., & Gawer, A.(2021). Digital platforms for development: Foundations and research agenda. *Information Systems Journal, 31*(6), 869-902.

Brown, A., Fishenden, J., Thompson, M., & Venters, W. (2017). Appraising the impact and role of platform models and Government as a Platform (GaaP) in UK Government public service reform: Towards a Platform Assessment Framework (PAF). *Government Information Quarterly, 34*(2), 167-182.

Cusumano, M. A., Gawer, A., & Yoffie, D. B.(2019). The business of platforms: Strategy in the age of digital competition, innovation, and power, New York: HarperBusiness.

Cusumano, M., Yoffie, D., & Gawer, A.(2020), "The future of platforms," MIT Sloan Management Review.

Dunleavy, P., & Margetts, H. Z. (2010). The second wave of digital era governance. In *APSA 2010 Annual Meeting Paper*.

Evans, P. C., & Gawer, A. (2016). The rise of the platform enterprise: A global survey. *Forbes*. https://www.forbes.com/powerful-brands/list/

Gorwa, R.(2019). What is platform governance? *Information, Communication &*

Society, 22(6), 854–871. https://doi.org/10.1080/1369118X.2019.1573914

Kenney, M., & Zysman, J.(2016). The rise of the platform economy. *Issues in science and technology, 32*(3), 61.

Linders, D.(2012). From e-government to we-government: Defining a typology for citizen coproduction in the age of social media. *Government information quarterly, 29*(4), 446-454.

Nicholson, B., Nugroho, Y., & Rangaswamy, N. (2016). Social Media for Development: Outlining Debates, Theory and Praxis. *Information Technology for Development, 22*(3), 357–363. https://doi.org/10.1080/02681102.2016.1192906

O'Reilly, T. (2011). Government as a Platform. *Innovations: technology, governance, globalization, 6*(1), 13-40.

Pope, R. (2019). *Playbook: government as a platform*. Ash Center for Democratic Governance and Innovation, Harvard Kennedy School, Cambridge, Massachusetts.

Raharso, A. P., & Sia, S. K. (2017). Go-Jek in Indonesia: Seizing Digital Opportunities at the Bottom of the Pyramid. HBS No. NTU131, 1-18.

Rotich, J.(2017). Ushahidi: empowering citizens through crowdsourcing and digital data collection. Interview of Juliana Rotich. Field Actions Science Reports. *The journal of field actions*,(Special Issue 16), 36-38.

Seo, H., & Joo, Y. (2020). Informatization case against to COVID-19 in Korean government with perspective of government as a platform: Focusing on ICT and data usage. *Korean Public Adm. Q, 32*, 759-779.

Van Alstyne, M. W., Parker, G. G., & Choudary, S. P. (2016). Pipelines, platforms, and the new rules of strategy. *Harvard business review, 94*(4), 54-62

제 11 장

정부 광고

이민지_문화체육관광부 국민소통실 디지털소통국 사무관

1. 정부광고의 정의 및 개요
2. 정부광고의 시행체계
3. 정부광고 현황과 과제

1. 정부광고의 정의 및 개요

1-1. 정부광고의 법률적 정의

「정부기관 및 공공법인 등의 광고시행에 관한 법률」(약칭:정부광고법) 제2조제3호에 따르면 정부광고는 '정부기관 또는 공공법인(이하 '정부기관')이 국내외의 홍보매체에 광고, 홍보, 계도 및 공고 등을 하기 위한 모든 유료고지 행위'를 뜻한다. 정부기관이 국민에게 알리고자 하는 정보를 광고 예산을 사용해 다양한 매체로 안내하는 하는 활동 전반을 '정부광고'로 정의한다.

정부광고의 재원은 정부기관의 예산, 즉, 국민의 세금을 토대로 운용된다는 점에서 공익성과 공공성이 중시되며, 일반 상업광고와 구분된다(김병희·손영곤, 2021). 이에 우리나라는 「정부광고법」을 제정하여 정부광고의 효율성과 공익성을 도모하기 위한 시행 기준과 책무를 정하고 있다. 정부광고 시행의 법적 기준을 강화하여 광고집행의 공정성과 투명성을 높이기 위한 취지로, 정부광고법 제3조에는 '국가는 정부광고의 예산을 절감하고 효과성을 증진하기 위하여 필요한 계획의 수립 등 행정상 지원조치를 강구해야 한다'는 원칙을 명시하고 있다.

표1. 정부광고 시행에 관한 법률적 근거

- ➔「정부기관 및 공공법인 등의 광고시행에 관한 법률」(약칭:정부광고법)(법률 제 18164호, 일부개정 2021.5.18, 시행일자 2021.11.19)
- ➔「정부기관 및 공공법인 등의 광고시행에 관한 법률 시행령」(대통령령 제32110호, 일부개정 2021.11.9, 시행일자 2022.1.1)
- ➔「정부기관 및 공공법인 등의 광고시행에 관한 법률 시행규칙」(문화체육관광부령 제 342호, 제정 2018.12.13, 시행일자 2018.12.13)

정부광고법의 적용을 받는 대상기관은 크게 정부기관과 공공법인으로 구분된다. 정부기관은 국가기관과 지방자치단체, 교육감 및 하급교육행정기관 등이 해당되며, 공공법인은 공공기관 및 지방공기업, 특별법인으로 구분한다. 해당 기관들은 정부광고를 계획하는 경우 소요 예산, 내용, 광고물 제작 여부 등 정부광고에 필요한 사항을 명시하여 문화체육관광부장관에게 광고를 의뢰하도록 동법에 규정하고 있다.

표2. 정부광고법 적용 대상기관

구분		개요
정부기관	국가기관	「정부조직법」에 따른 국가기관은 같은 법 제2조부터 제5조까지 정하는 기관, 제14조부터 제17조까지 정하는 대통령 소속기관, 제20조 및 제21조, 제22조의2에서제25조까지 정하는 국무총리 소속기관, 제26조의 행정각부 및 소속기관 등
	지방자치단체	「지방자치법」 제2조제1항 각 호에 따른 지방자치단체는 특별시, 광역시, 특별자치시, 도, 특별자치도, 시, 군, 구, 자치구, 동, 읍, 면, 리와 같은 법 제30조에 따라 지방자치단체에설치된 지방의회, 같은 법 제113조부터 제121조까지의 행정기관
	특별지방자치단체	「지방자치법」 제3항에 따른 특별지방자치단체는 지방행정에 관한 사무의 공동처리를위해 설치된 행정협의회, 지방자치단체조합, 지방자치단체의 장 등의 협의체, 경제자유구역청, 교통본부 등
	교육감	「지방교육자치에 관한 법률」 제18조에 따른 교육감은 시 · 도의 교육 · 학예에 관한 사무의 집행기관
	하급교육행정기관	「지방교육자치에 관한 법률」 제34조에 따른 하급교육행정기관은 1개 또는 2개 이상의 시 · 군 및 자치구를 관할구역으로 하는 교육지원청
공공법인	공공기관	「공공기관의 운영에 관한 법률」 제4조제1항에 따라 지정된 공공기관은 기획재정부 장관이 지정 · 고시된 공기업 · 준정부기관, 기타공공기관과 소속 본부, 지소, 사무소
	지방 공기업	「지방공기업법」에 따른 지방공기업은 같은 법 제5조의 지방직영기업, 제49조의 지방공사, 제76조의 지방공단
	특별법인	특별법에 따라 설립된 법인은 제1호, 제2호를 제외한 공공의 복지 또는 공익을 목적으로 하는 별도의 법률에 의거 설립된 법인. 다만, 「고등교육법」 제3조, 「초 · 중등교육법」 제3조에서 정하는 사립학교는 제외

출처: 정부광고법 제2조(정의) 제1호, 제2호, 한국언론진흥재단 정부광고 통합지원시스템(GOAD)

1-2.정부광고의 목적과 유형

정부광고의 목적은 정책 및 행정 정보를 효과적으로 전달하고 정부시책에 대한 국민의 이해와 공감을 구하며, 공공 의제에 대한 국민의 관심과 참여를 촉구하는 데 있다. 기업 등 민간에서 자사의 이윤 추구를 위해 상품 및 서비스, 브랜드 홍보에 광고비를 사용하는 반면, 정부광고는 궁극적으로 사회의 공익 실현과 국민의 신뢰 형성을 지향한다는 점에서 차이가 있다. 예컨대 정부광고는 지역사회 복지·행정서비스 안내부터 감염병, 자연재해 등 국가재난에 대한 국민행동요령 알림까지 필수적인 정보전달 기능을 포함하고 있다.

김병희·최일도·최지혜(2023)는 정부광고의 목적과 기능을 다음 3가지로 제시하고 있다. 첫째, 정부광고는 정부 사업에 대한 국민의 이해와 협조를 구하는 데 목적을 둔다. 정부광고는 정책의 취지와 내용, 기대효과 등 정부의 입장을 국민에게 직접 설명할 수 있는 효과적인 수단으로, 정책에 대한 공감과 지지를 구하는 설득 커뮤니케이션 과정에서 중요한 역할을 한다. 둘째, 정부광고는 국민의 알권리 실현을 추구한다. 다양한 매체광고를 통해 정보 접근성을 높여 정책 사각지대를 최소화하는 데 목표를 둔다. 또한, 그릇된 정보를 바로잡아 효과적으로 확산하는 공익적 기능도 수행한다. 셋째, 정책 개발 및 시행 단계에서의 수월성을 높일 수 있다. 효과적인 정부광고는 정책에 대한 국민의 관심과 참여를 촉구한다. 이는 궁극적으로 정책 수혜자를 확대하고 국민과의 신뢰 형성에 기여할 수 있다.

정부광고의 내용은 5가지 유형으로 분류된다. '행정광고'는 공시, 공고, 안내, 입찰, 공람, 모집 등 법적 의무조항 광고를 뜻하며, '시책홍보'는 새로운 정책, 법규, 행정서비스를 추진할 때 국민의 이해와 협조를 구하기 위한 정부광고 활동을 뜻한다. '의견광고'는 정부기관의 공식적인 입장을 밝히거나 의견을 제시하는 광고형태이며, '긴급쟁점광고'는 긴급한 상황이 발생했을 때 적절한 대처방법을 안내하고 국민의 이해를 구하기 위한 광고이다. '공익광고'는 정책추진의 목적이 아닌, 공공의 이익을 도모하기 위한 캠페인 형태의 광고로 구분한다.

표3. 정부광고의 유형

구분	개요
행정광고	정부·공공광고의 대종을 이루는 것으로서 공시, 공고, 안내, 입찰, 공람, 모집 등 법적 의무조항 광고
시책홍보	중앙정부나 지방자치단체의 PR 성격이 짙은 것으로 새로운 정책이나 법규, 행정 서비스 등을 추진할 때, 이에 대한 국민의 이해와 협력, 지지를 구하며 나아가 정책목표의 원활한 실현을 촉진하기 위한 광고
의견광고	정부나 지방자치단체의 공식적인 입장을 밝히거나 필요한 의견을 제시하는 광고
긴급쟁점 광고	돌발적인 사태나 긴급한 상황이 발생했을 때, 이에 대한 적절한 대처나 국민의 이해를 구하기 위한 광고
공익광고	정책집행을 위한 목적이 아니라 공공의 이익을 위한 광고, 예를 들면 교통, 환경, 질서, 도덕심 앙양 등 공익적 성격을 지닌 광고

출처: 한국언론진흥재단 정부광고 통합지원시스템(GOAD)

1-3. 정부광고 매체의 범위

정부광고법에서는 광고를 송출하는 매체의 범위를 크게 인쇄매체, 방송매체, 옥외매체, 인터넷매체, 해외매체로 구분하고 각 매체는 정부광고법 제2조(정의) 제4호에서 정하는 관련법을 따른다. 방송매체는 지상파·종합편성채널·케이블 TV, 라디오 등이 해당되며, 인쇄매체는 신문과 잡지. 인터넷매체는 포털, 인터넷 신문, 모바일, SNS 광고가 포함되며 옥외매체에는 교통(버스, 지하철, KTX), 전광판, 극장 광고 등이 해당된다.

정부광고에서도 미디어믹스(media mix) 전략이 유효하다. 광고 주제, 타깃별로 효율이 높은 매체를 선정하기 위해 정부기관은 각 광고매체의 양적·질적 특성과 기능을 자체적으로 비교 검토하고, 정부광고를 대행하는 한국언론진흥재단에 광고매체, 예산, 일정에 대한 사전 상담을 요청할 수 있다.

표4. 홍보매체의 종류

구분	개요
인쇄 매체	1.「신문 등의 진흥에 관한 법률」 제2조에 따른 신문 2.「잡지 등 정기간행물의 진흥에 관한 법률」 제2조에 따른 정기간행물 3.「출판문화산업 진흥법」 제2조 제3호, 제5호의 간행물, 외국간행물 4.「표시·광고의 공정화에 관한 법률 시행령」 제2조 제1호에 전단·팸플릿·견본·입장권 등 5. 기타 지면을 활용한 홍보매체
방송 매체	1.「방송법」 제2조 제1호에 따른 TV, 라디오, 데이터방송, 이동멀티미디어방송 2.「방송통신발전 기본법」 제2조 제1호에 따른 방송통신 3.「뉴스통신 진흥에 관한 법률」 제2조 제1호에 따른 뉴스통신(유무선 송수신) 4. 기타 전기통신설비에 의하여 송신하는 홍보매체
옥외 매체	1.「옥외광고물 등의 관리와 옥외광고산업 진흥에 관한 법률」 제2조에 따른 옥외광고물로 교통시설 또는 교통수단, 간판·디지털 디스플레이를 이용한 디지털광고물·입간판·현수막·벽보·전단· 포스터 2.「공연법」 제2조, 제2호에 따른 선전물 3.「영화 및 비디오물의 진흥에 관한 법률」 제2조 제1호 및 제10호부터 제12까지, 제19호의 영화, 비디오물, 상영관, 디지털시네마 등 4.「문화예술진흥법」 제2조 제3호에 따른 문화시설 5. 그 밖에 옥외광고물을 게시하거나 표시하기 위한 시설을 이용한 홍보 매체
인터넷 매체	1.「신문 등의 진흥에 관한 법률」 제2조에 따른 인터넷신문·인터넷뉴스서비스 2.「뉴스통신 진흥에 관한 법률」 제2조 제2호에 따른 뉴스통신 간행물 3.「인터넷 멀티미디어 방송사업법」 제2조에 따른 인터넷 멀티미디어 방송 4.「출판문화사업 진흥법」 제2조 제4호의 전자출판물 5. 그 밖에 컴퓨터 등 정보처리능력을 가진 장치와 통신망을 이용한 홍보 매체
해외매체	국내 홍보 매체에 준하는 매체로 해외에 정부광고가 가능한 홍보매체

출처: 한국언론진흥재단 정부광고 통합지원시스템(GOAD)

2. 정부광고의 시행체계

2-1. 정부광고 대행제도의 이해

우리나라의 정부광고는 문화체육관광부 소관 하에 한국언론진흥재단이 업무를 대행하는 구조로 이루어진다. 국내 정부광고법 적용을 받는 정부기관 및 공공법인이 5천여개 달하는 가운데(문화체육관광부 미디어정책국, 2021), 정부광고 대행창구를 문체부로 일원화하여 업무의 효율성과 일관성을 높이기 위해 정부광고 대행제도가 시작되었다. 매체광고를 희망하는 정부기관 등(광고주)은 문화체육관광부장관의 업무 위탁을 받은 한국언론진흥재단에 광고를 의뢰하여 매체를 구매하고 광고를 시행해야 한다.

정부광고 대행제도의 근간은 1972년 제정된 「정부광고 시행에 관한 국무총리 훈령」(국무총리훈령 제102호)에서 찾을 수 있다. 훈령에는 정부광고를 '중앙행정 및 지방행정기관, 국영기업체 등 정부기관이 홍보매체에 의뢰하여 시행하는 일체의 유료고지 행위'로 정의하고, 광고를 시행하고자 할 경우에는 문화공보부 장관(현 문화체육관광부 장관)에게 의뢰하도록 권고했다. 또한, 사무 위임 조항(제9조)을 두어 문화공보부 산하 민간법인체에 광고 업무를 위임하고 업무 대행 수수료를 징수할 수 있도록 명시했다.

정부광고 대행제도는 당시 정부광고의 예산 절감과 효율성 제고를 목표로 시작돼 46년간 이어져 왔으나, 법적 구속력이 없는 훈령에 근거해 시행되면서 실효성에 대한 문제가 제기되었다. 특히 정부광고 시행기관들이 국무총리훈령을 인지하지 못하여 개별기관 편의에 따라 광고를 시행하는 사례가 빈번했고, 제도의 일관성과 안정성 확보가 필요하다는 주장이 제기되었다(최지혜·최일도·김병희, 2019).

정부광고 대행제도가 본격화된 것은 2018년 「정부기관 및 공공법인 등의 광고시행에 관한 법률(약칭: 정부광고법)」이 제정된 이후로 볼 수 있다. 정부광고법은 앞선 국무총리훈령에 기초하여 제정되었다. 정부광고의 정의 및 적용대상, 정부광고 업무

위탁 조항 등 정부광고 대행제도의 틀을 유지하면서도 이전과 달리 법적 구속력과 제도의 연속성을 확보함으로써 대행제도가 실질적으로 가동하는 계기가 만들어졌다.

1972년	「정부광고 시행에 관한 국무총리훈령」 [국무총리훈령 제102호, 1972.3.4., 제정] [국무총리훈령 제120호, 1974.5.11., 일부개정]
2018년	「정부기관 및 공공법인 등의 광고시행에 관한 법률(약칭: 정부광고법)」 [법률 제15640호, 2018. 6. 12, 제정] [법률 제18164호, 2021. 5. 18, 일부개정]

정부광고법 제정의 의미와 기대효과는 다음 네 가지로 정리할 수 있다(김병희·최일도·최지혜, 2023). 첫째, 정부광고 제도의 일관성과 투명성을 확보할 수 있다. 정부광고 시행의 법적 근거를 마련하여 실효성을 제고하고, 국회 감독 기능을 신설하여(정부광고법 제14조) 광고 시행의 공정성과 투명성을 강화하게 되었다. 둘째, 국내 정부기관과 공공법인의 광고를 통합 관리하면서 업무 효율성을 높이고, 매체비 할인 등 예산 절감 효과를 도모할 수 있다. 셋째, 정부광고 집행에서 정부광고주, 매체사와의 거래 질서를 확립할 수 있다. 홍보매체 선정 시 발행부수와 유가부수 등을 신고, 검증, 공개한 신문·잡지를 우선 선정할 수 있다는 조건(제6조 제2항)을 명시하고, 정부광고법을 위반한 경우(광고의뢰 회피 및 유사 정부광고 시행 등) 시정조치를 요구(제13조)할 수 있도록 하여 상호거래의 신뢰성, 공익성을 제고할 수 있도록 했다. 넷째, 정부광고 총괄 대행을 통한 수수료 수입을 다시 공적사업에 활용할 수 있는 근거를 마련했다(제10조 제4항). 광고재원이 다시 신문·방송·광고 등 미디어 진흥을 위한 공적 용도로 순환될 수 있도록 법적 근거를 마련하여 사용처를 구조화하였다.

알기 쉬운 정부광고법 해설 2023(82쪽)
정부광고법은 정부광고를 투명하고 공정하게 집행하기 위해 다음 3가지 내용을 목표로 함.

① 정부광고의 구조를 충분히 이해하는 기관을 지정해 통합적으로 관리.
② 정부광고의 주요 목적인 대국민 커뮤니케이션을 원활히 전개할 수 있도록 효과적인 매체를 선정하고 업무의 효율화를 지원.
③ 관행적, 음성적으로 집행되던 유사 정부광고를 금지하고 협찬 사실을 명시하도록 하여 양성화 유도.

2-2. 정부광고 운영절차

'정부광고 업무편람(2024)'에 따르면 정부광고 운영절차의 첫 단계는 정부광고 연간계획을 수립하는 일이다(정부광고법 제3조). 계획안에는 광고의 목적과 메시지, 타깃을 명확히 설정하고, 이를 바탕으로 정보 접점을 극대화할 수 있는 매체전략을 담는 것이 중요하다. 타깃의 특성을 반영한 매체전략 개발이 선행될 경우, 매체 규격에 맞는 홍보물 제작이 용이하여 보다 전략적인 광고 집행이 가능하다. 편람에서는 기관별 특성을 반영해 연간계획을 자율적으로 수립할 것을 권고하고 있으며, 계획 수립 단계에서 필요한 자료는 정부광고법 시행령 제2조에 근거하여 한국언론진흥재단(이하 언론재단)에 요청할 수 있다.

정부광고법 제3조(국가 등의 책무)

① 국가는 정부광고의 예산을 절감하고 효과성을 증진하기 위하여 필요한 계획의 수립 등 행정상 지원조치를 강구하여야 한다.

② 정부기관등의 장은 정부광고의 시행에 필요한 연간계획을 제5조에 따라 정부광고를 요청하기 전에 수립하여야 한다.

정부광고법 시행령 제2조(정부광고 연간 계획 수립 등의 지원)

문화체육관광부장관은 정부기관 및 공공법인(이하 "정부기관등"이라 한다)의 장이 「정부광고법」 제3조제2항에 따른 연간계획을 수립하기 위하여 지원을 요청하는 경우 다음 각 호의 지원을 할 수 있다.

① 정부기관등이 정부광고를 시행하는 데 필요한 홍보매체에 관한 자료의 제공

② 정부기관등이 홍보매체 전략을 수립하는 데 필요한 자료의 제공

③ 그 밖에 정부광고의 품질 향상을 위한 지원

본격적인 광고시행은 정부광고주, 문체부(언론재단), 매체사 3자 간의 협업과 계약관계를 통해 이루어진다. 정부기관 등 광고주가 언론재단에 광고를 의뢰하면 언론재단이 매체사와 계약을 체결하여 광고를 집행하고, 완료 시 정부광고주가 언론재단에 광고료 및 대행 수수료를 송금하면 언론재단이 매체사에 광고료를 지급하는 구조로 진행된다. 관련 근거는 정부광고법 제5조(광고의뢰), 제6조(홍보매체 선정), 제7조(자료 요청), 제8조(소요경비 지출), 제10조(정부광고 업무의 위탁)를 따른다.

■ 그림 . 정부광고 운영체계(정부광고법 제5조~제8조, 제10조)

출처: 정부광고 통합지원시스템(www.goad.or.kr)

정부광고의 구체적인 시행절차는 ①광고상담(컨설팅) ②광고의뢰 ③매체구매·집행 ④집행결과 증빙제출 ⑤광고료 청구 ⑥광고료 지급 등 총 6단계로 구분할 수 있다. 언론재단은 모든 과정을 온라인으로 처리할 수 있도록 '정부광고 통합지원시스템(이하 GOAD)'(www.goad.or.kr)을 운영하고 있다. 정부광고주와 매체사가 함께 이용할 수 있으며, 광고 신청·접수 및 단계별 진행과정과 결과를 실시간 열람할 수 있도록 하여 정부광고 업무의 투명성과 효율성, 이용 편의성 높이는 데 운영방침을 두고 있다.

정부기관 등은 광고계획에 대해 언론재단과의 충분한 사전 컨설팅을 거친 후 정부광고 요청서를 작성해 언론재단에 의뢰하면 광고대행 절차가 시작된다. 의뢰 방법은 별도의 계약서 없이 '정부광고 요청서'에 광고 개요 및 내용, 희망하는 홍보매체, 소요 예산 등을 GOAD에 제출한다. 광고주의 의뢰 내용을 토대로 언론재단은 매체사와 계약을 체결하고 광고를 집행한다. 매체사는 광고가 완료되는 즉시 결과보고서(증빙 포함)를 언론재단에 제출하고, 언론재단은 계약사항(의뢰내용)대로 광고가 집행되었는지 확인한 후 정부광고주에게 광고료 및 수수료를 청구하게 된다. 수수료는 정부광고법 제10조에 따라 일괄 10%를 적용하고,[1] 징수된 수수료는 언론, 방송, 광고 진흥을 위한 공적인 용도로 사용된다.

일련의 과정에서 정부광고주가 중요하게 챙겨볼 내용은 광고효과 분석 결과이다. 매체사는 언론재단을 통해 송출개요 및 게재정보, 노출횟수 및 방영횟수 등 광고집행 증빙자료를 제출하도록 되어있다. 정부광고주는 이 이상의 실질적인 광고효과, 예컨대 메시지 인지도 조사 및 광고 회상력 조사 등 심층적인 광고효과 분석이 필요할 경우 경비를 부담하고 언론재단에 추가조사를 의뢰해 살펴볼 수 있다. 광고효과 분석이 중요한 이유는 정책고객(타깃)의 특성과 정보 습득 경로, 메시지 수용성, 인지·태도 변화, 행동 의도 등을 파악함으로써 광고 전략을 발전시킬 수 있고, 나아가 정부광고 전반의 품질과 효과, 예산의 효율성을 제고할 수 있기 때문이다.

표5. 정부광고 사전 컨설팅 범위와 내용

구분	세부 내용
정부광고 집행 절차 안내	• 광고 의뢰부터 정산 단계까지의 집행 과정 안내 •「정부광고법」 관련 유의사항 안내 등
매체 전략 수립 지원	• 정부광고주 요청에 따라 광고 과업에 대한 분석과 매체별 효과를 고려하여 광고 목적, 대상 등에 맞는 매체 전략 제안
매체 선정 참고자료 제공	• 정부광고주 요청에 따라 매체 선정에 필요한 참고자료 제공 - 인쇄매체 열독률, 구독률, 방송매체 시청률·청취율 자료, 인터넷매체 방문자 수 등 트래픽 자료, 옥외매체 유동인구 등 제공 - 기타 매체 광고효과, 매체 이용행태 등 보고서 제공
정부광고 품질 향상 지원	• 정부광고 시행에 필요한 대내외 환경분석, 정부광고 목표 설정 등 전략방향 설정, 정부광고 제작 방향 제안 등

출처: 정부광고 업무편람(2024.3.), 문화체육관광부

1 매체 대행 수수료의 경우 민간 광고회사는 집행금액에 따라 방송(지상파 TV, 케이블 TV, 라디오) 11~13%, 인쇄(신문, 잡지), 온라인(인터넷), 옥외(버스, 지하철 등) 15~20%를 지급한다(김병희·최일도·최지혜, 2023)

3. 정부광고 현황과 과제

3-1. 정부광고 현황 및 통계

정부기관 및 공공법인이 집행한 정부광고 통계는 '정부광고 통합지원시스템(GOAD)'에 일괄 공개되고 있다. 최근 3년(2021~2023) 현황을 살펴보면 정부광고 건수와 광고료가 매년 증가함을 알 수 있다. 2023년 기준 광고 건수는 약 24만건, 광고료는 1조 3천억 원을 상회한다. 2023년 정부기관별로 집행한 광고비 점유율을 살펴보면 지방행정기관(47%), 공공기관(28.4%), 국가행정기관(14.3%), 지방공기업(4%) 순으로 확인된다.

표6. 정부광고 현황(단위: 백만 원, 건, %)

구분	2021년		2022년		2023년	
	광고료	점유율	광고료	점유율	광고료	점유율
인쇄	242,181	20.9	247,348	20.3	262,311	19.6
방송	305,251	26.4	303,695	25	338,800	25.3
옥외	177,176	15.3	209,910	17.3	237,608	17.8
인터넷	303,542	26.2	312,789	25.7	339,444	25.4
기타/제작	98,412	8.5	107,411	8.8	125,759	9.4
해외	31,570	2.7	35,294	2.9	33,860	2.5
합계	1,158,132	100	1,216,449	100	1,337,783	100
건수	217,841		230,279		245,906	

출처: 정부광고 통합지원시스템(www.goad.or.kr)

정부광고가 송출되는 대표 매체는 방송과 인터넷이다. 2021년부터 2023년까지 최근 3년간 매체별 정부광고 현황을 살펴보면 방송과 인터넷은 각각 매체 점유율 25%를 웃돌며 전체 정부광고의 절반 이상을 차지하고 있다.

레거시 미디어로 분류되는 인쇄매체 점유율이 20% 수준을 유지하고 있는 점도 눈여겨 볼 지점이다. 최근 디지털 매체 중심으로 매체환경이 변화하면서 TV, 신문 등 전통매체의 영향력이 약화되고 있지만, 정부광고 분야에서는 인쇄매체 선호 경향이 여전히 남아있다. 이는 전체 광고시장 통계를 보면 쉽게 비교할 수 있다. 「2023 방송통신광고비 조사 보고서」에 따르면 2022년 국내 매체사의 광고매출액 조사결과 총 광고비 16조 5,203억원 중 매체별 점유율은 온라인(52.7%), 방송(24.3%), 인쇄(12.9%), 옥외(6.5%) 순으로 나타난다. 국내 광고매체 점유율과 비교할 때 정부광고는 인쇄, 방송, 옥외, 온라인을 균형 있게 활용하는 특징을 보인다. 이는 전 국민을 대상으로 하는 홍보가 주를 이루는 정부광고 특성상, 특정 세대 및 타깃을 대상으로 한 매체전략보다 다양한 연령층의 정보접점을 활용해 정보이용의 보편성과 접근성을 강화한 것으로 해석할 수 있다.

한편 정부광고 집행내역이 모두 공개된 것은 2021년 이후의 일이다. 2019년 정부광고법이 제정되면서 정부광고 현황에 대한 국회 보고가 의무화되었지만, 광고주, 매체명, 광고비 등 세부 집행내역이 일반에 공개되지는 않았다. 이에 국회와 시민단체는 예산공개의 원칙[2]에 따라 정부광고 집행내역의 공개를 요구했고, 2021년 '정부광고 집행내역 정보공개거부처분취소소송 판결' 결과에 따라 2019년 정부광고법 시행 이후부터의 정부광고 집행내역을 모두 공개하게 되었다.

판결의 요지는 정보공개법상 정부광고 내역(광고주, 매체명, 광고명, 광고비 등)은 비공개 대상정보가 아니며, 국민의 행정감시 필요성이 크고 매체사의 이익을 현저히 해할 우려가 있다고 보기 어려우므로 집행내역을 공개해야 한다는 내용이었다. 2024년 정부광고 편람에 수록된 일반공개 개요는 아래와 같다. 이러한 정보공개 조치는 정부광고 제도에 대한 국민의 신뢰를 높이고, 정부광고 시행절차 전반의 공정성과 투명성을 제고하는 계기가 될 것으로 보인다.

---

2 국가 예산은 '예산공개의 원칙'에 따라 예산 운영의 모든 상태는 국민에게 공개되어야 한다(국가재정법 제9조). 이는 예산 운영의 투명성을 확보할 뿐 아니라, 국민의 정당한 요구와 비판을 받도록 하는 의미가 있다.

정부광고 업무편람(2024.3.)

□ 정부광고 집행내역 일반공개 개요

ㅇ(근거) 「정보공개법」 제3조·제6조·제7조, 동법 시행령 제4조

정부광고 집행내역 정보공개거부취소소송 판결('21.11.4, 서울행정법원) -(주요 판결요지) 정부광고 내역(광고주·매체명·광고명·광고비 등)은 정보공개법상 비공개대상정보가 아니며, 사전공개 필요성이 인정되는바 국민의 행정감시 필요성이 크고, 신문사 이익을 현저히 해할 우려가 있다고 보기 어려움

ㅇ(공개범위) 「정부광고법」시행 이후(`19~) 문화체육관광부(한국언론진흥재단)에 요청하여 시행·정산 완료된 정부광고 집행내역
ㅇ(공개내용) 기관명, 광고명(제목 또는 내용), 매체명, 광고시작일, 광고종료일, 광고금액(총액·광고료·수수료), 매체구분(인쇄·방송·인터넷·옥외·해외) 등 7개 항목
ㅇ(공개시기) 연 1회(매년 6월) 직전년도 정보 제공
ㅇ(공개방법) GOAD - [정부광고 현황] – [정부광고 집행내역]

3-2. 정부광고 쟁점과 과제

국내 정부광고 제도가 법제화되고 시행된 지 5년이 경과했다. 언론재단을 통한 광고대행 체계가 자리를 잡고 매년 광고집행 규모도 증가하고 있다. 그러나 제도에 대한 쟁점과 이견도 여전히 존재함에 따라 사회적 합의와 설득이 필요한 부분, 보완해야 할 과제들을 살펴보고자 한다. 김병희·최일도·최지혜(2023)와 관련 기사 내용 등을 종합해 정리한 주요 쟁점들은 다음과 같다.

첫째, 언론재단이 정부광고를 총괄 대행하면서 민간 광고대행사의 자율경쟁을 제한한다는 비판이 있다. 즉, 언론재단이 정부기관의 인하우스 에이전시로써 광고대행을 독점하고 민간 대행사의 기회를 박탈한다는 의견이다. 만약 민간 대행사가 정부광고에 참여할 경우 보다 전문적인 광고 컨설팅을 통해 정부광고의 경쟁력을 높이고, 관련한 민간 일자리 창출과 광고산업 활성화에 기여할 수 있다는 주장이 제기된다. 반면 문체부는 정부광고 제도의 취지, 즉, 언론재단을 통한 광고집행의 효율성, 투명성 등 공적 가치가 우선되어야 한다고 설명한다. 정부광고는 산업적 측면이 아닌 공익적 측면에서 바라봐야 하며 광고대행사(현 언론재단)가 광고를 특정 매체사에 편향적으로 배분하거나 개입·조정하지 않는 것이 더 중요하다는 입장이다(문용필, 2019).

둘째, 같은 맥락에서 정부광고 대행 수수료에 대한 쟁점도 존재한다. 광고대행사 뿐 아니라 매체사들도 정부광고를 직접 수주하여 직거래하는 것이 불가능하고, 언론재단을 통한 광고대행 및 수수료 징수가 불가피한 구조에 대해 문제를 제기한다. 일각에서는 수수료 사용처의 합리성에 의문을 제기하기도 한다. 정부광고 수수료가 언론진흥 분야에 제한적으로 사용되는 점을 문제로 지적하며 광고산업 경쟁력 지원 등에 폭넓게 활용할 것을 제안한다.

이러한 주장에 김병희 등(2023)은 언론 고유의 기능과 가치를 중심으로 수수료의 공익적 환원 구조를 설명한다. 올바른 언론의 사회적 감시 및 정화, 견제 기능은 민주주의 발전에 필수적임에 따라 뉴스 콘텐츠와 보도 기능은 사회적으로 보전해야 한다는 것이다. 다만 정부의 직접 지원방식은 지양하면서 언론 지원을 위한 합리적 경제 구조를 만들기 위해 언론재단이 정부광고 업무를 대행하게 하여 수수료를 언론진흥기금으로 출연하는 구조로 발전해왔다고 설명한다.

셋째, 정부광고 위반사례에 대한 실효성 있는 시정조치 방안이 필요하다. 정부광고법의 취지는 광고업무의 효율성과 공익성을 추구하여 국민에게 혜택이 돌아가게 하는데 있다. 즉, 정부광고주를 대상으로 한 과도한 유치 경쟁 및 광고 강요, 음성적 거래를 방지하여 정부 예산을 투명하고 효과적으로 집행하려는 목적을 포함하고 있다. 이를 위해 정부광고법에는 문화체육관광부의 지휘·감독 역할(제11조)과 정부광고주의 의무와 책임(제5조 광고의뢰, 제9조 유사 정부광고 금지 등)을 명시하고, 광고의뢰 의무 위반 시 문체부 장관이 시정조치를 요구할 수 있도록 되어있다(제13조).

제13조(시정조치 요구) 문화체육관광부장관은 정부기관등의 장이 제5조를 위반한 경우 시정조치를 요구할 수 있다. 이 경우 정부기관등의 장은 이에 따라야 한다.

그러나 실제 시정조치 조항의 실효성이 낮다는 비판이 제기되는데 이유는 다음과 같다(김병희·최일도·최지혜, 2023). 우선 위반사실의 적발이 어렵다는 점이 가장 근본적인 문제다. 위반사례는 정부광고주 또는 매체사가 광고의뢰 없이 정부광고를 시행한 경우인데 현행 정부광고 수탁기관(언론재단)의 법적 지위로는 이를 감시, 조사할 법적 근거와 권한이 없다. 더욱이 행정구조 상 동등한 위상의 정부기관 간에 시정조치를 요구하기가 현실적으로 어렵다는 지적도 있다.

최근 디지털 매체 중심으로 세분화, 다양화되는 광고 형태는 이러한 우려를 더 키울 수 있다. 온라인 광고 중에는 특정 시간, 타깃에게 노출되고 사라지거나, 제작 자체가 협찬에 해당되는 광고, 노출 예정시각을 파악하기 어려운 광고 등 신유형 광고들이 생겨나고 있다. 이는 상시적인 관리·감독 없이는 현실적으로 광고의뢰 위반 여부를 알기 어려워 정부광고주의 자발적인 법 준수를 기대할 수밖에 없다. 정부광고법 이행 의무와 책임을 지속적으로 홍보, 계도하는 노력과 함께 시정조치 권한 및 역할 재정비, 국민 모니터링단 운영 및 제보 활성화 등 보완책을 마련하여 제도의 안정성과 기대효과를 제고할 필요가 있다.

참고문헌

과학기술정보통신부, 한국방송광고진흥공사(2023). 2023 *방송통신광고비 조사 보고서*.

국무조정실(2002~2016). *정부업무평가백서*. 국무조정실·정부업무평가위원회.

권예지, 조아라, 이지영, 최지선, 편미란, 윤성인.(2024). 한국의 공공 커뮤니케이션 개선 방안 탐색: 영국의 정부소통청(GCS)과 전문가 인터뷰를 중심으로. *한국방송학보, 38*(2), 5-50.

김병희, 손영곤(2021). 정부광고 품질 향상을 위한 중장기 전략 방안. 한국언론진흥재단.

김병희, 최일도, 최지혜(2023). *알기 쉬운 정부광고법 해설*. 학지사.

김수진, 차희원(2022). 코로나 19 위기 소통 대국민 평가 지표 개발연구. *광고학연구, 33*(2), 103-131.

김찬석, 구철회, 이현선(2018). 정책소통 측정 모델 개발 연구. 문화체육관광부·청주대학교 산학협력단.

김찬석, 이현선, 이일우(2012). 국내 이공계 연구소와 기업의 과학 커뮤니케이션 실행 분석: IOO모델을 기준으로. *커뮤니케이션학연구*, 20권 3호, 45-66.

문용필(2019). 언론재단의 정부광고 대행, 문제는 없나. 더피알. https://www.the-pr.co.kr/news/

articleView.html?idxno=42147

문화체육관광부 미디어정책국(2024.3.) *정부광고 업무편람*. 문화체육관광부

이태준.(2018). 정부소통 역량 강화를 위한 공무원 성과관리제도의 선행요인 및 효과에 관한 연구. *언론과학연구, 18*(2), 185-221.

질병관리청(2022). *공중보건 위기소통 표준운영절차(SOP) 3판*.https://www.kdca.go.kr/board/board.es?mid=a20501000000&bid=0015&list_no=720056&act=view

질병관리청, 이화여대 산학협력단(2021). 코로나19 위기소통 평가 및 공중보건 위기소통 표준운영절차 개정.

한국언론진흥재단 GOAD. 정부광고통합지원시스템. https://www.goad.or.kr/hp/comm/main.do

황성욱, 문빛, 이종혁.(2014). 지방자치단체 공공소통 평가모형에 관한 연구: AHP 분석기법을 중심으로: AHP 분석기법을 중심으로. *한국언론학보, 58*(5), 255-284.

Government Communication Service.(2015). *Evaluation framework 2.0*. GCS. https://gcs.civilservice.gov.uk/publications/evaluation-framework/

Government Communication Service.(2024). *The GCS evaluation cycle*. GCS. https://gcs.civilservice.gov.uk/publications/gcs-evaluation-cycle/

Macnamara, J.(2018). *A review of new evaluation models for strategic communication: Progress and gaps*. International Journal of Strategic Communication, 12(2), 180-195.

Macnamara, J.(2014). Evaluating public communication: Exploring new models, standards, and best practices. Routledge.

Stufflebeam, D. L.(2007). CIPP evaluation model checklist. Evaluation Check List Project. http://www.edu.evalctr/checklist.

제 12 장

디지털 콘텐츠

조준혁_서원대학교 광고홍보학과 교수

1. 디지털 콘텐츠
2. 디지털 콘텐츠와 공공 부문에서의 활용
3. 콘텐츠 기획과 운영

1. 디지털 콘텐츠

문화산업진흥 기본법에 따르면, 콘텐츠란 "부호, 문자, 도형, 색채, 음성, 음향, 이미지 및 영상 등(이들의 복합체 포함)의 자료 또는 정보"를 말한다. 이 중 디지털 형태로 제작하거나 처리된 것이 바로 디지털 콘텐츠이다. 콘텐츠는 영화, 음악, 게임, 출판, 방송, 만화, 캐릭터, 애니메이션, 에듀테인먼트, 광고, 공연 등 다양한 유형을 포함하며, 문화와 밀접하게 연관되어 사회와 경제에 큰 영향을 미친다.

예를 들어, K-pop과 K-드라마의 전 세계적 인기는 한국에 대한 관심과 호감도를 높여 관광 산업의 성장으로 이어질 수 있다(김윤지, 2023). 실제로 콘텐츠진흥원(2024)의 조사에 따르면, 콘텐츠 수출액이 100만 달러 증가할 때 국가 브랜드 가치는 41만 달러 상승하는 것으로 나타났다. 이처럼 높은 경제적, 사회적 파급력을 가진 콘텐츠를 통해 제품이나 서비스의 성장을 도모하는 콘텐츠 마케팅은 오늘날 매우 중요한 전략으로 자리 잡고 있다.

콘텐츠 마케팅은 다양한 관점에서 정의될 수 있다. Content Marketing Institute는 이를 "명확히 정의된 대상 고객을 유치, 확보, 참여시키기 위해 관련성 있고 가치 있는 콘텐츠를 제작, 배포하여 수익성 있는 고객 행동을 유도하는 마케팅 및 비즈니스 프로세스"라고 설명한다. Wang et al. (2019)은 이를 "구매 결정 과정에서 적절한 시점에 고객의 참여를 이끌어내어 비즈니스 성과로 전환할 수 있도록 시의적절하고 매력적인 콘텐츠를 제작 및 공유하는 과정"으로 정의하며, 콘텐츠는 엔터테인먼트와 교육적 기능을 포함할 수도 있다.

디지털 콘텐츠 마케팅은 이러한 정의를 기반으로 디지털 채널의 특성을 통합한 개념이다. Rowley(2008)는 이를 "디지털 콘텐츠 또는 전자 채널을 통해 배포되는 비트 기반 개체를 활용하여 고객의 요구를 파악, 예측 및 충족하는 관리 프로세스"로 설명한다. 이는 고객과의 신뢰 구축, 브랜드 참여 증진, 비즈니스 성과 향상에 기여하는 핵심 도구로 자리 잡았다.

2. 디지털 콘텐츠와 공공 부문에서의 활용

앞서 살펴본 디지털 콘텐츠와 콘텐츠 마케팅은 주로 민간 부문에서 고객, 이용자, 수요자의 관점에서 접근하고 있다. 데이터 분석을 활용해 타겟 소비자를 세분화하고, 각 소비자에게 적합한 소셜 미디어 채널에서 맞춤형 메시지를 전달하는 것이 콘텐츠 마케팅의 주요 전략이다. 그렇다면 공공 부문에서는 어떠한 접근 방식이 필요할까?

최근 공공 부문에서도 소셜 미디어를 활용한 국민 소통 전략이 점차 활발해지고 있다(김혜영 & 권근혜, 2023). 그러나 정책 홍보에 치우쳐 소셜 미디어의 양방향성을 충분히 활용하지 못하고, 일방적인 소통이 이루어지는 경우가 많다(이경락 & 염성원, 2018). 공공 부문에서는 정책 이해관계자별로 차별화된 커뮤니케이션 전략과 기술을 개발해 우호적인 관계를 유지해야 한다(김현정 & 김운한, 2017).

정부와 공공기관, 지방자치단체는 소셜 미디어 트렌드에 발맞춰 트위터, 페이스북, 유튜브 같은 플랫폼을 적극적으로 활용하고 있다. 특히 유튜브 중심의 영상 미디어가 홍보 매체로 중요한 역할을 하고 있다(조재수, 2020). 각 부처는 공식 유튜브 채널을 운영하고, 인플루언서와 협업해 다양한 콘텐츠를 제작하며 소통 강화를 위해 노력하고 있다(문보라, 2024). 하지만 조회수나 구독자 수 면에서 민간 부문과 비교해 성과가 부족한 경우가 많다(김혜영 & 권근혜, 2023).

그럼에도 불구하고 성공적인 사례도 나타나고 있다. 예를 들어, 한국관광공사의 유튜브 채널 Imagine Your Korea는 구독자 100만 명을 돌파하며 세계 국가관광기구(NTO) 최초로 '골드 버튼(Gold Creator Awards)'을 획득했다. 특히 코로나19로 여행이 어려운 시기, 'Feel the Rhythm of Korea (한국의 리듬을 느껴보세요)' 시리즈를 통해 한국의 관광 명소를 새롭게 조명하며 큰 인상을 남겼다. 이 캠페인은 기존의 전형적인 홍보 방식에서 벗어나 독창성, 중독성, 의외성을 강조하며 성공을 거두었다.

"이번 캠페인에서 가장 중점을 둔 부분은 기존 콘텐츠와의 차별화였다. 유명 K

팝 스타가 등장해 '대한민국에 놀러 오세요'라고 말하며 랜드마크를 홍보하기보다는, 한국의 일상과 숨겨진 골목을 조명하고자 했다"(매드타임스, 2021).

이후 해당 캠페인은 연예인 및 인플루언서와의 협업을 통해 지속적으로 발전하며 국내외에서 긍정적인 반응을 얻고 있다.

그림 1. 한국관광공사 'Feel the Rhythm of Korea'

한국관광공사의 'Feel the Rhythm of Korea' 캠페인이 예산과 퀄리티를 모두 갖춘 성공 사례라면, 충주시의 유튜브 채널 '충TV'는 저예산의 B급 감성으로도 성공할 수 있음을 보여주는 대표적인 사례다. 충TV는 연간 예산 62만 원으로 충주시 인구의 세 배가 넘는 구독자를 확보했다. 이를 운영하는 김선태 주무관은 성공 비결로 "기존 지자체 유튜브와 정반대로 하기"와 "수요자 중심 콘텐츠 제작"을 꼽는다.

김선태 주무관은 약 60개 지자체 유튜브 채널을 분석한 결과 대부분의 채널이 이용자에게 외면받는 이유를 "보고 싶지 않은 정보를 일방적으로 전달했기 때문"이라고 진단했다. 이에 따라 기존의 공급자 중심 정보 전달에서 벗어나 재미와 흥미를 우선으로 한 콘텐츠를 기획했다. 촌스럽고 B급 감성을 활용했지만, 수요자가 보고 싶어 하는 내용을 중심으로 제작하여 먼저 기억에 남는 것을 목표로 삼았다.

이러한 접근은 기존의 공공 콘텐츠 홍보 패러다임을 완전히 바꾸었다.

전국의 지방자치단체는 기존의 딱딱하고 일방적인 정보 전달에서 벗어나, 충TV처럼 재미있고 쌍방향적인 커뮤니케이션 방식을 도입하고 있다. 과거에는 단체장의 얼굴을 내세운 성과 홍보가 주를 이루었다면, 이제는 젊은 층이 공감할 수 있는 흥미롭고 창의적인 콘텐츠가 제작되고 있다(이코노미스트, 2024).

흥미로운 콘텐츠는 주목도를 높일 수 있지만, 정책에 대한 인지도 혹은 신뢰도를 높일 수 있을지에 대해서는 별도의 검토가 필요하다. 공공 콘텐츠는 엄숙해야 한다는 전통적 사고가 아직 남아 있으며 가벼운 접근이 신뢰를 훼손할 수 있다는 우려도 존재한다. 하지만 연구에 따르면, 소셜 미디어 활용 자체가 정부 신뢰도를 높이는 데 긍정적인 역할을 한다. 문승민과 유한별(2022)의 연구는 소셜 미디어를 통해 정책 정보를 얻거나 의견을 표출하는 것이 정부 신뢰로 이어진다고 분석한다. 김혜영과 권근혜(2023)는 소셜 미디어에서 콘텐츠의 '정보성, 신뢰성, 이해성, 용이성'이 공공 PR에 긍정적인 영향을 미치고 콘텐츠의 '흥미성과 화제성'이 공중과 정부 조직 간 관계 형성에 필요하며 콘텐츠를 주변에 공유하도록 유도하는 것이 중요하다고 강조한다.

충TV에 대한 연구(정주용 & 노은주, 2024)는 콘텐츠의 흥미성이 도시 이미지

그림 2. 충주시 유튜브 '충TV'

를 긍정적으로 만들고, 궁극적으로 지방정부 신뢰도 향상에 기여한다고 분석했다. 특히, 콘텐츠의 '흥미성'과 시청자와 운영자 간 '정서적 친밀감'이 도시의 이미지, 특히 감정적 이미지를 형성하는 데 중요한 역할을 한다고 나타났고 이는 결국 지자체의 신뢰도를 높였다. 반면, 지나치게 형식적이거나 진지한 태도는 오히려 부정적인 영향을 미쳤다.

결론적으로 공공 부문 콘텐츠에서도 콘텐츠의 '흥미성'과 운영자와의 상호작용을 통한 '친밀감' 형성이 중요하다. 이는 결국 지자체 혹은 정책에 대한 긍정적인 이미지를 이끌어내고 신뢰도를 높이는 데 긍적적인 영향을 미친다. 이는 민간 부문의 콘텐츠 마케팅 전략과 유사한 결과이다. '충TV'의 성공은 유튜브 플랫폼에서 수요자 중심 콘텐츠의 중요성을 잘 보여준다.

'충TV'의 구독자 중 19~24세가 가장 많으며, 구독자의 80%는 10대에서 30대다. 이는 공공 부문으로서는 낮은 연령대지만 유튜브 이용자 구성에 비춰 보면 이는 평균적인 수준이다. 아이지에이웍스의 조사에 따르면, 10대와 20대가 유튜브 사용 시간이 가장 많은 것으로 나타났다. 결국, 젊은 층을 타겟으로 한 B급 감성 콘텐츠가 공공 부문에서도 성공 가능성이 크다는 것을 입증한 사례다.

3. 콘텐츠 기획과 운영

실제 콘텐츠를 기획하려면 어떤 과정을 거쳐야 할까? 기획 단계는 환경 분석, 문제점 및 기회 요인 도출, 문제 정의, 목표 설정, 타겟 설정, 콘셉트 도출, 운영 전략 마련, 결과 측정 및 최적화, 개선 방안 도출의 순서로 나눌 수 있다. 각 단계는 아래와 같다.

3-1. 환경 분석

첫 번째 단계는 환경 분석이다. 디지털 환경에서 우리는 어떻게 소통하고 있으며,

다른 기관들은 어떤 방식으로 소통하는지를 살펴보아야 한다. 이를 통해 잘하는 점과 부족한 점을 명확히 파악할 수 있다. 특히, 운영 중인 미디어를 유형별로 분석하는 것이 중요하다. 미디어는 다음 세 가지로 나뉜다:

가. 온드 미디어(Owned Media): 기관이 직접 운영하는 미디어로, 홈페이지와 공식 소셜 미디어 계정 등이 포함된다.

나. 언드 미디어(Earned Media): 이용자가 자발적으로 확산시키는 미디어로, 개인의 유튜브나 블로그가 해당된다.

다. 페이드 미디어(Paid Media): 비용을 지불해 운영하는 미디어로, 검색광고와 스폰서 콘텐츠가 이에 속한다.

이렇게 분류한 후 현재 운영 중인 채널과 타 기관 채널을 비교해 문제점과 기회 요인을 도출해야 한다.

그림3. 포레스트 리서치(Forrester Research) – Triple Media 출처 : Blenddigital

Media Type	Definition	Examples	The role	Benefits	Challenges
Owned media	Channel a brand controls	• Website • Mobile site • Blog • Twitter account	Build for longer-term relationships with existing potential customers and earn media	• Control • Cost efficiency • Longevity • Versatility • Niche audiences	• No guarantees • Company communication not trusted • Takes time to scale
Paid media	Brand pays to leverage a channel	• Display ads • Paid search • Sponsorships	Shift from foundation to a catalyst that feeds owned and creates earned media	• In demand • Immediacy • Scale • Control	• Clutter • Declining response rates • Poor credibility
Earned media	When customers become the channel	• WOM • Buzz •"Viral"	Listen and respond - earned media is often the result of well-executed and well-coordinated owned and paid media	• Most credible • Key role in most sales • Transparent and lives on	• No control • can be negative • Scale • Hard to measure

3-2. 목표 설정

문제점과 기회 요인을 분석한 뒤에는 해결해야 할 문제를 정의하고 구체적인 목표를 설정해야 한다. 목표는 일정 기간 내 달성 가능한 명확한 커뮤니케이션 과업으로, 시작점과 타겟, 측정 가능한 효과를 포함해야 한다(Colley, 1961).

전통적 커뮤니케이션 효과 모델로는 AIDMA(Attention→Interest→Desire→Memory→Action)가 있다. 디지털 환경에서는 AISAS(Attention→Interest→Search→Action→Share)가 사용되며, 이는 검색(Search)과 공유(Share) 요소가 추가된 형태다. 또한 소셜 미디어에서는 SIPS(Sympathize→Identify→Participation→Share & Spread) 모델이 사용되며, 사용자 참여와 커뮤니티 구축, 일관된 경험 제공을 목표로 한다.

예를 들어, 공공 부문의 소셜 미디어 채널에서 낮은 조회수와 구독자 수가 문제라면 우선 인지도를 높이는 목표를 설정해야 한다. 충주시 유튜브 채널 충TV의 초기 사례에서 담당자는 환경 분석을 통해 "아무도 보고 싶지 않은 콘텐츠가 문제"라는 결론에 도달했다. 이를 '낮은 인지도'로 정의하고, 사람들이 충주라는 도시에 관심을 가지게 하는 것을 첫 번째 목표로 삼았다.

그림4. AIDAM, AISAS Model(Sugiyama, 2011)

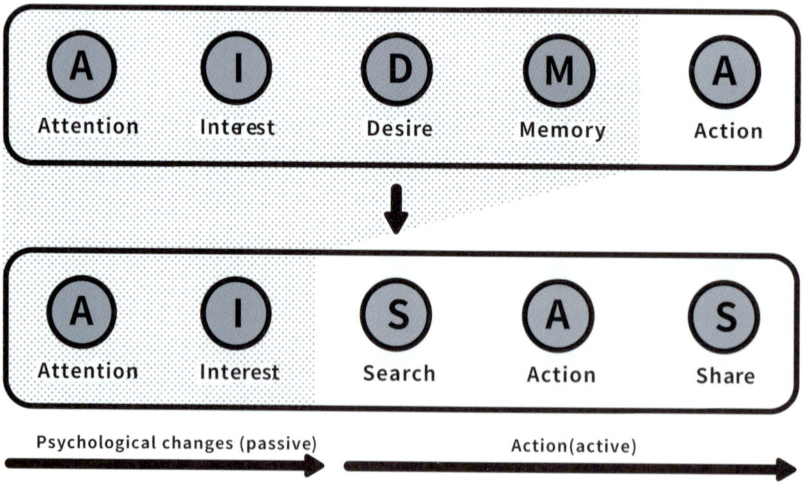

■ 그림 5. Designing campaigns using AISAS and Contact Point Management(Sugiyama, 2011).

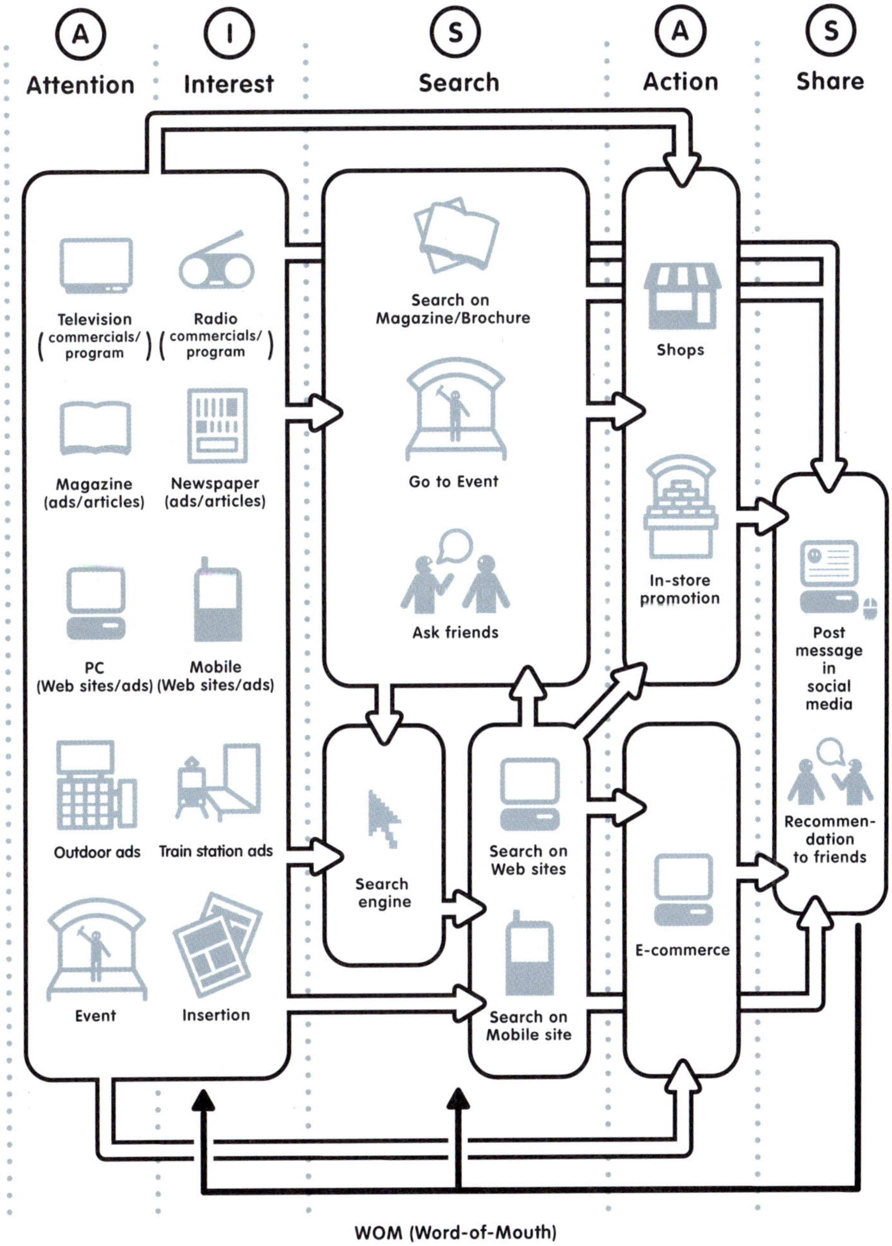

그림 6. Dentsumedia – SIPS Model

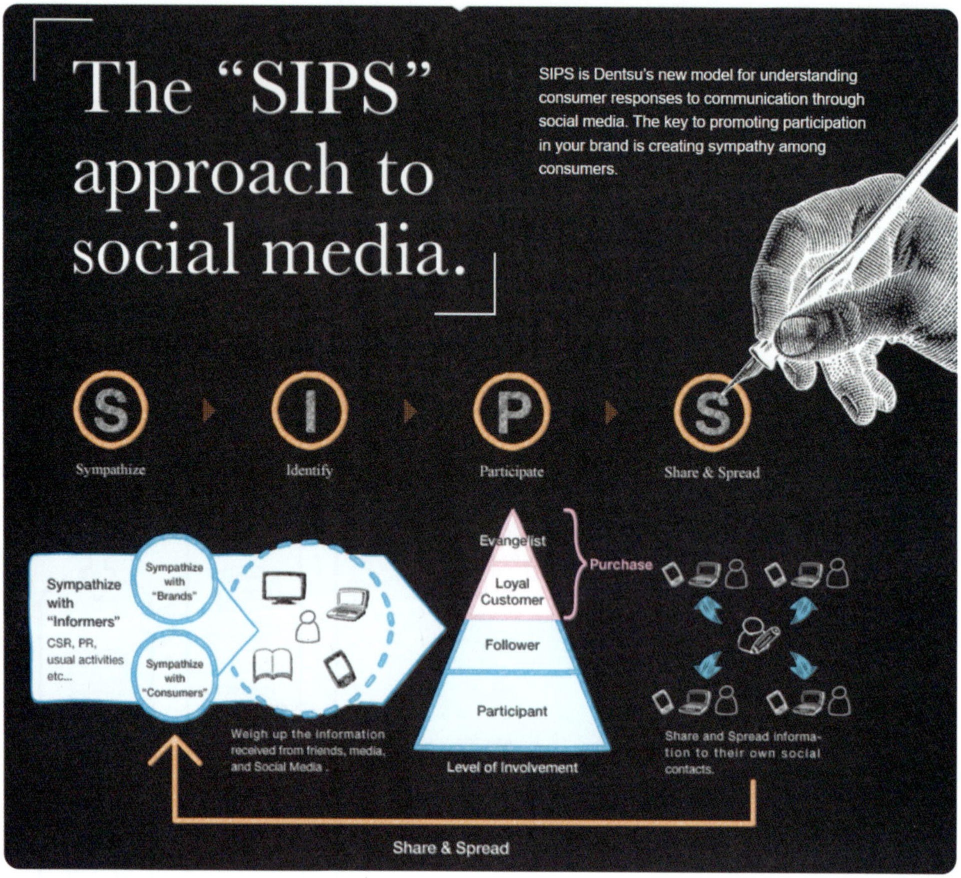

3-3. 타깃 설정

목표를 수립한 후에는 타깃을 명확히 설정해야 한다. 타깃이란 제품이나 서비스를 구매하거나 사용할 가능성이 높은 소비자, 또는 커뮤니케이션의 주요 대상을 말한다. 이를 위해 인구통계 정보뿐 아니라, 타깃의 취향과 관심사에 대한 심층적인 이해가 필요하다.

전통적으로 타깃 설정은 성별, 연령 등 인구통계학적 특성에 기반했지만, 디지털 및 AI 시대에는 타깃팅이 이용자의 행동과 문맥(Context)을 중심으로 진화하고 있다(조준혁, 김희은, 2023). 예를 들어, 페이드 미디어는 데이터를 활용해 오디언스 집단의 규모를 측정하고, 적합한 타깃을 파악한 뒤 광고 메시지까지 개인화할 수 있다. 또한 언드 미디어를 효과적으로 활용하려면 타깃의 관심사를 정확히 이해해야 한다. AI는 이용자의 관심사와 행동 이력을 기반으로 검색 결과와 추천 콘텐츠를 노출시키므로, 타깃의 요구를 반영하지 않은 콘텐츠는 노출 가능성이 낮아진다. 따라서 타깃 오디언스를 깊이 이해하고, 그들의 요구와 선호도를 충족시키는 전략을 수립하는 것이 중요하다.

3-4. 콘셉트 도출

콘셉트는 환경 분석에서 도출된 문제점과 기회 요인을 바탕으로 목표와 방향을 요약한 것이다. 과거에는 정량적 설문조사와 정성적 인터뷰(FGI) 혹은 직관적인 경험을 바탕으로 도출했지만, 디지털 시대에는 데이터 기반 인사이트가 점점 더 중요한 역할을 하고 있다(조준혁, 김희은, 2023).

디지털 환경에서는 텍스트 마이닝을 활용해 소비자의 인식과 행동을 분석할 수 있다. 예를 들어, 소셜 미디어 댓글이나 리뷰 데이터를 분석해 워드 클라우드(Word Cloud)를 통해 주요 키워드를 도출하거나, 긍정 및 부정 키워드, 긍정과 부정의 비율, 감정의 변화 등을 파악할 수 있다. 디지털 콘텐츠 시대에서는 이러한 데이터를 통해 소비자의 행동과 선호도에 대한 인사이트를 얻고, 이를 기반으로 효과적인 콘셉트를 설계하는 것이 중요하다.

콘셉트를 도출할 때는 차별성과 일관성이 핵심이다. 예를 들어, B급 감성이 유행한다고 단순히 이를 따라간다면 이미 존재하는 다른 콘텐츠와의 차별화가 어려울 수 있다. 또한 특정 콘셉트에 기반해 구독자를 확보한 채널이 갑작스럽게 고예산이거나 엄숙한 스타일로 변하면 구독자 이탈로 이어질 가능성이 크다. 담당자가 변경되거나 외주 대행사가 자주 교체되는 경우에도 일관성을 유지하는 노력이 필요하다.

콘셉트는 단순한 아이디어 이상으로 전략적 목표와 연결되어야 하며, 이를 통해 일관성과 지속 가능성을 유지해야 한다.

3-5. 채널 운영전략 수립

과거에는 TV나 신문과 같은 소수의 미디어만 존재했으나, 디지털과 AI 시대에는 검색포털, 소셜미디어, OTT 등 다양한 미디어와 채널이 존재한다. 이로 인해 이용자는 자신의 관심사와 취향에 따라 다양한 미디어, 채널, 콘텐츠를 선택할 수 있게 되었다. 반대로 말하면, 이용자 특성에 맞는 미디어 선정과 채널 운영이 그 어느 때보다 중요해졌다는 뜻이다. 따라서 어떤 미디어를 활용할 것인지에 대한 심도 있는 검토가 필요하다.

이를 위해 앞서 정리한 목표, 타깃, 콘셉트를 바탕으로 가장 효과적으로 메시지를 전달할 수 있는 미디어를 탐색하고, 우선순위를 정해 하나의 미디어부터 집중적으로 성공시키는 전략을 세워야 한다. 소셜미디어는 각각 고유한 특성을 가지고 있으며, 트렌드도 자주 변하기 때문에 하나의 채널을 최적화하여 운영하는 것이 쉽지 않다. 예를 들어, 트위터는 텍스트 중심, 인스타그램은 이미지 중심, 유튜브는 영상 중심이며, 이용자의 연령대나 미디어의 활성화 정도, 특성 또한, 모두 다르다. 또한, 소셜미디어는 상호작용성과 쌍방향 의사소통이 중요한 매체이기 때문에 지속적인 관리가 필수적이며, 운영 여하에 따라 이용자 수가 증감할 수 있으므로 채널 관리를 위해서는 상당한 운영 자원이 필요하다.

대부분의 정부 부처는 블로그, 페이스북, 트위터, 인스타그램, 유튜브, 네이버 TV 등 최소 5개 이상의 소셜미디어를 동시에 운영하고 있다. 그러나 각 부처가 다루는 분야와 타깃이 다르기 때문에, 소셜미디어 선택도 부처의 특성에 맞춰 달라져야 한다. 모든 소셜미디어를 완벽하게 운영하는 것이 쉽지 않다면, 우선순위가 높은 소셜미디어에 집중하는 방법도 고려할 수 있다. 예를 들어, 충주시에서는 유튜브, 인스타그램, 블로그만 운영 중이다. 특정 미디어가 주목받는다고 해서 해당 미디어에만 집중하기보다는, 목표, 타깃, 콘셉트에 따라 최적의 미디어와 채널을 선택하는 것이 중요하다.

또한, 하나의 정부 부처 안에는 여러 분야가 존재한다. 예를 들어, 과학기술정보통신부는 과학기술과 정보통신 분야가 있으며, 국토교통부는 주택/건설과 교통/여행 분야 등으로 나뉜다(이경락, 염성원, 2018). 이용자들은 이러한 다양한 분야에 모두 관심을 가지지 않을 수 있으므로, 채널을 운영할 때 섹션을 카테고리로 나누어 운영할지, 아니면 이용자의 관심사에 따라 별도의 채널을 운영할지를 검토해야 한다. 이러한 의사결정의 기준은 부처 중심이 아닌 이용자 관심사 중심으로 이루어져야 하며, 이용자의 취향을 반영해 채널과 카테고리를 운영해야 한다.

공공부문에서는 콘텐츠가 상사의 승인을 거쳐야 하는 프로세스 때문에, 경직된 문화로 인해 내부 승인이 목표가 되고 실제 타깃인 이용자는 배제되는 사례가 발생할 수 있다. 이를 방지하기 위해서는 충주시의 '충TV'처럼 운영자에게 전권을 위임하거나 독립성을 보장하는 등 조직적인 장치가 필요하다.

또한, 출연진 구성과 인플루언서 활용 여부도 검토해야 한다. 직원이 출연할 경우, 해당 업무의 전문가로서 진정성 있게 참여할 수 있는 장점이 있다. 반면, 인플루언서와 협업하면 화제성을 통해 더 큰 성과를 낼 수 있지만, 인플루언서가 논란에 휘말릴 경우 리스크가 발생할 수 있다는 단점도 존재한다.

3-6. 결과 측정 및 최적화, 성과지표

디지털 미디어는 과거의 전통적 미디어와 비교해 광고 효과 측정과 대응의 관점에서 속도와 정확성에서 혁신적인 차이를 보인다. 디지털 환경에서는 성과를 실시간으로 측정하고 분석할 수 있으며, 이를 바탕으로 즉각적인 대응이 가능하다. 예를 들어, 섬네일 이미지나 설명 문구에 대한 A/B 테스트를 통해 더 효과적인 옵션을 빠르게 확인하고, 결과를 기반으로 콘텐츠를 즉시 개선할 수 있다. 이러한 과정은 몇 시간 내에도 완료될 수 있다.

방문자 수, 조회수, 체류 시간, 시청 시간 등 다양한 성과 지표를 실시간으로 확인할 수 있으며, 데이터를 분석해 대응 전략을 수립하면 콘텐츠 성과를 크게 개선할 수 있다. 콘텐츠는 단순히 제작 후 배포로 끝나는 것이 아니라, 데이터를 분석하고 이를 바탕으로 수정과 최적화를 반복하는 과정이 필수적이다.

성과 개선을 위해서는 온드 미디어뿐만 아니라 언드 미디어와 페이드 미디어도 함께 관리하며, 각 미디어 유형별 성과 데이터를 정리하고 문제를 분석해 개선안을 적용하는 운영 프로세스를 구축해야 한다. 예를 들어, 특정 단계에서 성과가 저조한 경우, 그 원인을 파악하고 이를 해결하기 위한 맞춤형 전략을 실행해야 한다.

디지털 미디어의 성과 지표는 거의 실시간으로 확인할 수 있는 데이터가 많아, 콘텐츠 운영과 최적화 과정에서 데이터에 대한 깊은 이해가 필수적이다. 디지털 미디어의 실시간 데이터를 활용하면 AI를 통해 타깃 설정, 개인화된 콘텐츠 제작,

표1. 미디어 유형과 이용자 의사결정 단계별 성과 지표 예시

	인지	관심	관여	행동
온드 미디어 (Owned Media)	• 웹페이지 탐색, 방문, 방문자 수 (Page view, Visit, Unique visitor)	• 웹페이지 이탈율 (Bounce Rate)	• 소셜 미디어 반응 수 (Like/Comment/Share)	• 회원 가입 수 (Sign in)
	• 영상 시청 (Video View)	• 웹페이지 방문 지속 시간(Visit duration time)		• 구독자 수 (Subscribe)
		• 영상 시청 완료율 (Video view complete rate)		• 이용자 참여 수 (Participate)
언드 미디어 (Eatned Media)	• 추천 트래픽 (Referral Traffic)	• 온라인 리뷰 수 (Online Reviews)	• 소셜 미디어 반응 수 (Like/Comment/Share)	• 전환 수(Referral, Review 등으로부터)(Conversions)
	• 언급 수(언론, 소셜미디어 등)(Mentions)			
페이드 미디어 (Paid Media)	• 노출 (Impression)	• 클릭, 노출 대비 클릭률(Click, Click rate)	• 반응당 광고 비용(Cost Per Engagement)	• 행동당 광고 비용 (Cost Per Action)
	• 도달(Reach)	• 클릭당 광고 비용 (Cost per Click)		• 앱 다운로드 수 (App download)
	• 노출당 광고 비용 (Cost per Mille)			

맞춤형 광고 노출 등을 효율적으로 수행할 수 있다. AI 도구는 데이터 분석의 복잡성을 단순화하고, 시간과 비용을 절약함으로써 핵심 기획과 방향 설정에 자원을 집중할 기회를 제공한다(조준혁, 2023).

결과적으로 디지털 미디어 성과를 극대화하려면 실시간 데이터 분석을 기반으로 지속적인 피드백과 최적화를 반복해야 하며. AI를 적극 활용하여 데이터 기반 전략을 수립하는 것이 필수적이다.

참고문헌

김윤지(2023). K-콘텐츠 수출의 파급 효과와 그 가치. 콘텐츠진흥원. https://www.kocca.kr/n_content/vol28/sub10.html

김현정, & 김운한. (2017). SNS 를 활용한 정책 PR 콘텐츠 내용분석: 페이스북과 블로그를 중심으로: 페이스북과 블로그를 중심으로. *OOH 광고학연구, 14*(2), 42-68.

김혜영, & 권근혜. (2023). 정부 조직의 디지털 커뮤니케이션 활성화를 위한 인플루언서 협업 PR 커뮤니케이션 탐색 연구: 국내 정부 조직의 유튜브채널 인플루언서 협업 콘텐츠를 중심으로. *PR 연구, 27*(2), 53-105.

매드타임즈(2021.01.14). [대한민국광고대상 수상자 인터뷰] 전세계를 들썩인 한국의 리듬, Feel the Rhythm of KOREA. https://www.madtimes.org/news/articleView.html?idxno=6671

문보라.(2024). 공공체육기관 유튜브 콘텐츠의 주제 유형 및 관심도 분석 : 대한체육회 유튜브 채널을 중심으로. 한국체육과학회지, 33(4), 46-58, 10.35159/kjss.2024.8.33.4.46

문승민, & 유한별. (2022). SNS 를 활용한 정책 활동이 정부 신뢰에 미치는 영향에 관한 연구: 정책 정보 획득과 정책 의견 표출을 중심으로. *융합사회와 공공정책 (구 공공정책과 국정관리), 16*(3), 65-90.

아이지에이웍스(2024). 유튜브에 푹 빠진 대한민국!. https://www.igaworksblog.com/post/moblieindex_2407_youtube

이경락, & 염성원. (2018). 중앙행정기관의 소셜미디어 홍보에 관한 비판적 연구. *OOH 광고학연구, 15*(4), 37-57.

이코노미스트(2024.05.11). 충주시 홍보맨이 '공직 생태계 파괴자'가 된 이유[허태윤의 브랜드스토리] https://n.news.naver.com/mnews/article/243/0000059453?sid=110

정주용, & 노은주. (2024). YouTube 를 활용한 정부 PR 이 지방정부 신뢰에 미치는 영향. *한국거버넌스학회보, 31*(1), 93-117.

조준혁, 김희은(2023). “디지털광고기획신론” 김병희 외.(2023). 학지사.

조준혁(2023). “AI 기반 광고 전략” 조준혁 외.(2023). 온샘

조재수(2020). 지방자치정부 유튜브 PR활동 평가 지표 개발 연구. 한국디지털콘텐츠학회 논문지, 제21권 제9호, 1713-1723.

한국콘텐츠진흥원(2024). K-콘텐츠 수출의 파급 효과와 그 가치. https://www.kocca.kr/kocca/bbs/view/B0000147/2004788.do?searchCnd=1&searchWrd=&cateTp1=&cateTp2=&useYn=&menuNo=204153&categorys=0&subcate=0&cateCode=&type=&instNo=0&questionTp=&ufSetting=&recovery=&option1=&option2=&year=&morePage=&qtp=&domainId=&sortCode=&pageIndex=2

Barbosa, B., Saura, J. R., Zekan, S. B., & Ribeiro-Soriano, D.(2024). RETRACTED ARTICLE:

Colley, R. H. (1961). Defining Advertising Goals. New York, NY.

Defining content marketing and its influence on online user behavior: a data-driven prescriptive analytics method. *Annals of Operations Research, 337*(Suppl 1), 17-17.

Pulizzi, J.(2013). Epic content marketing: How to tell a different story, break through the clutter, and win more customers by marketing less, NewYork: . McGraw-Hill Education.

Rowley, J. (2008). Understanding digital content marketing. *Journal of marketing management, 24*(5-6), 517-540.

Kotaro Sugiyama.(2011). The Dentsu Way: Secrets of Cross Switch Marketing from the World’s Most Innovative Advertising Agency. McGraw-Hill Professional Publishing .

Wang, W.-L., Malthouse, E. C., Calder, B., & Uzunoglu, E.(2019). B2B content marketing for professional services: In-person versus digital contacts. Industrial Marketing Management, 81, 160–168.

Blenddigital. https://www.blenddigital.com/difference-between-paid-owned-andearned-media/Content Marketing Institute. https://contentmarketinginstitute.com/what-is-content-marketing/ Dentsumedia. https://dentsumedia-network.com/digital/index.html

제 13 장

브랜디드 엔터테인먼트

최호진_한라대학교 미디어광고콘텐츠학과 교수

1. 브랜디드 엔터테인먼트의 정의
2. 공공소통에서 브랜디드 엔터테인먼트의 역할
3. 브랜디드 엔터테인먼트가 소비자 행동 및 의사 결정에 미치는 영향
4. 브랜디드 엔터테인먼트의 브랜드 회상 및 인식
5. 정책 PR 및 공익 캠페인에서 브랜디드 엔터테인먼트 활용의 효과 및 장점
6. 디지털 플랫폼을 통한 젊은 청중과 소외 계층에 접근
7. 공공 캠페인에서 브랜드 엔터테인먼트의 비용 효율성 및 장기적 영향
8. 공공소통을 위한 브랜디드 엔터테인먼트 사용에 대한 윤리적 고려 사항
9. 공공소통에서 브랜디드 엔터테인먼트의 미래

1. 브랜디드 엔터테인먼트의 정의

브랜디드 엔터테인먼트는 브랜드의 아이덴티티, 제품 혹은 메시지를 엔터테인먼트 콘텐츠에 원활하고 중단 없이 삽입하는 마케팅 커뮤니케이션 전략이다. 브랜드 메시지가 독자적이고 세부적인 콘텐츠를 통해 표현되는 기존 광고 방식과 달리, 브랜디드 엔터테인먼트는 브랜드를 콘텐츠 자체에 통합하여 이를 엔터테인먼트 경험의 일부로 만든다. 이를 통해 브랜디드 엔터테인먼트는 더욱 미묘하고 감정적으로 공감하는 방식으로 청중의 참여를 유도하여 브랜드와 청중 사이에 더 깊은 연결을 목표로 한다. 즉, 정리하자면, 브랜디드 엔터테인먼트는 광고 콘텐츠가 엔터테인먼트의 맥락(context)에 결합하여서, 영화의 스토리 라인, TV 프로그램, 기타 엔터테인먼트 콘텐츠에 브랜드가 삽입된 것으로 정의할 수 있다(Hudson & Hudson, 2006; 김운한, 2016). 이렇게 하여 엔터테인먼트와 광고 사이의 경계가 모호해지며 더욱 강력한 브랜드 회상과 소비자 참여로 이어질 수 있는 몰입된 경험을 창출한다(Russell & Stern, 2006).

브랜디드 엔터테인먼트의 본질은 청중이 광고의 대상이 아닌, 마치 엔터테인먼트에 참여하고 있는 듯한 느낌을 주어 콘텐츠에 몰입하게 만드는 능력에 있다. 특히 스트리밍 서비스와 광고 차단 기술의 출현으로 청중이 전통적인 광고를 피하는 데 익숙해짐에 따라 이는 점점 더 중요해졌다(Schroeder, 2009). 따라서 브랜디드 엔터테인먼트는 제품 홍보뿐만 아니라 스토리텔링을 통해 청중과 감정적으로 소통하는 데 중점을 두는 광고 콘텐츠 산업의 변화를 나타낸다(Lehu, 2007). 따라서 브랜디드 엔터테인먼트는 내러티브에 초점을 맞춘다는 점에서 다른 커뮤니케이션 전략과 차별화된다. 브랜드는 영화, TV 프로그램, 비디오 게임, 디지털 미디어 등 콘텐츠의 필수적인 부분이 된다. 이러한 융합을 통해 브랜드는 청중에 즐거움을 주면서 메시지를 전달할 수 있다. 또한, 기억에 남는 브랜드 경험을 창출하기 위해 엔터테인먼트의 스토리텔링 능력을 활용한다(Russell & Stern, 2006).

그동안의 브랜디드 엔터테인먼트는 주로 브랜드나 기업(조직)의 설득 메시지를 전달하는 목적에 부합되는 콘텐츠 활용들이 주를 이뤘다(한수진, 성열홍, 2018; 전종우, 2019). 그러나, 정책을 홍보하고 이를 통해 이해관계자들의 동의와 참여를 끌어내는 것이 목적인 정책 PR와 같은 공공소통 측면에서도 브랜디드 엔터테인먼트의 필요성이 많을 것으로 전망한다. 왜냐면, 정부 또는 지방자치단체에서 집행하는 다양한 정책에 관한 메시지가 실질적인 정책 소비자인 공중들에게 전달되지 못하는 경우가 많다. 이는 브랜드나 기업(조직)이 집행하는 마케팅 및 소통 예산을 투여하기 어려운 공공부문의 특성이 현실적인 반영된 결과이기도 하지만 보다 근본적인 문제점은 정책 메시지 자체가 청중의 관점에서 흥미를 불러내지 못하는 한계에 직면하기 때문이다. 이는 정부나 지자체가 집행하는 정책 광고의 질적인 측면 자체가 청중의 공감과 관심을 받지 못하기 때문이다. 이는 메시지 자체의 흥미롭지 않음과 함께 메시지를 전달하는 방법상의 문제가 모두 해당한다. 정책과 공익 메시지의 건조함은 근본적인 특성상의 문제로 변화의 여지가 없지만 메시지를 전달하는 방식은 충분히 유희적(playful)으로 구성할 수 있다. 이에 정책과 공익 메시지에 대한 청중의 흥미를 유발하기 위해서도 엔터테인먼트의 요소를 적용한 소통 방법이 절실하다(최호진, 전종우, 2020).

표 1. 국내 공공기관의 브랜디드 엔터테인먼트 콘텐츠 현황

기관명	제목	콘텐츠 유형/주제	비고
법무부	저스티즈 팀	웹드라마 / 검사수사팀에서 벌어지는 사건 해결스토리	• 시즌1(총 2부작) • 시즌2(총 6부작)
고용노동부	샌드위치 이론	웹드라마 / '워라벨'를 주제로 직장 내에서 일어나는 로맨스스토리	• 총 4부작
고용노동부	나는 취준생이다	웹드라마 / 취업준비생과 인턴을 자녀로 둔 한 가정에서 일어나는 취업 관련 에피소드를 드라마화	• 총 5부작
공정거래위원회	선무당 공도사의 창업성공기	웹드라마 / 퇴직금으로 창업을 준비하려는 중년남성의 스토리를 드라마화	• 총 6부작
국방부	백발백중	웹드라마 / 병영생활에서 일어나는 다양한 에피소드와 병과 별 근무에 관한 스토리를 유머러스하게 표현	• 시즌1(총 9부작) • 시즌2(총 10부작) • 시즌3(총 8부작) • 시즌4(총 7부작)

*출처 : 최호진, 전종우(2020). 정책 PR 브랜디드 엔터테인먼트의 효과연구 : 성남시 정책 웹드라마를 중심으로. *한국광고홍보학보, 22*(4), 135-157.

브랜디드 엔터테인먼트는 상업적인 브랜드 소통의 대안으로만 아니라 공중의 호응을 얻기 위한 정책 PR 콘텐츠의 대안으로 주목받고 있다.

➲ 청중의 참여

브랜디드 엔터테인먼트는 기존 광고와는 달리 청중의 감정에 호소하여 관심을 사로잡는다. 특히, TV에서 광고가 나올 경우, TV 채널을 다른 곳으로 돌려버리는 재핑(zapping) 현상 및 주문형 스트리밍 서비스와 같은 기술이 사용되어 청중이 광고를 피하는 데 점점 더 익숙해지면서, 브랜드가 기존 수단을 통해 광고에 도달하기가 더 어려워졌다. 브랜디드 엔터테인먼트는 브랜드를 엔터테인먼트 경험 자체의 일부로 만들어 청중의 저항 가능성을 줄임으로써 광고 도달에 대한 대안을 제시한다(Schroeder, 2009).

➲ 디지털 시대의 진화

디지털 시대에 브랜디드 엔터테인먼트는 크게 발전했다. 새로운 미디어 플랫폼(YouTube, Instagram, TikTok)의 등장으로 브랜드는 청중의 관심을 끌기 위해 점점 더 짧은 형식의 콘텐츠와 대화형 경험을 만들고 있다. 이러한 형식에서 브랜드는 단순 스폰서가 아니라 내러티브의 공동 창작자로서 청중의 공감을 불러일으키는 콘텐츠 개발에 적극적으로 참여하고 있다(Lehu, 2007). 청중은 자신이 선호하는 브랜드로부터 더욱 진정성 있고 매력적인 콘텐츠를 요구하기 때문에 이러한 진화는 매우 중요하다.

1-1. 브랜디드 엔터테인먼트의 역사적 맥락

브랜디드 엔터테인먼트는 새로운 현상이 아니다. 그 기원은 브랜드가 프로그램의 주요 스폰서였고, 프로그램의 스토리라인에 제품을 삽입했던 라디오와 TV의 초기 시대로 거슬러 올라간다. 이러한 전략은 브랜드와 기업(조직)이 이미 엔터테인먼트에 많은 관심을 두고 있는 청중의 시선을 사로잡는 방법으로 나타났고,

수십 년 동안의 다양한 미디어를 통한 검증을 거쳐 효과적인 것으로 판명되었다(Balasubramanian et al., 2006).

과거, 1930년대와 1940년대에는 라디오 드라마와 연재물이 미국 전역의 청취자들에게 인기를 끌었다. 이러한 프로그램은 종종 자신의 제품, 특히 비누 브랜드를 내러티브에 삽입한 Procter & Gamble과 같은 브랜드가 라디오 드라마의 제작비를 지원하고 후원했다, 이 관행은 "soap opera"라는 용어를 탄생하게 되었다. 이러한 주간 라디오 드라마는 주로 주부를 대상으로 비누 및 기타 가정용품을 홍보했기 때문이다. 이렇게 초기 형태의 브랜디드 엔터테인먼트는 상업적 메시지와 콘텐츠 사이의 경계를 모호하게 하여 현대 브랜디드 엔터테인먼트의 초기 선례를 만들 수 있었다(Lehu, 2007).

이후, 1950년대와 1960년대에 텔레비전이 지배적인 미디어 형태로 등장하면서 이 모델은 지속되었다. The Colgate Comedy Hour 및 The Texaco Star Theater와 같은 TV쇼는 명시적으로 스폰서와 연결되어 있으며 스폰서 브랜드는 종종 쇼의 정체성과 표현에 많은 역할을 했다(Russell, 2002). 이러한 초기 형태의 브랜디드 엔터테인먼트는 쇼와 광고에서 제품을 명시적으로 언급하는 등 브랜드 메시지에서 더 명백하게 나타나는 경우가 많았지만, 다음에 경험할 수 있었던 통합된 접근 방식의 토대를 마련했다.

이 시기에는 또한, 브랜드가 브레이크타임에 제품을 명시적으로 선보이거나 프로그램 제목에 이름을 붙이는 등 프로그램과 광고 사이의 경계가 훨씬 더 명확해졌다(Balasubramanian et al., 2006). 그러나, 소비자 행동이 변화하고 청중이 더욱 까다로워지고 광고로 인한 프로그램의 침해를 점차 용납하지 않게 되면서 브랜디드 엔터테인먼트에 대한 접근 방식도 바뀌었다.

20세기 후반에 들어서, 단순히 스폰서의 개념이 아니라 콘텐츠 자체의 줄거리에 브랜드를 포함하는 데 초점을 맞춘, 더욱 미묘하고 정교한 새로운 형태의 브랜디드 엔터테인먼트가 등장했다(Hudson & Hudson, 2006). 이러한 변화는 소비자들이 전통적인 광고 기법에 점점 더 거부감을 느끼고 더욱더 매력적이고 몰입도 높은 브랜드 경험을 추구하고 있다는 인식을 바탕으로 더욱더 활성화되었다.

1-2. 브랜디드 엔터테인먼트의 핵심 요소

브랜디드 엔터테인먼트는 다른 형태의 광고 및 마케팅과 구별되는 몇 가지 핵심 요소가 특징이다. 이러한 요소는 청중을 참여시키고 지속적인 브랜드 인지도를 구축하는 데 있어 브랜드 엔터테인먼트의 전반적인 효율성에 이바지한다.

➲ 브랜드 통합(Brand Integration)

브랜드 통합은 브랜드의 제품, 서비스 또는 아이덴티티를 콘텐츠 자체에 원활하게 포함하는 것을 의미한다. 브랜드는 단순한 스폰서가 아니라 스토리라인, 캐릭터, 설정의 중요한 부분이 된다. 제품이 시각적으로 존재하지만, 내러티브에 필수적이지 않을 수 있는 PPL과 달리, 브랜드 통합은 브랜드의 존재가 콘텐츠의 핵심에 내재하도록 보장한다(Russell & Stern, 2006).

- **내러티브 통합**: 브랜디드 엔터테인먼트가 효과적으로 되려면 브랜드가 스토리의 맥락에 자연스럽게 어울려야 한다. 이는 브랜드가 억지로 삽입되는 것이 아니라 콘텐츠를 강화하는 방식으로 줄거리에 엮여 들어간다는 뜻이다. 연구에 따르면 청중은 내러티브에 적극적으로 참여하고 브랜드 메시지에 더 개방적이기 때문에 스토리의 일부인 브랜드를 더 많이 기억할 가능성이 있는 것으로 나타났다(Balasubramanian et al., 2006).

➲ 정서적 인게이지먼트(Emotional Engagement)

브랜디드 엔터테인먼트의 주요 이점 중 하나는 청중을 감정적으로 인게이지먼트하는 능력이다. 전통적인 광고는 소비자에게 빠르고 직접적인 메시지를 전달하는 것을 목표로 하는 경우가 많지만, 브랜디드 엔터테인먼트는 좀 더 미묘한 접근 방식을 취한다. 스토리텔링에 중점을 둠으로써 브랜디드 엔터테인먼트는 감정적인 수준에서 청중과 연결되며, 이는 브랜드에 대한 더 큰 충성도를 조성할 수 있다(Hudson & Hudson, 2006).

- 심리적 임팩트: 연구에 따르면 브랜드가 매력적인 스토리 일부로 제시될 때 소비자는 브랜드와 긍정적인 연관성을 형성할 가능성이 더 높은 것으로 나타났다. 정서적 인게이지먼트는 더욱 직접적인 형태의 설득에 의존하는 표준 광고보다 더 깊고 지속적인 임팩트를 생성한다(Schroeder, 2009). 청중이 스토리와 캐릭터에 투자하고 있다고 느끼게 함으로써 브랜드는 지나치게 홍보적이라는 인식 없이도 소비자 태도에 영향을 미칠 수 있다.

크리에이티브 통제력(Creative Control)

브랜디드 엔터테인먼트에서 브랜드는 제작 과정에서 더욱 적극적인 역할을 맡는 경우가 많다. 크리에이티브에 대한 통제력이 미디어 대행사나 제작사에 있을 수 있는 전통적인 광고와는 달리, 브랜디드 엔터테인먼트를 사용하면 브랜드가 콘텐츠에 대한 상당한 의견을 가지거나 심지어는 완전한 통제력을 가질 수 있다. 이러한 수준의 크리에이티브의 자율성을 통해 브랜드는 브랜드의 정체성과 전략적 목표에 부합하는 메시지를 작성하여 캠페인 전반에 걸쳐 일관성을 보장할 수 있다(Russell & Stern, 2006).

- 브랜드 제작 콘텐츠(Brand-Produced Contents): 브랜드는 단편 영화, 웹 시리즈부터 장편 작품에 이르기까지 자체 콘텐츠를 제작할 수 있다. 이를 통해 브랜드는 콘텐츠에서 표현되는 내러티브, 톤앤매너와 가치를 완전하게 제어할 수 있다. 이러한 수준의 제어력을 통해 브랜드 메시지를 더욱 심층적으로 통합할 수 있으며, 이를 통해 청중을 위해 보다 응집력 있고 정렬된 브랜드 경험을 만들 수 있다(Lehu, 2007).

2. 공공소통에서 브랜디드 엔터테인먼트의 역할

브랜디드 엔터테인먼트는 공공소통에서 또한, 중요한 역할을 하며, 브랜드가 청중의 참여를 유도하고 대중의 인식을 형성하는 강력한 도구 역할을 한다. 따라서 공공 담론에 영향을 미치고 청중의 참여를 유도하며 브랜드 아이덴티티를 구축하는 데 있어서 브랜디드 엔터테인먼트의 중요성에 관해 탐구하도록 한다. 즉, 브랜디드 엔터테인먼트가 청중 참여, 브랜드 포지셔닝, 사회적 내러티브를 포함한 공공소통의 다양한 측면에 어떻게 영향을 미치는지, 그리고 이러한 전략 구현에 대해 자세히 살펴보도록 한다.

2-1. 공공소통과 브랜디드 엔터테인먼트의 교차점

공공소통은 공공적인 메시지를 청중에게 전파되어 의견, 행동 및 인식을 형성하는 방식을 일컫는다. 여기에는 공공 마케팅, 광고, PR, 미디어 활용 홍보 등의 광범위한 활동이 포함된다. 따라서 브랜디드 엔터테인먼트는 엔터테인먼트와 브랜드 메시지를 혼합한 독특한 형태의 커뮤니케이션으로서 비전통적이지만 매우 효과적인 청중의 참여 수단을 제공하는 패러다임에 적합하다.

➔ 엔터테인먼트와 정보의 경계를 모호하게 만들기

브랜디드 엔터테인먼트의 특징 중 하나는 엔터테인먼트와 광고 사이의 경계를 모호하게 만들어 하이브리드 형태의 공공소통을 창출하는 능력이다. 노골적인 상업적 메시지를 전달하는 대신, 브랜디드 엔터테인먼트는 브랜드의 내러티브를 매력적인 콘텐츠로 엮어 청중이 엔터테인먼트 경험의 일부로 브랜드 메시지를 소비할 수 있도록 한다(Hudson & Hudson, 2006). 이러한 원활한 통합은 청중이 무언가의 "구매"를 권유당하고 있다는 느낌이 아닌 오히려 공유된 경험에 참여하고 있는 느낌을 주는 보다 유기적인 형태의 소통을 촉진한다. 따라서 브랜드의 상업적 메시지가 아닌 청중에게 다소 딱딱하고, 어렵게 느껴질 수 있는 정책 관련 정보나 공익 메시지도 내러티브를 매력적인 콘텐츠와 결합하며 엔터테인먼트 경험의 일부로 공익 메시지를 소비할 수 있다.

➲ 청중의 신뢰와 인식

신뢰는 공공소통의 핵심 요소이다. 전통적인 형태의 광고, 특히 침해적이거나 다분히 상업적인 것으로 인식되는 광고는 종종 청중의 불신이나 이탈을 초래한다. 브랜디드 엔터테인먼트는 즐거운 콘텐츠에 브랜드 메시지를 담아 더욱 미묘하고 신뢰할 수 있는 커뮤니케이션 방식을 조성한다. 청중은 자신을 즐겁게 해주는 콘텐츠를 신뢰하는 경향이 있으며, 이는 긍정적인 관점에서 공익 메시지에 대한 인식을 향상한다(Russell & Stern, 2006). 신뢰와 브랜디드 엔터테인먼트 사이의 이러한 관계는 정책과 공익 메시지의 신뢰도와 장기적인 충성도를 구축하는 방식으로 청중과 소통할 수 있도록 해주기 때문에 매우 중요하다.

2-2. 브랜디드 엔터테인먼트를 통한 청중의 인게이지먼트(Engagement)

대중 커뮤니케이션에서 브랜디드 엔터테인먼트의 중요한 장점 중의 하나는 청중을 더 깊고 감정적인 수준으로 끌어들이는 능력이다. 기존 광고는 귀찮고 방해 요인으로 인식되는 반면, 브랜디드 엔터테인먼트는 더욱 몰입감 있고 즐거운 경험을 제공하여 더 높은 수준의 인게이지먼트와 상호작용으로 이어질 수 있다.

➲ 감정적 연결과 스토리텔링

브랜디드 엔터테인먼트의 중심에는 스토리텔링이라는 개념이 있다. 스토리텔링을 통해 브랜드는 청중과 감정적인 연결을 형성할 수 있다. 스토리는 본질적으로 매력적이며 브랜드가 설득력 있는 내러티브에 포함되면 청중은 감정적인 수준에서 브랜드와 연결될 가능성이 더 높다(Schroeder, 2009). 이러한 정서적 인게이지먼트는 공공 메시지의 더 깊은 관계를 조성하기 때문에 공공소통에서 매우 중요하다.

연구에 따르면 소비자는 전통적인 광고에 제시된 브랜드와 달리 매력적인 스토리의 일부인 브랜드에 대해 긍정적인 태도를 더 많이 기억하고 발전시킬 가능성이 있는 것으로 나타났다(Balasubramanian et al., 2006). 청중의 인지적 측면과 감정적 측면 모두에 호소하는 이러한 형태의 인게이지먼트는 청중과의 강력하고 지속적인 관계를 구축하는 데 필수적이다.

➲ 상호작용적이고 참여적인 경험 만들기

브랜디드 엔터테인먼트는 단순한 수동적 소비의 개념이 아니다. 이는 종종 청중의 상호작용과 참여를 독려한다. 많은 브랜디드 엔터테인먼트 캠페인은 청중이 소셜 미디어, 웹사이트, 이벤트 등의 다양한 채널을 통해 브랜드에 참여할 수 있도록 멀티 플랫폼으로 설계되어 있다. 브랜드 엔터테인먼트의 이러한 상호작용적 특성은 청중이 브랜드 내러티브에 적극적으로 참여하도록 장려하여 참여 의식과 충성도를 향상한다(Hudson & Hudson, 2006).

청중이 제작한 콘텐츠를 정책PR 콘텐츠로 활용하는 캠페인을 통해 청중은 메시지에 대한 소유권을 갖고 이를 개인 아이덴티티의 일부분으로 만들 수 있다. 이러한 참여 수준은 청중의 네트워크 내에서 공공의 메시지를 기꺼이 공유하고 홍보하는 지지자로 변화시키기 때문에 공공소통 담당자로서는 기존 광고가 달성할 수 있는 수준을 뛰어넘는 변화를 만들 수 있다.

2-3. 브랜디드 엔터테인먼트를 통한 브랜드 아이덴티티 구축

브랜드 아이덴티티는 대중이 브랜드를 인식하는 방식을 결정하므로 공공소통에서 중요한 요소이다. 브랜디드 엔터테인먼트는 브랜드가 매력적인 콘텐츠에 브랜드의 가치와 메시지를 삽입함으로써 브랜드의 정체성을 만들고 강화할 수 있는 독특한 기회를 제공한다.

➲ 브랜드 가치의 콘텐츠 적용

브랜디드 엔터테인먼트를 통해 브랜드는 자신의 정체성을 엔터테인먼트 콘텐츠에 존재하는 가치와 주제에 맞출 수 있다. 브랜드는 특정 내러티브, 장르 또는 캐릭터와 연결함으로써 청중의 공감을 불러일으키는 방식으로 핵심 가치를 전달할 수 있다. 구체적으로 지속 가능성에 초점을 맞춘 브랜드와 기업(조직)은 환경을 강조하는 콘텐츠 내에 제품이나 메시지를 통합하여 해당 가치에 대한 브랜드와 기업(조직)의 약속을 강화할 수 있다(Schroeder, 2009).

이러한 콘텐츠의 적용은 브랜드 메시지의 일관성과 진정성을 보장하므로 공공소통에 효과적으로 접근할 수 있다. 브랜드가 메시지에서 진정성 있다고 인식되면 청중은 브랜드를 더 신뢰하고 브랜드와 더 깊은 관계를 맺을 가능성이 높다. 이를 정책 PR의 측면에서 접근한다면 알리고자 하는 정책의 주제와 부합되는 엔터테인먼트 콘텐츠에 정책 관련 메시지를 연결하여 청중의 이해와 공감을 높일 수 있다.

➲ 브랜드 진정성과 소비자 인식

공공소통의 과제 중 하나는 진정성을 유지하는 것이다. 특히 청중이 기업(조직)의 메시지에 점점 더 회의적인 시대에는 더욱 이런 과제를 잘 이행해야 한다. 브랜디드 엔터테인먼트는 현실적이고 공감할 수 있는 콘텐츠에 메시지를 삽입하여 브랜드가 진정성을 전달 할 수 있는 방법을 제공한다. 진정성은 신뢰성 구축의 핵심이므로, 특히, 청중 일상생활의 일부분으로 자리매김하려는 브랜드는 무엇보다 중요한 요소이다(Hudson & Hudson, 2006).

연구에 따르면 소비자는 자신이 진짜라고 생각하는 브랜드에 더 많은 관심을 가질 가능성이 있으며, 브랜디드 엔터테인먼트를 통해 브랜드는 청중의 실제 경험과 가치를 반영하는 스토리에 메시지를 통합하여 진정성을 전달할 수 있다(Russell & Stern, 2006).

2-4. 브랜디드 엔터테인먼트를 통한 공공의 담론 형성

브랜드 아이덴티티를 구축하고 청중의 참여를 유도하는 것 외에도 브랜디드 엔터테인먼트는 문화적, 사회적 맥락을 지배하는 내러티브와 메시지를 구축함으로써 공공의 담론에 영향을 미칠 수 있다. 특히 엔터테인먼트 콘텐츠를 활용하여 사회적 문제를 해결하거나 중요한 해결책을 제시하려는 공공기관의 경우에는 이러한 담론 형성의 적임자로 자리매김하여 여론에 영향을 미치고 더 큰 공감을 불러올 수 있다.

➲ 소셜 내러티브에 영향력 행사

사회적 또는 정치적 문제를 다루는 콘텐츠와 연결을 시도하는 브랜드는 청중이 해당 문제를 인식하는 방식에 영향을 미칠 수 있다. 특정 내러티브에 맞춰 브랜드는 엔터테인먼트 콘텐츠를 인지도 제고, 대의명분의 홍보, 청중 태도 형성을 위한 플랫폼으로 활용하여 더 큰 이슈로 확대할 수 있다(Schroeder, 2009). 이러한 형태의 공공소통은 브랜드가 청중의 공감을 불러일으키는 문제에 대해 견해를 밝힐 때 특히 효과적이다. 공유된 가치에 대한 더 깊은 연결과 감각을 조성하기 때문이다.

특히, 환경 보호, 평등, 사회 정의와 같은 공익적인 주제를 다루는 콘텐츠를 제작하면 해당 원인에 관한 관심을 강화할 뿐만 아니라 더 넓은 공개 담론에 이바지하여 해당 문제가 사회 내에서 인식되고 논의되는 방식에 영향을 미치게 된다.

➲ 위험 요인 및 윤리적 고려 사항

브랜디드 엔터테인먼트는 공공의 담론을 형성할 수 있는 많은 기회를 제공하지만, 윤리적인 고려 사항도 동시에 존재한다. 브랜드는 상업적 이익을 위해 민감한 문제를 조작하거나 이용하지 않도록 주의해야 한다. 그렇게 하면 역효과를 낳고 청중에게 부정적인 인식을 심어줄 수 있기 때문이다(Russell & Stern, 2006). 투명성과 진정성은 공공소통 측면에서 브랜디드 엔터테인먼트가 긍정적으로 받아들여지고 메시지의 주체가 공공 담론의 진정한 참여자로 인식되도록 하는 핵심이다.

3. 브랜디드 엔터테인먼트가 소비자 행동 및 의사 결정에 미치는 영향

브랜디드 엔터테인먼트는 소비자 행동을 형성하는 강력한 도구로 등장하여 청중이 브랜드를 인식하고, 참여하고, 궁극적으로 결정을 내리는 방식에 영향을 미친다. 종종 직접 판매 메시지에 의존하는 전통적인 광고와는 달리, 브랜디드 엔터테인먼트는 소비자의 태도와 행동에 영향을 미치는 매력적인 내러티브 내에 브랜드를 포함해 보다 미묘하고 감정적인 수준으로 운영된다. 다음의 내용에서는 브랜디드 엔터테인먼트가 소비자 의사 결정에 미치는 영향을 탐구하고, 그 효율성을 높이는 심리적 메커니즘, 브랜드 회상 및 인지도를 높이는 방법과 구매 의도 및 브랜드 충성도에 미치는 영향력을 살펴보도록 한다.

3-1. 브랜디드 엔터테인먼트에서 스토리텔링의 심리적 효과

스토리텔링은 청중을 감정적으로 사로잡는 가장 효과적인 방법의 하나이며, 브랜디드 엔터테인먼트는 매력적인 내러티브 내에 브랜드 메시지를 통합함으로써 이를 활용한다. 스토리텔링이 소비자 행동에 미치는 심리적 영향은 기존 연구를 통해 증명되었다. 연구에 따르면 내러티브는 단순한 정보와는 달리 뇌를 자극한다는 사실이 밝혀졌다. 따라서 브랜드가 스토리의 일부로 표현될 때 청중은 감정적인 연결을 형성할 가능성이 더 높으며 이는 브랜드에 대한 태도에 큰 영향을 미칠 수 있다(Schank & Abelson, 1995).

➔ 인게이지먼트(Engagement)와 감정적 공명(Emotional resonance)

브랜디드 엔터테인먼트의 스토리텔링 활용을 통해 브랜드는 청중과 감정적 공명을 형성할 수 있다. Green & Brock(2000)의 '전송 이론(Transportation Theory)'에 따르면, 개인이 이야기 속으로 '전송(transported)'되면 감정적으로나 인지적으로 그 이야기에 흡수되어 이야기에 담긴 메시지를 더 잘 받아들이게 된다. 이러한 맥락에서 브랜디드 엔터테인먼트는 단순한 판촉을 위한 콘텐츠 그 이상의 역할을 한다. 청중이 브랜드와 연관을 맺는 의미 있는 경험을 창출하여 단기 및 장기적인 행동 반응을 유도한다(Green & Brock, 2000).

브랜디드 엔터테인먼트에 의해 촉진된 감정적인 인게이지먼트는 감정이 소비자 태도와 의사 결정에 영향을 미치는 데 핵심적인 역할을 한다고 제안하는 '정서적 반응 이론(Affective Response theory)'을 활용한다(Holbrook & Batra, 1987). 브랜드가 흥분, 행복, 공감과 같은 긍정적인 감정이 연관됨에 따라 브랜드는 청중이 브랜드를 인식하는 방식을 형성하고 향후 브랜드에 인게이지먼트 하려는 의지에 영향을 끼친다.

3-2. 브랜디드 엔터테인먼트에 적용되는 소비자 행동 이론

소비자 의사 결정에 영향을 미치는 브랜디드 엔터테인먼트의 효과는 여러 소비자 행동 이론을 통해 설명될 수 있다. 이러한 이론은 브랜디드 엔터테인먼트가 의식 및 잠재의식 수준 모두에서 소비자에게 영향을 미치는 메커니즘을 밝히는 데 도움이 된다.

➲ 정교화 가능성 모델(Elaboration Likelihood Model:ELM)

정교화 가능성 모델(Elaboration Likelihood Model:ELM)은 개인이 설득력 있는 메시지를 두 가지 경로, 즉, 중심 경로(Central Route)와 주변 경로(Peripheral Route)를 통해 처리한다고 가정한다. 소비자가 콘텐츠에 대한 관여도가 높으면 중심 경로를 통해 정보를 처리할 가능성이 높아지며, 이는 새로운 정보와 내용을 세심하게 검토하고 이를 통해 장단점 등을 이성적으로 고려하게 되어 더 깊은 인지 처리와 더 강력한 태도 형성으로 이어진다. 이를 통해 그것이 타당한 정보와 내용이라고 판단하면 호의적인 태도로 이어진다. 즉, 브랜디드 엔터테인먼트의 맥락에서 브랜드가 설득력 있는 내러티브를 포함하면 청중은 콘텐츠에 더 깊이 관여할 가능성이 높아져 더욱더 지속적인 태도 변화로 이어진다(Petty & Cacioppo, 1986).

반면에, 소비자가 콘텐츠에 완전히 몰입하지 않더라도 여전히 주변 경로를 통해 영향을 받을 수 있다. 이럴 때, 소비자의 의식 수준에서 브랜드 메시지를 완전히 처리하지 못하더라도 캐릭터의 매력이나 엔터테인먼트의 미학적인 요소는 브랜드에 대한 긍정적인 연상으로 이어질 수 있다(Petty & Cacioppo, 1986). 이러한 이중 경로 설득모델(Dual-Processing Model of Persuasion)은 브랜디드 엔터테인먼트를 광범위한 소비자 행동에 영향을 미치는 효과적인 대안으로 부각이 되게 만들었다.

사회 인지 이론(Social Cognitive Theory:SCT)

사회 인지 이론(Social Cognitive Theory:SCT) 역시 브랜디드 엔터테인먼트의 영향력을 나타내는 메커니즘에 대한 통찰력을 제공한다. 이 이론에 따르면 개인은 자신의 환경에서 다른 사람을 관찰함으로써 행동을 배우고 태도를 형성하며, 특히 자신이 관찰하는 개인이나 인물과 동일시할 때 너욱 이러한 성향을 나타낸다. 즉, 브랜디드 엔터테인먼트에서 브랜드가 청중이 동일시하는 캐릭터나 상황이 연관되면 청중은 캐릭터가 나타내는 행동과 태도에 따라 자기 행동을 모형화하는 관찰 학습 과정으로 이어질 수 있다(Bandura, 1986).

예를 들어, 브랜디드 엔터테인먼트 시리즈의 캐릭터가 자신의 생활방식을 개선하거나 문제를 해결하는 방식으로 특정 제품을 사용하는 경우 시청자는 이러한 행동을 내면화하고 제품을 직접 구매할 가능성이 더 높아진다. 이러한 형태의 간접적 영향은 브랜디드 엔터테인먼트에서 특히 효과적이다. 왜냐하면 전통적인 광고라기보다는 신뢰할 수 있는 소스로부터 배우는 것과 더 유사하기 때문이다.

4. 브랜디드 엔터테인먼트의 브랜드 회상 및 인식

브랜드 회상과 인식은 소비자의 구매 시점에 브랜드를 생각할 가능성을 결정하기 때문에 소비자 의사 결정의 중요한 구성 요소다. 브랜디드 엔터테인먼트는 내러티브에 브랜드를 삽입함으로써 브랜드 회상과 인식을 모두 향상하며, 이는 기존 광고 방법보다 훨씬 더 높은 효과를 나타낸다.

➔ 내러티브 연상을 통한 브랜드 회상 강화

내러티브는 정보를 더 쉽게 기억할 수 있는 인지 구조를 만들기 때문에 소비자는 매력적인 스토리의 일부인 브랜드를 기억할 가능성이 더 높다. 브랜드가 스토리에 통합되면 소비자는 브랜드와 내러티브 내 캐릭터 또는 이벤트 간의 연관성을 형성하여 나중에 브랜드를 기억하는 능력을 강화한다. 이는 브랜드가 브랜디드 엔터테인먼트 배경에 단순히 수동적으로 포함되기보다는 스토리라인에 필수적인 플롯에 연결되어 배치될 때 특히 그러하다(Russell, 2002).

브랜드가 내러티브의 중심에 있을수록 브랜드 회상이 더 강한 경향이 있는 것으로 나타났다. 즉, TV 쇼 플롯에 구성된 브랜드는 전통적인 광고나 자연스러운 연결이 부족한 PPL에 등장하는 브랜드보다 훨씬 더 높은 비율로 소비자에 의해 회상되었다(Balasubramanian et al., 2006).

➔ 무중단 포맷을 통한 브랜드 인식

브랜디드 엔터테인먼트의 또 다른 장점은 중단 없이 브랜드를 노출할 수 있어 소비자의 저항 없이 브랜드 인식 수준을 높일 수 있다는 점이다. 전통적인 광고는 종종 기존 프로그램을 중단시키는 존재로 소비자에게 인식되어 광고 회피 현상 및 광고효과의 감소로 이어질 수 있다. 이와 대조적으로, 브랜디드 엔터테인먼트는 브랜드가 원활하고 지속적인 방식으로 노출하도록 하여 소비자에게 브랜드를 지나치게 홍보하고 있다는 느낌 없이 브랜드를 더 쉽게 인식할 수 있게 해준다(Balasubramanian et al., 2006).

5. 정책 PR 및 공익 캠페인에서 브랜디드 엔터테인먼트 활용의 효과 및 장점

중앙정부와 지방자치단체와 같은 공공기관은 정보 과잉 시대에 다양한 성향에 때로는 회의적이기까지 한 청중의 관여를 높여야 하는 과제에 직면하고 있다. 전통적인 PR 및 공익 캠페인은 종종 지루하고, 일방적이거나, 지나치게 관료적인 것으로 인식될 수 있다. 이에 대응하기 위해 공공기관은 정책도 제품 혹은 서비스의 관점으로 접근하여 공중에게 관련 정책과 공익 캠페인을 더 매력적이고 감정적인 공감을 유도하는 방식으로 정책을 알리고, 인식을 높이고, 공중 행동에 긍정적인 영향을 미치는 혁신적인 도구로 브랜디드 엔터테인먼트를 채택해야 할 시점에 있다. 이를 통해 정책을 브랜딩하는 시각에서 단순한 정책의 정보적, 기능적 요소를 한 단계 넘어 본질적인 의미와 인식을 제고할 필요가 있다. 바야흐로 정책 브랜드화, 정책 마케팅(Policy Marketing)을 진행해야 하는 시점이다(김유경, 김유신, 2015). 실제, 정책과 같은 공공 브랜드를 실현하기 위해 브랜디드 엔터테인먼트를 활용하는 사례가 활성화되어 중앙정부는 물론 지방자치단체에서도 다양한 사례로 제작되고 있다(김유경 외, 2023). 따라서 이 장에서는 공공정책 PR 및 공익 캠페인의 측면에서 브랜디드 엔터테인먼트를 활용하는 경우의 효과와 장점을 살펴보면서 정책 마케팅에서의 브랜디드 엔터테인먼트의 필요성과 역할을 살펴본다.

5.-1. 공공정책 소통 도구로서의 브랜디드 엔터테인먼트

정부는 전통적으로 공공 서비스 발표(Public Service Announcement:PSA), 미디어 홍보, 소셜 미디어 캠페인 등을 통해 정책의 제정과 변화를 알리고, 사회 문제에 대한 인식을 높이며, 시민 활동에 대한 공중의 참여를 장려해 왔다. 그러나, 이러한 방법은 본질적으로 정보 제공용 이란 현실적인 한계가 존재하기 때문에 폭넓은 공중의 관심과 호기심을 사로잡기가 어려웠다. 반면, 브랜디드 엔터테인먼트는 스토리텔링, 캐릭터 중심의 내러티브, 창의적인 콘텐츠를 사용하여 메시지와 감정적 연결을 조성하는 방식으로 청중들의 참여를 유도한다.

➲ 유익한 콘텐츠에서 흥미로운 콘텐츠로의 전환

브랜디드 엔터테인먼트는 평범하거나 복잡한 공공정책 메시지를 청중의 공감을 불러일으키는 매력적인 내러티브로의 변환이 가능하고 매우 효과적이다. 이러한 형태의 공공소통에서는 정책이나 사회 문제가 스토리에 담겨 있어 공중이 더욱 자연스럽고 설득력 있게 메시지를 흡수할 수 있다. 연구에 따르면 일반 시민은 순전히 사실에 기반한 의사소통보다 감정이 담긴 콘텐츠에 더 반응할 가능성이 높다(Schroeder, 2009).

예를 들어서 건강한 삶을 장려하는 지방자치단체에서는 콘텐츠 제작자와 협력하여 건강 관련 메시지를 줄거리에 통합하고 등장인물이 더 나은 음식을 선택하거나 신체 활동에 참여하는 모습을 보여주는 단편 영화, TV 시리즈 또는 웹드라마 등을 제작할 수 있다. 이를 통해 지방자치단체에서는 쉽게 무시될 수 있는 전통적인 공공 캠페인에만 의존하는 대신 메시지를 보다 관련성이 있고 기억에 남도록 만들 수 있다(Hudson & Hudson, 2006).

➲ 정책 소통 전략으로서의 스토리텔링

스토리텔링은 브랜디드 엔터테인먼트의 핵심이다. 내러티브를 사용하여 정책이나 사회 문제를 전달함으로써 정부는 복잡한 주제를 인간미 있게 표현하고 더 쉽게 접근할 수 있도록 만들 수 있다. Green & Brock(2000)은 스토리텔링을 통해 개인이 정신적, 감정적으로 이야기에 흡수되어 메시지를 더 많이 수용하고 내면화하는 전송 과정을 어떻게 촉진하는지 강조하였다. 이를 정책 PR과 공익 캠페인에 적용하면 정책 입안자 및 소통 담당자는 각각의 개인이 개인적인 수준에서 공감할 수 있는 방식으로 자칫 어렵거나 추상적인 것으로 일반화할 수 있는 정책의 실체를 쉽게 전달할 수 있다.

구체적으로, 정부가 재생 가능 에너지의 이점을 홍보하려는 경우 브랜드 엔터테인먼트 캠페인에 녹색 기술 사용으로 혜택을 받는 개인이나 가족에 대한 일련의 단편 소설을 발간할 수 있다. 관련성이 있는 맥락에 정책을 포함함으로써 정부는 기술 브리핑이나 공식 발표를 통하는 것보다 훨씬 더 지속적이고 효과적인 공중의 참여를 창출할 수 있다.

5-2. 정서적, 행동적인 영향을 통한 공중 참여 강화

공공정책 소통의 주요 목표는 공중에게 정보를 제공하는 것뿐만 아니라 행동 변화를 유도하는 것이다. 백신 접종 장려, 에너지 소비 감소, 시민 참여 장려 등 그 목적이 무엇이든 정부와 지방자치단체는 시민을 교육하는 것 이상으로 행동을 유도해야 한다. 브랜디드 엔터테인먼트는 감정적 반응을 활용하고 비묘하지만, 영향력 있는 방식으로 행동에 영향을 줌으로써 이를 달성할 수 있는 독특한 경로를 제공한다.

➔ 행동 변화를 위한 감정 중심적 메시지

감정은 행동의 핵심 동인이며, 브랜디드 엔터테인먼트를 통해 공공기관은 감정적인 스토리텔링을 활용하여 공중의 태도와 행동에 영향을 미칠 수 있다. 감정적인 콘텐츠는 완전 팩트 위주의 메시지보다 더 잘 기억되고 이를 따라 행동할 가능성이 더 높다(Holbrook & Batra, 1987). 이는 공공기관이 감정적으로 공감하는 이야기에 정책 메시지를 삽입함으로써 청중과 더 강한 유대감을 형성하고 더 성공적인 정책 PR 효과를 가져올 수 있음을 의미한다.

예를 들어, 장기 기증을 장려하는 캠페인에서는 브랜디드 엔터테인먼트를 사용하여 기증된 장기로 인해 삶이 변화된 가족의 이야기를 전할 수 있다. 공공기관은 사랑, 상실, 희망과 같은 내러티브의 정서적 측면에 초점을 맞춤으로써 공감을 키우고 청중이 기부자 등록을 고려하도록 유도할 수 있다. 이러한 메시지는 전통적인 소통 방식으로는 효과적이지 않을 수 있다.

➲ 관찰 학습을 통해 공중 행동에 영향을 미치기

브랜디드 엔터테인먼트는 개인이 다른 사람의 행동을 관찰함으로써, 특히 자신이 관찰하는 인물이나 개인과 동일시할 때 학습한다고 가정하는 사회인지이론(Social Cognitive Theory)을 적용할 수 있다(Bandura, 1986). 공공기관의 소통 맥락에서 브랜디드 엔터테인먼트는 청중이 존경하거나 공감하는 캐릭터를 통해 재활용 시행, 투표 참여, 건강한 생활 습관 채택과 같은 바람직한 행동을 동참할 수 있다.

청중이 공공정책 목표에 부합하는 긍정적인 행동에 참여하는 캐릭터를 볼 때 실제 생활에서 그러한 행동을 모방할 가능성이 더 높다. 이는 청중이 시간이 지남에 따라 캐릭터와 지속적인 관계를 형성하는 TV쇼 혹은 웹드라마 시리즈와 같은 장편 브랜디드 엔터테인먼트에서 특히 효과적이다. 예를 들어, 정부의(가칭) '건강한 생활방식 지키기 캠페인'을 진행하고자 할 때, 인기 TV 프로그램과 협력하여 보다 건강한 생활방식을 실천하는 캐릭터를 묘사함으로써 이러한 행동을 청중의 눈에 모범적인 행동으로 보이게 할 수 있다.

➲ 동일시와 설득의 역할

브랜디드 엔터테인먼트가 공공 참여에 영향을 미치게 하는 또 다른 방법은 청중이 묘사된 인물이나 상황을 자신과 동일시하는 것이다. 개인은 자신의 가치나 경험을 반영한다고 생각하는 메시지를 내면화하고 이에 따라 행동할 가능성이 높으므로 동일시는 설득력을 향상한다(Russell & Stern, 2006). 이에 따라 브랜디드 엔터테인먼트는 다양하거나 접근하기 어려운 계층을 대상으로 하는 공익 캠페인에 특히 효과가 있다.

만약, 지방자치단체가 의료 접근성의 인종적 격차를 해결하려고 한다면 다양한 인종적 배경을 가진 캐릭터가 이러한 문제를 극복하는 콘텐츠를 제작할 수 있다.

이는 단순히 인식을 제고할 뿐만 아니라 소수 집단의 경험을 검증하여 이들이 캠페인에 참여하고 홍보되는 서비스를 찾을 가능성을 높인다.

6. 디지털 플랫폼을 통한 젊은 청중과 소외 계층에 접근

공공기관의 소통에서 중요한 과제는 전통적인 미디어에서 멀어질 수 있는 젊은 청중과 소외된 커뮤니티에 다가가는 것이다, 특히 디지털 플랫폼을 통해 제공되는 브랜디드 엔터테인먼트는 연관성과 매력을 느끼게 하는 방식으로 이러한 그룹에 다가갈 수 있는 기회를 제공한다.

➲ 디지털 브랜디드 엔터테인먼트로 젊은 청중의 참여 유도

밀레니얼세대와 Z세대 즉, MZ세대로 일컫는 젊은 세대들은 주로 YouTube, Instagram과 같은 디지털 플랫폼을 통해 콘텐츠를 소비한다. 방송을 통한 발표나 브로셔 등을 활용한 전통적인 방식의 공공기관 소통 방법은 젊은 세대들에게 도달할 가능성이 적기 때문에 디지털 플랫폼을 통한 브랜디드 엔터테인먼트가 이들 그룹의 참여를 유도하는 중요한 도구가 된다(Lehu, 2007). 따라서 공공기관은 숏폼 영상, 인터랙티브 기능이 첨가된 콘텐츠 및 게임화된 콘텐츠 등 디지털 플랫폼에 최적화된 브랜디드 콘텐츠를 제작하여 젊은 청중의 공감을 불러일으킬 수 있는 방식으로 공익 메시지를 전달할 수 있다.

중앙정부의 투표 참여 캠페인을 예로 든다면, 투표의 중요성을 설명하기 위해 인플루언서를 활용한 짧은 시간의 숏폼 영상을 제작하여 젊은 유권자들의 투표 참여를 촉진하는 TikTok 캠페인을 실행할 수 있다. 젊은 세대가 이미 참여하고 있는 플랫폼과 콘텐츠 스타일을 활용함으로써 정부의 메시지를 그들이 시청하고, 공유하고, 정책에 참여하는 가능성을 높일 수 있다.

➲ 문화적으로 연관된 콘텐츠를 활용, 소외된 커뮤니티에 다가가기

브랜디드 엔터테인먼트는 또한, 전통적인 미디어가 효과적으로 서비스할 수 없는 소외된 커뮤니티에 다가갈 수 있는 기회를 제공한다. 이러한 커뮤니티의 문화적 가치, 언어, 경험을 반영하는 콘텐츠를 제작함으로써 정부는 참여를 늘리고 특정 사회적 또는 경제적 문제를 다루는 정책을 장려할 수 있다.

혹은, 노숙자를 줄이기 위한 지방자치단체의 정책에서는 주택 지원 프로그램의 혜택을 받은 노숙자들의 이야기를 전하는 브랜디드 엔터테인먼트 콘텐츠를 제작할 수 있다. 이렇듯, 다양한 관점을 제시함으로써 공공기관은 소외되거나 관심이 소홀했다고 느낄 수 있는 커뮤니티의 더 큰 신뢰와 참여를 촉진할 수 있다.

7. 공공 캠페인에서 브랜드 엔터테인먼트의 비용 효율성 및 장기적 영향

공중의 참여와 영향을 미치는 효과 이외에도 브랜디드 엔터테인먼트는 전통적인 정책 발표와 미디어 구매에 비해 비용 효율성과 장기적인 영향 측면에서 상당한 이점을 갖고 있다.

➲ 멀티 플랫폼의 유통을 통해서 확보되는 비용 효율성

브랜디드 엔터테인먼트 콘텐츠는 소셜 미디어, 스트리밍 서비스, 기존 미디어 등 다양한 플랫폼에 배포할 수 있어 비용이 많이 드는 미디어를 반복적으로 구매할 필요 없이 도달 범위를 극대화할 수 있다. 예를 들어, 단일 브랜드 콘텐츠를 YouTube에 적용하고 Instagram이나 TikTok에 공유할 수 있으며 심지어 공중파 TV용으로 용도를 변경하여 제작 비용을 크게 늘리지 않고도 시청자에게 여러 접점을 제공할 수 있다. 이러한 멀티 플랫폼 접근 방식을 통해 브랜디드 엔터테인먼트는 콘텐츠가 온라인에 게시되고 시간이 지남에 따라 지속해서 참여를 유도할 수 있으므로 정부가 메시지를 전파할 수 있는 비용 효율적인 방법이 된다(Lehu, 2007).

더욱이, 일단 브랜디드 엔터테인먼트 콘텐츠가 제작되면 최초 집행 이후 오랫동안 계속해서 공유되고 소비되는 경우가 많다. 브랜디드 엔터테인먼트는 소셜 네트워크와 미디어 보도를 통해 유기적으로 공유되므로 추진력을 구축할 수 있다. 이러한 지속성은 브랜디드 엔터테인먼트 캠페인의 유효 기간을 연장해 시간이 지남에 따라 비용 효율성과 영향력을 증가시킨다.

➔ 장기적인 참여 및 사회적 자본 구축

브랜디드 엔터테인먼트는 단순한 일회성 노력이 아니다. 이는 청중과 정책 메시지 사이에 감정적 연결을 구축함으로써 장기적인 참여 구축에 도움이 된다. 청중이 스토리라인이나 캐릭터에 감정적으로 공감한다면 향후의 관련 콘텐츠를 계속해서 시청할 가능성이 더 높아진다. 이는 공공기관이 공중과 지속적인 소통을 유지하고 시간이 지나도 지속적인 참여를 촉진할 수 있는 기회를 제공한다.

예를 들어 환경 지속 가능성을 장려하는 지방자치단체의 정책 공지를 위해 생활방식에 친환경 녹색 변화를 이룬 지역 사회 구성원을 추적하는 브랜디드 엔터테인먼트 시리즈를 시작할 수 있다. 캠페인은 몇 달에 걸쳐 새로운 에피소드를 공개함으로써 기대감을 높이고 공중의 참여를 유지하는 동시에 점차 지방자치단체의 정책 메시지를 강화한다. 또한, 이러한 장기적인 접근 방식을 통해 지방자치단체는 사회적 자본을 구축할 수 있다. 반복적인 참여가 공중 간의 신뢰와 집단적 책임감을 조성하기 때문이다(Hudson & Hudson, 2006).

8. 공공소통을 위한 브랜디드 엔터테인먼트 사용에 대한 윤리적 고려 사항

브랜디드 엔터테인먼트는 정부와 공공기관 소통에 상당한 이점을 제공하지만, 투명성과 대중의 신뢰를 보장하기 위해 신중하게 관리해야 하는 윤리적 고려 사항이 있다. 공공정책 소통에 브랜디드 엔터테인먼트를 사용할 때 엔터테인먼트와 정보 사이의 경계가 모호해 조작이나 선전에 대한 우려가 생길 수 있다.

투명성 및 공개성

브랜디드 엔터테인먼트에 대한 주요 윤리적 문제 중 하나는 메시지의 주체가 중앙정부일 경우, 청중이 중앙정부의 메시지에 노출되고 있다는 사실을 인식하지 못할 가능성이 있다는 것이다. 투명성은 특히 정부가 개입할 때 대중의 신뢰를 유지하는 데 중요하다. Russell & Stern(2006)은 청중이 자신이 조종당하거나 속고 있다고 느낄 때 캠페인뿐만 아니라 정부 전체에 대한 반발과 불신으로 이어질 수 있다고 하였다.

이러한 위험 요인을 완화하기 위해선 정부가 브랜디드 엔터테인먼트 캠페인에 대한 참여를 명확하게 공개하는 것이 중요하다. 이는 콘텐츠의 시작이나 끝부분에 면책조항이나 자막을 명기하여 청중이 해당 메시지가 광범위한 정부 계획의 일부임을 알 수 있도록 할 수 있다. 콘텐츠의 출처를 솔직하게 밝히는 것은 윤리적 기준을 유지하는 동시에 브랜디드 엔터테인먼트의 창의적이고 감정적인 힘이 공중의 관심을 끌 수 있도록 하는 데 도움이 된다.

오락과 공공 책임의 균형

공공기관은 또한, 브랜디드 콘텐츠의 오락적 가치와 정확하고 중요한 정보를 전달하는 책임 간의 균형을 세심하게 조정해야 한다. 브랜디드 엔터테인먼트는 스토리텔링과 감정적 참여에 의존하지만, 그 과정에서 정책 메시지가 손실되거나 희석되지 않는 것이 중요하다. 이는 공중 보건, 안전, 사회 정의와 같은 민감한 문제를 다룰 때 특히 중요하다.

예를 들어, 브랜디드 엔터테인먼트 시리즈를 통해 백신 접종을 홍보하는 정부 캠페인에서는 문제를 지나치게 단순화하거나 선정적으로 만들지 않고 콘텐츠가 실제로 정확하고 건강상의 이점을 명확하게 전달하는지 확인해야 한다. 오락과 책임 사이의 균형을 유지함으로써 공공기관은 캠페인이 중요한 메시지를 전달할 때, 참여도와 효율성을 모두 높일 수 있다.

9. 공공소통에서 브랜디드 엔터테인먼트의 미래

정부와 지방자치단체와 같은 공공기관이 점점 더 다양한 성향을 가진 청중과 소통하는 새로운 방법을 모색함에 따라 브랜디드 엔터테인먼트는 공공소통을 위한 강력하고 효과적인 방법의 대안으로 부각 되고 있다. 설득력 있는 내러티브에 정책 메시지를 삽입함으로써 공공기관은 청중들을 감정적으로 참여시키고 행동 변화를 유도하며 장기적인 참여를 구축할 수 있다. 브랜디드 엔터테인먼트를 활용하면 공공기관은 청중에게 정보를 제공할 수 있을 뿐만 아니라 정책 계획과 시민의 일상생활 간의 더 깊은 연결을 조성할 수 있다.

여러 플랫폼을 통해 다양한 청중에게 다가갈 수 있는 능력을 갖춘 브랜디드 엔터테인먼트는 전통적인 형태의 공공소통에 반응이 저조한 젊은 세대와 소외 계층의 참여를 유도하는 데 특히 유용하다. 더욱이, 브랜디드 엔터테인먼트는 비용 효율성과 장기적인 영향력으로 인해 캠페인의 도달 범위와 효과를 극대화하려는 공공기관에 매력적인 옵션이 된다.

그러나 윤리적인 고려 요인을 항상 염두에 두어야 하며, 공중의 신뢰를 보장하기 위해서는 투명성이 우선시되어야 한다. 이러한 요소가 책임감 있게 관리되는 한, 브랜디드 엔터테인먼트는 공공소통의 미래에 유망한 개척자가 되어 보다 참여적이고 정보가 풍부하며 연결된 사회를 구축하는 데 도움이 될 것이다.

참고문헌

김운한(2016). *브랜디드 콘텐츠 광고 다음의 광고*. 파주:나남.

김유경, 김유신(2015). 공공 브랜드의 이해. 서울:커뮤니케이션북스.

김유경, 김유신, 김태환, 이준호, 임대근, 김주호, 김은용, 조재형, 박재항, 구자룡, 김병희, 이희복(2023). *공공 브랜드란 무엇인가*. 서울: 한경사

전종우(2019). 브랜드 웹툰의 감성 설득 모델에서 공감과 전송의 매개효과. *방송과 커뮤니케이션, 20*(2). 171-197.

최호진, 전종우(2020). 정책PR 브랜디드 엔터테인먼트의 효과연구 : 성남시 정책 웹드라마를 중심으로. *한국광고홍보학보, 22*(4), 135-157.

한수진, 성열홍(2018). 브랜디드 콘텐츠 인게이지먼트, 소비자 공감, 브랜드 태도 간의 구조적 관계: 영상 콘텐츠를 중심으로. *상품문화디자인학연구, 54*, 189-196.

Balasubramanian, S. K., Karrh, J. A., & Patwardhan, H.(2006). Audience response to product placements: An integrative framework and future research agenda. *Journal of Advertising, 35(3),* 115-141.

Bandura, A.(1986). *Social foundations of thought and action: A social cognitive theory.* Prentice-Hall.

Green, M. C., & Brock, T. C.(2000). The role of transportation in the persuasiveness of public narratives. *Journal of Personality and Social Psychology, 79(5)*, 701-721.

Holbrook, M. B., & Batra, R.(1987). Assessing the role of emotions as mediators of consumer responses to advertising. *Journal of Consumer Research, 14(3)*, 404-420.

Hudson, S., & Hudson, D.(2006). Branded entertainment: A new advertising technique or product placement in disguise? *Journal of Marketing Management, 22(5-6),* 489-504.

Lehu, J. M.(2007). *Branded entertainment: Product placement & brand strategy in the entertainment business.* Kogan Page.

Petty, R. E., & Cacioppo, J. T.(1986). The elaboration likelihood model of persuasion. *Advances in Experimental Social Psychology, 19,* 123-205.

Russell, C. A.(2002). Investigating the effectiveness of product placements in television shows: The role of modality and plot connection congruence on brand memory and attitude. *Journal of Consumer Research, 29(3),* 306-318.

Russell, C. A., & Stern, B. B.(2006). Consumers, characters, and products: A balance model of sitcom product placement effects. *Journal of Advertising,* 35(1), 7-21.

Schank, R. C., & Abelson, R. P.(1995). *Knowledge and memory: The real story.* Lawrence Erlbaum Associates.

Schroeder, J. E.(2009). The cultural codes of branding. *Marketing Theory, 9(1),* 123-126.

제 14 장

공공 소통의 평가 모형

이민지_문화체육관광부 국민소통실 디지털소통국 사무관

1. 공공소통 평가의 중요성

공공소통은 정부 및 공공조직에 대한 국민의 신뢰와 지지를 구축하고 정책수행의 정당성을 확보하며, 국민의 참여와 협력을 촉진하는 계획된 활동이자 무형의 자산이다(황성욱·문빛·이종혁, 2014; 이태준, 2018; 권예지·조아라·이지영 등, 2024). 최근 디지털 기술과 지식의 발전으로 정부, 기업, 시민, NGO 등 다양한 주체 간의 소통과 관계성이 확장되면서 공공소통 분야에도 지속적인 혁신과 전문적 역량이 강조되고 있다(이태준, 2018). 국민의 미디어 소비경향 및 습관을 파악하고 맞춤식 정책정보와 행정서비스를 개발, 공유, 확산하기 위한 노력이 요구되는 것이다.

공공소통 평가는 공공소통 활동의 목표와 방향성을 제시하는 척도이자, 성과관리 및 환류를 통한 학습과 발전의 도구로 사용된다. 효과적인 성과평가는 공공소통의 질 향상 뿐 아니라 정부조직의 성장과 발전에도 기여한다. 미국 정부업무평가에 활용되는 CIPP 모델을 제안한 Stufflebeam(2007)은 평가활동을 일회성 조사나 평가자에 의해 행해지는 단순한 활동이 아닌, 문제를 진단하고 해결 대안을 찾기 위한 활동임을 강조하기도 했다. 무엇보다 정책소통 성과는 효과적인 정책수행을 지원하고 국민의 신뢰와 참여를 견인함에 따라, 과학적이고 체계화된 평가체계를 개발해 지속해나갈 필요가 있다. 국내 정책소통 평가체계와 개선과제를 살펴보고 국내외 이론적 모형을 검토하여 발전방향을 모색해보고자 한다.

2. 국내 공공소통 평가 체계

우리나라는 중앙행정기관의 성과관리 지표 중 하나로 정책소통 역량을 평가하고 있다. 국정운영의 방향과 주요 정책을 알리고, 국민의 공감대와 추진력을 얻기 위해서는 소통역량이 필수적이기 때문이다. 정부기관의 소통평가 체계와 평가항목, 비중 등을 살펴보기 위해서는 정부업무평가 제도를 먼저 이해할 필요가 있다.

2-1. 정부업무평가제도의 개요

정부업무평가제도는 2006년 제정된 「정부업무평가 기본법」(약칭: 정부업무평가법)에 근거하며 국정운영의 능률성, 효과성, 책임성을 높이기 위해 중앙행정기관, 지방자치단체, 공공기관 등 정부기관의 업무성과를 평가·관리하는 제도다. 국무총리 직속 정부업무평가위원회에서 매년 정부업무평가를 진행하며, 정책 및 행정 품질을 높여 국민 만족도를 향상시키는데 목표를 두고 있다(국무조정실, 2012). 정부 정책의 집행과 성과 등을 공정하게 평가하여 미흡한 사항을 시정, 보완하도록 하는 정부업무평가의 기능은 책임행정 실현과 정책의 신뢰성 제고라는 측면에서 매우 중요하다.

> 정부업무평가법 제1조(목적) 이 법은 정부업무평가에 관한 기본적인 사항을 정함으로써 중앙행정기관·지방자치단체·공공기관 등의 통합적인 성과관리체제의 구축과 자율적인 평가역량의 강화를 통하여 국정운영의 능률성·효과성 및 책임성을 향상시키는 것을 목적으로 한다.

정부업무평가법 제1조(목적) 이 법은 정부업무평가에 관한 기본적인 사항을 정함으로써 중앙행정기관·지방자치단체·공공기관 등의 통합적인 성과관리체제의 구축과 자율적인 평가역량의 강화를 통하여 국정운영의 능률성·효과성 및 책임성을 향상시키는 것을 목적으로 한다.

정부업무평가는 평가 대상 및 평가 주체 등 수행 방식에 따라 '특정평가'와 '자체평가'로 구분한다. '특정평가'는 국무총리가 지속적인 관리 필요성이 인정되는 정책 및 시책 등에 대해 정부업무평가위원회를 통하여 평가하는 것을 뜻하며 '자체평가'는 중앙행정기관, 지방자체단체가 소관 정책 등에 대해 일정 절차를 거쳐 스스로 수행하는 평가를 말한다. 즉, 특정평가는 국무총리에 의한 하향식 평가라는 점에서 중앙행정기관 스스로 평가하는 자체평가와 구별된다.

특정평가 항목은 결국 모든 중앙행정기관이 공동으로 추구해야 할 핵심 가치이자 미션으로, 전 부처가 같은 방향성을 갖고 업무를 수행할 수 있도록 설계하고

그림 . 정부업무평가 체계(2023년 기준)

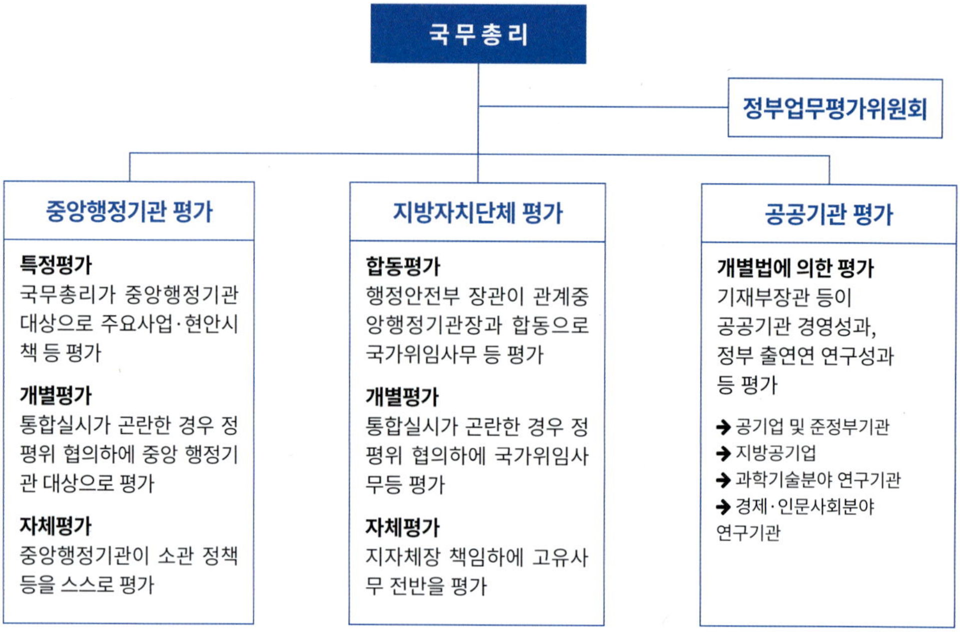

출처: 2023년도 정부업무평가 시행계획(안) 2023.4.11.

있다. 2023년 특정평가 항목을 살펴보면 주요정책(50점), 규제혁신(20점), 정부혁신(10점), 정책소통(20점)으로 구성되어 국정운영의 핵심가치와 중요도를 짐작할 수 있다. 국무조정실은 이러한 정부업무평가 방향과 내용, 결과를 국민에게 투명하게 공개하기 위해 정부업무평가 포털(www.evaluation.go.kr)을 운영하여 상시 열람할 수 있게 하고 있다.

표1. 2023년 중앙행정기관 특정평가 평가항목(근거법률: 정부업무평가법)

주요정책 (50점)	규제혁신 (20점)	정부혁신 (10점)	정책소통 (20점)	적극행정/가점 (3점)
• 이행노력(25%) • 목표 달성(25%) • 정책효과(40%) • 국민만족도(10%)	• 핵심분야 규제개선(60%) • 규제 품질관리(25%) • 규제혁신 소통(5%) • 규제혁신 만족도(10%)	• 혁신역량(20%) • 혁신성과(70%) • 국민체감도(10%)	• 정책소통 활동(15%) • 정책소통 성과(70%) • 소통만족도(10%) • 온라인체감도(5%)	• 적극행정 활성화 노력(45%) • 적극행정 추진성과(40%) • 국민 적극행정 체감도(10%) • 공무원 적극행정 체감도(5%)

2-2. 정책소통 특정평가의 체계

➲ 정책소통 평가 비중의 변화

중앙행정기관 특정평가 항목 중 정책소통 부문을 '정책소통 특정평가'로 정의하고 연혁과 세부 지표를 살펴보고자 한다. 정부업무평가에서 '정책홍보', '정책소통' 평가 개념이 최초로 등장한 것은 2004년이다(국무조정실, 2007). 정부업무평가 백서에는 정책 홍보의 효과성을 높이고 정책정보 제공 서비스의 수준을 높이기 위해 2004년 정책홍보관리 평가가 처음 도입되었다고 밝히고 있다. 국민소통에 기초한 국정운영 기조를 내세우며 정부가 키워야 할 핵심 역량으로 정책홍보관리에 주목한 것이다.

정책홍보관리 평가는 2004년부터 2007년까지 시행되었다가 2008년에 잠시 폐지되었고, 2009년부터 다시 '정책소통·홍보평가'로 신설되어 특정평가 부문에 포함되었다. 2009년 정책소통·홍보평가에서는 그간의 기계적·정량적 평가를 지양하고, 산출·결과 위주의 정성적 평가에 중점을 두었다고 밝히고 있다(국무조정실, 2012). 일방향적인 홍보활동 실적을 평가하기보다 홍보업무를 통해 의도한 효과와 성과 달성을 평가하는 방향으로 전환되었다는 점에서 의의를 찾을 수 있다.

최근 10년 특정평가 평가항목의 배점을 보면 정책소통 비중의 변화와 중요도를 확인할 수 있다. 2013년, 2014년 10점 미만을 유지하던 정책홍보 배점이 2015년, 2016년 20점으로 대폭 확대되었다. 「2016년 정부업무평가 백서」에 따르면, 정부 주요정책에 대한 국민의 이해와 체감도를 확산하기 위해 정책홍보 평가 비중을 대폭 확대한 것으로 보인다. 이후 2017년부터 2021년까지는 10점에서 15점 사이에서 조정되었고, 2022년부터는 20점을 유지하며 정부운영 목표의 20% 차지하고 있다. 정부업무평가의 평가항목은 국가운영 방향의 척도라는 점에서 중대한 의미를 가진다. 그 구성요소인 정책소통 평가항목이 일정한 비율을 유지·확대하며 국민과의 소통에 기반한 정책활동을 견인한다는 점은 정부업무평가의 순기능과 민주적 가치를 확장시킨다.

표2. 2013~2024년 특정평가 평가항목 현황

2013년	2014년	2015년	2016년
1. 국정과제(60) 2. 국정과제지원평가(40) ◦ 규제(10) ◦ 일자리(10) ◦ 협업(8) ◦ 정책홍보(8) ◦ 특정시책(4)	1. 국정과제(50) 2. 규제개혁(25) 3. 정상화과제(25) 4. 기관공통사항(±15) ◦ 정책홍보(±5) ◦ 정부3.0(±3) ◦ 협업(±3) ◦ 대국민업무태도(±2) ◦ 특정시책(±2)	1. 국정과제(50) 2. 규제개혁(20) 3. 정책홍보(20) 4. 정상화과제(10) 5. 기관공통사항(±10) ◦ 정부3.0(±5) ◦ 협업(±3) ◦ 특정시책(±2)	1. 국정과제(50) 2. 규제개혁(20) 3. 정책홍보(20) 4. 정상화과제(10) 5. 기관공통사항(±10) ◦ 정부3.0(±5) ◦ 성과관리(±3) ◦ 특정시책(±2)
2017년	**2018년**	**2019년**	**2020년**
1. 국정과제(50) 2. 일자리창출(20) 3. 규제개혁(10) 4. 정책소통(10) 5. 국민만족도(10) 6. 현안/갈등관리, 인권 개선,특정시책(±10)	1. 일자리·국정과제(65) 2. 규제혁신(10) 3. 정부혁신(10) 4. 정책소통(10) 5. 소통만족도(5) 6. 지시이행 가감점(±3)	1. 일자리·국정과제(65) 2. 규제혁신(10) 3. 정부혁신(10) 4. 정책소통(15) 5. 지시이행 가감점(±3)	1. 일자리·국정과제(65) 2. 규제혁신(10) 3. 정부혁신(10) 4. 정책소통(15)
2021년	**2022년**	**2023년**	**2024년(배점 미정)**
1. 일자리·국정과제(65) 2. 규제혁신(10) 3. 정부혁신(10) 4. 정책소통(15) 5. 적극행정 가점(+3)	1. 주요정책(50) 2. 규제혁신(20) 3. 정부혁신(10) 4. 정책소통(20)	1. 주요정책(50) 2. 규제혁신(20) 3. 정부혁신(10) 4. 정책소통(20)	1. 협업 2. 주요정책 3. 규제혁신 4. 정부혁신 5. 정책소통

출처: 정부업무평가 백서, 정부업무평가 포털(https://www.evaluation.go.kr/)

정책소통 특정평가 세부지표 현황

가장 최근 진행된 2023년 정책소통 특정평가 항목은 크게 정책소통 활동(Input), 정책소통 성과(Output), 체감도(Outcome)로 구성된다. 각각의 배점은 15 : 70 : 15로 정책소통 특정평가에서는 구체적인 성과 견인에 가장 큰 비중을 두고 있다.

각 지표의 평가방법은 정부업무평가 포털 내 '2023년 정부업무평가 결과 보고서'에 공개하고 있다. 정책소통 활동 및 성과 평가방법은 각 지표별 세부 평가기준에 따라 기관별 실적을 산출해 평가하는 정량평가와 '민관합동 정책소통 평가단'을 구성하여(11개조, 각 7명) 각 기관에서 제출한 성과 자료를 객관적, 전문적으로 평가하는 정성평가로 구성된다. 체감도 중에서 소통 만족도는 국무조정실 주관 하에 전문 리서치 기관을 통해 일반국민 대상 정책소통 만족도 조사를 실시하고, 온라인 체감도는 빅데이터 시스템을 활용하여 주요 정책 키워드에 대한 분석 평가를 진행한다.

표3. 2023년 정책소통 특정평가 항목

평가항목		평가지표	평정	비중
정책소통 활동	• 부처협업 활동	대변인·온라인대변인·외신대변인협의회 협업 활동	정량	15%
	• 보유 매체 활용	부처 보유매체 활용, 정부영상 공유 및 확산		
정책소통 성과	• 주요정책 소통성과	주요정책발표 사전협의, 소통활동 우수사례	정량/ 정성	70%
	• 현안 대응 성과	일일보도 대응 성과, 온라인현안 대응 성과		
	• 온라인 소통성과	누리소통망(SNS) 양방향 소통, 콘텐츠 제작 성과		
	• 기관장 소통성과	언론 및 현장소통 성과, 이슈관리		
	• 외신 소통성과	외신 소통 실적 및 우수사례		
체감도	• 소통 만족도	주요정책 소통에 대한 국민 만족도 조사	정량/ 정성	15%
	• 온라인 체감도	빅데이터 분석 및 활용 사례		

전체 평가지표의 70%를 차지하는 정책소통 성과 부문은 내·외신 언론과의 소통, 기관장 소통, 보유채널 활용(SNS 등) 등 정책홍보 활동과 이슈관리 전반을 평가한다. 기관장의 소통활동을 별도 평가지표로 관리하는 것은 정책소통에 대한 기관 대표자의 역할과 책임을 강조한 것으로 보인다.

김찬석·구철회·이현선(2018)은 정책소통 평가의 의미와 측정방식에 대한 현장 실무자들의 의견을 확인하기 위해 총 10명의 평가담당자를 대상으로 개별면접 방식의 심층 인터뷰를 진행했다. 참가자들은 정책소통 특정평가가 정부업무에서 정책소통의 비중 및 중요도를 인식하는 계기를 만들고, 홍보업무에 대한 사업담당 실국의 참여를 이끌어낼 수 있는 장치로 작용한다는 점에서 긍정적 역할을 한다고 언급했다. 한편 세부 평가항목의 적합성에 대해서는 지표 간 중복성 해소 필요성, 평가 산식의 조정·개선, 일부 지표의 평가 필요성 등 구체적인 문제점과 개선방안을 제시하기도 했다. 평가체계의 실효성, 현장 실무와의 정합성을 높이기 위해 피평가자들의 의견을 수렴하고 평가방식을 개선해 나가는 노력이 요구된다.

2-3. 정책소통 특정평가의 과제

정부업무평가의 정책소통 특정평가는 국민과의 소통에 대한 정부의 책임과 역할을 촉구하고 정책 및 행정 서비스의 질 향상을 추구한다는 점에서 긍정적 효과가 있다. 또한, 정책추진 과정에 국민의 관심과 참여를 견인하기 위해 정부 평가시스템을 활용했다는 점이 유의미하다. 정부와 국민 간의 신뢰를 유지, 발전시키는 정책소통 업무의 중요도를 고려할 때, 현행 평가제도의 한계를 지속 보완하고 진전된 평가모델을 만들기 위한 노력이 필요하다.

현행 정책소통 특정평가의 제한점과 과제는 크게 두 가지로 생각해볼 수 있다. 첫째, 1년 주기의 업무평가 구조로 인해 단기성과 중심의 소통계획 수립 및 실행이 관행화되기 쉽다. 정책소통의 궁극적인 목표는 정부운영 방향과 핵심 추진정책에 대한 국민의 이해와 공감을 형성하고 정책 만족도를 높이는 데 있다. 즉, 국민과의 신뢰관계를 구축하고 정책 지지를 얻기 위해서는 장기적 관점에서 단계별 소통목표를 수립하고 전략을 정교화할 필요가 있다. 현행 1년 주기의 평가는 단계적 계획 수립 및 긴 호흡의 성과를 이끌어내기엔 한계가 있다.

실제 국내·외 커뮤니케이션 평가모델에서는 프로그램의 결과를 단기/중기/장기 등로 구분하여 실질적인 변화를 측정하도록 고도화되고 있다(김찬석·구철회·이현선, 2018; 김수진·차희원, 2022). 정부업무평가 시스템 안에서 중장기 소통계획 수립 및 이행을 점검할 수 있는 방안을 마련하여 업무의 연속성을 확보하고 정책소통의 실효성을 제고할 필요가 있다.

둘째, 기관의 규모와 업무 특성이 각기 다른 46개 중앙행정기관('24년 기준)을 대상으로 동일한 평가지표를 일괄 적용하는 점은 형평성을 저해하고 획일화된 홍보를 유도할 수 있다. 정책소통 환경과 인적·물적 자원 등 특수성을 고려하지 않고 똑같은 성과지표를 사용해 상대평가를 하는 구조는 공정성 문제 뿐 아니라, 정확한 문제 진단과 개선안 도출이 어려울 수 있다. 우리나라 중앙행정기관은 조직별 규모와 핵심사업, 정책고객이 상이하며 이에 따른 홍보조직(대변인실 등)의 규모와 인적자원, 예산의 격차가 존재한다(김찬석·구철회·이현선, 2018).

예를 들어 교육부, 보건복지부, 국토교통부 등은 국민 일상생활에 밀접한 정책을 다루는 한편, 산업통상자원부, 중소벤처기업부, 과학기술정보통신부 등은 산업적으로 특화된 정책을 주로 다룬다. 또한, 조달청, 인사혁신처, 행정중심복합도시건설청, 새만금개발청 등과 같이 사업의 범위와 정책고객이 제한적인 기관들도 존재한다. 기관별 미션과 전문성, 소통 대상의 차이가 존재하는 만큼 평가체계 내에서 기관별 소통 목표와 전략을 차별화할 방안을 검토해야 한다. 김찬석 등(2018)은 실무자 인터뷰를 토대로 상대평가의 대안으로 각 기관별 시계열적 평가를 도입하여 연간 성과목표의 증감 추이를 평가하는 방안을 언급하기도 했다.

3. 국내외 공공소통 평가 모델 고찰

최근 다양한 조직의 소통 · 홍보 활동은 단순히 언론을 대상으로 한 정보제공에 그치지 않고, 핵심 타깃을 도출하고 매체전략을 다각화하는 등 커뮤니케이션 범위를 확장해 나가고 있다. 이에 따라 소통의 효과 측정도 미디어 노출 횟수를 산정하는 데서 나아가 다양한 커뮤니케이션 활동을 포괄할 수 있는 체계적, 과학적인 평가 방법이 요구된다(김찬석·구철회·이현선, 2018). 무엇보다 평가는 개선을 목적으로 활용되는 만큼(Stufflebeam, 1971), 공공소통 조직은 피평가자 입장이 아닌 실행 주체로서 커뮤니케이션 활동을 스스로, 객관적으로 평가하려는 노력이 필요하다.

공공소통 평가모델을 정립하여 표준화된 도구로 사용하고자 하는 시도는 범국가적으로 진행되었다(김수진·차희원, 2022). 대표적인 모델은 호주의 짐 맥나라마(Jim Macnamara) 모델, 영국 GCS의 평가 프레임워크(Evaluation framework), 한국의 IOO(Input-Output-Outcome) 모델 등이 있다. 최근 국내에서 위기소통 평가를 위한 논리모델이 제안되기도 했는데(질병관리청, 2022), 이론적 논의에서 나아가 실무에서 활용할 수 있는 평가지표가 구체적으로 제시되어 본서에 소개하고자 한다.

3-1. 호주 Macnamara 모델

호주의 맥나마라(Macnamara) 모델은 공공소통 및 커뮤니케이션 평가에 대해 포괄적이고 실용적으로 접근했다는 평가를 받는다(김수진·차희원, 2022). 맥나마라는 2015년 뉴사우스웨일스 주(State of New South Wales, 이하 NSW)의 소통평가 연구의 결과물로 주 정부 커뮤니케이션 평가모델을 개발했다. 이후 맥나마라는 여러 평가 프레임워크를 분석하여 초기 NSW 모델을 발전시킨 'NSW 정부의 전략적 소통평가 프레임워크(The NSW Government strategic communication evaluation framework)'를 제시했다. 이 프레임워크는 공공소통 활동에 이해관계자와 대중, 사회의 참여, 대화, 관계구축 등이 필수요소임을 명시한 최초의 모델이라고 밝히고 있다(Macnamara, 2018).

맥나마라 모델은 투입(Inputs), 활동(Activities), 산출(Outputs), 결과(Outcomes), 영향(Impact) 5단계로 구성되어 있다. 프레임워크를 살펴보면 단계별로 상/하단 박스를 분리하여 상단에는 추진 활동 및 성취해야 하는 실행 요소들을 나열하고 하단에는 세부 평가 방법을 제안하여 활용성을 높이고자 했다. 특히 맥나마라는 소통 사안에 대한 타깃의 인지 정도, 관련한 인식 및 채널 선호도와 같은 기본 데이터를 수집해야 하고 소통 타깃에 대한 통찰을 얻기 위한 조사는 '투입(Inputs)' 단계에서 시작되어야 함을 강조했다(Macnamara, 2018).

맥나마라 모델은 공공소통 평가를 다각적으로 접근함으로써, 단순한 메시지 전달을 넘어서 그 효과를 보다 정밀하게 측정할 수 있는 도구를 제공하고 있다(Macnamara, 2014). 특히 커뮤니케이션 활동의 장기적인 영향과 조직 내 · 외부의 다양한 이해관계자들의 반응을 평가할 수 있는 점에서 중요한 시사점을 가진다(Macnamara, 2018). 이러한 포괄적인 평가 접근법은 조직이 커뮤니케이션 전략을 지속적으로 개선하고, 전략적 목표와의 연계성을 강화하는 데 기여할 것으로 보인다.

다만 맥나마라 모델은 그 복잡성과 다층적 접근 때문에 실제 적용에 있어 상당한 시간과 자원을 요구할 수 있다(Macnamara, 2014). 또한, 커뮤니케이션 활동의 장기적 영향을 평가하는 것은 구체적인 데이터 확보의 어려움과 평가의 주관성을 동반할 수 있어(Macnamara, 2018) 평가자의 전문성과 데이터 분석 능력이 중요하게 요구될 것으로 보인다.

그림 . 호주 맥나마라 모델(The NSW Government evaluation framework, 2017)

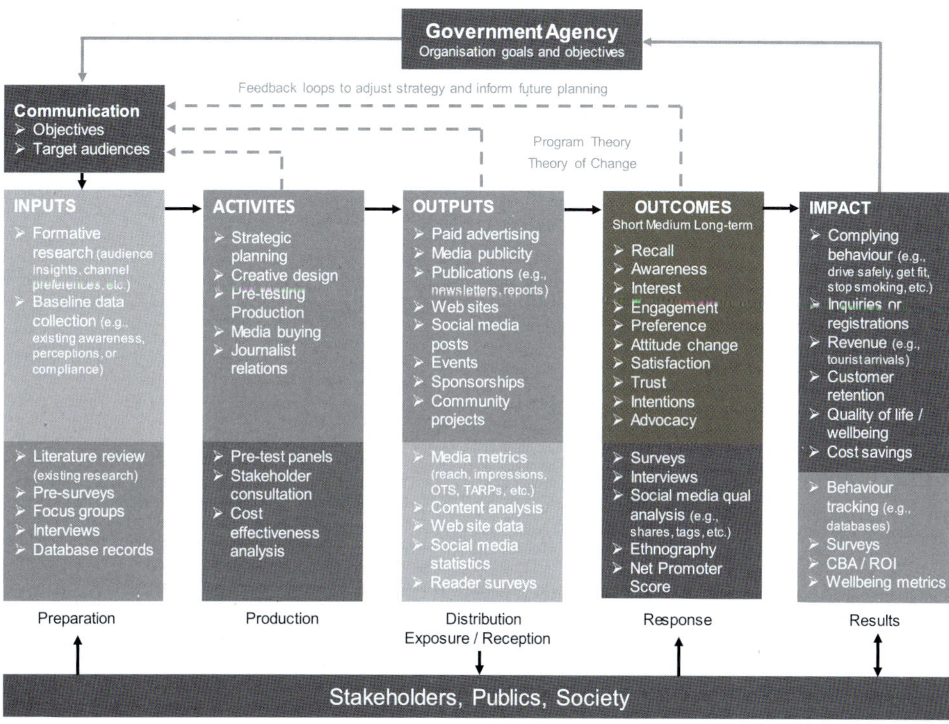

출처: Macnamara, J.(2018). A review of new evaluation models for strategic communication: Progress and gaps. International Journal of Strategic Communication, 12(2), 180-195.

3-2. 영국 GCS

영국은 2014년 정부부처간 정책 조율을 담당하는 내각사무처(Cabinet office) 산하에 정부소통청(Government Communication Service, 이하 GCS)을 출범시키고 모든 정부부처의 공공커뮤니케이션 활동을 지원하도록 했다(김병희·최일도·최지혜, 2023). 그 일환으로 GCS는 공공소통의 원칙과 실무 지침 등을 담은 표준 매뉴얼을 개발하고 그 결과물을 홈페이지(https://gcs.civilservice.gov.uk/guidance/)에 공유하고 있다. 대표적으로 '현대 커뮤니케이션 운영모델(Modern Communications Operating Model, MCOM)'을 버전 3.0까지 업데이트 하였고, 세부적으로 마케팅, 미디어, 디지털 커뮤니케이션, 대내외 커뮤니케이션 등 구체적인 실무 전략에 관한 매뉴얼도 제공하고 있다.

GCS는 정부 커뮤니케이션의 효과를 체계적으로 평가하기 위한 평가 매뉴얼도 별도 마련하고 있다. 2015년에 발표한 'GCS Evaluation framework'는 버전 2.0까지 업데이트 되었으며, 커뮤니케이션 노력이 미치는 영향을 측정함으로써 정부조직은 소통 메시지를 정교화하고 자원을 효과적으로 배분하며 캠페인의 전반적인 효율성을 향상시킬 수 있다고 밝혔다(GCS, 2015).

이 프레임워크는 소통활동의 성과를 분석하여 효율성을 개선하고 정책 목표 달성을 지원하는 데 중점을 두고 있다. 이 평가체계는 GCS에서 자체 개발한 캠페인 플래닝 가이드 OASIS(목표 설정, 전략, 실행, 영향, 평가) 모델에 기초하여 모든 커뮤니케이션 활동이 명확한 목표를 설정하고 그에 따라 평가될 수 있도록 구조화하였다. 평가지표는 투입(Input), 산출(Output), 중간결과(Outtake), 결과(Outcome), 영향(Impact)로 5가지로 구성된다.

2024년에는 GCS는 Evaluation framework 2.0를 발전시킨 The GCS Evaluation Cycle을 새로 발표했다. 이전의 5가지 단계에 '학습과 혁신(Learning and Innovation)'이 새롭게 추가된 것이 특징이며, GCS는 기존 프레임워크를 대체해 사용할 것을 안내하고 있다. 매뉴얼 서두에는 GCS Evaluation Cycle은 선형적 평가가 아닌 순환적인 평가와 개선을 위해 유연하고 반응성이 높게 설계된 프레임워크(an agile framework)라고 강조하며, 이 평가모델이 급변하는 디지털 환경과 이용자 통계를 반영하고 지속적인 학습과 발전의 도구로 활용될 수 있도록 고도화되었다고 밝혔다.

① **투입(Inputs)** - 투입한 것: 근거 기반(evidence-based)의 계획 수립 및 콘텐츠 생성
② **산출(Outputs)** - 고객 경험: 커뮤니케이션을 통해 고객에게 전달하고 만들어낸 경험
③ **중간결과(Outtakes)**- 고객 인식: 커뮤니케이션 활동으로 인한 고객의 생각, 감정, 행동 의도
④ **결과(Outcomes)** - 고객 행동: 고객의 반응 및 행동
⑤ **영향(Impact)** - 성과 : 조직 및 정책 목표, KPI 측면에서 달성한 것
⑥ **학습과 혁신(Learning and Innovation)** - 앞으로 전개할 것: 현재 또는 향후 커뮤니케이션 활동을 개선하기 위해 해야할 일과 교훈

또한, GCS Evaluation Cycle은 GCS에서 개발한 OASIS 모델, COM-B 모델 등과 연결하여 각 모델의 결합성과 실용성을 높이는 시도를 했고, 평가 단계별로 점검해야 할 세부 사항들을 구체적으로 제시하여 유용한 모델로 평가된다. 다만 GCS 평가체계도 모든 커뮤니케이션 활동에 일률적으로 적용하기에는 한계가 있으며, 평가 결과를 해석하는 데 있어 주관적인 요소가 개입될 가능성이 있다. 또한, 효과적인 평가를 위해서는 별도의 시간과 자원이 소요됨에 따라 공공소통 주체의 적극적인 의지와 능동적 활용이 중요할 것으로 보인다.

그림 . 영국 GCS 평가 모델(The GCS Evaluation Cycle, 2024)

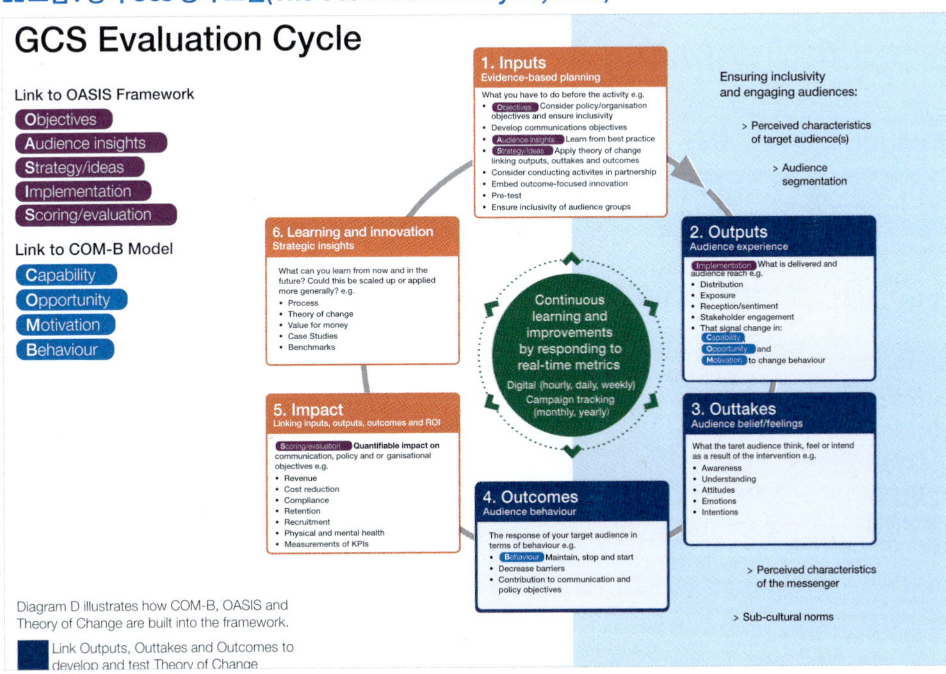

출처: https://gcs.civilservice.gov.uk/wp-content/uploads/2024/02/2024-02-13-GCS-Evaluation-Cycle-FINAL-OFFICIAL.pdf

3-3. 한국의 정책소통 평가 모델

IOO 모델

IOO(Input-Output-Outcome) 모델은 해외 PR 효과 측정 모델을 검토하여 국내 실정에 맞게 수정한 모델이다. IOO 모델을 제안한 김찬석 등(2012)은 정책소통 효과를 현실적이고 입체적으로 측정하기 위해 호주의 맥나마라(Macnamara, 1992)가 제안한 'PR 효과의 피라미드 모델'과 첫 소통효과 평가모델로 알려진 'PII 모델(Preparation, Implementation and Impact Model)', PR 효과 척도 모델, 지속형 평가모델, 통합평가 모델, IPR PRE 모델 등 총 6가지 PR 효과측정 모델의 핵심 내용을 종합하여 정리했다고 밝혔다(김찬석 · 구철회 · 이현선, 2018).

IOO 모델의 특징은 Output과 Outcome을 각각 단기적 성과와 장기적 성과로 개념화하여 평가하도록 한 점이다. Output 단계는 홍보주체의 단기적, 표면적인 실적을 측정하고 Outcome 단계는 장기적인 영향력, 예컨대 조직-공중 관계성 등을 측정하여 실질적인 소통성과를 파악할 수 있도록 했다. 단기 실적 달성을 목표로 하기 쉬운 공공소통 프로그램을 장기적 관점에서 계획하고 평가할 수 있도록 간결하고 직관적인 평가체계를 제안했다는 점이 유용하다.

표4. IOO 모델의 구성 요소

구분	투입(Input)	산출(Output)	성과(Outcome)
관점	홍보 주체자의 기획 의도 및 과정	홍보 주체 입장의 실적 정도	홍보대상 관점에서의 인식, 태도, 행동의 변화
내용	소통효과 제고를 위한 조직의 투자와 노력 (홍보기획의 적절성 및 완성도, 인적·물적 자원)	특정 PR 프로그램 및 활동에 대한 단기적이고 표면적인 효과	장기적인 효과
일반적 측정방법	프로그램 기획의 적절성, 소통조직 역량 진단 등	미디어 임프레(Impression), 보도자료 확산 효과, 이벤트 참여 및 흥행 정도 등	지지도, 호감도, 관계성 지수, 위기관리 지수 등

출처: 김찬석·이현선·이일우(2012). 국내 이공계 연구소와 기업의 과학 커뮤니케이션 실행 분석: IOO모델을 기준으로. 커뮤니케이션학 연구, 20(3), 45~66.

➲ 위기소통 평가체계 논리모델

김수진·차희원(2022)은 공공소통 부문에서도 감염병 위기소통에 대한 대국민 평가지표를 개발해 정부의 코로나19 소통성과를 평가하는 연구를 수행하였다. 이론적 근간이 된 논리모델은 투입과 산출, 성과 등 구성요소들 사이의 연결관계를 정리한 프레임워크로 기획과 평가를 위한 도구로 사용된다. 특히 결과(Outcome) 단계에서는 사업이나 프로그램을 통해 달라진 것을 파악하기 위해 단기, 중기, 장기적 결과로 구분해 분석한다. 김수진·차희원(2022)은 이 모델에 근거해 코로나19 상황에서 산출물(Output)과 단기 · 중기 · 장기적 결과(Outcome) 지표가 인과관계가 있음을 확인함으로써 제안한 평가지표의 예측타당도를 검증했다.

그림7. 위기소통 평가체계 논리모델(안)

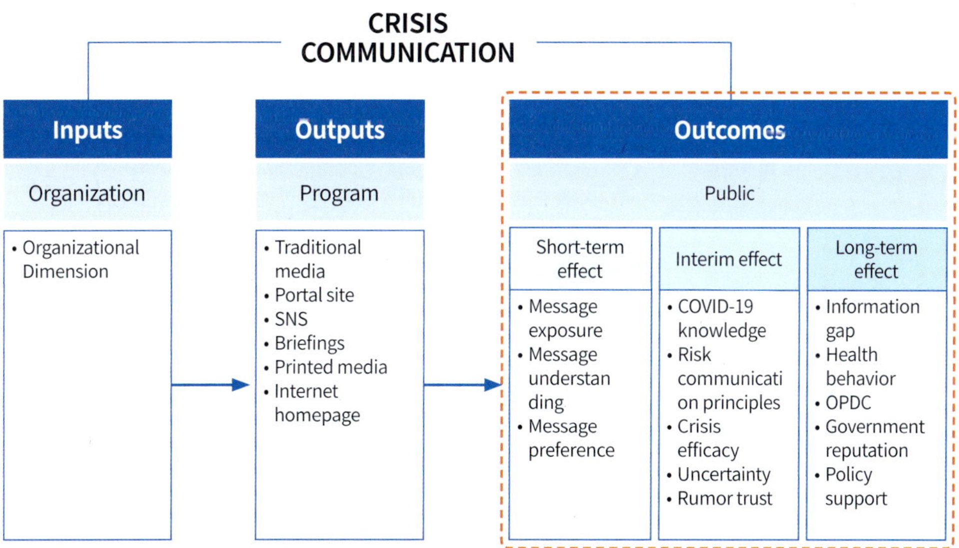

출처: 김수진·차희원(2022). 코로나19 위기 소통 대국민 평가 지표 개발연구. 광고학연구, 33(2), 103-131.

이 연구는 질병관리청(2021)의 정책연구를 기초로 했다고 밝히고 있으며, 이를 통해 발간된 질병관리청 '공중보건 위기소통 표준운영절차(SOP) 3판(2022)'에는 공공소통 조직 실무자들이 각 단계별로 활용할 수 있는 구체적인 평가문항을 제시하여 이론적 논의와 실무의 간극을 좁히고 자체적인 평가활동을 유도했다. 특히 평가 단계별로 평가 주체를 달리할 것을 강조했는데 '투입물(Inputs)'은 조직 내에서 자가진단을 하고 '산출물(Outputs)'은 외부 전문가의 객관적 평가를 받고, '결과물(Outcomes)'은 대국민 평가를 통해 실질적 개선방안을 도출할 것을 제언했다.

표5. 투입물(Inputs) 평가지표: 조직 내 자가 진단

평가 항목		평가 문항(5점 척도)
프로그램 차원	목표 명확성	• 연간 위기소통 계획에 위기소통 목적과 목표, 전략, 소구 공중이 전략적으로 수립되어 있는가? • 위기소통 프로그램의 목표는 시의적절하고 구체적인가? • 위기소통 프로그램의 목표는 측정 가능한 것인가?
	목표공중 적절성	• 위기소통 프로그램의 목표공중은 적절하게 선정되었는가? • 위기소통 프로그램의 목표공중은 적절하게 세분화되었는가?
	프로그램/메시지 적합성	• 위기소통 프로그램/메시지는 시의적절하고, 구체적인가? • 위기소통 프로그램/메시지는 목표공중에 적합한가? • 위기소통 프로그램/메시지는 커뮤니케이션 전문가에 의해 개발되었는가? • 위기소통 프로그램/메시지는 내/외부 여론 수렴에 따라 수정이 가능한가? • 국내 거주 외국인을 위한 다양한 언어로 제작된 콘텐츠를 제공하고 • 있는가?
	배경정보 적절성	• 위기소통 프로그램을 계획하기 전에 충분한 사전 조사가 이루어졌었는가? • 위기소통 프로그램을 계획하기 전에 충분한 배경정보가 수집되었는가?
	매체계획 효율성	• 위기소통 프로그램을 위한 매체는 목표공중에 적합하고 도달 가능한 것인가? • 위기소통 프로그램을 위한 매체는 효율적으로 혼합(Mix) 활용되었는가?
조직 차원	조직구성원 위기소통 역량	• 위기소통 조직 구성원들이 소통 전문성*을 확보하고 있는가? (*동종업무 5년 이상 경력자 및 PR전공자 보유 여부) • 조직 내부 구성원 대상, 위기소통 역량강화 교육을 정기적으로 시행하고 있는가? • 지자체 및 지역사회 대상, 위기소통 역량강화 교육을 정기적으로 시행하고 있는가?
	위기변화 대응성	• 위기소통 프로그램에 대한 환류 및 피드백이 적절히 이루어지고 있는가? • 상황변화에 신속하게 대응할 수 있는 위기소통 조직을 구성하고 있는가? • 위기상황에 대한 보고체계가 합리적으로 구성되어 있는가? • 위기소통을 위한 예산이 적절히 확보되어 있는가? • 지역사회(지자체 등)와의 정보교류·소통체계가 있는가?
	외부전문가 자문 정도	• 외부컨설팅 및 자문회의를 얼마나 자주하는가? • 외부컨설팅 및 자문회의 결과를 적극적으로 반영하는가?

출처: 질병관리청(2022) 공중보건 위기소통 표준운영절차(SOP) 3판

표6. 산출물(Outputs) 평가지표: 외부전문가 평가

평가 항목	평가 지표
소셜미디어 성과	소셜미디어 콘텐츠 게시물 수
	소셜미디어 콘텐츠 조회수, 좋아요 수
언론보도 성과	미디어 명성지수
인쇄매체 성과	1) 새로운 연구결과/ 정보전달 여부
	2) 건강염려/ 건강문제/ 현재상황 등에 대한 서술 여부
	3) 권유행동의 위험/편익 모두 제시 여부
	4) 추가 정보 필요 시 정보요청을 할 수 있는 담당자 연락처 포함 여부
	5) 주요 메시지의 시각적 단서 강조 여부
	6) 주요 청중이 필요로 하는 가장 중요한 정보가 첫 번째 단락 또는 앞에 요약되어 있는지 여부
	7) 전문용어, 축약어, 지나치게 기술적 차원의 설명을 지양하고 있는지 여부
	8) 메시지 주체 명시 여부
	9) 주제에 대한 배경 정보의 제시 여부
	10) 명료하고 간결한 표현 제시 여부
브리핑 성과	1) 위험(위기)상황 및 국민의 건강관련 우려에 대해 충분한 관심을 보이는지 여부
	2) 국민들의 의견에 대한 질의응답이 있는지 여부
	3) 위기 정보를 명확하게 제시하는지 여부
	4) 국민들의 행동 지침을 구체적으로 제시하는지 여부
	5) 질문에 효과적으로 응답하는지 또는 어려운 질문을 잘 다루고 있는지 여부
	6) 통계 자료 등 정보를 효과적으로 제시하고 있는지 여부 (예: 시각 자료, 요약 제시 등)
	7) 팩트시트와 큐엔에이를 준비하고 있는지 여부
	8) 조직은 현 상황과 관련한 조사 결과에 근거해서 제시하고 있는지 여부
	9) 전문 용어, 축약어, 지나치게 기술적 차원의 설명을 지양하고 있는지 여부
	10) 카메라에 친근하게 나오는지 여부

출처: 질병관리청(2022) 공중보건 위기소통 표준운영절차(SOP) 3판

표7. 결과물(Outcomes) 평가지표: 대국민 평가

평가 항목		평가 지표
단기	매체·메시지 차원	• 매체 도달률 및 신뢰도
		• 메시지 인지 및 이해, 선호도
중기	지식·정보 차원	• 감염병 지식수준
		• 정보 시의성, 정확성, 투명성, 신뢰성, 공감성
		• 가짜뉴스/루머 신뢰
		• 위기 극복 효능감
장기	위기소통 효과 차원	• 정보 격차(gap)
		• 건강 예방 행동 의도
		• 소통만족도: 상호성, 개방성
		• 기관명성지수: 비전, 능력, 공정, 정서
		• 정책지지

출처: 질병관리청(2022) 공중보건 위기소통 표준운영절차(SOP) 3판

참고문헌

과학기술정보통신부, 한국방송광고진흥공사(2023). *2023 방송통신광고비 조사 보고서*.

국무조정실(2002~2016). *정부업무평가백서*. 국무조정실·정부업무평가위원회.

권예지, 조아라, 이지영, 최지선, 편미란, 윤성인.(2024). 한국의 공공 커뮤니케이션 개선 방안 탐색: 영국의 정부소통청(GCS)과 전문가 인터뷰를 중심으로. *한국방송학보, 38*(2), 5-50.

김병희, 손영곤(2021). 정부광고 품질 향상을 위한 중장기 전략 방안. 한국언론진흥재단.

김병희, 최일도, 최지혜(2023). *알기 쉬운 정부광고법 해설*. 학지사.

김수진, 차희원(2022). 코로나19 위기 소통 대국민 평가 지표 개발연구. *광고학연구, 33*(2), 103-131.

김찬석, 구철회, 이현선(2018). 정책소통 측정 모델 개발 연구. 문화체육관광부·청주대학교 산학협력단.

김찬석, 이현선, 이일우(2012). 국내 이공계 연구소와 기업의 과학 커뮤니케이션 실행 분석: IOO 모델을 기준으로. *커뮤니케이션학연구*, 20권 3호, 45-66.

문용필(2019). 언론재단의 정부광고 대행, 문제는 없나. 더피알. https://www.the-pr.co.kr/news/

articleView.html?idxno=42147

문화체육관광부 미디어정책국(2024.3.) *정부광고 업무편람*. 문화체육관광부

이태준.(2018). 정부소통 역량 강화를 위한 공무원 성과관리제도의 선행요인 및 효과에 관한 연구. *언론과학연구, 18*(2), 185-221.

질병관리청(2022). *공중보건 위기소통 표준운영절차(SOP) 3판*.https://www.kdca.go.kr/board/board.es?mid=a20501000000&bid=0015&list_no=720056&act=view

질병관리청, 이화여대 산학협력단(2021). 코로나19 위기소통 평가 및 공중보건 위기소통 표준운영절차 개정.

한국언론진흥재단 GOAD. 정부광고통합지원시스템. https://www.goad.or.kr/hp/comm/main.do

황성욱, 문빛, 이종혁.(2014). 지방자치단체 공공소통 평가모형에 관한 연구: AHP 분석기법을 중심으로: AHP 분석기법을 중심으로. *한국언론학보, 58*(5), 255-284.

Government Communication Service.(2015). *Evaluation framework 2.0*. GCS. https://gcs.civilservice.gov.uk/publications/evaluation-framework/

Government Communication Service.(2024). *The GCS evaluation cycle*. GCS. https://gcs.civilservice.gov.uk/publications/gcs-evaluation-cycle/

Macnamara, J.(2018). *A review of new evaluation models for strategic communication: Progress and gaps*. International Journal of Strategic Communication, 12(2), 180-195.

Macnamara, J.(2014). Evaluating public communication: Exploring new models, standards, and best practices. Routledge.

Stufflebeam, D. L.(2007). CIPP evaluation model checklist. Evaluation Check List Project. http://www.edu.evalctr/checklist.

저자 프로필

김정렴
HS애드, LG생활건강 등 기업의 광고, 마케팅 분야의 전문가로 오래 일해왔다. 공공의 정책 홍보에 관심을 갖게 되어 부산광역시에서는 소통기획담당관으로 시정 홍보를 총괄했고, 이후 문화체육관광부 국민소통실 디지털소통기획 과장으로 전 부처를 망라한 범정부 디지털 정책 홍보를 주도했다. 현재는 대한법률구조공단 홍보실장으로 재직중에 있다. 인식 변화를 넘어 행동을 변화시키는 공공 캠페인, 디지털 고객 경험을 높이는 브랜드 기반의 정책 홍보에 관심이 많다.
관련 저서로 '오토바이로 모기를 잡아라(2018)', '디지털 공공소통: 인식 개선을 넘어 행동을 바꾸는(2020), '디지털 고객 경험을 브랜딩하는 공공소통(2022) 등이 있다.

박세진
한양대학교 ERICA 미디어학과 부교수로 미국 University of Tennessee에서 Communication & Information 전공으로 석사 및 박사 학위를 받았다. 육군 공보장교로 17년간 복무하면서 공공커뮤니케이션 분야의 다양한 실무 경험을 쌓았으며, 국내외 학술지에 20여 편의 논문을 게재하였다.

박한나
현재 선문대학교 미디어커뮤니케이션학부 부교수로 재직하고 있으며, 광고홍보콘텐츠 전공주임교수와 이니티움교양센터장을 맡고 있다. 한국외국어대학교 신문방송학과와 동대학원을 졸업하고, 미국 플로리다대학교에서 PR 전공으로 매스커뮤니케이션학 석사와 박사 학위를 받았다. 미국 미들테네시주립대학교 교수로 9년간 재직하면서 미국PR협회(내쉬빌) 우수PR프로그램상을 비롯하여 저널리즘 교육 우수상 등을 수상했다. 주요 학문적 관심 분야는 CSR, ESG, 공공 PR, 위기관리이며, 최근에는 광고 PR의 AI 활용으로 연구를 확장하고 있다. 한국PR학회, 한국광고홍보학회, 한국광고PR실학회

윤영삼
단국대학교에서 대중음악 제작경영 분야로 석사학위를, 동 대학교에서 문화예술학 분야로 박사학위를 받았다. 현재 호원대학교에서 K-POP 학과 학과장, K-컬처엔터테인먼트사업단 부단장으로 재직중이며, JYP, YG 엔터테인먼트에서 보컬 디렉터 및 트레이닝팀 팀장으로 근무하였다. 한국대중음악학회에서 지역이사를 역임하였고, 현재는 한국엔터테인먼트학회 홍보이사, 한국광고홍보학회 이사로 학회 활동을 하고 있다. 주요 연구 분야는 한류, 대중음악(K-POP), 도시 및 국가 브랜드이며, 국내 여러 학술지에 연구 논문을 게재하였다.

이형민
성신여자대학교 미디어커뮤니케이션학과 교수로 재직 중이다. 주요 연구 분야는 공공커뮤니케이션, 정책PR, 엔터테인먼트 콘텐츠의 행동심리학적 설득 효과 등이다. 한국광고학회, 한국PR학회, 한국광고홍보학회 등에서 총무이사를 역임하였으며, 여성가족부, 보건복지부, 국방부, 한미연합사령부, 서울시청 등에서 홍보 자문 및 평가위원으로 활동하고 있다. 주요 논문들을 <Public Relations Review>, <Journal of Public Relations Research>, <New Media & Society>, <Journal of Sport Management> 등의 국제학술지에 게재하였다.

이민지
이화여자대학교에서 언론홍보학 석사를 받았다. 현재 문화체육관광부 국민소통실 디지털소통국 사무관으로 재직하며 정책 브랜딩, 디지털 캠페인 등 공공소통 실무를 수행하고 있다. 질병관리청 대변인실, 한국보건의료연구원 대외협력홍보팀에서 근무하였고 헬스커뮤니케이션학회 6대 기획이사로 활동했다. 정책 홍보의 메시지 전략, 리스크 관리에 관심이 많고 업무 백서, 매뉴얼 등 기록과 근거를 남기는 일에 보람을 느낀다.

전종우
현재 단국대학교 미디어커뮤니케이션학부에 교수로 재직 중이다. 미국 플로리다대학교(University of Florida)에서 매스커뮤니케이션 전공으로 박사학위를 마쳤다. 공부를 시작하기 전에 광고회사인 LG애드(현 HS애드)에서 일하는 등 광고업계에 종사하였다. <멀티컬처 마케팅>, <엔터테인먼트 광고론>을 강의하고 있으며 연구 관심 주제는 브랜드 커뮤니케이션, 엔터테인먼트 마케팅, 신기술 광고 등으로 소비자의 유희 등에 대한 연구를 주로 하고 있으며 이들 주제에 대한 글로벌 차원의 연구를 선호한다. 연구 주제가 다양하여 관련 논문을 International Marketing Review, International Journal of Advertising, Journal of Public Relations Research, International Journal of Communication 등 다양한 분야 학술지에 발표하였다. 현재 한국엔터테인먼트학회 회장을 맡고 있다 (e-mail: jwjun@dankook.ac.kr).

조준혁
현재 서원대학교 광고홍보학과 교수다. 고려대학교 신문방송학과에서 학사와 석사를 취득하였다. AI 이용자 심리를 주제로 단국대 광고홍보학과에서 커뮤니케이션학 박사를 취득하였다. 온라인 플랫폼, 디지털 콘텐츠 회사에서 관련 업무를 담당하였다. 넥슨(2002년~2004년)에서는 게임 콘텐츠를 기반으로 게임 웹, 게임 마케팅을 담당하였다. 네이버(2005년~2023년)에서는 네이버 광고 플랫폼 기반의 Display, Search, Game ad 등 디지털 마케팅을 위한 광고 상품 기획, 광고 효과 연구, 데이터 분석, 업종 분석을 담당하였다. 또한, 네이버 플레이스, 예약, N페이를 활용한 O2O(Online to Offline)서비스 기획과 사업개발을 담당하였다. AI챗봇에 대한 이용자 심리, AI기반 광고, Human Computer Interaction, 데이터 사이언스에 관심이 많다. 저서로『 디지털 시대의 광고기획 신론』(학지사, 2023),『 AI 기반 광고 전략』(온샘, 2023)을 공동으로 집필하였다. 한국광고학회, 한국광고PR실학회 집행부 이사, 방송학회 방송통신연구 편집위원으로 봉사하고 있다.

최호진
현재 한라대학교 미디어광고콘텐츠학과 조교수로 재직 중이다. 중앙대학교 응용통계학과와 광고홍보학과에서 학사 학위를 받았으며, 고려대학교 언론대학원에서 언론학 석사 학위를, 단국대학교 일반대학원에서 커뮤니케이션학 박사 학위를 받았다. 교수로 부임하기 전에는 오리콤, YG PLUS(구: 휘닉스커뮤니케이션즈), 덴츠크리에이티브코리아(구: 덴츠코리아)등의 광고회사에서 광고기획(AE) 업무를 담당하였다. 이후, 서울특별시 시민소통담당관 소통전략실에서 홍보마케팅 요원, 경기도 홍보콘텐츠담당관실에서 홍보콘텐츠팀장으로 재직하면서 민간과 공공영역의 커뮤니케이션 업무를 두루 섭렵하였다.
주요 논문으로는 「정책PR 브랜디드 엔터테인먼트의 효과연구: 성남시 정책 웹드라마를 중심으로」(2020), 「게임 질병코드 도입에 따른 게임이용장애인에 대한 낙인효과:일반인의 자아 개념과 문화 차원의 성향을 중심으로」(2020), 「자율주행 실증단지가 장소 브랜드 요인에 미치는 영향:확장된 기술수용모델을 중심으로」(2024) 등이 있다.

이 책은 한국언론진흥재단의 정부광고 수수료로 제작되었습니다. 자세한 내용은 QR코드를 통해 확인해주시기 바랍니다.

공공소통의 이해

2024년 11월 22일 | 제1판 1쇄 인쇄
2024년 11월30일 | 제1판 1쇄 발행

지 은 이 김정렴, 박세진, 박한나, 윤영삼, 이민지, 이형민, 전종우, 조준혁, 최호진
발 행 인 김은중
발 행 처 서울경제경영출판사
북디자인 에이팩토리

주 소 03767 서울특별시 서대문구 신촌로 205, 506호
전 화 02) 313-2682
팩 스 02) 313-8860
등 록 1998년 1월 12일 제5-63호

ISBN 9791162821336 (93320)
정가 30,000원

※ 파본은 바꾸어 드립니다.